임원경제지
권52-54

보양지

葆養志 1

임원경제지
권52-54

보양지

葆養志 1

건강양생 백과사전

권1・총서

권2・정(精)・기(氣)・신(神)

권3・기거와 음식

풍석 서유구 지음 추담 서우보 교정

도올 김용옥 감수 및 서문

🌿임원경제연구소 전종욱, 정명현 옮김

🐚 풍석문화재단

이 책은 ㈜DYB교육 송오현 대표 외 수많은 개인의 기부 및 문화체육관광부의 지원으로
완역 출판되었습니다.

임원경제지 보양지1

지은이	풍석 서유구
교 정	추담 서우보
옮기고 쓴 이	임원경제연구소 [전종욱(대표역자), 정명현]
	교감·교열 : 민철기, 정정기, 최시남, 김현진,
	김수연, 강민우, 김광명, 김용미
	자료정리 : 고윤주
	감수 및 서문 : 도올 김용옥
펴낸 곳	풍석문화재단
	펴낸 이 : 신정수
	진행 : 진병춘, 박정진 진행지원 : 박소해
	전화 : 02)6959-9921 E-mail : pungseok@naver.com
일러스트	노금희
편집디자인	아트퍼블리케이션 디자인 고흐
인 쇄	상지사피앤비
펴낸 날	초판 1쇄 2020년 11월 2일
	초판 2쇄 2021년 1월 15일
ISBN	979-11-89801-32-8

이 도서의 국립중앙도서관 출판예정도서목록(CIP)은 서지정보유통지원시스템 홈페이지
(http://seoji.nl.go.kr)와 국가자료종합목록 구축시스템(http://kolis-net.nl.go.kr)에서 이용하실 수 있습니다.
(CIP제어번호 : CIP2020040889)

* 표지그림 : 나이 자랑하는 신선들[仙境圖], 김윤겸필 신선도(金允謙筆神仙圖)(국립중앙박물관 소장)
* 사진 사용을 허락해주신 국립수목원에 감사드립니다.

펴낸이의 글
《임원경제지·보양지》를 펴내며

　《임원경제지》 16지 중 〈섬용지(瞻用志)〉(3권), 〈유예지(遊藝志)〉(3권), 〈상택지(相宅志)〉(1권), 〈예규지(倪圭志)〉(2권), 〈이운지(怡雲志)〉(4권), 〈정조지(鼎俎志)〉(4권)에 이어 〈보양지(葆養志)〉를 총 3권으로 펴내게 되었습니다.

　〈보양지〉를 출간하는 시점에 우리 인류는 전 세계적으로 코로나19로 인한 큰 위기를 맞고 있습니다. 대한민국도 코로나19에 맞서 힘겹게 싸우고 있으며 많은 사람들이 건강과 생명을 잃고 있습니다. 이러한 시기에 〈보양지〉가 출간되는 것은 인류의 건강에 대한 전통의 지혜를 돌이켜 살펴볼 수 있다는 점에서 큰 의의가 있을 것입니다.

　서유구 선생은 1764년에 태어나 1845년에 돌아가셨습니다. 80세를 넘기셨으니, 당시 기준으로는 장수하신 편이고, 기록을 살펴보면 노년에도 육체적·정신적으로 건강하셨던 것으로 보여 〈보양지〉에 담겨 있는 여러 섭생과 관련된 기록이 선생의 장수와 건강과도 깊은 관련이 있을 것입니다.

　〈보양지〉는 총 8권으로 구성되어 있습니다. 권1은 총서(總敍)에 해당하는 내용으로 섭생(攝生)과 함께 양생(養生)하는데 삼가야 할 일에 대해 정리하였고, 권2는 정((精)·기(氣)·신(神) 기르기, 권3은 기거(起居)와 음식에 대해 다루었습니다. 권4는 몸의 수련[修眞], 권5는 약 음식 복용[服食], 권6은 부모나 노인을 건강하도록 모시는 것, 권7은 임신·출산과 육아, 권8은 양생월령표(養生月令表)를 수록하였는데, 큰 목차만 살펴보아도 건강과 관련된 대부분의 내용을 담고 있음을 알 수 있습니다. 《임원경제지》의 또 다른 지(志)인 〈인제지(仁濟志)〉가 병에 걸린 다음 치료법에 대해 다루고 있다면, 〈보양지〉는 예방의학, 예방보건을 다루고 있습니다.

　서유구 선생은 〈보양지〉 서문에서 "〈보양지〉 안에는 정·기·신(精氣神)의 조양(調養)과 '몸의 수련[修眞]'에 관한 절목이 있으니, 이것은 도가와 석가의 방법을 참작한 것이다. 부모를 섬기는 방도와 아이를 기르는 법에 관한 내용이 있으니 이것은 본래 우리의 한결같은 규범이다. 대개 이러한 몸을 기르는 섭생법은 예부터 전해 내려오던 것으로 도(道)의 한 단서가 되므로, 다 버릴 수는 없기에 간단히 엮어 함께 서술해 둔다."라고 밝히셨습니다. 즉 〈보양지〉는 동양 정신 문명의 토대이자 과학 지식의 토대인 도가(道家), 불가(佛家), 유가(儒家)를 망라하여 편찬된 것이며, 건강관리의 기본 원리에서부터 정신과 육체, 음식까지 보편적 이론을 다루는 한편, 특별히 노인·태아와 육아를 별도로 편찬하여 노약자에 대한 배려를 담고 있습니다.

〈보양지〉에는 일상생활에서 쉽게 실천할 수 있으면서도 크게 도움이 되는 비밀스러운 건강관리 비결이 많이 담겨 있습니다. "머리에 빗질을 많이 하라."는 매일 아침저녁 두피에 자극을 줌으로 혈액 순환을 촉진하여 전체적으로 두뇌의 건강을 유지하고 탈모를 예방하는 비결이며, "아침에 일어나자마자 양손으로 양쪽 귀를 교차하여 잡고 끝까지 위아래로 당기기를 14회 하라."는 스트레칭과 두뇌 자극의 비결임을 알 수 있습니다.

또 〈보양지〉에는 전문가들도 반드시 탐구해야 할 우리 전통의 도인 및 안마법 등을 상세한 도해와 함께 수록하고 있으며, 약주(藥酒), 약떡[藥餌], 약식(藥食)과 같은 건강 음식이나 건강 베개와 건강한 목욕물 만드는 비결, 노인을 위한 눈을 밝게 유지하고 치아를 튼튼히 하는 법, 머리칼의 색과 건강을 유지하는 법과 같은 흥미로운 정보와 태교 육아편의 '양아10법'은 매우 과학적인 내용으로 현대 우리 가정에도 도움이 될 매우 유익한 내용이 담겨 있습니다.

현대 의학은 해부학과 화학, 생리학적 지식 등을 토대로 눈부시게 발전하였습니다. 다만, 현대 의학은 질병에 대한 처방을 중심으로 병을 어떻게 치료할 것인지가 주된 방향이라고 할 수 있습니다. 물론 예방 의학이나 보건 위생의 발전 덕분에 일상생활 환경이 크게 개선되어 현대인들의 건강은 과거 우리 선조들보다 훨씬 개선된 것이 틀림없습니다. 그러나 건강관리의 주체는 어디까지나 나 자신이어야 하고, 또 나 자신은 내 건강만이 아니라 내 자녀, 내 부모 등 가족의 건강도 챙길 수 있어야 합니다. 〈보양지〉는 현대 의학과 현대 보건 위생에서 잘 다루지 않는 일상생활, 즉 수면과 음식, 성생활, 도인과 안마, 섭생 등 몸과 마음을 건강하게 유지하는 오랜 지혜와 전통적 비결을 담고 있습니다. 이런 점에서 〈보양지〉야말로 자신의 건강을 스스로 지키고 유지하고자 하는 사람, 내 자녀와 내 부모의 가족 건강 지킴이가 되어야 하는 현대인 모두에게 꼭 필요한 책이라고 할 수 있겠습니다.

《임원경제지》의 각 지를 펴낼 때마다 어쩌면 이렇게 현대인에게 꼭 필요하지만 놓치고 있는 부분을 담고 있는 것인지, 마치 오늘의 우리를 위해 서유구 선생께서 《임원경제지》를 편찬하신 듯하여 참으로 놀랍고 감동스러울 뿐입니다.

아울러 어려운 여건 속에서도 온 힘을 다해 《임원경제지》의 완역 완간을 향해 오늘도 흔들림 없이 노력하고 계시는 〈임원경제연구소〉 정명현 소장 이하 연구원 여러분들, 우리 풍석문화재단의 임직원 여러분들, 송오현 DYB최선어학원 원장님을 포함한 후원자 여러분들, 더불어 〈보양지〉를 감수하고 서설을 써 주신 도올 김용옥 선생님께 깊은 감사를 드립니다. 또한 본 《임원경제지》의 완역완간 및 우리 전통문화의 복원 및 현대화에 관심과 큰 힘을 보태주시고 계신 문화체육관광부의 장관님 이하 유관 공무원 여러분들께도 깊이 감사드립니다.

아무쪼록 이 책이 많은 독자분들에게 전달되어 풍석 서유구 선생이 꿈꾸었던 참 민생 민본의 정신이 현대적으로 계승 발전되는 한편, 독자 여러분들이 스스로의 건강을 지키고, 가족의 건강을 돌보는데 도움이 될 수 있기를 기대하며 감사의 말씀을 전합니다.

2020년 9월
풍석문화재단 이사장 신정수

7

차례

보양지 권제1 葆養志 卷第一   임원십육지 52 林園十六志 五十二

총서 總敍

1. 섭생(양생) 攝生

2. 삼가고 꺼릴 일들 戒忌

보양지 권제2 葆養志 卷第二   임원십육지 53 林園十六志 五十三

정·기·신 精·氣·神

1. 보정(保精, 정 지키기) 保精

보양지 권제3 葆養志 卷第三　임원십육지 54 林園十六志 五十四

기거와 음식 起居, 飲食

일러두기

- 이 책은 풍석 서유구의 《임원경제지》를 표점, 교감, 번역, 주석, 도해한 것이다.
- 저본은 정사(正寫) 상태, 내용의 완성도, 전질의 구성 등을 고려하여 고려대학교 도서관 소장본으로 했다.
- 현재 남아 있는 이본 가운데 서울대학교 규장각한국학연구원, 일본 오사카 나카노시마부립도서관본을 교감하고, 교감 사항은 각주로 처리했으며, 각각 규장각본, 오사카본으로 약칭했다.
- 교감은 본교(本校) 및 대교(對校)와 타교(他校)를 중심으로 하고, 필요에 따라서는 이교(理校)를 반영했으며 교감 사항은 각주로 밝혔다.
- 번역주석의 번호는 일반 숫자(9)로, 교감주석의 번호는 네모 숫자(⑨)로 구별했다.
- 원문에 네모 칸이 쳐진 注와 서유구의 의견을 나타내는 案, 又案 등과 인용문헌은 원문의 표기와 유사하게 네모를 둘렀다.
- 원문의 주석은 【 】로 표기했다.
- 서명과 편명은 번역문에만 각각 《 》 및 〈 〉로 표시했다.
- 표점 부호는 마침표(.), 쉼표(,), 물음표(?), 느낌표(!), 쌍점(:), 쌍반점(;), 인용부호(" ", ' '), 가운뎃점(·), 모점(、), 괄호(( )), 서명 부호《 》를 사용했고 인명, 지명 등 고유명사에는 밑줄을 그었다.
- 字, 號, 諡號 등으로 표기된 인명은 성명으로 바꿔서 옮겼다.
- 그림 및 사진의 출처는 해당 자료와 함께 표기하였다. 별도표기가 없는 경우, 바이두(Baidu.com)와 구글(Google.com) 등의 이미지를 활용하였다.

서설
《임원경제지》〈보양지〉와 우리 문명이 가야 할 길

---

1. 고인돌과 《논어》

2020년 1월 도올서원에서 전라남도도청의 전폭적인 지원에 힘입어 전남 지역 고등학생들 대상으로 《논어》 강좌를 열었다. 그 일정 중에 화순 지역에 널려져 있는 '고인돌' 유적을 학생들과 함께 돌아보는 소중한 기회가 있었다. 전 세계 6만기의 고인돌 중 한반도에 그 3분의 2가 집중되어 있으며 다시 전남 지역에 그 절반인 2만기가 모여 있다는 사실을 과연 어떻게 해석해야 할 것인가? 학생들과 함께 고민해보는 시간이었다. 고인돌 하나의 무게가 200~300톤에 달하는 규모에 또 한 번 놀라지 않을 수 없었다. 탄소동위원소 측정으로 본 한반도 고인돌은 기원전 2000~800년에 왕성하게 건립되었고 기원전 400년까지 이어지는데, 이는 한반도에서 논농사와 함께 정주생활이 본격화되던 시기와 겹친다. 《논어》의 공자(孔子, B.C. 551~B.C. 479)보다도 좀 앞선 시기이며, 대개 중국의 주(周, B.C. 1046~B.C. 771)나라가 건재하던 시기에 해당된다. 우리나라 일부 사학도들은 역사고증을 실제보다 더 늦게 잡는 악폐에 사로잡혀 있다.

고인돌 문화에 관한 고문자기록이 없어 아쉽기는 하지만, 지금 눈앞에 놓인 거석의 위용 자체만으로도 한국의 고문명의 수준을 짐작케 해주는 강력한 물증이라 아니할 수 없다. 고조선이나 삼한(三韓)이라는 이름을 통하여 희미하게 짐작하는 역사로 남아 있지만, 고인돌 문명의 후예들은 육경(六經)의 고전을 만들어낸 중국문명과 활발히 교류하며 그 문명에 영향을 줄 수 있는 분명한 자기 아이덴티티를 형성시켜갔다고 보아야 한다. 문명은 호상적인 교류 속에서 형성되어가는 것이다. 나는 고인돌의 대지 위에서 자라난 전라도의 소년·소녀들과 함께 일주일간 집중적으로 《논어》를 강론했다. 그 핵심은 동방인의 사유의 근저를 확립한 인문정신이며 인문정신이 지향하는 합리주의였다. 그것은 자연의 도(道)와 사람의 도(道)를 합일로 이끄는 지혜의 총체였고, 향후 인류 문명이 지향해야 할 가치의 전범이었다. 지금까지도 한국인들은 새벽에 정화수를 떠 놓고 천지신명에 정성을 올리는 소박한 믿음을 유지해오고 있다. 그들의 일상생활은 일찍부터 경건한 신앙과 불협화음을 일으키지 않는 인문정신과 합리주의가 두껍게 감싸주고 있었던 것이다. 신앙 그 자체가 초자연적인 대상을 가지고 있지 않았다.

동방의 고인돌 후예들이 걸어간 길은 우리역사의 정맥일 뿐 아니라 세계사의 한 주축이었다. 이들은 고구려 집안(集安)에 6미터가 넘는 광개토대왕비와 거대한 장군총을 건조했고 안악고분의 천장에 하늘의 천문도를 그렸으며 그 하늘을 바라본 영감을 다시 인류 미술의 신비라고 일컬을 만한 사신도(四神圖)에 남겼다. 이들은 성덕대왕신종의 명문에서 보인 바와 같이 인도불교의 정화를 받아들여 깨달음의 바다에 만물과 함께 지혜의 배를 타고 가는 염원을 원음(圓音)으로 구현했으며, 경주 석굴암 본존불의 디자인에서는 하늘과 땅의 조화를 극적으로 결합하여 희랍기하학의 관념구도를 실제 사물 속에 완벽에 가깝게 구현하였다. 이들이 건립한 고려 초의 철제당간지주가 천 년 동안 그 자리에 치립하여 고려황제의 위엄을 보여주고 있으며, 거란의 금속상감기술과 송의 자기기술을 결합하고 거기에 지금까지 없었던 신비의 비색을 불어넣어 상감청자를 탄생시켰다. 이들의 직지(直指) 활자 인쇄술은 로마 교황과도 관계된 인적 교류 속에서 서구에 전해져 구텐베르크(Johannes Gutenberg, 1398~1468)에게로 개화되었다. 이들은 몽골과의 전시 상황 속에서 현재까지도 가장 신뢰받는 불교대장경의 최정본 사업을 성공시킬 만큼의 인문적 역량을 과시하였고, 종교인의 관점에서 역사를 기술한 일연(一然, 1206~1289)의 《삼국유사》조차 역사와 문학과 철학과 종교가 하나된 원융한 사고를 일탈하지 않는다. 우리민족은 팍스 몽골리카 이후 유라시아 세계와의 전면적 소통의 기회를 놓치지 않고 활발하게 움직였다. 천지와 인간의 표상을 가장 합리적으로 구현한 알파벳 문자, 한글을 제작하였으며 언제가 될지 모르는 뉴월드의 가능성의 길을 예비하고 있었다. 그것은 자연의 도와 사람의 도, 곧 천도(天道)와 인도(人道)가 하나로 조화되는 위대한 이정표가 되었다.

퇴계와 율곡으로 대별되는 조선 도학(道學) 역시 시대적 기복은 있었다 하더라도 인간의 심과 성의 문제에 있어서 인문정신과 합리주의를 심화시켜 나갔으며 서구문명의 주술적(主述的, 주부와 술부의 논리구조) 사유를 우리 언어의 내적 논리로 소화시켰다. 그 바탕 위에 19세기 서구문명의 강력한 파고에 대응하는 지적 근육을 단련하고 있었다고 보아야 할 것이다. 성리학은 인류사에 보기 드문, 초월과 신비와 본질을 거부하는 인도(人道)와 천도(天道)의 긴장과 조화에 대한 고민의 산물이었기 때문이다.

2. 서명응·서호수·서유구 3대의 학문

서유구라는 사상가는 반드시 그의 친조부인 보만재(保晩齋) 서명응(徐命膺, 1716~1787)의 웅대한 선천학(先天學) 체계와의 관련 속에서 논구되어야 한다. 나는 보만재로부터 풍석에 이르는 사유의 집약과정이 칸트에서 헤겔에 이르는 사유의 전개과정의 밀도에 조금도 손색이 없는 다양성과 통일성을 과시하고 있다고 확언한 적이 있다(2014년 4월).

정조(正祖, 1752~1800)가 세손 시절의 스승이었던 서명응의《보만재총서(保晩齋叢書)》를 놓고 "조선 400년래의 최대 거편"이라고 평가한 것을 보면, 정조는 그《총서》속에 조선의 운명을 좌우할 깊이와 통찰이 담겨 있다는 것을 직감했을 것이다. 서유구는 조부 서명응의 저술에도 상당 부분 직접 관여하였을 정도로 디테일에 이르기까지 조부의 학문과 인격에 크게 영향을 받았다. 이런 상황은 그의 친부와의 관계에서도 동일한 양상으로 나타난다.

서유구의 아버지 학산(鶴山) 서호수(徐浩修, 1736~1799)는 관상감의 책임자로 조선 후기 최고의 천문역산가였으며, 조선의 공식 역법인 시헌력(時憲曆)을 완비하는 데 결정적 기여를 하였다. 예로부터 관상수시(觀象授時), 곧 하늘의 운행을 파악하여 정확한 달력과 시간을 알리는 일은 천도와 인도의 질서를 조율하는 국왕의 막중한 책무였다. 서호수는 당대 조선의 방법과는 달랐지만 마테오 리치(중국명 리마두利瑪竇, 호는 서태西泰, 1552~1610)가 전해준 수학과 천문학의 가치를 정확히 이해하고 평가하였다. 1790년 건륭제의 생일 축하사절로 북경에 갔을 때 그는 마테오 리치의 묘를 찾아가 글을 써서 고한 바 있다.

서태의 도(道)는 하늘(상제)을 부지런히 섬기었고, 서태의 예(藝)는 하늘을 공손히 따랐습니다. 그 기기(機器, 즉 혼개통헌)는 기자의 나라 조선에 전해졌고 그 책은 나의 저술《혼개도설집전》에 흘러들었습니다.《기하원본(幾何原本)》에 제가 내용을 추가한 일은 감히 양웅(양자운)의 현학에 빗대겠습니다. 이제 나의 책과 기기를 안고 그 완성을 알리며 하늘을 우러러봅니다[西泰之道, 昭事上帝; 西泰之藝, 欽若昊天. 器傳于箕子之邦, 書衍于鶴山之編(器卽渾蓋通憲, 書卽渾蓋圖說集箋). 竊附幾何之增題, 敢曰子雲之譚玄, 抱書器而升中, 仰寥廓于九重之圜].

서호수는 마테오 리치가 전한 천문의기를 따라 '혼개통헌의'를 제작하고, 리치가 중국에 전한 유클리드 수학의 한역본《기하원본》을 강해하였다. 그리고 자신의 견해를 보입하여 만든 책《혼개도설집전》을 완성하였기에 리치에 대한 흠모의 정을 담아 제문을 올린 것이다. 그것은 서양인 마테오 리치의 정맥을 동방의 서호수 스스로가 이었다는 정직한 고백이요,

담대한 선언이었다. 그때 청의 흠천감(欽天監) 우감부(右監副)로 있던 예수회사 탕사선(湯士選, Alexandre de Gouvea, ?~1808)이 서호수의 책 서문에 쓰기를 서호수는 마테오 리치의 양웅(揚雄, B.C. 53~AD 18)이라고 했다. 자운(子雲, 양웅의 자)이 《태현경》을 써서 현학(玄學)을 조리 있게 체계화하여 후세에 그 학문이 높이 드러난 역사를 빗댄 것이다.

서호수는 또 당시 음률에 대해 직접 대화를 나누었던 청나라 최고 석학 옹방강(翁方綱, 1733~1818)과 기윤(紀昀, 1724~1805)의 학적 수준에 대해 탐탁치 않아 했고(후대에 옹방강을 만난 추사의 굴종적 태도와 대비된다), 특히 음악에 대한 모기령(毛奇齡, 1623~1716)의 책 《경산악록(竟山樂錄)》, 《성유악본해설(聖諭樂本解說)》에 대해서는 후대에 해를 끼칠 염려가 다분하므로 모두 불살라버려야 할 것이라고 극언하였다. 서유구의 아버지는 이런 사람이었다.

특히 서양의 오선악보와 음계의 이치를 소리로 직접 듣고 알아보고자 하였으나 탕사선이 마침 오르간이 파손되어 본국에 새로 주문한 상태라는 대답에 크게 아쉬워했다. 만약 그 악기를 살피고 소리를 확인했다면 주희(朱熹, 1130~1120)가 음악이론서 《율려신서(律呂新書, 1187)》 서문에서 말한 바 천고일쾌(千古一快)를 이룰 뻔하였다고 하면서 호탕한 웃음을 지었다. 어느 문명이나 안정적이고 활력 있는 공동체 운영의 출발점은 도량형에서 시작된다. 그런데 동방에는 눈에 보이는 잣대로서 도량형 중의 첫째인 자(尺)의 기준이 귀로 듣는 소리의 기준 곧 음률에서 나온다는 원칙을 굳건히 지켜왔다. 춘추전국 이후 중국의 천하통일기에 나온 거동궤(車同軌, 교통의 통일), 서동문(書同文, 문자의 통일), 동율도량형(同律度量衡, 율도량형의 통일: 곧 음률-길이-부피-무게의 순서로 기준이 정해진다는 뜻)이 그것이다. 무형의 소리에서 유형의 자가 도출된다. 소리는 하늘에 속하고 도량형은 땅에 속한다. 귀(聲, 音律)가 먼저고 눈(視, 尺)은 그 다음이다. 율도량형을 통일하여 인간세의 기준을 세우는 사람, 곧 성인(聖人)은 귀가 밝은 사람이었던 것이다. 그

러한 순서로 천지에 질서가 생기고 문명의 새 출발을 알린다. 이 어찌 천고
일쾌(千古一快)가 아니겠는가? 주희도 서호수도 율도량형과 예악형정, 천도
와 인도의 찬란한 통일의 한 경지를 눈앞에 펼쳐두고 있었다. 그들에게는
인도와 천도, 그 최종적 진리 여부와 씨름했을 뿐, 출신 지역의 동서 구분
이나, 살았던 시대의 고금 차이는 전혀 문제가 아니었다. 참으로 2천 년간
전개되어 온, 《논어》적 사유를 근본으로 하는 인문정신과 합리주의의 찬
란한 광휘였다. 그들은 편견 없이 진리를 수용하려 했다.

　이렇게 서유구 아버지의 일까지 자세하게 언급하는 이유는 그의 사상을
논구하기 위해서는 반드시 이 3대를 함께 봐야 하기 때문이다. 그들은 모
두 청과 서양을 조선과 대등한 상대로 생각하며 조금도 위축당함이 없이
당당한 모습을 보였다. 마테오 리치를 계승하고 보완하며 그 도를 진정으
로 이어가는 군자들이 200년 후 9만 리 떨어진 '조선'에 있다는 사실을 그
의 묘 앞에서 당당하게 과시하였던 것이다. 그러나 천문학과 수학의 절예
(絕藝)를 흠숭한 이면에, 서학의 문제점으로서는 욕망을 금지하고 윤리를
멸하며(불교), 정기를 아끼고 총명을 멈추며(도교), 현세를 경시하고 천당을
중시하는 것(백련교)이 노불과 이단의 무리와 닮았다고 지적한다. 종교적 교
리의 핵심인 서학적 삶의 철학은 가차없이 비판하였던 것이다. 우리는 서
호수의 이런 태도에서 조선의 인문정신과 합리주의의 극적인 사례를 다시
한 번 확인하게 된다. 원시유학에서 발흥하고 다시 400년에 걸친 조선 성
리학의 깊은 훈도의 결과라 아니할 수 있겠는가?

　서호수의 이런 정신은 아들 서유구의 《임원경제지》에 그대로 녹아 있다.
《임원경제지》〈보양지〉에서는 유가의 양생법을 피력하면서 도가와 불가의
초월과 적막을 비판하는 언설에서 이와 같은 일관된 태도가 나타나 있다.
또한 약 반 세기 뒤에 본격적으로 밀려오는 서구문명의 파고에 대항하여 일
어났던 최한기(崔漢綺, 1803~1879)의 "기학(氣學)"과 최제우(崔濟愚, 1824~1864)

의 "동학(東學)"에서 말하는 서학 비판 담론의 핵심이 이미 서호수와 서유구와 같은 조선 지식인의 삶의 윤리의 딥 스트럭처에 용해되어 있다. 《논어》나 《예기》에서 구현된 인문정신과 합리주의가 수천 년의 축적을 거쳐 서씨 가학전통에 또다시 공고한 발판을 만들고 있음을 볼 수 있다. 천도와 인도의 합일이라는 이상적 거울에 비춰본 또 하나의 도약이었던 것이다.

도대체 이런 자신감과 저력은 어디서 나온 것인가? 오늘날 한국인의 시각에서 조선을 주도해간 이들의 모습을 볼 때, 우리는 오늘 우리의 찌들린 현존의 모습을 반성하지 않을 수 없다.

이들의 이런 자신감, 그 기개와 국량은 마치 조선 초 《천상열차분야지도(天象列次分野之圖, 1395)》와 《혼일강리역대국도지도(混一疆理歷代國都之圖, 1402)》에서, 조선의 하늘을 새롭게 열겠다는 의지와 함께 전 세계를 손바닥 위에 놓고 국가의 진로를 탐색하고 포효하는 발문을 쓴 권근(權近, 1352~1409)의 기개를 연상시킨다. 개국 초 궁궐의 정문인 광화문(光化門)의 작명에서도 역시 "광피사해 화급만방(光被四海 化及萬方, 국왕의 은광이 사해에 뻗치고 감화가 만방에 미친다)"이라는 뜻을 내건 집현전 학사들의 헌걸찬 기개가 엿보이고 있다. 한 때 전 세계 인류 활동의 에너지 과반을 점했던 고인돌 문명의 후예들이 육경(六經)의 인문정신과 합리주의를 체화하면서 이루어간 그 모든 과정이 조선왕조 문명의 도학(道學)의 심화로 한 번 더 응축되어 현재의 우리에게 이어지고 있음을 본다.

서유구가 살았던 시대는 분명 얼마 지나지 않은 시기에 조선의 멸망이 예견되고 있던 때였다. 과연 그 스러져가던 역사의 귀퉁이 속에서 무슨 가치를 찾아낼 것인가? 조선 외형의 성쇠나 존망이 중요한 것이 아니다. 현재 우리 문명의 모습에 어떤 가치를 형성하고 어떤 자산을 남겨주었는가, 그것이 중요할 뿐이다.

"근대"(Moderinty)라는 개념 자체가 논란의 대상이다. 조선 말기 개화의 성공 여부로만 근대화를 논하는 것 또한 넌센스다. 단순히 개화로만 말한다면 식민지를 겪지 않고 안전하게 개화한 태국은 과연 우리가 모델국가로 본받을만한 나라인가? 개화와 식민을 동시에 이루고 그 식민모국 스페인의 군주를 국명으로 삼고 있는 필리핀은 어떤가? 개화 성공의 극적인 사례로 들고 있는 일본근대문명 역시 그 결말은 제2차 세계대전의 도발과 멸망이요, 천황제의 존속이다. 일본의 현재 정체의 모습과 세계적 지위의 하락은 개화의 보상으로 얻은 식민지 침탈의 업보와 무관치 않은 것이다. 과연 개화는 무엇이고, 근대란 무엇인가? 우리 문명은 고인돌 시대로부터 동방예의지국으로서 인문정신과 합리주의 곧 인도와 천도의 합일을 향한 지혜를 간단없이 그리고 조용히 키워왔다.

　화려한 외형은 아니었지만, 조선은 우리에게 남겨준 것이 적지 않다. 선조가 도성을 버리고 피난을 떠나고 나라가 풍전등화의 위기에 처했을 때 그 사회에 책임을 질 아무 이유가 없던 평민들이 왜 의병에 가담하였겠는가? 망국의 와중에서 노비 출신 의병장은 무엇을 바라고 단신으로 일제와 맞서며 일어섰는가? 아직도 일본사람은 한국인들을 비열하게 바라보는 편견에 가득차 있다. 그들 입장에서는 한국인들의 행동양식이 잘 이해가 안 되는 것이다. 조선은 이미 승패가 결정된 뒤에도, 임금이 도망가고 사실상 양측의 힘의 우위가 명백하게 판결이 났음에도 불구하고 숨어 있다가 치고 빠지는 의병의 거사를 반복하는 나라였던 것이다. 힘의 우위에 완벽하게 복종하는 사무라이의 윤리로 볼 때 이런 것은 매우 비열한 짓으로 간주된다. 그들은 그렇게 본다. 그러나 조선이 키운 정신은 차원이 다른 것이었다. 조선 도학의 정맥을 지켜준 《논어》·《맹자》의 윤리적 메시지가 하늘이 열어준 사람의 길이 항상 존재당위의 출발점이라는 것을 가르쳐주었다. 금수와 인간을 가르는 분기점, 그 당위적 판단이 찍어 누르는 세상의 위력에 틈을 내고 균열을 만들었던 것이다. 거기에 공명해 일어난 혼불이 불굴의 독립항쟁을 이어갔고 끝끝내 해방을 이루었으며 다시 민주화를 열었다. 이제 촛불로 세상을 환히 밝히고야 말았다. 이 어찌 어느 한 시점, 한 곳의 일이겠는가?

서호수가 체현해 보인 바 고전의 인문정신과 합리주의는 마테오 리치의 학문을 나의 것으로 받아들이는 데 추호의 주저함이 없었다. 유교는 기독교와 달리 과학을 거부한 적이 없다. 9만 리 먼 곳이건 수백 년 옛 것이건 그것은 하등의 문제가 아니다. 인문정신과 합리주의는 1만 5천 년을 지속해온 인류문명의 보편적 기저일 뿐이다. 이런 인문과 합리의 바탕에서 한국은 다시 자연을 배우는 방법론을 익혔다. 새로운 천도, 곧 뉴턴 역학을 배우고 상대성이론을 배우며 양자역학을 배워갔다. 그것은 사실 쉬운 것이다. 인문과 합리의 바탕에서 용납하지 못할 수(數)가 없고, 깨치지 못할 리(理)가 없는 법이다. 보다 어려운 것은 사람과 사람 사이의 관계, 차원 높은 인도의 질서를 확립하는 과정에 관한 것이다. 현대정치의 근간으로 자리 잡은 민주주의 또한 우리민족의 토착적인 민본사상의 전승으로 보아야 한다. 민주주의 이상은 상해임시정부수립 때부터 전폭적으로 수용되었고, 1948년 대한민국정부의 수립 이래 가장 단기간에 성공적으로 뿌리내린다. 서구에서처럼 개인의 욕망과 경쟁의 조율만으로써 이루어지는 사회가 곧 민주사회는 아니다. 인문과 합리의 바탕 위에 천도와 인도를 조화시키는 사회를 목표로 공공의 가치를 중히 여기고 공동체의 윤리를 형성해가는 경험을 축적해온 역사는 우리 조선이 사실 더 오래된 것이다. 인도는 천도를 목표로 하고 천도는 또 인도에서 그 실현을 보는 것이 아니던가? 여기에는 초월도, 신비도, 존재론(ontology)도 없다!

이처럼 19세기의 조선 지식인은 서구의 영향을 직간접적으로 충분히 의식하고 있었고, 우리가 알고 있는 것보다 훨씬 역동적이고 깊이 있고 거대한 사상을 준비하고 있었으니 그 중의 하나가 바로 《임원경제지》이다. 급

기야 1840년 이후 1900년까지 최한기의 기학, 최제우의 동학, 이제마의 사상의학 등이 더욱 적극적이고 명료한 방식으로 우리 역사의 전면에 출현하였고, 한 세기가 지난 지금 시점에서도 확연히 다 풀리지 않는 비오(秘奧)로서 무한한 에너지를 발하고 있다.

3. 서유구의 《임원경제지》 기획의 포부

그런 면에서 《임원경제지》는 서구문명의 본격적 유입을 접하고나서야 이루어진 저작으로 규정될 수는 없다. 그러나 우리는 17세기 초반 예수회 선교사들의 작업을 통해 천문학, 지리학에 대한 폭넓은 지식이 유입된 것을 알고 있다. 백과사전계열 유서(類書)의 선구로 기억되는 이수광(李睟光, 1563~1628)의 《지봉유설(芝峯類說)》(1614)은 이러한 서구의 새로운 지식을 소개하는 데에 상당 부분을 할애하고 있다. 《지봉유설》의 저술은 이지조(李之藻, ?~1631)와 마테오 리치의 합작으로 만들어진, 신대륙이 포함된 세계지도 《곤여만국전도(坤與萬國全圖)》(1602)가 동방에 알려진 시기와 병행하는 사건이었다.

이후 이익(李瀷, 1681~1763)의 《성호사설(星湖僿說)》, 홍대용(洪大容, 1731~1783)의 《의산문답(醫山問答)》, 박지원(朴趾源, 1737~1805)의 《열하일기(熱河日記)》 역시 그것이 청을 통해 이루어진 간접적인 방식이라 하더라도 세계의 흐름에 안테나를 켜 둔 조선 지식인들의 관점을 보여주고 있다. 그들은 모두 조선 도학의 수련이 깊이 몸에 밴 사람들로서 인문정신과 합리주의를 토착적 방식으로 구현해갔다.

서유구는 이들의 구상을 뛰어넘는 데가 있다. 그는 조선 문명의 근간인 유교의 13경(經)을 다시 정리하는 데까지 밀고가고 싶었다. 그의 중부(仲父) 서형수(徐瀅修, 1749~1824)와 함께 13경의 새로운 편집을 구체적으로 기획했었던 것이다. 중국문명의 자산을 조선인의 입장에서 주체적으로 재편하는

《13경전설(十三經傳說)》의 편찬 시도는 《임원경제지》 저술의 의도에 관하여
서도 강력한 시사점을 던져준다.[1]

3대를 이어오는 인문정신과 합리주의는 당대 지식세계의 최고 권위라
할 수 있는 유학경전 13경의 전면적 재편으로까지 그 과녁을 조준하고 있
었다. 유학자의 관심사가 경학으로 뻗쳐가든, 실용학으로 나아가든, 그것
은 참으로 고경을 창조한 성인의 학문에서 동전의 양면과 같은 것이었다.
애초에 도학이 도(道)와 기(器)를 나누어 가치의 차등을 둔 것처럼 보이지만
유교의 근본정신은 하학이상달(下學而上達) 하는 데 있다. 작은 기물에도
필연적으로 도가 깃들어 있다. 현상사물과 유리된 도는 도라고 할 수 없다
(可離, 非道也). 도가 기요, 기가 도다(道則器也, 器則道也). 천도와 인도가 하
나가 되듯 기(器)의 연구와 도(道)의 탐구는 일맥으로 융합된다. 천도와 인
도의 합일을 이룬 사람, 도와 기를 함께 통달한 사람이 곧 성인이다. 그 성
인의 학문이 곧 성학(聖學)이다.

《임원경제지》는 조선의 도학(道學)이 경전의 구절 속에서 걸어 나와 문
명생활의 구체적 현실(器) 한가운데로 걸어 들어간 획기적 저술이다. 그것
은 우리민족 "삶의 자리(Sitz-im-Leben)"의 총체이다. 그것은 내면적 압축으로
만 내달리던 조선 도학이 방향을 유턴하여 현실의 외면(外面)으로 드러내
보인 빛나는 기화(奇花)였다. 서구 경제학의 비조 아담 스미스(Adam Smith,
1723~1790)가 《국부론(國富論)》에서 "보이지 않는 손(invisible hand)"을 매개

---

1 "竊願先生用數年之工, 參校其異同, 攷正其義例, 復采諸家之解, 彙爲附錄. 於是引而伸
之, 擴而充之, 《易》用折中, 《詩》·《書》·《春秋》用彙纂, 《三禮》用義疏, 盒加櫽栝. 次及
《孝經》·《爾雅》, 而《大學》·《中庸》, 還之《禮記》, 《左傳》·《穀梁》·《公羊》, 各自爲書, 合成
《十三經傳說》. 而註疏爲前編, 傳說爲後編, 網羅諸儒之箋解, 折古今幷收, 闡揚群聖之謨
訓而微奧畢願, 顧不偉歟? 雖卽不行于今, 猶可藏之笥篋, 以竢百世. 從子當奉筆硯相役,
得附訂閱之末, 掛名編尾, 亦足不朽矣."《楓石全集》卷3〈書〉"上仲父明皐先生論四書輯
釋書".

로 인간 개인의 욕망이 사회 전체의 유익으로 자연스럽게 작동할 수 있음을 보였다면, 《임원경제지》는 기(器)의 원리를 알고 사회적 생산성을 높이는 일이, 도(道)를 정밀하게 하여 자연과 인간을 함께 고양시킨다는 점을, 방대하면서도 세밀한 증거를 통해 웅변하였다. 그는 천도와 인도의 합일의 즐거움을 말하였던 것이다. 풍석 서유구의 천고의 쾌사(快事)가 《임원경제지》에 있었던 것이다.

서유구는 인간이 기쁘고 즐겁게 사는 것이야말로 하늘의 은혜에 대한 최고의 보은으로 여겼다. 공자가 《논어》에서 학이시습, 유붕방래의 기쁨을 인생 최고의 낙이라고 여겼던 담론의 연장이다. 맹자도 군자의 3락을 말했다. 천지부모의 은혜로 태어난 인간은 무엇을 최고의 보람으로 여기는가? 부생모육지은(父生母育之恩)에 대한 보답을 말하기 전에, 부모는 아기가 건강하고 살지며 웃고 있는 모습을 보는 것이 최대의 기쁨이다(父母唯其疾之憂). 마찬가지로 인간을 낳은 천지부모(天地父母)는 자신의 아이, 곧 사람이 몸과 정신, 사회와 환경 모든 단위에서 건강과 풍요 그리고 기쁨의 고양을 달성한 상태, 곧 오관구열(五官俱悅)의 모습을 보는 것이 최고의 즐거움이다. 서유구는 그것이 하늘과 땅이 나를 낳아주고 길러준 은혜, 천지녹양지은(天地祿養之恩)에 보답하는 길이라 했다. 천지가 제공하는 자원(器)을 충분히 풍요롭게 누리며 자신의 능력을 맘껏 발휘하며(五官俱悅) 살아가는 것이 천지부모에 대한 자식으로서 우리 인간이 할 수 있는 최상의 보은이자 동시에 가장 신성한 의무로 보았다. 서유구가 제시한 임원경제(林園經濟)의 이상, 천인합일의 또 하나의 모습이다. 아버지에게서 이어받은 천고의 쾌사가 또 여기에 있지 아니한가? 이것은 풍석 자신만의 별다른 입론이 아니라, 유교경전의 언어이며 성학의 이상이다. 고인돌 문명 이후 4천 년 이상 동방의 세계에서 상하 일심으로 추구해온 역사의 궁극의 지향점, 동귀일체(同歸一體)의 귀속점이기도 한 것이다.

4. 인류문명의 지향과 《임원경제지》〈보양지〉

몸도 마음도 건강하고 즐겁게 사는 것이 하늘에 보답하는 가장 올바른 도리라고 하면, 이제 〈보양지〉의 내용을 언급할 때가 되었다. 〈보양지〉는 먼저 하늘과 땅 사이의 존재인 사람이 더 큰 자연의 질서에 합일하여 사는 지혜를 말한다. 이후 일신의 건강관리에 대한 지식 곧 호흡법, 도인법, 안마법을 서술하고 이어서 보양식, 식이요법 등이 제시되며, 후반부에 노인을 위한 음식치료, 세대의 지속을 위한 출산과 육아의 요령까지 망라되어 있다.

4-1. 보양과 약이, 천지의 녹양과 보은의 문제

'보양'이라 하면 먼저 사람의 기운을 북돋고 몸에 이로운 것이 떠오른다. 하늘과 땅의 모든 좋은 기운이 응축된 곡식, 광물, 약초, 자연물의 기운 등이 모두 약이(藥餌, 약음식)가 된다. 그리하여 약이를 적절히 활용하면 사람이 천지와 짝이 되고 일월과 동등해진다고 했다. 그 중 첫새벽에 길어 쓰는 정화수는 사람에게 요긴한 야기(夜氣)를 간직하였고, 하루 중 맨 처음 생성되는 천일(天一)의 기운을 갖추어서 뱃속의 운화의 근원을 돕는 효능을 가진다. 정화수 하나가 만약(萬藥)의 기본을 갖추었다고 하여 '진일음자(眞一飮子)'라는 번듯한 명칭도 부여하였다. 약초 중에는 '황정(黃精)'을 으뜸으로 쳤는데, 땅(黃)의 순기(淳氣, 精)를 받았다고 하여 특별히 중시하였다. 그 뒤를 잇는 것이 흔하게 보는 삽주(朮)인데, '산정(山精)'이라는 별칭으로도 불린다. '오행의 정(精)'을 모두 모았다는 오미자(五味子) 역시 뺄 수 없다. '작약(芍藥)'과 '산약(山藥, 마)'은 3천 년 전부터 약으로 써 왔고, '고구마(甘藷)'는 서유구가 오곡을 능가하는 약이라고 최신의 지견을 붙여 두었다.

때로 이런 모든 자질구레한 구분을 넘어 조선 사람들은 산야의 온갖 풀과 꽃을 한데 모아서 복용하기를 즐겼는데, 백초화(百草花), 백초지(百草枝)가 그러한 이름이다. 그렇게 천지의 신명(神明)과 통하고 천지의 도에 합하는 진인(眞人)이 되고자 했다. 자연물은 하늘의 운행에 따라 성질이 달라지기 마련이라 금강산이 사계절에 따라 다른 이름을 가지는 것과 같았다.

구기자는 봄에 잎을 취하여 천정초(天精草)라 하고, 여름에 꽃을 채취하여 장생초(長生草)라 하고, 가을에 열매를 얻어 구기자(枸杞子)라 하며, 겨울에 뿌리를 쓰기에 지골피(地骨皮)라 하였다. 채취 후 수치법(修治法)도 낮에 햇볕을 쬐고 밤에 이슬을 맞혀 일정(日精)과 월화(月華)를 취하도록 하여 하늘과 땅의 기운을 가미하였다.

  복식(服食)은 이처럼 천지녹양지은에 대한 내용이 가득하다. 자연이 내린 온갖 물산을 사람이 적절히 취하여 사용하도록 한 풍부한 매뉴얼인 것이다. 더 많은 요리와 음식은 《임원경제지》〈정조지(鼎俎志)〉에 있고, 동물과 어류를 기르고 잡는 법은 《임원경제지》〈전어지(佃漁志)〉에 수록되었다. 《임원경제지》 전체가 하늘이 내려준 복록을 충분히 활용하여 내 몸을 잘 기르도록 하기 위한 방론이다. 내가 건강하고 행복한 것, 그것이 나를 이 땅에 보내주신 하늘에 대한 보답이다. 그것이 천지부모에 대한 최상의 보은이라 했다. 하늘은 나의 고통을, 나의 질병을, 나의 죽음을, 바라지 않는다. 부모님이 자식의 질병만 걱정할 뿐이듯이.
  흥미롭게도 〈보양지〉에서 보이는 복식(服食), 즉 생활 속 양생은 한마디로 《논어》〈향당〉 편에 보이는 공자의 모습을 따르는 것으로 요약된다.

  제철이 아닌 음식 먹지 말라. 상한 고기를 먹지 말라. 고기가 많아도 곡기보다 과하게 먹지 말라. 생강을 빼 놓지 말라. 요리와 소스는 맞춤하여 먹어라. 밥 먹는 중에 이야기하지 말라. 침 뱉지 말라. 잠자리에 들어 말하지 말라 등등.

  사실 우리 식생활 문화의 깊은 곳에 들어와 있는 경구들이라 굳이 공자를 소환하는 것이 어색할 정도다. 일거수일투족, 행동거지 하나하나가 성인의 자취를 본받고자 하는 섬세하고도 철저한 배려라고 하면 어떨까? 성인이 그리했듯이 하늘이 준 녹양을 제대로 향유하여 오관이 모두 즐거운 생활을 누리는 것, 하늘과 땅의 끊임없이 생성하는 도에 함께 참여하는 것, 종국에는 최상의 인도의 실천으로 이전의 천지자연보다 더 나은 천지 자연으로 나아가게 하는 것, 이것이야말로 '보양의 도'의 궁극이 아닐까?

4-2. 도인과 호흡, 자연과 규구(規矩)의 문제

풍석은 〈보양지 서문〉에서 이러한 〈보양지〉 내용이 혹시나 유가의 본업 에서 벗어나 보이지 않을까 염려하고 있다. 사실 서유구는 서산대사의 직 계 정맥이자 당대의 고승인 화악대사(華嶽大師)와 30년 이상 매우 깊은 교 유를 유지했다. 문집에 보이는 주요한 글에서 서유구가 조선불교 특히 선 종에 대한 남다른 이해가 있었음이 간파된다. 젊은 시절 금강산 백련암에 있던 화악대사에게 불교를 배웠는데, 《능엄경(楞嚴經)》과 《반야심경(般若心 經)》 강론에 참석했다는 기록이 《풍석전집》 1795년(서유구 32세)조에 보인다. 1825년(서유구 62세)에는 아들 서우보(徐宇輔)를 보내 금강산 백련암에 계신 대사를 난호(蘭湖)의 집으로 불러 《반야심경》과 《능엄경》을 강해하시도록 했다는 기록이 보인다. 또한 그는 노자철학에 대한 이해도 상당했는데 할 아버지 서명응의 저술인 《도덕지귀(道德指歸)》에 서문을 쓴 것이나, 그가 당 호로 쓴 자연경실(自然經室)의 기문(記文) 〈자연경실기〉에 비친 인식을 살펴 보면 도가의 오의(奧義)를 숙지하고 있었음에 분명하다. 또한 그는 선가의 술에 대한 이해도 상당했는데 할아버지 서명응의 저술인 《도덕지귀(道德指 歸)》에 서문을 쓴 것이나, 그가 당호로 쓴 자연경실(自然經室)의 기문(記文) 〈자연경실기〉에 비친 인식을 살펴보면 도가의 오의(奧義)를 숙지하고 있었 음에 분명하다.

그러나 치열한 인문정신과 합리주의의 전통 위에서 풍석은 3가(三家)의 득실을 명료하게 가린다. 사람의 생명은 하늘에서 온 것으로 영활하고 밝 지만 욕심으로 인해 질곡되고 망가져간다는 대전제나, 정좌하여 마음을 가라앉히면서 화(火)를 내리고 정(精)을 길러 그 원래의 초심을 회복하고 생명의 원기를 지키는 방법론은 유·불·도 공통이라고 전제한다. 하지만 도가나 불가는 실질적 형체가 없는 것에 매달리는 반면, 유가는 인간의 삶의 모든 단위에서 구체적이고 손에 잡히는 효과를 보여준다고 평한다. 아버지 서호수에게서도 익히 드러나던 논리다. 〈보양지〉에서 건강은 개인의 문제로 끝나지 않고 위로 부모봉양, 아래로 처자양육 나아가 향촌인의 구휼(救恤)과 사회제도의 정비(《인제지》에 보임)까지 포함하는 인간 사회 전반의 건강과 지속적 복지로까지 확장되는 것이다. 이것이 바로 천도와 인도의 합일이자, 세상의 모든 인문지식의 집대성인 《임원경제지》 16개 지에서 〈보양지〉가 중요한 자리를 차지하는 이유가 된다.

〈보양지〉에서는 사람과 자연의 모든 실체와 흐름이 기로 설명된다. "천지의 허공 중 모든 것이 기이고, 사람 몸의 허공처가 모두 기이다. 그래서 내쉬는 탁기(濁氣)는 몸속의 기요, 들이마시는 청기(淸氣)는 천지의 기이다. 물속에 물고기가 헤엄치듯, 사람은 천지간에 가득찬 기 속에서 살아간다. 사람이 기 속에 있는 것은 물고기가 물속에 있음과 같아서 물고기 뱃속으로 물이 출입하지 못하면 죽듯이 사람의 뱃속에 기가 출입하지 못하면 역시 죽는다. 기는 음기(호랑이)와 양기(용)로 대별된다. 항룡복호, 용과 호랑이를 굴복시키고 제어하는 기술로서의 조기법(調氣法), 그러한 호흡법이 중요하게 되는 이유다.

처음에는 10~20식(息, 한 번의 호흡) 밖에 참을 수 없지만 익숙해질수록 횟수가 점점 늘어난다. 완전히 익숙해진 경우, …기가 한 번 풀리면 몸이 허물을 벗은 듯하고 신(神)이 몸 밖에 노는 듯하여 그 쾌감과 좋은 기분이 이루 말할 수 없는 상태가 된다. 이는 일기(一氣)가 내 몸의 겉과 속, 위와 아래를 막힘없이 관통하기 때문이다. …폐기(閉氣, 호흡 멈추기)는 마치 항룡복호(降龍伏虎, 용과 호랑이 곧 양기와 음기를 굴복시켜 제어하는 법)와 같이 그 신묘한 이치를 통달해야 한다.

始而十息或二十息, 不可忍, 漸熟漸多. 至於純熟, … 一縱則身如委蛻, 神在身外, 其快其美, 有不可言之狀. 蓋一氣流通表裏上下徹澤故也. …閉氣, 如降龍伏虎, 要須達其神理.

〈보양지〉 권2 정·기·신, 잡결〉

이 핵심적 부분은 조선 내단학의 대표격인 정렴(鄭磏, 1506~1549)의《용호비결(龍虎祕訣)》내용과도 대동소이하다. 오늘날의 단전술과 호흡술의 복잡다단한 이야기도 따지고 보면 이 시기에 간결하고 명쾌하게 정리된 논의를 반영하고 있다.

다만 〈보양지〉 내지《임원경제지》에서는 이러한 양생과 수양을 어디까지나 개인-가족-공동체의 건강과 복리 곧 사회 전체의 통합적 선순환으로 귀결시켰다는 점에서 현세적 합리주의를 바탕으로 한 유가적 통합을 이루었다고 할 것이다.《동의보감》역시 국왕의 저술지침 내지는 왕명에 의한 것으로, 몸의 수련과 호흡법을 유가적 관점에서 발전시켰다.

도인술의 궁극적 효용가치는 자기 몸에 대한 스스로의 제어능력이다. 의사의 진료를 바라기 힘든 궁벽한 곳이라는 설정은 과거뿐만 아니라 팬데믹(pandemic)하게 의료붕괴가 일어나는 미래의 인류에게도 동일하게 벌어질 수 있는 사태이다. 항상 긴장하고 맹찰해야 할 것이다. 서유구는 궁벽한 곳에서 의사의 도움을 받지 못하고 침과 같은 도구도 없어 병이 나면 속절없이 요절할 수밖에 없는 이들을 걱정하여 역대 수양가들의 '도인으로 병을 고치는 처방'을 수집하고 요점만 뽑아 일목요연하게 정리했다. 자기의 질병을 스스로 고칠 수 있도록 한 것이니, 논밭에서 일하는 사람들과 이 방법을 공유다면 이것은 '자연이 내린 성혜방(自然聖惠方)'[2]일 것이라 했다.

---

2 성혜방(聖惠方)은 978년 중국 송(宋)대의 관찬 의서《태평성혜방(太平聖惠方)》을 말한다. 후에 신통한 효험이 있는 약방을 가리키는 말로 쓰였다.

서유구는 만년에 농사에 전력하였다. 그 시기 특히 나무를 심는 법을 익히는데, 주변 마을의 농부에게서 큰 깨우침을 얻었다. 그 농부의 언어 일부가 〈종수가(種樹歌)〉라는 시에 다음과 같이 표현되어 있다.

보고 듣는 것을 여기에 모으고,   耳聞目見于斯專,
한곳에 뜻을 담아 정신을 집중하니   用志不分凝於神.
일일이 전해 내려오는 고방(古方)을 찾을 일 있나?   何待一一古方傳,
손이 숙련되면 저절로 규구(規矩)에 맞을 뿐.   手熟自然合規矩.

여기서 서유구는 견문을 한곳에 전일하게 하고 정신을 집중하여 오래 연마한 결과 풍부하고 정확한 지식을 습득하게 된 것이라고 한 농부의 말에 경탄했다. 또 현실에 맞지 않는 책을 치우고 이제부터 그 농부를 스승 삼아 배우겠다고 했다. 나무를 심는 법도 심혈을 기울여 오래 잠심(潛心)하면 전래의 농서 지식보다 정밀해진다고 했다. 내 몸의 관찰과 양생을 어찌 나무보다 가벼이 할 수 있겠는가? 항상 시의에 맞게 거름 주고 물주고 김매고 북돋고, 해충을 쫓으며 가지를 잘라 주듯 해야 할 일이다. 근세 과학 정신의 발로라 해야 할 것이다.

4-3. 칠정과 중화의 문제

마지막으로 수양 문제의 핵심은 7정(七情)이다. 〈보양지〉에서 신(神)을 인간의 7정의 문제로 이해하는 방식 역시 유가의 오랜 이해와 닮았다. 기쁨과 분노, 근심과 시름, 슬픔과 설움, 놀람과 두려움, 사랑과 미움 등 인간의 감정을 조절하여 신을 기르는 다양한 방법은 유가적 양생법과 관련된 개인의 인격적 수양과 밀접하게 연계되어 있다. 나중에는 도가의 좌망(坐忘)과 존상(存想)의 기술을 들어 이러한 신신합일(神身合一)의 황홀경까지도 소개한다.

색신(嗇神, 신 기르기)의 내용을 골라 살펴본다.

너무 기뻐하면 양(陽)의 기운을 상하게 되고 너무 노여워하면 음의 기운을 상하게 된다. 너무 즐거워하면 기가 흩어지고 간을 손상하여 눈이 어두워진다. 너무 근심하면 폐의 기를 상하게 하여 폐기가 운행되지 않는다. 너무 슬프고 서러우면 음양이 교류하지 못해 몸이 상한다. 그러므로 도를 배우는 사람은 무엇보다 기쁨과 노여움의 감정을 적절히 조절하여야 한다. 비록 기쁘더라도 담연지성(湛然之性)을 요동치게 하는데 이르지는 말고, 비록 노엽더라도 호연지기(浩然之氣)를 막히게 하는 데 이르지는 말아야 한다.

7정은 인간의 감정으로서 결국 몸과 마음의 문제로 귀결된다. 유가에서는 그 감정의 자연스런 발로와 적절한 절제의 문제를 인간세계에서 이루어야 할 가장 핵심적 과제로 보았다. 곧 중용의 중(中)과 화(和)이다. 이러한 감정 곧 희로애락은 마음의 수양, 곧 인의예지라는 도덕의 문제와 함께 몸의 수양으로 통합되어야 할 것이었다. 유가에서는 인(仁)이 간(肝)에서 발하는 덕이듯이, 기쁨[喜]은 심(心)에서 발하여 폐에서 이루어진다고 보았다.

《중용》에서부터 희로애락의 문제는 유가의 가장 심원한 생명의미를 파고드는 과제였다. 조선의 심학과 사단칠정 논쟁 역시 희로애락과 인의예지의 문제, 감정의 문제와 도덕의 문제를 따로 떼어서 생각할 수 없다는 데에 그 논의의 궁극적 문제의식이 있었다. 감정의 발로와 절제 간의 다이내믹스에 기반하여 희로애락과 인의예지가 모두 함께 인체의 오장육부와 합일되어 있는 가장 독특하고 미래지향적인 인체·우주론을 수립했던 것이다.

희로애락의 문제는 인간의 감정을 넘어 그 자체로 천하의 대본이요, 천하의 달도이다. 희로애락이 미발(未發)된 상태에서 중(中, 곧 든든함)을 얻고 희로애락이 기발(旣發)된 상태에서 절(節, 곧 알맞음)을 얻어, 그것으로 천지(자연세계)와 내 몸(자아세계)과 천하(인간세계)의 중화(中和)를 이루게 된다. 희로애락의 중화를 이루는 것이 하늘과 땅을 바로 세우는 것이요, 만물을 생육하는 방도요, 인간세계를 이끌어가는 벼리다. 천지는 사시와 풍우로 희로애락을 드러내고 만물은 생장사멸, 묘수화실(苗秀花實)로 희로애락을 표현하며 인간세계는 성속(聖俗)과 치란(治亂)으로 희로애락을 나타낸다. 사람과 천지, 만물은 그렇게 우주적으로 공명한다. 화초가 꽃 한송이 피워내는 기쁨과, 사람이 새 생명을 얻는 기쁨, 그것이 어찌 다르겠는가?

천지를 부모로 하여 태어난 인간이 희로애락의 중화를 온전히 이루어 그 부모인 하늘과 땅을 올바로 세운다 하니, 이로써 우리는 한 인간으로서 부생모육지은(父生母育之恩)과 천지녹양지은(天地祿養之恩)을 다 갚을 수 있는 길이 열리는 것이다. 이로써 우리는 인문정신과 합리주의, 천도와 인도의 궁극적 합일을 이룰 수 있는 길을 찾게 되는 것이다. 이로써 우리는 인류문명의 미래를 선도할 위치에 와 있는 것이다. 〈보양지〉가 말하는 최후의 메시지다.

5. 《임원경제지》〈보양지〉의 번역 출간에 대하여

정명현의 향심으로 시작한(2003년) 《임원경제지》 번역 사업이 근 20년의 성상이 소요되어 간다. 30대 초반의 젊은이들이 겁 없이 달려들었던 일이었건만 그 목표가 높았고 그 의지가 강렬했기에 강산이 두 번이나 바뀔 동안 꿋꿋이 그 드높은 기개를 굽힘이 없었다.

〈보양지〉 역시 전종욱이 2003년 초부터 번역을 시작했다. 《임원경제지》 번역 사업이 우여곡절을 겪으며 시간이 흘러가던 사이에 전종욱은 한의원 진료를 접고 카이스트 의과학대학원에 진학하여 박사학위를 밟았다.

전혀 낯선 분야의 학문이었고 생소한 실험실 생활이었지만, 고전의학의 지식과 실험과학의 지식이 영원히 분리된 채로 고립되어 있을 수 없다는 신념 아래 연구를 계속했다. 그것이 나중에는 고전의학정보를 바탕으로 한 '신약개발 프로그램'이 나오게 된 계기였다(2020년 2월 특허등록).

임원경제연구소의 번역은 한국사회에 내려오던 관행적 번역의 수준을 높이는 데 크게 기여했다. 모든 원문은 반드시 그 원 인용문을 비교·대조하는 문헌비평(교감)의 과정을 거쳐야만 했다. 그렇게 대조한 결과로서 인용문의 출처를 일일이 명기하고 있는 것이다. 원문과 인용문에 글자의 출입이나 오자, 탈자가 발생한 경우 글의 내용을 비교하면서 추가로 주석을 달았다. 그 결과 번역문이 어떻게 달라지는지를 명료하게 드러내주었다. 이런 작업이 얼마나 품이 많이 들고 정성을 기울여야 하는지 경험이 없는 이들로서는 상상하기 어려운 일이다. 원고매수라는 정량적 결과로만 결코 헤아릴 수 없는 엄청난 지적 노동력이 투여되어야 하는 것이다. 역자들은 내가 《동양학 어떻게 할 것인가》(1985년) 이래로 목청껏 강조해왔던 '원전번역과 교감의 중요성'을 일찍이 우리 학문의 기본 전제로 가슴에 각인하고서, 도중의 온갖 반대와 난관에도 불구하고 묵묵히 실천해왔다. 예산을 지원하는 공무원들도 이에 대한 이해가 매우 얕아 곤혹스런 경우가 많았다고 한다.

그러나 학문이란 정직한 것이다. 문헌비평이 없는 번역은 번역이 아니다. 이것이야말로 임원경제연구소와 같은 번역기관의 가장 큰 존재 이유라고 할 것이다.

문헌비평 외에 임원경제연구소의 번역 작업의 특징은 몇 개가 더 추가된다. 모든 원문과 번역문을 같은 페이지에 나란히 배치하여 두 언어를 바로바로 비교하면서 읽을 수 있다. 한영 대조 성경과 같은 형식을 취했기 때문이다. 한문의 독해 문화가 점점 희미해져가는 지금 이렇게 번역 출판되는 책은 다른 모든 것을 제쳐두고라도 한문을 친근한 것으로 만들고, 문장의 정확한 이해도를 극적으로 높여준다. 원문을 병기해주는 태도는, 번역자들이 자신의 실력을 완전히 노출시키면서 번역의 신뢰도를 높이려는 결백한 노력이었다.

그리고 그림의 활용을 최대한으로 늘리고 있다. 한문 원문으로 이해가 어려운 경우에는 참고 그림이 큰 도움이 된다. 〈보양지〉에서 약초나 동물의 경우 고서의 그림을 많이 활용했다. 당시 그림이 없는 경우 국립수목원 등 공공기관에서 제공하는 사진을 쓰고 있다.

특히 도인안마의 동작에서는 《수진비요(修眞秘要)》의 도인 그림 40여 개를 생광스럽게 활용했다. 이것으로 부족한 경우 역자와 연구원들이 합심하여 이해되는 만큼 동작을 시연하고 사진으로 찍어서 본문의 이해를 도왔다. 이들은 "삽화도 번역이다"라는 캐치프레이즈를 갖고 있다.

〈보양지〉 번역의 또 하나 남다른 점은, 그 번역어가 한의학 전공의 언어를 거의 탈피하고 있다는 것이다. 본초 이름은 우리말 표기를 원칙으로 했고, 처방 이름도 가급적이면 대부분 뜻을 풀어 번역했다. 기(氣), 혈(血)과 같은 한의학의 근간이 되는 단어들도 상황에 따라 숨, 피 등으로 번역하는 데 주저하지 않았다.

이는 임원경제연구소가 오랫동안 쌓아온 번역의 역사 위에서 가능했다. 그간 번역·출간된 책의 전통 위에서 〈보양지〉도 진행된 것이다. 책임역자인 전종욱의 입장에서는 한의학 전공자로서 때때로 번역어가 원어의 뜻을 벗어나고 있다는 우려도 없지 않았다. 그러나 가장 큰 원칙인, 독자의 가독성과 이해도를 우선한다는 연구소장의 방침을 따라야만 했다. 그리고 그렇게 진행된 후에 훨씬 새롭고 정갈한 번역이 되었음을 느꼈다고 한다. 또한 "축어적 일치가 아닌 맥락적 일치(contextual consistency)며, 양식적 상응이 아닌 역동적 상응(dynamic equivalence)"이라는 표현으로 대별되는 나의 번역론(《논어한글역주》1, 2008, 통나무, 229~230쪽)을 20대 청춘시절부터 철저히 훈습 받은 내 제자들이 《임원경제지》 곳곳에다 치열하게 투영한 것은 참으로 자랑스러운 일이다.

〈보양지〉는 〈인제지〉 〈정조지〉와 자매지라고 역자들은 말한다. 모두 음식, 약초, 보양과 관련되어 있기 때문이다. 과연 어느 곳에서, 이처럼 한 저자에 의해 건강 증진, 질병 치료 지식이 음식 요리법과 함께 통합된 저술을 볼 수 있겠는가? 16지가 하나로 연결되어 유기체적 지식의 집적으로 나아가는, 웅대하고 긴밀하게 통합적인 모습이 떠오르게 된다.

〈보양지〉 번역을 계기로, 또 《임원경제지》 완역을 기화로 하여, 모든 지식이 통합을 이루고, 우리나라 문명이 "다시개벽"을 향해 전진하는 힘찬 모습을 기대하게 된다. 새로운 문명의 열림을 알리는 풍석과 같은 지적 거인이 우리 사회에 우후죽순처럼 쏟아져 나오기를 간망한다.

2020년 7월 29일
철학자 도올 김용옥

보양지(葆養志) 해제[1]

1) 제목 풀이: '보양'과 '임원경제'

《보양지》는 《임원경제지》 중 건강(양생) 백과사전에 해당한다. 전체 16지 중 10번째에 있으며 바로 다음 11번째에 본격적 의학백과사전 《인제지》가 따라온다. 《보양지》는 총 8권 3책, 129,453자로 《인제지》, 《이운지》, 《본리지》 다음으로 많은 분량이다.

제목이 《보양지(葆養志)》다. 일반적으로 쓰이는 보양(補養, 몸을 잘 길러 건강을 유지함), 또는 보양(保養, 섭생을 잘하거나 보약을 써서 몸을 튼튼하게 함) 대신 특이하게 초두(艹)가 있는 '보(葆)'자를 썼다. 어떤 이유에서일까? 풍석은 그 의미를 명료히 드러내놓지 않고 있다. '葆'의 사전적 의미는 '풀이 자연스럽게 우거진 모양'이다. 《장자》에 쓰인 보광(葆光)[2] 같은 단어나 조선시대 문집에서 '보양(葆養)'의 쓰임으로 볼 때 "내 몸에 깃든 좋은 기운을 잘 간직하여 기른다."는 뜻으로 짐작해 볼 수 있다. 보양(葆養)이라는 제목은 본래 주어진 나의 생명의 기운을 훼손하지 않고 온전히 기른다는 의미로 풀면 족할 것이다.

《임원경제지》에서 《보양지》와 《인제지》는 각별하다. 16지 중에 사람의 몸을 직접 다룬다는 면에서도 그러하고, 2개의 지가 《임원경제지》 전체의

---

1 이 글은 서유구 지음, 정명현·민철기·정정기·전종욱 외 옮기고 씀, 《임원경제지: 조선 최대의 실용 백과사전》, 전종욱, 〈보양지 해제〉, 씨앗을 뿌리는 사람, 2012, 967~993쪽에 실린 내용을 토대로 증보, 보완한 것이다. 이를 위해, 전종욱, 《풍석 서유구 연구》 서평, "임원에서 시작하는 조선 유학의 마지막 변주"_《임원경제지》, 《태동고전연구》 43집, 299~309쪽 글도 반영했다.

2 "아무리 부어도 가득차지 않고 아무리 떠내어도 다하지 않으며, 그 유래를 알 수 없는 것, 이를 일러 '내면에 감추어진 빛[葆光]'이라 한다(注焉而不滿, 酌焉而不竭, 而不知其所由來, 此之謂葆光)." 《장자》 〈제물론(齊物論)〉

절반을 차지할 정도로 그 분량이 많다는 점에서도 그러하다(252만 여자 중 124만 여자). 《임원경제지》가 동아시아 전통 지식의 총화라고 볼 때, 몸의 수양과 건강의 유지, 치료 방법에 관련된 내용이 압도적으로 많다는 점은 우리 문명의 특징을 드러내는 사실로서 시사하는 바가 크다.

이 두 개의 지가 《임원경제지》에 포함된 이유는 무엇일까? 선비가 때를 얻어 세상에 나아가 뜻을 펼치는 경우가 적극적으로 천하와 국가를 경제(經濟)하는 모습이라면, 시운을 만나지 못하여 시골에 내려가 심신을 닦으며 자족자락(自足自樂)하는 경우가 곧 임원에서 경제하는 모습이다. 상반되는 듯하지만, 둘 다 선비의 일이요 유자(儒者)의 임무다. 공맹 이후 유가의 동선은 언제나 출처진퇴(出處進退)의 분기(分岐)에서 정립되었다. 학문도 정치도, 목민관도 산림처사도 모두 이 유가적 프레임을 벗어나지 않는다.

더구나 나라를 구할 재상이 못될 바에야 의원으로서 활인하는 삶을 택하겠다는 범중엄(范仲淹, 989~1052)의 말이 아름답게 회자되는 문화권이다. 선비의 관점에서 향촌의 삶을 유지하는 데에 건강을 지키고 질병을 관리하는 데 필요한 지식을 놓칠 수 없다. 그 중에서도 병이 진행되기 전에 예방하고 삼가는 방법이 더욱 요긴할 것이다. 《보양지》는 바로 병의 예방과 건강증진에 관한 지식을 면밀하게 뽑아 새롭게 편집했다.

그런데 풍석은 〈보양지 서문〉에서 이러한 《보양지》 내용이 혹시나 유가의 본업에서 벗어나 보이지 않을까 몹시 걱정하고 있는 듯하다. 당시에도 양생술의 상당 부분이 불가나 도가의 수련 방법으로 그들에게서 전해져 내려오는 것이라는 혐의가 있었을 것이다. 풍석은 그러나 유가에서 몸의 수양을 결코 배제한 것이 아니라고 주장한다.

인격함양을 위해 '야기(夜氣)'를 기르는 이야기가 《맹자》에 나오고[3], 주자

---

3 야기(夜氣) : "야기가 부족하면 금수와 차이가 별로 없게 된다(夜氣不足以存, 則其違禽獸不遠矣)."《맹자》〈고자〉 상.

(朱子)께서도 일찍이 호흡 수련의 하나인 조식법(調息法)에 뜻을 둔 적이 있다면서[4]. 다시 말해 본디 사람의 생명은 하늘에서 부여받아 본래 영활하고 밝지만 욕심으로 인해 질곡(桎梏)하고 망가뜨린다는 대전제에 있어서는 유·불·도가 서로 다르지 않다는 말이다. 또한 단정히 앉아 마음을 고요히 바라보면서 화(火)를 내리고 정(精)을 길러 그 초심을 회복하고 생명을 보중하는 방법론 역시 유·불·도의 공통된 도(道)라고 한다.

그러나 3교에 이런 공통적 요소가 있기는 하지만 그 지향점에 있어서는 또한 크게 다르다는 것도 명료하게 지적한다. 도가나 불가는 다만 실질적 형체가 없이 청정무위(淸淨無爲)와 같은 것에 매달리는 반면 유가는 실증이 가능한 인간 삶의 모든 단위에서 구체적이고 손에 잡히는 효과를 보여준다고 평한다. 《보양지》에서 건강은 개인으로 끝나지 않고 위로 부모봉양, 아래로 처자양육 나아가 《인제지》에 보이는 향촌인의 구휼(救恤)과 사회제도의 정비까지 포함하는 인간 사회의 전반적 건강과 복지로 확장되는 것이다. 이것이 바로 유가의 관점에서 바라본, 세상 모든 지식의 집대성 《임원경제지》 16개 지에서 《보양지》가 한자리를 차지하게 된 경위가 된다.

2) 《보양지》의 형성 과정과 그 현재적 가치

풍석 서유구가 가학(家學)의 효율적인 학문 수련을 받았던 것은 널리 알려진 사실이다. 당대의 손꼽히는 경화세족(京華世族)으로 소론(少論) 계열이던 대구 서씨의 문풍(門風) 위에 성장했다. 특히 수리와 과학, 실질을 중시하던 가문의 어른들, 조부 서명응(徐命膺, 1816~1787), 부친 서호수(徐浩修, 1736~1799), 중부 서형수(徐瀅修, 1749~1824) 등에게 일찍부터 깊은 훈도를 받았다.

여기서 《임원경제지》 전체의 형성에 대한 이야기를 먼저 꺼내는 것이 《보양지》의 성격을 이해하는 데도 직접적 도움이 될 듯하다. 현존 《풍석전집》

---

4 주희(朱熹, 1130~1200)의 '조식잠(調息箴)'을 말한다.

권3 「상중부명고선생논사서집석서(上仲父明皐先生論四書輯釋書)」라는 편지 글에서, 서유구가 중부 서형수와 함께 유학의 최고경전 13경에 대한 주해서를 새로 작성할 계획을 상세히 밝히고 있다. 당의 공영달(孔穎達, 574~648) 이후 송대 학자들에 이르기까지 유가경전의 주해를 집대성한 《13경주소(十三經注疏)》에 서유구 당시의 연구 성과를 추가하여 새로운 13경 주해서, 곧 '13경 전설(十三經傳說)'을 편찬하려고 한 것이다. 서유구와 서형수 간에 그 실행방법에 대해 주고받은 의견을 보면, 옹정 연간(1722~1735)에 왕명으로 간행된 '전설휘찬(傳說彙纂)' 체제를 보고 발상을 하였고 그 대략적 체제는 "원문－주자집전－주자학자의 집설－주자학 이외 학자의 부록－자신의 견해(안)"로 구성할 것이라고 하였다. 물론 이 시도는 실제로 이루어지지는 않았지만, 그의 학자적 포부와 관점을 여실히 보여주는 주요 장면이며 또 다른 측면에서 《임원경제지》라는 저술의 성격과 그 지향점을 미루어 짐작케 해주는 사건이라고 할 수 있다. 그는 이미 유교 경전 전체의 새로운 집대성 내지 당대에 요청되는 방식으로의 재배치를 구상했던 것이다. 《임원경제지》의 탄생은 이러한 지적 스케일 위에서 이루어졌다.

《임원경제지》의 내용은 참으로 복잡다단하다. 누군가는 《임원경제지》에 대해 어떤 방식으로 접근하든 그것은 장님 코끼리 만지기 정도를 벗어나기 어려울 것이라고 했다. 16개 분야의 전문 지식을 아우르는 넓은 범위는 물론이려니와 전통적 방식의 유서(類書)와도 큰 차이를 드러낸다. 지금까지 《임원경제지》를 일러 향촌 사대부가 자립적으로 살아가기 위한 실용지식의 집대성이라고 말을 하지만, 그리고 그런 용도로 저술된 책임에 분명하지만, 그 속을 들여다보면 경국(經國)과 제민(濟民)을 위한 방법론이 적지 않게 제기되어 있다. 예를 들어 결부법(結負法)을 경묘법(頃畝法)으로 바꾸자는 전제(田制)의 개혁, 도량형의 통일과 보급, 경위도(經緯度)에 근거한 지방시(地方時)의 사용과 농법의 실행, 전국 장시의 도로표(道路表) 등은 국가 제도의 개혁과 민생의 발전을 함께 고민한 흔적이다. 개인－가정－향촌－국가 단위의 발전이 서로 긴밀하게 연계되어 있는 것이다.

《임원경제지》의 모든 지를 이런 관점에서 바라보아야 온전한 의미를 캐어낼 수 있으리란 것이 현재 우리의 입장이다. 양생을 다루는 〈보양지〉 역시 다르지 않다.

혹자는 《임원경제지》의 그 방대한 지식과 세밀한 분류에 감탄하면서도 일종의 당혹감을 느낀다고 토로한다. 지식의 양이 점점 많아질수록 실용과 활용의 측면이 감소하기 때문이라는 것이다. 향촌 생활에 필요한 지식을 한데 모아 많은 정보를 축적하면 할수록 정작 향촌에 긴요한 정보들을 찾기 어려워지는 딜레마에 처한다는 요지다. 다시 말해 과유불급(過猶不及)의 혐의를 면키 어렵다는 것이다. 《임원경제지》가 가지는 이런 독특한 지점은 조선 후기 대표적 경세가와 사대부 학자들과도 다면적으로 비교할 필요가 있다. 필자는 이런 인식이 서유구 연구에서 필연적으로 도출되는 의문점이어야 한다고 본다.

가설적으로 말하자면, 서유구는 향촌살이에 필요한 구체적 지식을 체계화함과 동시에 국가 경제의 번영을 주도할 특별한 전문가[5]를 육성하고 싶었고 그들이 방대하고 정밀한 지식으로 무장하는 데 도움을 주고 싶었다. 생활인과 전문인 모두에게 유용한 지식을 집대성하고 싶었던 것이다. 그렇기 때문에 위에서 상술한 당혹감과 의문점은 《임원경제지》를 사대부가 향촌에 살면서 필요한 지식이라는 협애한 인식의 틀을 가지고 접근하는 데서 오는 필연적 봉착지일 것이라는 말이다. 서유구의 저작을 보는 방식은 이제, 향촌생활 공간에서의 소박하고 안정적인 삶이라는 미시적 시각에서 나아가 조선 사회를 물적으로나 정신적으로나 풍요롭고 격조 높은, 차원이 다른 나라로 만들기 위한 정교하고 방대한 기획임을 성찰하는 데까지 이르

---

5   《임원경제지》에 나오는 서유구 자신의 언어로는 호사가(好事家)로 불린다. 문자 그대로 일을 하기를 좋아하는 사람이다.

러야 한다. 《임원경제지》를 열었을 때의 의문과 당혹감은 그 과정에서 새롭게 해석되고 풀려나갈 수 있는 문제가 아닐까 짐작된다.

서유구는 중부와 함께 13경의 주해서를 새롭게 정리하고자 하는 뜻을 품었었다. 《임원경제지》에서도 어떤 특정 분야, 예컨대 〈보양지〉, 〈인제지〉 역시 관련 지식들을 모두 집대성하여 정리한 기념비적 저작임이 오롯이 드러나고 있다. 서유구의 강한 지적 욕구는 어떤 한 분야 지식을 넘어 조선으로 대표되는 동아시아 유교 문명의 새로운 도약에까지 뻗쳐있었다. 《임원경제지》가 소극적으로 향촌으로 물러난 향반(鄕班)들의 안온한 생활을 위한 지침서나 세파에서 비껴난 자의 자기 위안을 위한 지식처럼 여겨서는 이 책을 제대로 이해할 길이 없다. 《임원경제지》 이해에서 속히 벗어나야 할 프레임이다. 오히려 《임원경제지》에는 경국(經國)과 제민(濟民)의 유가의 이상을 향촌에서부터 다시 설계해보자는, 미증유의 방식을 동원하여 더욱 적극적으로 구현하려는 의지가 드러나 있다.

서유구의 특이한 점은 새로운 지식을 담으면서 그 편제를 동아시아 고전의 원류를 따르려 했다는 점이다. 예를 들어, 〈유예지(游藝志)〉의 산학(算學) 부분에서 청대의 산학서 《수리정온(數理精蘊)》의 내용을 고대의 《구장산술(九章算術)》의 구성방식으로 재편집한 것이다. 《수리정온》은 1722년 예수회 선교사들이 강희제(康熙帝, 재위 1661~1722)에게 서양 수학을 강의하기 위한 교재를 토대로 편찬된 것으로, 서유구의 아버지 서호수가 해설을 가하여 《수리정온보해(數理精蘊補解)》라는 책으로 펴내기도 했다. 서유구는 여기에 직접 서문을 쓰면서 이 책을 만고의 진리를 담은 책으로 극찬했다. 그런데 수학의 새로운 지식을 담으면서도 그 편제는 오히려 동아시아 고전의 원류를 쫓고 있다는 점에 눈길이 가는 것이다.

의학 파트로 묶여지는 〈보양지(保養志)〉와 〈인제지(仁濟志)〉에서도 그러한 특징을 살펴볼 수 있다. 물론 《동의보감》에서부터 치료의학과는 분리되어 전승되던 양생학을 본말과 선후를 연결하듯 하나로 종합하는 전통을 세웠다. 이는 동아시아에서 고대 이후 지배적 위치를 가졌던 《황제내경(黃帝內經)》의 정신을 재확립했다는 의미가 있는 것이다. 《임원경제지》 역시 이런 전통을 그대로 이어받되(〈보양지〉가 〈인제지〉 바로 앞에 편제됨) 예방과 조섭의 원리에 충실한 〈보양지〉와 사후 치료에 집중하는 〈인제지〉를 분리함으로써 명말과 청대에 쏟아진 새로운 의가, 의서들의 치료처방을 신속하고 체계적으로 수용했다. 《임원경제지》 의학부문이 《동의보감》 이후 《내경》의 고전적 의학 이상을 다시 한 번 결집한 것이다. 이는 동시대 중국과 일본에서 각각 온병학(瘟病學)이 등장하고 상한론(傷寒論) 중시 방향으로 전개되었던 것과 대비되는 조선의학의 특징으로 자리 잡았다.

《보양지》 형성 과정에 대해서는 인용원문을 중국문헌과 조선 문헌을 상세히 분석한 문석윤(2015)[6]의 연구가 있다. 이에 의하면 《보양지》는 송·원·명 시기 중국 양생학의 성과와 함께 특히 명말 호문환(胡文煥)의 《수양총서(修養叢書)》에 집성된 양생 문헌을 참조하고 또 《동의보감》, 《수양총서유집》으로 이어지는 조선 양생 문헌 전통을 계승하였는데, 그 근원이 도교 계통인 양생론을 유교 사대부의 관점을 토대로 실용적으로 선택 수용한 것이다. 때문에 영생불사(永生不死), 우화등선(羽化登仙)이나 현세를 벗어난 초월에 대한 지향은 배제하고 철저하게 유가적 입장에서 양생을 재해석하고 편집하였다.

송대 이후 세속의 윤리적 세계를 삶의 중심에 둔 유교지식인들은 몸과 양생에 관심을 가졌으며 자연스럽게 양생술과 양생의 이론에도 신유학적 합리성의 세례가 뻗쳐나갔던 것이다. 양생학과 의학의 결합이 어느 때보다 강화되었으며 유가의 관점에 기반한 양생 저작들이 속속 세상에 선보였다. 송 진직(陳直, 1018~1087)의 《수친양로서》, 원 이붕비(李鵬飛)의 《삼원연수참찬

---

6 문석윤, 〈풍석 서유구 《보양지》의 형성에 대한 연구〉, 문석윤, 김왕직, 송지원, 이봉규 저 《풍석 서유구 연구 (하)》, 사람의 무늬. 2015.

서》, 명 왕채(王蔡)의 《수진비요》(1515), 명 주신(朱臣)의 《후생훈찬》(1549) 등은 모두 유가적 입장이 강하게 드러나 보이는 양생서였다.

이 같은 흐름의 정점에 명나라 최대의 장서가이자 출판업자인 지식인 호문환(胡文煥)의 《수양총서》(1590 전후)가 있다. 전대에 형성된 양생서와 가장(家藏) 전적들 중에 16종을 엄선하여 새로 출간한 것이다. 사대부의 지적 관심의 확장이라는 면에서 이런 형식의 저술은 거의 같은 시기 명(明) 고렴(高濂)의 《준생팔전(遵生八牋)》(1591)도 좋은 예가 된다. 서화나 골동품 관련 지식과 함께 양생지식을 전하고 있는 《준생팔전》은 《보양지》뿐만 아니라 《임원경제지》 전체에서 다빈도 인용서에 든다.

《수양총서》가 《보양지》에 미친 영향은 분명해 보인다. 《보양지》가 주요하게 의지한 양생서가 다수 발견된다. 즉, 권1에서 《양생유찬》, 권2와 권3에서 《삼원연수참찬서》와 《섭생요의》, 권4와 권5에서 《양생도인법》, 《섭생요의》와 《유수요결》, 권6과 권7에서 《수친양로서》와 《후생훈찬》, 권8에서 《보생심감》과 《양생월람》이 그것인데, 이들 10종은 모두 《수양총서》에 들어 있다.

《보양지》 번역 과정에서 확인된 바로는 서유구가 《수진비요》, 《양생도인법》, 《섭생요의》, 《보생심감》 등의 책은 대개 《수양총서》에 들어 있는 방식대로 참고하였다. 그러나 겉으로 보기에 《보양지》가 상당 부분 중국 양생문헌의 총서를 쉽게 인용한 듯이 보이지만, 원문을 꼼꼼히 따져보면 서유구의 작업이 결코 녹록치 않았다. 《수양총서》에 수록된 내용이라 하더라도 원 인용문헌을 살펴서 원래 서명을 일일이 따로 기입하였고, 그러한 작업조차 불가능한 경우에만 한해 부득이 《수양총서》 인용으로 남겨두었다. 이런 사례들은 본문의 주석에서 구체적으로 적시하고 있으므로, 여기서는 서유구가 《보양지》 저술에서 보인 기본 원칙에 대해서만 미리 언급해 둔다.

특히 본문 전반에 걸쳐서 서유구 자신의 명료한 의견을 드러낸 안설(案說)을 통해 《보양지》 지식의 현실적 용도에 활기를 불어넣고 있다. 마지막

8권의 〈양생월령표〉는 원대 주수중(周守中)의 《양생월람》(《수양총서》 역시 그 내용과 형식을 그대로 수용해 실음)에 들어 있는 내용을 기본적으로 활용하였지만 원문 글자의 변화와 출입이 빈번하게 이루어질 뿐만 아니라, 본인의 안설이 곳곳에 개입되어 있다. 표의 간결한 모습을 위해서 원 인용서에 나온 약처방의 긴 문장을 생략해 버리고, 그것은 《임원경제지》의 다른 지(志)인 《인제지》에 나온다라고만 표기하는 것은 서유구식 지식 링크 방식의 백미다.

五日午時, 合⁷瘧疾鬼哭丹. 【案】方見《仁濟志》.
(5월) 5일 오시에 학질귀곡단(瘧疾鬼哭丹)⁸을 만든다. 【안】 이 처방은 《인제지》에 보인다.

중국에서 《수양총서》가 나온 지 얼마 안 되어 조선 사람 이창정(李昌庭, 1573~1625)이 《수양총서(壽養叢書)》의 내용을 다시 간추려 정리한 《수양총서유집(壽養叢書類輯)》(1620) 역시 주목할 만한 저술이다. 자신이 쓴 발문에 의하면 호문환(胡文煥)의 《수양총서》가 고금의 수양가들의 양생요법을 모아 놓았지만 중복과 오류가 많고 내용에서 괴탄하고 유교적 세계관에 맞지 않은 점이 있기 때문에, 새롭게 재편성하여 우리나라 사람들이 이용하기에 알맞게 만들었다는 것이다.⁹ 《수양총서유집》은 상·하 2권에 나누어져, 편성 체제가 《산림경제》와 대체로 일치하며 그것은 다시 《증보산림경제》에로 계승

---

7 《양생월람》 원문에는 宜合인데 《보양지》에서 宜를 빼고 글자를 한 자 줄였다. 의미는 여전히 통한다. 《보양지》 권8 〈양생월령표〉 "5월" '요질' 항목.

8 학질귀곡단(瘧疾鬼哭丹): 학질과 해학(痎瘧)을 치료하는 처방으로 《양생월람》에는 상산(常山)·빈랑(檳榔)·반하(半夏)·패모(貝母) 등의 약재와 제조 방법, 복용법이 길게 이어진다.

9 "按《壽養叢書》, …所謂養生之書, 至是秩然咸備矣. 然而編輯參差, 論議多岐, 重複舛訛, 寓目夢眩, 茫然如望洋. 如食物藥物則我國與中朝, 地産不同, 名稱亦殊, 按名求實, 十昧四五. 且諸家所記多愧誕不經, 有不可爲法於世者, 至於練氣採精等說, 尤非修身俟命者之所願聞也. 玆敢考校諸書, 略其繁文, 去其重複, 正其舛訛, 芟其荒誕, 就人之易知易行者, 以類輯之, 爲十六篇."

되었고, 《보양지》가 또 그 두 문헌을 계승하고 있다.[10] 결국 《보양지》는 유가적 관점에서 본 중국 양생서의 종합인 《수양총서》를 다시 한 번 해체하여 조선의 시공간에 맞게 재편성한 것으로 볼 수 있다. 이상의 내용을 표로 정리해보면 다음과 같다.[11]

표1 조선에서 《보양지》의 형성 과정

《보양지》 (1800 이후)		《수양총서유집》 (1620)	《산림경제》 (1710 전후)	《증보산림경제》 (1766)
권1 총서	섭생	총론	총론	섭생총론
	계기			
권2 정·기·신	보정	4) 성기욕편	2) 성기욕	2) 성기욕
	조기			
	색신	1) 양심지편	1) 양심지	1) 양심법
권3 기거와 음식	양형	2) 보신체편 3) 신기거편	4) 보신체 5) 신기거	4) 보신체 5) 신기거
	절식	5) 절음식편	3) 절음식	3) 절음식
	율시	7) 조절서편		
권4 수진	도인	13) 도인편	6) 도인	6) 수연요약
	안마			
	(부) 가결		7)구선 도인결	
권5 복식	약이	8) 복용편 14) 의약편	8)복식	7) 복식제방
	주례			
	(부) 잡방		9) 신침법	
권6 수친양로	조원			
	요병			

---

10 《수양총서유집》은 일본에 건너가 출간되었고, 식물학자이자 실학자인 일본 학자 가이바라 에키켄(貝原益軒, 1630~1714)에 의해 《養生訓》이 출간(1669, 寬文 9년)되기도 한다. 문석윤, 앞의 책, 274쪽.
11 문석윤, 앞의 글, 표 276~7쪽의 표. 일부 내용 삭제.

권7 구사육영	구사			구사 상
	육영			구사 하 (양아)
권8 양생월령표				
		6) 순천지편 9) 미곡편 10) 초목편 11) 금수편 12) 충어편		

《보양지》는 불교와 도교에서 축적해온 양생 지식을 유가적 차원에서 향촌 지식인의 활용법으로 다시 집성했다는 점과, 양생의 개인 차원을 넘어 가정과 향촌 공동체까지의 안녕을 지향한다는 점이 중요한 특성이다. 몸과 가정과 향촌과 국가를 한 줄로 꿰어 이해하는 철저한 유가 정신의 구현이자, 당대 유력한 유교사대부의 실천적 관심을 잘 보여준다(표2).

표2 《보양지》의 유가적 양생 구조

	개인 차원	가정 차원	사회 차원	우주 차원
양생/수신	보정 조기 색신	수친	양로	만물 참찬화육
		구사	구휼	절기 양생월령

《보양지》의 완역으로 지금 우리들에게 어떤 의미를 줄 수 있는지도 관심거리다. 목하 코로나19의 전 세계 팬데믹으로 혼란이 가중되는 가운데 개인과 사회의 건강에 대한 문제는 인류문명의 향방을 가늠할 키워드가 되고 있다. 이 시점에서 2009년 《동의보감》이 유네스코 세계기록유산으로 등재되면서 가장 중요한 가치로 인정받은 내용을 다시 살펴본다.

"《동의보감》은 국가적 차원에서 다양한 의학 지식을 종합하였고, 일반 백성을 위한 혁신적인 공공 의료 사업을 수립하고 실행한 것이다. 이런 점에서 이전까지 예방 의학과 공공 의료라는 개념이 없던 의학계에 선구적인 의미를 지니며 시대를 초월하는 의학사적 가치를 지닌다."[12]

유네스코는 《동의보감》의 어떤 신기한 치료법이나 처방을 말하기보다 국가적 차원의 공공의료사업, 예방의학과 공공의료의 개념을 형성했다는 데에 초점을 두었다. 우리가 의식적으로 눈여겨보지 못했던 부분을 외부의 시각으로 새롭게 바라봐 준 것이다 이뿐일까? 현재 우리나라의 우수한 의료 인력, 최고 수준의 의료 복지시스템, 신속한 공공 방역체계의 작동 같은 것들도 각계각층에서 역사적으로 축적된 힘을 바탕으로 그 역량이 발휘되는 것이리라. 코로나 팬데믹 하의 방역과 의료에서 우리나라는 이미 세계적 선도국가로 인정받으며 그 진가를 발하고 있다. 이제 좀 더 나아가 우리는 개인의 건강과 가족, 사회의 건강, 나아가 천지자연의 건강을 아우르는 새로운 개념을 생각할 필요가 있다. 우리가 보지 못한 공공의료의 가치가 《동의보감》에서 세계적 주목을 받았듯이, 《보양지》의 메시지는 바로 그 점에서 큰 의미를 갖지 않을까?

마지막으로 《보양지》가 지향하는 최선 또는 최후의 치료 방법을 말하고자 한다. 미래의학이 여기에 그 실마리가 있는지도 모른다. 바로 도인(導引)과 안마(按摩)다. 사람이 몸이 아프면 먼저 손으로 환부를 만지고 주무르고 쓰다듬는다. 이런 본능적이고 자연스런 인간의 행동을 특별한 방식으로 재구성한 치유 동작이 도인과 안마다.

지구 종말의 순간 인류가 우주로 탈출할 수밖에 없는 상황에서 가장 요긴하게 챙겨야 할 의료수단이 무엇인가 하고 물었을 때 그 대답이 "침(鍼)"이었다는, 세계 의사들 사이의 에피소드가 있다. 가장 간단하고 손쉬운 치료방법이면서 그 치료영역이 넓다는 장점 때문이다. 그런데 약도 없고 "침"도

---

12 〈한국의 세계기록유산〉, 한국국학진흥원, 2018. 123쪽.

없는 지경에서 오직 맨손으로 상한(傷寒), 식체(食滯), 심복통(心腹痛), 풍비(風痺) 등의 질병 35가지에 대해 홀로 치료하는 방법을 《보양지》에 수록했다. 대개 왕채의 《수진비요(修眞秘要)》에 그림과 함께 그 원형이 남아 있기는 하나, 서유구 자신의 강렬한 의학적 희구가 배어 있음은 물론이다. 이런 전통의 연장선에서 우리는 19세기 조선의 방외지사(方外之士) 이동(李同, ?~?)의 언사를 기억할 필요가 있다. 그림에서만은 추사 김정희(金正喜)와 쌍벽을 이룬다는 평을 듣는 호산 조희룡(趙熙龍, 1789~1866)의 저작 《호산외사(壺山外史)》에 당대 유명한 의사로 이동에 대한 기록이 실려 있다. 이동은 "내 몸에 이미 훌륭한 약이 모두 구비되어 있는데 바깥에서 무슨 약을 구하는가?"[13]라고 하였다. 의료에서 극단적 간이주의(簡易主義, 미니멀리즘)라 칭할 수 있는 이러한 신념의 연원이 매우 깊음을 짐작케 한다.

《보양지》에 "도인으로 병 치료하는 여러 방법" 부분이 바로 이런 치료법의 직접적 예시가 된다. 예를 들어 풍비증(風痺症)[14]의 치료법에서 "양발가락을 위로 향하여 5번 호흡하고 그친 다음 또 끌어당겨서 5번 호흡하고 그친다. 허리와 등의 비고(痺枯)[15]를 낫게 하며 귀가 잘 들리게 한다. 항상 행하면 눈·귀 등의 감각기관[諸根]이 막힘이 없다."[16]고 하였다. 총 200여 가지가 넘는 이런 동작을 잘 간추리고 정리하면 지금 현대인의 병증에도 개인별 자가 대처법으로의 활용 가능성은 무궁무진하다.

그런데 많은 도인법들 중 동작이 중첩되는 것이 많고 동작의 설명이나 표현이 어렵게 되어 있어 그 실제 행동을 이해하기가 쉽지 않다. 도인술을

---

13 "一身之中, 自俱良藥, 何暇外物?"《壺山外史》〈李同傳〉, 한국한의학연구원 한의고전명저총서 원문웹사이트.

14 풍비증 : 중풍의 여러 종류 중 하나.《내경》에 땀을 흘린 다음에 바람을 맞아 혈이 피부에 엉키어 비증(痺證)이 된다고 했다. 몸 한쪽을 쓰지 못하는 중풍 증상 중에서 팔만 쓰지 못하는 것을 풍비증이라고도 한다.

15 비고(痺枯) : 마비(麻痺) 증상으로 마르고 야위는 증상.

16 "仰兩足指, 五息止. 引五息止. 愈腰背痺枯, 令人耳聞聲. 常行, 眼耳諸根, 無有罣礙."《보양지》권4〈수진(修眞, 몸의 수련)〉"도인" '도인으로 병 치료하는 여러 방법'.

우리나라 사람이 현대 생활에 맞게 수행할 수 있도록 쉬운 말과 글로 각 동작의 주요 장점을 간추려 간결한 현대 도인법으로 만들면 좋을 것이다. 중국 인민들이 즐겨 수행하는 '태극권'도 실상은 1956년에 전통적으로 유력한 몇 개 유파의 태극권을 결합하고 다시 재창조하여 만든 24식(式)의 '간화태극권(簡化太極拳)'이라는 사실을 상기할 필요가 있다. 지금에서 태극권이 만성 질병의 치료와 건강 유지, 그리고 예방적 조처에 유용하다는 것은 굳이 예를 들 것도 없을 만큼 널리 알려져 있다.

《보양지》에서 이루어낸 당대 양생술의 종합을 현대 우리가 이루어내고자 하는 것은 당연한 시대적 요청일 것이다. 그에 기반해서 각 급 학교와 공공기관, 체육시설에서 건강 수련 프로그램이 보급되고, 그 결과 자기 몸을 다스리는 수신(修身)과 가족~사회공동체를 함께 평안하게 하는 제가(齊家)의 효과가 동시에 달성되는 모습을 머리 속에 그려본다.

3) 목차와 세부 내용 소개

총 8권으로 이루어진 《보양지》 목차는 다음과 같다.

권1 〈총서〉는 사람이 살아가며 품속에 두어야 할 긴요한 양생원리를 제시하였다.

권2 〈정·기·신〉은 몸의 생명력의 핵심인 정(精)과 기(氣) 그리고 신(神)을 하나
　　하나 풀어간다. 권3 〈기거와 음식〉에는 일상생활과 음식 및 계절별 양생
　　법이,

권4 〈수진(修眞, 몸의 수련)〉에는 몸의 수련법으로 상당히 까다로운 도인(導引)과
　　안마 그리고 운문 형식의 가결(歌訣)이 들어 있다.

권5 〈복식(약 음식 복용)〉은 가장 많은 내용을 담고 있는데, 보양(保養)으로 잘
　　알려져 있듯이 '몸에 도움이 되는 식이와 약'에 대해 상세한 논의가 펼쳐
　　진다.

권6 〈부모나 노인을 건강하도록 모시기〉는 부모 봉양과 노인의 질병 치료 이
　　야기가,

권7 〈임신 출산과 육아〉는 아이를 임신하기 위한 방법과 출산 그리고 아이 양육에 관한 내용이 이어진다.

권8 〈양생월령표〉는 한 해 열두 달 동안의 월별 양생법을 표로 만들어 놓았다.

내용을 조금 더 상세히 살펴보면 다음과 같다.

《보양지》권1 〈총서〉의 첫머리에서부터 "사람의 수명은 하늘의 원기 60세, 땅의 원기 60세, 사람의 원기 60세, 합하여 180세가 된다."[17]고 하여 먼저 양생(養生)의 효용에 대한 대담한 가능성을 보이면서 출발한다.

말은 쉽지만 실제 행동으로 따르기가 어려운 것이 양생이다. 양생은 가장 세밀한 부분을 삼가고 조심하는 데서부터 출발하는 것이 가장 근본이 된다고 했다. 다음의 구절은 건강에 관한 한 천고의 명언이라 할 만하다. "몸을 다스리는 일에는 세세한 부분에 공을 들여야 하니 이익이 적다고 여겨 성실히 닦지 않거나, 손해가 적다고 대수롭지 않게 여겨 적극적으로 막지 않으면 안 된다."[18]는 것.

구체적으로 양생의 5가지 어려움, 양생의 3가지 방법, 양생의 8가지 요점 등의 방법론을 제기하는데, 대체로 내 몸의 내부를 지키는 3보배[內三寶] 곧 정기신(精氣神)과, 외부와 접촉하는 3보배[外三寶] 곧 귀·눈·입[耳目口]를 잘 다스리는 것이 관건이라 한다. 타고난 생명의 원기를 잘 간수하는 동시에 외물과 접촉하는 창구로서의 감각기관과 음식섭취기관을 적절히 제어하는 원리를 서술하였다.

특히 생기를 촉발시키는 두 가지 원천을 말하는 부분이 의미가 깊다. "마음을 언제나 즐겁고 편안히 하여 우울감이 생기를 막지 않도록 하는 일

---

17 "人之壽, 天元六十, 地元六十, 人元六十, 共一百八十歲."《보양지》권1 〈총서〉"섭생" '사람 수명의 대체적 기한'.

18 "治身養性, 務謹其細, 不可以小益爲不平而不修, 不可以小損爲無傷而不防."《보양지》권1 〈총서〉"섭생" '양생에는 반드시 세세한 부분을 조심해야 한다'.

이 첫 번째이다. 비토(脾土)를 기르고 소화의 원천을 도와서, 나머지 4개의 장이 모두 그에 따라 생기를 얻게 하는 일이 두 번째이다."[19]라고 하였다. 즉 심장 중심으로 기운을 화창하게 하여 7정(七情) 조화를 건강의 근본으로 하는 방법과 비위(脾胃) 중심으로 물질적 영양의 공급과 순환을 중시하는 방법을 함께 명시하고 있다. 사실 마음을 평안하게 하는 것과 소화 기관의 작용을 원활히 하는 것은 서로 불가분의 관계가 있다. 자율신경 중에서 부교감신경의 활성이야말로 노동과 스트레스에 찌든 우리 몸의 회복과 재건을 도와주며 행복 호르몬까지 분비하게 만든다. 복잡한 생리학의 기전은 몰라도 이렇게 하면 저렇게 된다는 상식적 삶의 기전을 말한 것이다. 이 비결을 모르면 아무리 좋은 약을 먹어도 별 도움이 없을 것이라고 일갈한다! 양생을 우선한 다음 복약을 시행해야 한다면서 둘 중의 우선순위를 설정하였으니, 이로써 양생 전문의 《보양지》와 치료 위주의 《인제지》 간의 경중 관계를 은근히 드러내기도 한다.

이처럼 권1은 양생에서 중요한 원칙을 간결한 문장으로 시원하게 툭툭 던지고 있다. 오장의 기운을 고루 북돋는 방법도 제시한다. 곧 "총애를 받거나 치욕을 당해도 놀라지 않고 받아들이면 간목(肝木)이 저절로 평안하고, 움직임과 멈춤을 집중된 정신으로 하면 심화(心火)가 저절로 안정된다. 음식에 절제가 있으면 비토(脾土)가 새지 않고, 조식(調息)하고 말수를 줄이면 폐금(肺金)이 절로 온전해진다. 무심하게 욕심이 없으면 신수(腎水)가 절로 충족된다."[20]고 한 것은 《보양지》 전편의 압축이라고 보아 손색없는 구절이다.

이 권의 인용문헌은 도가 계열의 문헌이라고 하는 《삼원연수참찬서》·《복수전서》·《포박자》·《수양총서》 등이 다수이고, 《동의보감》 등 선행 의

---

19 "生機有二, 使此心嘗自怡適, 而不以憂鬱窒其生機, 一也;助養脾土, 以滋化源, 則四藏都有生機, 二也."《보양지》권1 〈총서〉 "섭생" '생기(生機)를 열어 움직이게 한다'.
20 "寵辱不驚, 肝木自寧;動靜以敬, 心火自定;飮食有節, 脾土不泄;調息寡言, 肺金自全;恬然無欲, 腎水自足."《보양지》권1 〈총서〉 "섭생" '오장을 고르게 북돋운다'.

서에 기록이 보이지 않아 참신하면서도 상식을 파괴하는 내용이 꽤 많다.

권2 〈정·기·신(精氣神)〉을 보자.

정(精)을 기르는 것을 보정(補精), 기(氣)를 기르는 것을 조기(調氣), 신(神)을 기르는 것을 색신(嗇神)이라고 한다.

물론 문자 그대로는 정을 보하고, 기를 고르고, 신을 아낀다는 뜻이 되겠다. 정은 인체 생명의 가장 근원적 물질이라고 일반적으로 풀이하지만, 본문에 근거해 보면 확실히 남자의 정액(精液)과 직접 관련이 있다. 보정(補精)하려면 성욕에 대한 절제를 최우선해야 한다고 거듭하여 말하고 있기 때문이다. 성욕을 너무 이른 나이에 발하면 안 되고, 성욕을 억지로 일으키면 안 되며, 결혼 후에도 성행위의 절도가 있어야만 한다고 가르친다. 여기에 부연하여 다시 좋은 부인을 얻기 위한 관상법, 합방(合房) 시의 절차와 방법인 교회법(交會法), 성행위에서의 금기 사항 등이 구체적으로 제시되어 있다. 물론 신장에 속하는 정액이 인체의 유일한 정은 아니다. 오장 속에 모두 그 장의 본질적 기운인 정(精)이 함유되어 있으며 몸 안에 두루 흘러 다니는 것으로 묘사되는데, 그것이 성교하기 전에는 혈액 속에 섞여 독자적인 형상이 아직 없지만 성교 시점에 욕화가 절정에 이르러서야 전신에 유행하던 혈액이 명문(命門, 생명의 원기를 보유한 곳, 특히 오른쪽 신장) 부위에 이르러 정으로 변한 다음 사정(射精)을 하게 된다고 한다. 정에 대한 이러한 설명은 매우 설득력이 있는 것으로 여겨져 어떤 의가는 다음과 같은 실험적 근거까지 제시하기도 했다. "사람이 사정한 정액을 그릇에 담아, 조금의 소금과 술을 섞어 하룻밤 내놓으면 다시 혈액이 된다."[21]

그러므로 정을 깎아내리고 해치는 가장 큰 적이 성욕을 필두로 한 인간

---

21 "故以人所泄之精貯于器, 拌少鹽,酒,露一宿則復爲血." 《보양지》 권2 〈정·기·신〉 "보정(保精, 정 지키기)" '총론'.

의 욕심이라고 하는 지적은 매우 자연스럽다. 다음과 같은 구절에서 두루 확인된다.

정욕이 많으면 정(精)을 깎는다. 사람이 보전해야 할 것이 목숨이요, 아껴야 할 것이 몸이요, 중히 여겨야 할 것이 정이다.[22]

병이란 죽음의 길로 이어져 있는 것이고, 정욕이란 병의 길로 이어져 있는 것이요, 성색(聲色)을 가까이 하는 일은 정욕의 길로 이어져 있는 것이다. 이 세 가지 길을 막으면 수명을 늘릴 수 있다.[23]

오장 속에 모두 정이 있다는 논의는 "간정(肝精, 간의 정기)이 굳세지 않으면 눈이 어지럽고 안광이 없다. 폐정(肺精)이 두루 흘러 만나지 않으면 기육(肌肉)이 마른다. 신정(腎精)이 굳세지 않으면 신기(神氣)가 감소한다. 비정(脾精)이 단단치 않으면 이빨이 들뜨고 머리카락이 빠진다. 만약 진정(眞精)이 깎이고 흩어지는 일이 멎지 않으면 질병이 잇따라 생기다 마침내 죽음이 이른다."[24]라고 하는 등 다양한 변주의 보정론(補精論)이 전개된다.

"정精이란 최고로 귀하면서도 그 양은 매우 적으며 몸 전체에 모두 1.6 승(升, 되)이 있다. 일반적으로 성교를 1번 하면 0.05승을 잃는다. 잃은 뒤에 보탬이 없으면 정은 다하고 몸은 병이 든다. 그러므로 정욕을 절제하지 못하면 정이 닳고, 정이 닳으면 기가 쇠하고, 기가 쇠하면 병이 나고, 병이 나면 몸이 위태하다."[25] 이에 따르면 32회(1되 6홉/반 홉)가 남자의 사정 가능횟

22 "慾多則損精. 人可保者命, 可惜者身, 可重者精."《보양지》권2〈정·기·신〉"보정(保精, 정 지키기)" '총론'.

23 "病者所繇適于死之路也, 欲者所繇適于病之路也, 邇聲色者所繇適于欲之路也. 塞此三路, 可以延生."《보양지》권2〈정·기·신〉"보정(保精, 정 지키기)" '총론'.

24 "肝精不固, 目眩無光;肺精不交, 肌肉消瘦;腎精不固, 神氣減少; 脾精不堅, 齒髮浮落. 若耗散眞精不已, 疾病隨生, 死亡隨至."《보양지》권2〈정·기·신〉"보정(保精, 정 지키기)" '총론'.

25 "人之精最貴而甚少, 在身中通有一升六合.(중략)凡交一次則喪半合. 有喪而無益, 則精竭身儨. 故慾不節則精耗精耗, 則氣衰, 氣衰則病至, 病至則身危."《보양지》권2〈정·기·신〉"보정(保精, 정 지키기)" '총론'.

수의 최대치이다. 하지만 한편에서는 "남자는 여자가 없어서는 안 되고, 여자는 남자가 없어서는 안 된다."[26]고 남녀의 상호의존을 인간 생활의 필수요건으로 전제하고 있다. 정직(正直)과 청정함을 기반으로 한 성생활은 권장할지언정 막지 않았던 것이다. 구체적으로는 남자 나이 20에는 4일에 한 번, 30에는 8일에 한 번, 40에는 16일에 한 번, 50에는 20일에 한 번 사정하도록 하는 가이드라인을 제시하였고, 다만 "사람의 나이가 60이 되면 폐정(閉精, 사정을 멈춤)하고 사정하지 않는 법이다."[27]고 하여 노인에게는 정을 설하는 것을 극히 조심하도록 주문하고 있다. 더욱이 "여자를 품는 법은 1개월에 2번 사정할 수 있는 사람이면 1년에 24번 사정한다. 이렇게 하면, 모두 100세를 살면서도 안색이 그대로이며 질병도 없다."[28]고도 하였다.

다음 "조기(調氣, 기 고르기)"에서는 호흡법과 관련된 이야기를 주로 하면서도 일반적인 의미에서의 기를 포괄하는데, 곧 영양을 말하는 곡기(穀氣), 영위(榮衛)의 기, 혈기(血氣)의 기를 두루 설명하고 있다. 호흡법에서 호흡이 중요한 이유는 "천지의 텅 빈 공중(空中)은 모두 기(氣)로 이루어져 있고, 사람 몸의 텅 빈 곳도 모두 기로 이루어져 있다. 그러므로 내쉬는 탁한 기는 사람 몸속의 기이고, 들이마시는 맑은 기는 천지의 기이다. 사람이 기 속에 있는 현상은 물고기가 물속에서 헤엄치는 모습과 같다. 물고기 뱃속으로 물이 드나들 수 없으면 물고기가 죽고, 사람 뱃속으로 기가 드나들 수 없으면 사람 역시 죽게 되니, 그 이치가 같다."[29]고 하였다. 이 대목은 양생

---

26 "男不可無女, 女不可無男." 《보양지》 권2 〈정·기·신〉 "보정(保精, 정 지키기)" '정욕은 완전히 끊을 수는 없다'.

27 "人年六十者, 常閉精勿泄." 《보양지》 권2 〈정·기·신〉 "보정(保精, 정 지키기)" '정욕은 완전히 끊을 수는 없다'.

28 "御女之法, 能一月再泄, 一歲二十四泄, 皆得一百歲, 有顔色, 無疾病." 《보양지》 권2 〈정·기·신〉 "보정(保精, 정 지키기)" '성생활의 절도'.

29 "天地虛空中皆氣, 人身虛空處皆氣. 故呼出濁氣, 身中之氣也;吸入淸氣, 天地之氣也. 人在氣中, 如魚游水中. 魚腹中不得水出入卽死, 人腹中不得氣出入亦死, 其理一也." 《보양지》 권2 〈정·기·신〉 "조기(調氣, 기 고르기)" '여러 가지 비결'.

수련의 요점을 단적으로 표현하고 있어 조금 길어도 본문을 미리 당겨 보는 것이 좋겠다.

섭생(攝生)을 잘 하는 사람은 반드시 기(氣)의 원리에 밝을 것이다.

조기(調氣)하는 방법을 수련하고자 하는 사람은 항상 밀실에서 문을 닫고 잠자리를 편안하고 따뜻하게 한 뒤, 높이 0.25척 정도의 베개를 베고 반듯하게 누워서 눈을 감는다. 눈을 감고 양손은 주먹을 쥐고, 양다리는 0.5척 거리를 두고서 벌리며, 양팔과 몸의 거리 역시 각 0.5척 거리를 둔다.

이 자세로 먼저 폐기(閉氣)를 익힌다. 코로 숨을 들이마시다가 배에 점점 가득 차야 참는다. 참은 채로 오랫동안 버티다가 숨을 참을 수 없어야 입으로 가늘게 토해내고, 한번에 다 내쉬면 안 된다. 기(氣)가 안정되면 다시 이전과 같이 숨을 참는다.

처음에는 호흡의 10~20식(息, 한 번의 호흡) 밖에 참을 수 없지만 익숙해질수록 횟수가 점점 늘어난다. 다만 70~80번 이상을 참을 수 있게 되면 오장육부와 가슴과 배 사이에 모두 맑은 기[淸氣]가 퍼질 것이다.

완전히 익숙해지면 폐기(閉氣)할 때 콧속에는 짧은 숨 1촌 남짓만 남아 있고, 갇혀 있는 기(氣)가 마치 속에서 불로 폐궁(肺宮)을 찌는 듯하다. 이때, 숨을 한 번 내쉬면 몸이 허물을 벗는 듯하고 신(神)이 몸 밖에 있는 듯하여 그 쾌감은 이루 말할 수 없는 상태가 된다.[30]

세상에 흩어져있는 모든 단전술과 호흡술의 이야기를 간략히 정리하고

30 "善攝生者, 必明於氣之故矣. 欲修調氣之術者, 常得密室閉戶, 安牀煖席, 枕高二寸許, 正身偃臥, 冥目握固, 兩足間相去五寸, 兩臂與體相去亦各五寸. 先習閉氣, 以鼻吸入, 漸漸腹滿乃閉之. 久不可忍, 乃從口細吐出, 不可一呼卽盡. 氣定, 復如前閉. 始而十息或二十息不可忍, 漸熟漸多, 但能閉至七八十息以上, 則臟腑ㆍ胸膈之間, 皆淸氣之布護矣. 至於純熟, 當其氣閉之時, 鼻中惟有短息一寸餘, 所閉之氣在中如火蒸潤肺宮. 一縱則身如委蛻, 神在身外, 其快其美, 有不可言之狀." 《보양지》 권2 〈정ㆍ기ㆍ신〉 "조기(調氣, 기 고르기)" '여러 가지 비결'.

있는 간명한 논의가 아닐까. 여기에 양생은 세밀한 실천의 문제가 따른다.

마지막 "색신(嗇神, 신 기르기)" 절목은 기본적으로 사람의 감정, 즉 7정의 조절에 관한 논의가 주가 된다.

첫 부분에 존상(存想), 좌망(坐忘)이라는 조금 난해한 이야기가 나온다. 먼저 존상에서 '존'은 나의 신(神)을 보존한다는 것이고 '상'은 나의 몸을 생각한다는 것으로, 종합하면 외물을 좇아 밖을 보지 말고 내면의 신을 돌보고 지키는 방법을 말한다. 또 좌망은 한 걸음 더 나아가 좌정한 상태에서 내 몸의 존재 자체를 잊어버리는, 곧 의식을 넘어서 무심하게 도(道)에 합치하는 경지로서, 선가 수련의 최고의 단계를 일컫는다.

이런 논법은 사실 〈보양지 서문〉에서 서유구가 내심으로 행여나 혐의를 입을까봐 걱정하던 도가적 논리의 요체이기도 하다. 어떤 곳에서는 "과도한 탐닉은 반드시 허비함이 크고, 많이 간직하면 반드시 크게 잃는다. 만족함을 알면 욕되지 않고, 그칠 줄 알면 위태롭지 않으니, 오래오래 갈 수 있다."[31]면서 청정한 마음과 중도를 중시한 노자(老子)의 말을 드러내어 인용하였다. 하지만 《보양지》 전편 내지 《임원경제지》 전체의 편집의 틀에서 보면, 이러한 개인 수양의 궁극의 지향점은 초월이나 별세계로 뻗어간 것이 아니라 어디까지나 개인의 건강-가족의 건강-공동체의 건강과 복리 등 인간 사회 내부에서의 선순환으로 귀결되는 것으로, 도가와 불가에서의 수련과는 근본적 단절을 품고 있다고 하겠다.

신(神)을 인간의 7정의 문제로 이해하는 방식 역시 유가의 이해와 닮았다. 희노애락, 생각과 걱정, 놀람과 두려움, 사랑과 미움, 의심 등 인간의 감정을 조절하여 신을 기르는 다양한 방법은 유가적 양생법과 관련된 개인의 인격적 수양으로 널리 전해지고 있다.

---

31 "老子曰: '甚愛必大費, 多藏必厚亡, 知足不辱, 知止不殆, 可以長久.'"《보양지》권2 〈정·기·신〉 "색신(嗇神, 신 기르기)" '사랑과 미움'.

권3 〈기거와 음식〉에서

먼저 "형체 기르기"는 외형 곧 몸의 겉을 잘 기르는 방법을 이야기한 것인데, 앞의 〈정·기·신〉과 대조되는 표현이다. 사람 몸을 집에 비유하자면 외형은 사람이 거하는 집이요, 정기신은 그 속에 사는 집 주인으로 보았다.

이어서 '몸속의 풍경'이 그려지는데, 인체의 해부생리에 대한 그림을 그리듯이 매우 정교한 설명이 전개된다. 《보양지》 전편에서 인체에 대한 상을 어떻게 잡고 있는지 이 한 꼭지가 극명하게 말해준다 해도 과언이 아니다. 원 출전인 《섭생요의(攝生要義)》라는 책은 송(宋)의 하빈장인(河濱丈人)이 쓴 양생서인데 《동의보감》에는 이에 대한 인용이 없다.

또한 머리부터 발끝까지의 신체부위와 시청언동(視聽言動), 행동거지(行動擧止), 의복(衣服)과 거처(居處) 등 생활 전반에서 응용할 수 있는 양생법을 하나하나 소개한다.

예를 들어 손바닥을 뜨겁게 마찰하여 자주 이마를 문지르는 것을 "하늘의 뜨락[天庭]을 닦는다."고 한다고 하며 "손은 늘 얼굴에 두어야 한다[手宜在面]."는 명구가 있다.

몇 가지 더 예를 들면 다음과 같다.

머리카락에 빗질을 많이 하면 풍을 제거하여 눈을 밝히고 불사(不死)하는 길이다.[32]

아침에 막 일어나 양 손을 교차하여 양쪽 귀를 잡고 위아래로 끝까지 당겼다 밀기를 14번 하고 그치면, 귀가 멀지 않게 된다.[33]

치아는 뼈의 궁극이다. 아침저녁으로 치아를 마주쳐 두드리면 치아가 썩지 않

---

32 "髮多櫛, 去風明目, 不死之道."《보양지》 권3 〈기거와 음식〉 "형체 기르기(양형)" '머리카락'.
33 "朝初起, 以兩手叉兩耳, 極上下之, 二七止, 令人不聾."《보양지》 권3 〈기거와 음식〉 "형체 기르기(양형)" '귀와 눈'.

는다.[34]

일반적으로 사람이 몸을 활짝 펴고 자면 악몽을 꾸거나 가위에 눌린다.[35]

사람의 신체는 몸을 놀려 노동을 하려 한다. 다만 노동은 지나치지 않도록 해야 한다. 사람의 몸이란 항상 움직여주면 곡기가 소화되고 혈맥이 유통하여 병이 생기지 않는다. 비유하자면 문지도리가 썩지 않는 것과 같음이 이것이다.[36]

빗질하기, 안면마찰법, 고치법(叩齒法) 등 일상생활 수련법의 원형이 그대로 묘사되어 있다. 잠자는 자세도 똑바로 눕기보다 옆으로 눕되 몸을 조금 구부리는 것이 좋다는 이야기는《논어》〈향당(鄕黨)〉편에도 언급이 있을 뿐아니라[37] 지금의 수면과학에서 새롭게 강조되기도 한다.

특기할 만한 것으로 침을 뱉지 말라고 당부하면서 '진액 되돌리는 법'[回津之法]을 알려주고 있는데, 침을 뱉지 말라는 이유가 우리 몸의 귀하디귀한 진액 중에 땀, 피, 눈물, 정액[汗·血·淚·精]은 한 번 나가면 돌아올 수 없는 것이지만 침만은 되돌릴 수 있기 때문이라 한다.[38] 침을 뱉지 말라는 것이 사회관습이나 예절상의 문제가 아니라 자기 몸의 건강과 직접 닿아 있는 말이었던 셈이다.《보양지》속의 양생 이야기에는 이와 같은 깨달음이 숨어 있다.

권4의 〈수진(修眞, 몸의 수련)〉은

《보양지》에서 가장 핵심이 된다. 호흡과 안마, 스트레칭의 실행 모습을 그대로 그리고 있는 것이다. 물론 가능하다면 당시의 동영상 자료를 보는

---

34 "齒, 骨之窮. 朝夕啄齒, 齒不齲."《보양지》권3〈기거와 음식〉"형체 기르기(양형)"'치아'.

35 "凡人舒睡, 則有鬼痛魔邪."《보양지》권3〈일상생활과 음식〉"형체 기르기(양형)"'수면'.

36 "人身常搖動則穀氣消, 血脈流通, 病不生, 譬猶戶樞不朽是也."《보양지》권3〈기거와 음식〉"형체 기르기(양형)"'과로와 안일'.

37 "寢不尸, 居不容."《논어》〈향당〉.

38 "蓋人身以滋液爲本, 在皮爲汗, 在肉爲血, 在腎爲精, 在口爲津, 伏脾爲痰, 在眼爲淚, 曰汗·曰血·曰淚·曰精, 出則皆不可回, 惟津唾則獨可回, 回則生意又續續矣."《보양지》권3〈기거와 음식〉"형체 기르기(양형)"'침, 가래, 콧물과 땀'.

것이 최선이겠지만 지금 우리는 여기에 남아있는 문자 기록을 보고 다시 동영상으로 보듯 동작을 그려내는 작업을 감행한 것이다. 그에 따른 상당한 어려움이 있었다. 게다가 필사본인 현재《임원경제지》저본의 특성상 익숙지 않은 용어가 홍수처럼 쏟아지는《보양지》의 내용을 필사하는 과정에서 생긴 오류가 더해진 측면도 있다.

〈수진(修眞, 몸의 수련)〉은 "도인"과 "안마" 두 부분으로 이루어져 있다. 먼저 "도인"의 초입부 '약석(藥石)이 도인보다 못하다'에서 왜 도가(道家)는 도인을 위주로 할 뿐 약을 말하지 않는지 논했다. 약을 쓰는 것은 가려야 할 조건이 많고, 좋은 약을 구하기가 어려우며, 후유증도 무시할 수 없다는 것이다. 곧 "대개 약에는 진짜와 가짜가 있고 그 성질에도 반오(反惡)[39]가 있으므로 병은 비록 없어져도 약의 독은 아직 남아 있다. 더러 추위나 더위의 변화에 당하거나 음식을 잘못 먹음으로 인해 다른 질병이 생겼다가 죽는 경우가 생기기도 한다."[40]면서 약을 매우 경계했다. 도인을 행하는 시점 역시 "최상의 도인은 병이 없을 때 행하는 것이요, 중간의 도인은 병나기 전에 행하는 것이며, 최하의 도인은 병이 난 다음 행하는 것"[41]이라면서 그 우열을 논했고 평시 건강할 때 도인을 실행하는 것이 좋다고 했다. 약물치료보다 도인법이, 병이 났을 때보다 병이 없을 때 하는 도인법이 우리 몸의 건강과 질병 관리에 더욱 효과적이라는 말씀이다.

이어서 유명한 도인법을 실제 예로 들면서 동작과 호흡을 설명하고 있는데, '초학타좌법(初學打坐法, 초심자의 좌공 배우기)', '종리권(鍾離權)'의 8단금 도인법(八段錦導引法)', '화타(華佗)'의 5금희법(五禽戲法)', 팽조(彭祖)의 곡선와인법(穀仙臥

---

39 반오(反惡) : 약의 성질이 서로 부조화하고 배척하여 함께 써서는 아니 되는 것. 상반과 상오가 있음.

40 "蓋藥有眞僞, 性有反惡, 疾縱去而毒尙留, 或乘寒暑之變, 或因飮食之反, 而生他疾, 至於殺身者有之."《보양지》권4〈몸 수양〉"도인" '약석(藥石)이 도인보다 못하다'.

41 "導引之上, 行其無病;導引之中, 行其未病;導引之下, 行其已病."《보양지》권4〈수진(修眞, 몸의 수련)〉"도인" '약석(藥石)이 도인보다 못하다'.

引法)', '왕자교(王子喬)'의 8신도인법(八神導引法)', '영씨(甯氏)의 도인행기법(導引行氣法)', '24절기의 도인법' 등이다. '병을 제거하고 수명을 늘이는 6자법(六字法)', '간단하고 빼어나게 효과적인 수진법(修眞法)'도 있다. 앞에서 나온 침을 되돌리는 법과 유사한 대목을 하나 제시하고자 하니, 탄진법(吞津法)이 그것이다.

옛 방서(方書, 방술을 적은 책)에서는 모두 "혀를 상악에 붙여 진액을 저절로 생기게 했다가 양치하여 삼킨다"라 했다. 하지만 혀를 상악에 붙여야 생진(生津, 진액을 생성함)할 수 있는 건 아니고 단지 혀를 구부려 혀뿌리를 젓기만 해도 생진한다. 이 방법이 오랫동안 습관이 되면 저절로 멈출 수가 없게 되니, 배고프고 피곤할 적에 쉽게 힘을 얻을 수 있다.[42]

이들의 구체적 동작은 본서에서 풍부한 그림을 동원하여 최대한 원 모습을 전달하려 노력하였다. 《보양지》 저본에는 그림이 없지만 그 인용서 중에는 그림이 나오는 곳이 꽤 있다. 이들을 최대한 본 번역서에 수록하였다. 예를 들면 종리권(鍾離權)의 8단금 도인법(八段錦導引法)은 명나라 말엽 고렴(高濂, ?~?)의 《준생팔전(遵生八牋)》에서 각 도인에 각각 주해와 그림을 수록했다. 화타(華佗)의 5금희법(五禽戲法)은 박사 논문에서 참고될 만한 그림을 찾아 넣었고 24절기 도인법[二十四節導引法]은 명대 철봉거사(鐵蜂居士)의 《보생심감(保生心鑑)》에 나오는 24개 그림을 올려 동작을 눈으로 볼 수 있게 하였다. 그 뒤 질병 치료법에서는 명나라 왕채(王蔡)가 1513년 쓴 《수진비요(修眞秘要)》의 그림 40여 개를 요긴하게 활용했다. 《보양지》의 〈도인〉 편에 나오는 한문 번역에서 그림의 중요성은 아무리 강조해도 지나침이 없다. 문자로서 동작의 세밀한 부분을 묘사하기란 여간 난감한 일이 아닌 것이다. 뿐만 아니

---

42 "古方皆謂'舌拄上腭, 自生津液, 漱而吞之', 然拄腭不必生津, 惟屈舌而攪舌本, 乃生津. 若久久成習, 則自不能已, 飢困時, 亦易得力."《보양지》 권4 〈수진(修眞, 몸의 수련)〉 "도인" '간단하고 빼어나게 효과적인 수진법'.

라 문헌에서 행공의 그림을 찾지 못한 경우에는 필자와 연구원이 실제로 행공을 하여 사진으로 제시한 곳도 상당 수 있다. 그럴 때 그림은 문자 너머의 사실을 가감 없이 직접 전달하는 훌륭한 도구가 된다. 번역자의 원문 이해 방식을 솔직하게 드러내고 부족하나마 독자들의 이해를 구하는 마음이다.

일반적으로 도인법은 병의 예방과 관련된 것이라 하겠지만 여기서는 본격적으로 '도인으로 병을 치료하는 여러 방법'을 풍부하게 소개하고 있다.

첫머리에 "나는 홀로 다음을 걱정했었다. 무릇 숲 속 외딴 곳이나 궁벽한 곳에는 평소 의사의 처방약을 구할 수도 없고 침과 같은 도구도 없다. 이 때문에 어느 날 병이 나면 어쩔 줄을 모르고 결국 요절할 수밖에 없는 경우가 있으니, 그 수가 얼마나 많겠는가!"라고 탄식하면서 수양가들이 말하는 '도인으로 병을 고치는 처방'의 요점만을 추려 올려놓았다. 이 정도면 "편작(扁鵲)의 방제(方劑, 처방약)를 구하기를 기다리지 않고도 내 몸에 돌이켜 보아 고황(膏肓)뽑아버리고 폐질(廢疾, 불치병)에서 털고 일어날 수 있도록 하기 위함이다."[43]고 하였다.

"안마(按摩)"는 몸의 관절을 열어 기가 다니는 길을 매끄럽게 하는 손기술이다. 앞에서 나온 존상(存想)과 대조해 보면 흥미롭다. 존상은 뜻으로 기가 돌아다니는 길을 제어하므로 안에서 밖으로 통하는 것이라면, 안마는 몸의 밖에서 안으로 통하는 것이다. 기가 잘 소통되게끔 하려는 목적은 같다. 눈, 코, 귀 안마하는 법, 얼굴과 머리카락 안마하는 법, 관절 안마하는 법을 구체적으로 알려주고 있다. 이들은 동작이므로 실행하는 사람들이 외기 쉽게 운문으로 제작된 것이 많다. 여기 나온 '장생(長生) 16자 묘결(妙訣)', '도인결(導引訣)', '소요가(逍遙歌)', '위생가(衛生歌)', '침상기(枕上記, 베갯머리 양

---

43 "余獨憂夫山林澤藪、退陬僻壤之地, 素無攻醫之方, 又乏鍼砭之具, 一朝疾生, 莫知所措, 而終不免於夭折促短者, 何限哉! 今取修養家所言'導引療疾之方', 芟繁撮要, 分門類彙. 俾不待求之盧扁方劑, 而反諸吾身, 可以發膏肓, 起廢疾."《보양지》권4〈수진(修眞, 몸의 수련)〉"도인" '도인으로 병 치료하는 여러 방법'.

생기)', '양생명(養生銘)', '인도결(引導訣, 도인결)', '장생인도가(長生引導歌)', '양생결(養生訣)' 등이 그것이다.

이 가운데 '소요가'의 다음 여섯 절구는 평소 외워두면 득이 적지 않을 듯하다.

자시(子時) 이전과 오시(午時) 이후가 수양하기 좋으니
심군(心君, 마음)은 늘 고요하게 하고 신(腎)[44]은 늘 덮어두라.
치아는 늘 부딪치고 귀는 늘 어루만지며
손은 늘 회전하고 다리는 늘 구부려라.
얼굴은 손에 입김을 불어 부지런히 문지르고
배꼽 주위는 손을 바꿔가면서 부지런히 문질러라.
눈알은 늘 돌리고 입은 늘 다물며
침은 늘 삼키면 약 먹기보다 낫다네.
발바닥 용천(湧泉)은 수시로 문지르고
요안(腰眼)과 신수(腎俞)는 항상 지압하라.
머리와 목은 늘 돌리고 어깨는 늘 으쓱이며
코로 들이는 숨은 늘 고르게 마시되 되도록 많이 마시라.

자전오후정호수　子前午後正好修,
심군상정신상두　心君常靜腎常兜.
아치상고이상안　牙齒常叩耳常按,
수상녹로각상구　手常轆轤脚常句.
면피가수근근모　面皮呵手勤勤摸,
제복환수근근찰　臍腹換手勤勤擦.

---

44 신(腎) : 남성의 생식기를 이르는 말. 고환(睾丸)·외신(外腎)이라고도 한다.

안주상전구상폐　眼珠常轉口常閉,

타진상연승복약　唾津常嚥勝服藥.

각저용천시상마　脚底湧泉時常摩,

요안신수시상차　腰眼腎臟時常搓.

두경상전견상용　頭頸常轉肩常聳,

비흡상조불혐다　鼻吸常調不嫌多.

권5 〈약이(藥餌, 약과 약 음식)〉는 약과 음식의 복용법으로, 보통 보약이나 약식 정도로 생각되는 분야지만 그 넘어 생활 곳곳에서 건강법을 말하고 있다. 즉 복용하는 약, 바르는 약, 씻는 약, 염색하는 약, 술과 떡 등을 포함하여 베개, 빗, 컵 등의 일용품까지 다양한 방의 제작과 용법을 설명한다.

대원칙으로 광물로 된 약재 복용을 멀리하고 초목 약재의 복용을 권한다. 예를 들어 "금석은 성질이 사납고 모질면서도 진액의 윤기가 없어 젊을 때는 그 해를 모르다가 쇠약한 뒤에야 독이 발(發)한다.……초목의 약을 부지런히 복용하면 약력(藥力)이 서로 끌어들여 세월이 오랜 뒤에는 반드시 큰 이로움을 얻는다."[45]고 하여 우선 반짝하는 효과보다 은근하지만 부작용 없이 오래 지속되는 쪽을 높이 쳤음을 알 수 있다.

또 하나 특히 오래 기억해야 할 명구가 있다. 전통 의서의 내용을 볼 때 기본적으로 지니고 있어야 할 자세에 관한 말이다.

선가(仙家)에서 서술한 말이 비록 실제보다 과장되었으나, 대개 장려하는 말은 종종 넘치는 법이라 이 또한 상리(常理)일 따름이다.[46]

---

[45] "金石, 其性慓悍而無津液之潤, 盛壯時, 未見其害, 及其衰弱, 毒則發焉.……草木之藥, 服之不倦, 勢力相摟, 積年之後, 必獲大益."《보양지》권5 〈복식(약 음식 복용)〉 "약이(藥餌, 약과 약 음식)" '금석약(광물약)이 초목 약보다 못하다'.

[46] "仙家所述, 雖若過情, 蓋獎辭多溢, 亦常理耳."《보양지》권5 〈복식(약 음식 복용)〉 "약이(藥餌, 약과 약 음식)" '초목 복용하는 방법'.

몸에 좋은 여러 가지 일을 권면하는 말에 역시 과장이 없을 수 없다. 하지만 그 말의 본뜻을 잘 추려서 이해한다면 무슨 해로움이 있겠는가? 풍석이 상찬해 마지않았던 명나라 본초학의 대가 이시진(李時珍, 1518~593)의《본초강목》중 '오가피' 항에 나오는 말을 인용한 것이지만, 사실 풍석이 하고 싶었던 말이었다 해도 조금의 틈도 없을 것이다.

이런 독법으로 읽어야 할 것이 많다. '기 복용하는 방법'에서 달의 정기·6가지 종류의 하늘의 기운·사람의 기운 흡수하는 법, '물 복용하는 방법'에서 추로수(秋露水)·옥정수(玉井水)·유혈수(乳穴水)·정화수(井華水)·단사수(丹砂水)·국화수(菊花水)·구기수(枸杞水)의 복용법, '금석(金石, 광물) 복용하는 방법'에서 철·금·옥·단사·유황 등 15가지 종류의 광물 복용법들이 그것이다.

'과실 복용하는 방법' 중 연밥에 대한 부분에 흥미로운 내용이 있다. 이들은 백 년이 지나도 썩지 않는데, 새나 원숭이 먹이로 동굴 등에 오래 저장된 것은 최고의 품질로, 불로의 약이라 한다. 연밥이 수백 년 이상을 씨앗으로 있다가 적당한 조건에서 다시 발아한다는 사실이 과학계에 알려진 지가 얼마 되지 않았는데 이에 대한 지식이 이미 퍼져있었고 그 효능을 익히 알아 약으로 복용했다는 기록이 더욱 귀해 보인다.

익히 알려진 경옥고(瓊玉膏) 등 몸을 보하는 본격 약이(藥餌) 처방은 '여러 보약 처방[滋補藥餌諸方]'에 46가지가 등록되었는데, 그 이름은 대부분 신선(神仙), 불로(不老), 만수(萬壽) 등과 어울린다.

독특한 보양법으로 '배꼽에 뜸을 떠 수명을 늘리는 처방[煉臍延壽方]'이 있는데 장생연수단·접명단 등 5가지가 보인다. 이어서 눈을 밝히는 명목방(明目方), 치아를 튼튼히 하는 고치방(固齒方), 수염을 검게 하는 오수방(烏鬚方) 등 갖가지 방법이 뒤를 잇고 있다.

음식분야 백과사전《정조지(鼎俎志)》에 음식이 망라되어 있기는 하지만, 이와 별도로《보양지》에서도 술과 떡이 빠지지 않는다. 몸을 보하는 술로 황정주·인삼주·우슬주 등 34가지가 선을 보이고, 백설고·오향고 등 떡 종류도 5가지가 보인다. 건강 베개를 만드는 베개에 쓰는 처방[枕方] 7가지, 건강증진에 빗을 이용하는 빗에 쓰는 처방[梳方] 3가지, 또 잔을 이용하는 배방(盃方) 4가지, 목욕물에 입욕제로 쓰이는 목욕물에 쓰는 처방[洗浴湯方] 5가지도 덤으로 나온다. 이만하면 하루의 일거수일투족이 보양과 관련되지 않은 것이 없다 해도 과언이 아니다.

권6 〈부모나 노인을 건강하도록 모시기〉는

부모와 노인을 장수하게 하고 잘 봉양하는 법에 대해 기술한다. 이 부분은 《수친양로서》라는 책을 주로 인용하였는데, 이 책은 송대 진직(陳直)의 저작 《양로봉친서》이다. 원대 추현(鄒鉉)이 증보하여 《수친양로신서》라 하고 원본에 양생과 노인 보건 및 여러 음식치료법을 추가하였다.

서문에서 서유구가 강조했듯이, 유가의 아이덴티티를 갖고 있는 당시 지식인으로서 개인의 몸의 수련(修身)은 어디까지나 부모의 봉양과 자식의 양육이라는 가(家)의 운영의 핵심적 가치와 나란히 함께 가는 것이었다. 제가(齊家)의 상위 원칙에 복무하지 않는 독립적, 이탈적, 비연관적 개인의 양생은 길을 잃은 양생이요, 무목적의 양생으로 비판의 대상일 뿐이었다. 이것이 《보양지》에서 부모나 노인을 건강하도록 모시기[養老壽親, 양로수친]와 임신 출산과 육아[求嗣育嬰, 구사육영]가 함께 배치된 이유이다. 이것이 다시 사회적으로 확장되어 백성을 구제하는 방향으로 전개되고 궁극적으로 만물을 기르는 최고의 이상으로까지 이어지게 된다. 양생월령은 시간상으로 사시의 흐름에 참여하고자 하는 노력이다(앞의 표2 참조).

앞머리에 "노인의 도는 항상 선을 생각하고 악을 생각지 않아야 하고, 살림[生]을 생각하고 죽임을 생각지 않아야 하며, 신용을 생각하고 속임을 생각지 않아야 한다. (중략) 기쁨이나 노여움을 없애고, 너무 골똘히 보거나 듣지 않으며, 지나치게 심각히 생각지 않으며, 지나치게 염려하지 않아야 한다. 한숨 쉬지 않고 소리치지 않으며, 읊조리지 않고, 휘파람이나 노래를 부르지 않아야 한다. 울음소리를 내지 않고 지나치게 슬퍼하지 않으며, 경조사에 나아가지 않고, 빈객을 접대하지 않고 연회에 나가지 않으며, 항상 담박하게 먹어야 한다."47고 하여 노인의 건강 수칙으로 삼았다. 경조사에 참석하지 않고 빈객 접대나 연회에 참여하지 않아야 한다는 말이 요즘 시속(時俗)에 어찌 이해될지 궁금해지는 대목이다.

노인의 병은 "울 때는 눈물이 안 나고 웃을 때 도리어 눈물이 나며, 코에는 탁한 콧물이 많고 귀에는 매미소리가 나고, 밥을 먹을 때 입이 마르며 잘 때는 침이 흐른다. 오줌은 절로 나오고 대변은 변비가 되고, 낮에는 잠이 많고 밤에는 말똥말똥 잠을 못 잔다."48고 하였다. 박장대소할 정도로 실제와 잘 부합되는 설명을 하였는데, 이는 나이 들어 정과 혈이 모두 닳으면 평시의 오감 기능이 반대로 되기 때문이라고 한다.

이런 노인의 생리조건에서는 약치료가 음식치료만 못한데, "노인의 성질은 약을 싫어하고 밥을 좋아하니 음식으로 치료함이 약으로 치료하기보다 낫다. 더욱이 노인의 병은 토하고 설사하기를 삼가야 하니 음식으로 치료함이 더욱 좋다."49고 했다. 그러면서 약을 사용할 때에는 도와서 붙잡아 주는 순하고 부드러운 약만 써야지, 출처 불명의 약이나 성질이 강한 약은 극히 조심하여 쓸 것50을 당부하기도 한다.

---

47 "老人之道, 當常念善, 無念惡;常念生, 無念殺;常念信, 無念欺,(중략) 無極視, 無極聽, 無太用意, 無太思慮. 無吁嗟, 無叫喚, 無吟咏, 無歌嘯, 無啼啼, 無悲愁, 無哀慟, 無慶弔, 無接對賓客, 無預局席, 常常淡食."《보양지》권6〈부모나 노인을 건강하도록 모시기〉"원기 조리하기(조원)' '총론'.

48 "平居七竅反常, 啼哭無淚, 笑反有淚, 鼻多濁涕, 耳作蟬鳴, 喫食口乾, 寢則涎溢, 溲尿自遺, 便燥或泄, 晝則多睡, 夜臥惺惺不眠, 此老人之病也."《보양지》권6〈부모나 노인을 건강하도록 모시기〉"노인병의 치료" '노인병의 원인'.

49 "老人之性, 皆厭藥而喜食, 以食治疾, 勝於用藥. 況老人之疾, 愼於吐痢, 尤宜用食以治之."《보양지》권6〈부모나 노인을 건강하도록 모시기〉"노인병의 치료" '약치료가 음식치료(食治, 식치)만 못하다'.

50 "老人藥餌, 止是扶將之法, 只可溫平、順氣,進食,補虛,中和藥,治之. 不可用市肆贖買, 他人惠送不知方味及狼虎之劑, 最宜愼重詳審."《보양지》권6〈부모나 노인을 건강하도록 모시기〉"노인병의 치료" '약이(藥餌, 약과 약음식)'.

이후 음식으로 노인을 보양하는 처방과 질병을 치료하는 처방을 모두 합해 약 180가지에 걸쳐 자세하게 설명하고 있다. 앞서 〈복식(약 음식 복용)〉 부분에서와 마찬가지로 《정조지》의 내용과 상통하는 내용이 많아 서로 참고하여 보면 좋을 것이다.

권7 〈임신 출산과 육아[求嗣育嬰]〉는

후손을 구하고 아이를 기르는 일에 관한 내용이 들어있다.

"자손 얻기[求嗣]" 곧 "출산"에서는 첫머리에 전통 시대의 결혼 적령기에 대한 우리의 인식이 어떤가를 되묻고 있다. "남자가 비록 16살에 정액이 통하더라도 반드시 30살에 장가를 들어야 하고, 여자는 비록 14살에 천계(天癸)[51]가 이르더라도 20살에 시집을 가야 한다. 이는 모두 음양의 기운이 완전하고 가득찬 뒤에야 성교하고자 함이니, 그렇게 성교하면 곧 임신되고, 임신되면 발육이 좋고, 발육이 좋으면 아기가 건강하게 오래 산다."[52] 이 구절의 원 출전은 당(唐) 저징(褚澄)의 《저씨유서(褚氏遺書)》인데, 이 수치가 당시 실제 결혼 연령을 그대로 반영하지는 못한다 하더라도 그들의 적령 기준에 대한 인식이 어떠했는가를 보여주는 증거는 충분하다 하겠다. 또한 이를 인용하여 《보양지》에 기재한 풍석의 인식도 함께 엿보인다.

여기에 이어서 '아이 잘 낳는 여자의 관상 보는 법', '아이 낳지 못하는 여자의 관상 보는 법' 등을 상세히 논한 다음, '자손 얻는 약방'으로 고본건양단(固本健陽丹), 속사단(續嗣丹), 온신환(溫腎丸) 등 27가지를 제시한다.

약 뿐만 아니라 '자손 얻는 침구법', '임신의 바른 시기', '아들 딸 예상하는 법', '임신을 계획할 때 금기'가 설명되고, 과거 유행하던 전녀위남법(轉女

---

51 천계(天癸): 본래 몸의 성장, 발육과 생식 기능에 필요한 물질을 가리키는 말이다. 여기서는 여성의 생리를 가리켜 말했다.

52 "男雖十六而精通, 必三十而娶;女雖十四而天癸至, 必二十而嫁. 皆欲陰陽氣完實而後交合, 則交而孕, 孕而育, 育而爲子, 堅壯强壽."《보양지》 권7 〈임신 출산과 육아〉 "출산" '총론'.

爲男法, 딸을 아들로 바꾸는 법)도 빠지지 않고 나타난다.

'태교법'과 '임신 중 조리하는 법', '임신 중의 금기'와 '임신 중 음식 금기'를 모두 정리하고, 출산 시 정상 태아로 나오지 못하는 여러 난산의 경우를 '출산의 11가지 형태'에서 살펴보고 대처법까지 제시한 다음, '산후 조리법', '태반 묻는 법' 등으로 마무리하고 있다.

아이를 기르는 법은 "육아"에 있다. 이 중 '양아 10법'이라는 원칙에,

1. 등을 따뜻하게 할 것. 2. 배를 따뜻하게 할 것. 3. 발을 따뜻하게 할 것. 4. 머리를 서늘하게 할 것. 5. 가슴을 서늘하게 할 것. 6. 괴상한 걸 보이지 말 것. 7. 비위를 늘 따뜻하게 할 것. 8. 울음을 그치고 진정하기 전에 젖을 바로 먹이지 말 것. 9. 광물 약을 먹이지 말 것. 10. 목욕을 적게 시킬 것을 주문하였다.[53]

등과 배, 발을 따뜻하게 하고 머리와 가슴 부위를 서늘하게 하라는 말은 지금도 한의학에서 중요한 건강 지침으로 통용된다. 단지 실내 온도 몇 도를 유지하라는 정도가 아니라, 구체적으로 신체 어느 부위를 더 따뜻하게 하고 어느 부위를 보다 서늘하게 하라는 이야기는 현대의학에서도 곱씹어 볼 의미가 있다. 아이의 신체에서 부분적 체온의 불균형이 혈액순환이나 성장 발달에 어떤 영향을 미칠지, 특히 신경계 분야의 발달에 어떤 작용을 할지는 아직 미개척 분야의 의료 영역이다.

특이하게도 가난한 집에서 아이 키우는 것이 부잣집에서 아이를 키우는 것보다 낫다는, 선뜻 받아들이기 어려운 내용이 있다. 아이 키우는 이치에 들어맞는 것이 네 가지가 있기 때문이다.

옷을 얇게 입고, 담백하게 먹으며, 욕심이 적고, 잘 성내지 않는 것이 첫 번째

---

53 "一要背煖. 二要肚煖. 三要足煖. 四要頭凉. 五要心胷凉. 六要勿見怪物. 七要脾胃常溫. 八要啼未定, 勿便飮乳. 九要勿服輕粉, 朱砂. 十要少洗浴."《보양지》권7〈임신 출산과 육아〉"육아" '총론'.

이다. 돈이 없어 약을 적게 쓰기 때문에 병이 저절로 치유되니 돌팔이 의원들이 처방한 열약(熱藥)에 상하지 않는 것이 두 번째이다. 엄마 뱃속에 있을 때어미가 노동을 하므로 태아의 기혈이 움직여 신체가 충실해지는 것이 세 번째이다. 어미가 노동을 하므로 자연스럽게 순산하는 것이 네 번째이다.[54]

여기서 용렬한 의사들이 쓰는 열약 때문에 상하지 않는다는 표현은 지금의 항생제 오남용의 폐해로 대체해서 이해할 수 있을까? 또 가난한 집 환경이 아이에게 더 좋다는 이 네 가지의 이유가 경제적 조건을 무엇보다 우선하는 현대사회의 압도적 경향에서도 약간의 위안이 될 수가 있을까?

이어 아이 관상 보는 법, 첫 출산 시 탯줄을 자르는 법과 해독법, 아이씻기는 법, 유모를 택하는 법, 젖 먹이는 법, 의복, 아이를 키우면서 피해야 할 것들과 소아가 금기해야 할 음식을 설명하고 있다.

소아의 병증을 판단할 수 있는 삼관맥(三關脈), 모양을 보고 병증을 살피는 법, 소리를 듣고 병증을 알아내는 방법 등도 아이를 키우면서 반드시 숙지해야 할 내용이다.

권8은 〈양생월령표〉이다.

이 월령표는 매우 흥미롭다. 《보양지》의 내용을 마치 요즘의 달력처럼만들어 늘 손쉽게 찾아보고 실행할 수 있게 만든 일종의 요약표다. 월별로좌공(坐功), 음찬(飮餐), 탈착(脫著), 즐목(櫛沐), 복이(服餌), 기거(起居), 요질(療疾), 구사(求嗣), 금기(禁忌), 불양(祓禳), 벽온(辟瘟) 등 11개의 카테고리로 구별하여 한 눈에 알아볼 수 있게 했다. 이렇게 카테고리별로 간략하게 만든 표의 양식은 명백한 서유구의 창안이다. 원대 주수중(周守中)이 1220년경 편

---

54 "薄衣淡食, 少慾寡怒, 一也. 無財少藥, 其病自痊, 不爲庸醫熱藥所攻, 二也. 在母腹中, 其母作勞, 氣血動用, 形得充實, 三也. 母旣作勞, 自易生産, 四也."《보양지》 권7 〈임신 출산과 육아〉 "육아" '총론'.

찬한 《양생월람》의 내용 자체는 7~8할 이상 인용하여 작성되었지만, 그 편제는 완전히 새로운 모습으로 바꾼 것이었다. 이 표에는 다른 편에서와는 달리 인용문헌을 기입하지 않았다. 그것은 아마도 표로 만드는 과정에서 일일이 인용표시를 하는 것이 너무 번거롭게 보일 수 있고, 표의 항목 설정과 체재 등을 풍석이 만들었기 때문에 스스로 자신의 소작으로 여겼을 수도 있다. 표를 만든 목적과 의미에 주목해 보면 수긍이 가는 대목이다.

좌공은 월별 천지운기에 따른 도인법, 음찬은 계절에 따른 권장음식과 금할 음식, 즐목은 목욕하는 때와 방법, 탈착은 의복을 입는 때와 주의할 점에 관하여 기술되어 있다. 또 복이 조에는 술, 차 등 음식으로 보양 또는 조리하는 방법에 대한 이야기, 기거는 달에 따른 수면과 기상 시간, 요질은 질병의 예방과 처치, 구사는 아이를 얻는 방도, 금기는 생활 속 경계할 일과 조심해야 할 일, 그리고 불양은 주술이나 푸닥거리로 질병을 멀리 쫓아내는 습속(習俗), 벽온은 전염병에 대한 예방법에 대한 내용이다.

당시 세시 풍속 등과 관련된 관습으로 보아야 할 곳도 많고, 지금의 감각으로 받아들이기 주저되는 부분도 없지 않다. 또 분량이 균일하지 않아 지금의 표 작성으로 변환하기가 어려운 부분도 있다. 예를 들면 단오(端午)가 들어있는 5월의 내용이 1년 전체 분량의 1/3이나 된다.

그럼에도 불구하고 양생월령표는 당대 양생 지식이 실생활과 긴밀히 결합되어 있는 양상을 잘 보여준다. 계절별 양생과 함께 질병 예방, 세시 풍속은 물론이고 하루 중에 일상적으로 이루어지는 의식주 생활까지 일목요연하게 정리한 표를 보고 있노라면 무언가 새로운 인간의 상이 그려지곤 한다. 단순히 개인의 건강관리를 넘어 우주와 세계의 신묘한 변화 과정에 동참하여 그 일원으로 또는 주역으로 자리 잡아가는 당당한 인간의 모습이.

4) 편집체제[55]

《보양지》는 총 8권으로, 대제목이 8개, 소제목이 19개, 표제어가 2211개, 소표제어가 705개, 기사 수는 1,653개, 인용문헌 수는 276개다. 인용문헌 수는 《인제지》 다음으로 많다. 《인제지》에서 인용한 문헌들 중에서 다시 상당수의 문헌을 《보양지》에 반영했기 때문인데, 그만큼 이 두 지의 연관성이 밀접하다 하겠다. 대제목은 각 권당 1개씩 배치되어 있고, 소제목은 1·4·6·7권에는 각각 2개, 2·3·5권에는 각각 3개, 8권에는 12개다. 표제어는 권 순서대로 각각 25개, 26개, 38개, 25개, 22개, 29개, 44개, 12개로 배치되어 있다. 아래의 표에 정리해 두었다.

한편 서유구의 안설(案說)을 포함한 기사 수는 총 1,713개다. 안설의 숫자는 2012년 개관서의 정보를 다시 면밀하게 살펴 일부 수정한 문석윤의 계산도 참고했다. 《보양지》는 또 기사당 원문글자 수가 73자다.

표3 《보양지》 표제어류 및 기사 통계

권 수	대제목	소제목	표제어	소표제어	기사 수	인용문헌 수	원문글자 수
인							380
목차							94
1	1	2	25	0	35	23	3,442
2	1	3	26	19	179	56	10,906
3	1	3	38	0	340	61	13,547
4	1	2	25	34	39	27	20,149
5	1	3	22	294	488	147	43,327
6	1	2	29	184	221	7	12,748
7	1	2	44	43	249	52	17,810
8	1	12	11	0	102	0	7,050
합계	8	29	220	574	1,653	276(중복제외)	129,453

---

55 4) 편집체제~6) 인용문헌 소개에서 인용된 통계자료는 최시남·민철기·정정기·김수연·김현진·강민우·김광명·김용미가 조사했다.

표4 《보양지》 기사 당 원문글자 수

원문글자 수	기사 이외의 글자 수	기사 글자 수	기사 수 (안설 포함)	기사 당 원문글자 수
129,453	3,880	125,573	1,713(1,653+60)	73

표5 《보양지》 소제목별 표제어류 및 기사 통계

권번호	대제목	소제목	표제어	부록	소표제어	기사	인용문헌	원문의 글자수
서문								380
목차								94
1	1	1	17			22	23	3,442
		1	8			13		
2	1	1	9		19	72	56	10,906
		1	7			22		
		1	10			85		
3	1	1	21			219	61	13,547
		1	8			71		
		1	9			50		
4	1	1	12		34	21	27	20,149
		1	13	1		18		
5	1	1	16		236	411	146	43,327
		1	2		39	53		
		1	4		19	24		
6	1	1	8			23	7	12,748
6	1	1	21		184	198	7	12,748
7	1	1	29		43	152	52	17,810
		1	15			97		
8	1	12	11			102	1	7,050
합계	8	29	220	1	574	1,653	373	129,453

5) 필사본 분석

《보양지》는 오사카본, 규장각본, 고대본이 모두 남아 있는데, 다만 오사카본에는 권8이 누락되어 있다. 세 필사본을 비교해 볼 때 여러 가지 면에서 따져 볼 단서를 많이 제공하는 사본이 오사카본이다.

오사카본에는 "書名俟考(서명은 후인의 고찰을 기다려야 한다)"와 같이 첨지(籤紙, 포스트잇 같이 붙이는 종이)에 어떤 지시 내용의 가필(加筆)이 자주 나타난다. 본문 내용에 아직 불안한 요소가 있으니 이렇게 수정 또는 고찰하라는 가필인데, 지면에 바로 쓰여 있는 것이 아니라 메모를 위한 별지(別紙)에 써서 붙였음이 오사카 부립도서관 방문 결과 확인되었다. 아마도 서유구 자신이 서우보에게 교정을 지시한 것으로 강력히 추정되며, 위의 "書名俟考"는 인용문헌을 철저히 가리려는 서유구의 평소 신념과도 나란히 가는 증거물이기도 하다.

다시 한 걸음 더 나아가 권7 〈임신 출산과 육아〉 "출산"에서 '출산의 11가지 형태'라는 표제어에 수록된 기사에 "案 與仁濟志婦科産後陰脫參看" 안 (『인제지』「부과(婦科)」에 있는 "산후음탈(産後陰脫)" 부분과 참조해서 볼 것)이라는 상당 분량의 가필이 있다. 이를 단초로 각 사본을 대조한 결과 이 가필 역시 서유구 자신의 편집 지시문일 가능성이 매우 높다. 확인 결과 고려대본(규장각본도 포함)에서는 오사카본의 이 가필이 서유구 자신의 안설(案說)로 편입되어 있었다. 이런 사실을 기반으로 오사카본이 고대본보다 선행본임을 받아들이게 된다. 또한《보양지》《인제지》간 상호 참조의 지시문을 통해 서유구가 지금 말하는 '교차 색인'까지 염두에 두었음을 미루어 알 수 있게도 되었다. 서유구의 이런 가필이야말로 판본 변별에서는 참으로 소중한 조각글이 아닌가?

또 권5 〈복식(약 음식 복용)〉 중 '백엽(栢葉)' 항목에서는 "無在下疑有脫誤"('無在'라는 글자 아래 빠진 글자나 잘못이 있는 듯하다)이라는 가필이 있다. "無在下疑有脫誤"이라는 글도 분명 풍석이 쓴 것으로 판단되지만, 이렇게 쓰고 더 이상 교감하지 못해서인지 고대본에도 특별한 수정 없이 그대로 남아 있다. 아마도 풍석의 가운(家運)이 쇠락한 사정과 관련이 있을 듯하다.

오사카본은 또 페이지 한 쪽이 없거나 또는 중복되어 있는 곳이 몇 군데 눈에 띈다.

권7 〈임신 출산과 육아〉에서 '성교 시간으로 아들딸을 분별하는 법[交會時辰辨男女法]' 다음 '성교 시간[交會時辰]'와 '아들 낳는 기타 방법[宜子雜方]' 부분이 없다. 자세히 보면 맨 끝부분에 동그라미 두 개가 희미하게 그려져 있는데, 이것은 아마도 별지를 두어서 그 뒤의 기사를 넣으라는 표시가 아닐까 추측된다. 별지는 이미 사라졌으나 고려대본에 보강이 되어있는 것을 보면 그렇게 짐작하는 것도 무리는 아니리라. 권7에서 '출산의 징후[欲產候]'와, '갓 태어난 아이 해독하는 법[初生解毒法]', '탯줄 자르는 법[斷臍法]', 그리고 권5의 '여러 보약 처방'에 들어 있는 온보하원삼재환, 대조환, 보천대조환, 보천환, 혼원단, 태상혼원탕, 이류유정환, 시재쌍보환, 추석환원단 등의 기사가 오사카본에 없는 것도 이런 사정에 포함될 듯하다.

또 필사본의 특성상 필연적으로 나타나는 글자의 변형의 예는 권7 〈임신 출산과 육아〉 "출산" '자손 얻는 약방[求嗣藥方]'의 가미양영환(加味養榮丸) 조에 "기식저육(忌食猪肉, 돼지고기 먹기를 피함. 규장각본)" 같은 기사에서 보인다. 규장각본에서는 '猪肉'이지만 오사카본과 고대본에는 '猪血'로 되어 있고, 또 원래 인용문헌인 『의학입문』에도 '제혈(諸血)'인 것이 확인된다. '諸'와 '猪', '血'과 '肉'의 글자 형태가 유사한데서 오는 필사 착오로 보인다. 이로써 보건대 규장각본이 필사자의 오류가 제일 많다는 점이 다른 지(志)의 예에서와 함께 입증이 된다.

한편 세 개 필사본에서 모두 동일한 글자가 쓰였으되 의미 맥락상 자연스럽지 않아 《문연각사고전서(文淵閣四庫全書) 전자판》과 대조하여 결국 수정된 글자도 있으니, 권7 〈임신 출산과 육아〉 "출산" '애기씨를 심는 법[種子法]'에서 "불이즉과일궁의(不爾則過一宮矣)"라는 기사 중 '일궁(一宮)'이 '자궁(子宮)'으로 교정된 것이 한 예다. 그러나 전자판 사고전서본이 반드시 옳지 않을 수도 있으며 一宮의 의미를 찾아 살려야 한다는 주장도 있어 함께 실어 두

었다. 풍석이 본 당시의 문헌이 꼭 지금 우리가 보는 문헌과 같다는 보장도
없거니와 풍석이 원 문헌을 인용하면서 의식적으로 글자를 수정했을 가능
성 역시 무시할 수 없기 때문이다.

6) 인용문헌 소개

인용문헌은 총276종(중복제외)이다. 《보양지》에서 100회 이상으로 인용
된 서적은 《수친양로서》(162), 《삼원연수참찬서》(118) 두 책이다. 그러나 《수
친양로서》는 권6 「부모나 노인을 건강하도록 모시기[壽親養老]」에서 집중 인
용되는 데 비해 《삼원연수참찬서》는 전 분야에서 골고루 인용되며 내용 또
한 다양하다. 그 외 《본초강목》(69), 《천금요방》(80), 《의학입문》(67), 《증보
산림경제》(52), 《후생훈찬》(57), 《쇄쇄록》(34), 《섭생요의》(34), 《내경》(29) 등
이 많이 보인다. 《제중신편》(28), 《본초습유》(17), 《의학정전》(17), 《부인양방》
(16), 《명의별록》(15), 《준생팔전》(12), 《세의득효방》(11), 《고금도서집성의부전
록》(13)도 비교적 많이 인용되었다.

한편 조선의 문헌도 《증보산림경제》, 《제중신편(濟衆新編)》을 비롯하여
《동의보감》(14), 《금화경독기》(2), 《의방유취》(1) 등 총 6종이 이용되었다. 여
기서 서유구 자신의 저술은 《금화경독기》 1종이다. 비록 인용처가 2회 밖
에 안 되지만, 그 분량은 권4의 절반을 넘는다. 조선문헌의 종류는 이 6종
보다 더 많을 듯한데 이유는 경험방 중 서지학적 확인이 모호한 것도 실제
조선의 문헌일 경우가 있기 때문이다.

예를 들어 권5 〈복식(약 음식 복용)〉 "약이(藥餌, 약과 약 음식)" '여러 보약 처
방'에 수록된 반룡안(斑龍案)은 사슴의 피를 먹는 방법의 설명인데, 원출전인
한씨보익방(韓氏補益方)은 조선문헌일 가능성도 있다. 김호는 《풍석 서유구
연구》(상, 2014년)에서 《인제지》에 다수 인용되는 김씨경험방이 규장각 소장
조선문헌인 《양방금단(良方金丹)》과 밀접한 관련이 있을 것으로 추정했다.

조선문헌 중 《제중신편》(1799년)이 많이 이용되었다는 사실을 여기서 특

기할 필요가 있다. 《제중신편》은 정조 때 태의원(太醫院) 수의(首醫)였던 강명길(康命吉, 1737-1801)이 편찬한 의서로, 내의원에서의 자신의 경험방을 덧붙이고 《동의보감》 등의 의서를 정리했다. 강명길은 정조가 세손일 때부터 정조의 주치의였고 서유구와 같은 시대에 정조의 최측근에 있었던 어의(御醫)다. 그의 경험방이 많이 수록된 《제중신편》을 거의 동시대 저작인 《보양지》에서 많이 인용한 것은 어쩌면 자연스러운 일이다. 무술주(戊戌酒, 개소주), 백설고(白雪糕, 백설기), 오중고(五重膏, 붕어, 암탉, 소의 위장, 황구, 소가죽을 5중으로 담아 기워서 만든 보양식) 등의 약식이 모두 《제중신편》 인용이다.

이상 인용 문헌을 각 권별로 인용 횟수와 비율을 표로 정리하면 다음과 같다.[56]

표6 《보양지》 권별 인용문헌의 인용 횟수와 비율

권수	권1		권2			권3			권4		
편명	총서		정·기·신			기거와음식			수진		
장명	섭생	계기	보정	조기	색신	양형	절식	율시	도인	안마	가결
인용 수	22	13	66	22	85	221	70	52	23	8	10
비율	1.4	0.8	4.3	1.4	5.5	14.3	4.5	3.4	1.5	0.5	0.6
운급칠첨	1	1	4		4	23					
삼원연수서	1(1)		20(9)		23(24)	32(24)	20(5)	16(10)	1	1	
천금요방			16			43		4			
보생요록					1	4	4	1	1		
양생도인법									5		
섭생요의			2	1	2	2	12	9	1	5	
유수요결									1		(9)
본초강목							1				
식물본초											
의학입문						4					

56 문석윤, "풍석 서유구 《보양지》의 형성에 대한 연구", 앞의 책.

부인양방										
후생훈찬						2	5	2		
수친양로서										
증보산림경제			3			4	4			
의학입문						4				
제중신편										
보생심감								1		
양생월람										
수양총서	1		1	5	1	3	1	4		

권수	권5			권6		권7		권8		
편명	복식			수친양로		구사육영		양생월령표		
장명	약이	주례	잡방	조원	요병	구사	육영	좌공	외	
인용 수	410	53	24	22	198	155	95			1,549
비율	26.5	3.4	1.6	1.4	12.8	10.0	6.1			100
운급칠첨	1		1				3			38
삼원연수서	2					3(3)	1(2)			120(78)
천금요방	8	3								74
보생요록	1		1							13
양생도인법										5
섭생요의										34
유수요결										1(9)
본초강목	43	19	1			1	2			67
식물본초	2									2
의학입문	21	4			4	18	19			70
부인양방						13	3			
후생훈찬				19	3	12	5			48
수친양로서				2	164					166
증보산림경제	6	4				20	14			54
의학입문	21	4			4	18	19			70
제중신편	4				24					
보생심감								전체		1

								전체	0
양생월람									
수양총서	2								18

※ 위 표에서 괄호 안의 숫자는 서명을 분명하게 밝히지 않고 "○○○ 撰" 형식으로 출전을 밝힌 부분들이
다. 그러나 그 내용을 보면 《삼원연수참찬서》나 《요수요결》에 들어 있다는 뜻이다.

서유구의 안설은 총 60회에 걸쳐 1,360자를 차지하여 1.05퍼센트
(1,360/129,453)의 비율을 보인다.[57]

《보양지》 전체에서 서유구 저술 이외의 조선 문헌 비율은 5.1퍼센트를
차지하고, 서유구 저술의 비율은 8.6퍼센트를 차지하고 있다. 그리하여 《보
양지》 전체에서 조선 문헌이 차지하는 비율은 13.7퍼센트이다. 1/5에 못 미
치는 비율이다.

표7 《보양지》에서 서유구 저술 이외의 조선문헌 비중

인용 조선 문헌	글자 수	기사 수
동의보감	717	14
의방유취	35	1
제중신편	2,175	28
증보산림경제	3,755	52
합계	6,682	95
비율(%)	5.1(6,682/129,453)	5.6(95/1,713)

표8 《보양지》에서 서유구 저술의 비중

구분	글자 수	기사 수
서문	380	0
목차	94	
권수, 권차, 권미제	256	

---

57 이에 대해 문석윤은 실제 59회의 안설이 나오고, 추가로 안설로 봐야할 곳이 3곳 더 있으므로 최
종 62회라고 하였다. 앞의 책, 281쪽.

대제목, 소제목, 표제어, 소표제어	3,150	
안설	1,360	60
금화경독기	5,840	2
합계	11,080	62
비율(%)	8.6(11,080/129,453)	3.6(62/1,713)

표9 《보양지》에서 조선문헌의 비중

구분	글자 수	기사 수
서유구 저술 이외의 조선문헌	6,682	95
서유구 저술	11,078	62
합계		157
비율	13.7(17,760/129,453)	9.2(157/1.713)

표10 《보양지》에서 중국문헌의 비중

인용 중국 문헌	글자 수	기사 수
수친양로신서	8,255	162
《양생월람》 발췌(권8전체)	6,769	102
섭생요의	5,450	34
삼원연수참찬서	5,054	118
본초강목	4,729	69
의학입문	4,652	67
양생도인법	3,328	4
비급천금요방	3,293	80
후생훈찬	2,964	57
천금익방	2,749	14
성현보수통감	2,410	1
만병회춘	1,630	14
준생팔전	1,592	12
운급칠첨	1,586	38
도경본초	1,548	20
단계심법	1,540	15

인용 중국 문헌	글자 수	기사 수
수양총서	1,369	18
포박자	1,364	19
수세보원	1,200	6
보생요록	1,194	13
의학정전	1,183	17
(서명 없음)소요자 편찬	1,171	1
고금도서집성의부전록	1,080	13
복식방	1,032	6
고금의감	1,005	11
손사막 편찬	992	4
세의득효방	978	11
보생월록	952	1
황제내경소문	857	11
보제방	819	14
양성서	818	14
뇌공포자론	774	12
종행서	678	11
(서명 없음)도진인 편찬	676	1
본초연의	614	7
종사비결	614	5
의학강목	603	7
(서명 없음)종리권 지음, 이랑진군 주석	588	1
본초습유	586	17
수운록	583	2
쇄쇄록	580	34
거가필용사류전집	573	11
양생연명록	557	8
유수요결	551	1
진전	521	4
태평성혜방	499	11
진고	489	9

인용 중국 문헌	글자 수	기사 수
서죽당경험방	483	3
명의별록	475	15
(서명 없음)이진인 편찬	467	1
부인대전양방	465	16
태평혜민화제국방	461	4
만씨적선당집험방	451	4
천은자양생서	434	4
복수전서	428	5
고금비원	421	3
도장경	418	2
의방집략	389	4
황제내경	382	18
맥경	372	8
영추경	341	4
본초	340	2
광사방	338	3
식료본초	336	5
경험방	333	4
노자양생요결	327	4
동원십서	327	6
수련요약	324	1
보생론	315	1
보수당활인경험방	314	3
성제총록	310	4
소아약증직결	295	2
증류본초	291	2
통현집	286	1
범약허소	279	1
구선신은서	277	6
경재고금주	274	2
이정당경험방	263	1

인용 중국 문헌	글자 수	기사 수
침중기	256	2
등재필봉잡흥방	251	2
양로방	243	2
집선방	242	1
한씨의통	242	2
옥동대신단사진요결	241	1
소씨제병원후총론	241	13
산서	237	1
북산주경	233	3
한씨보익방	230	1
비용방	224	1
청량서	220	8
의가대법	219	2
경험양방	210	1
인재직지방	210	3
사시양생론	206	3
천금월령	206	2
외대비요	197	4
개보본초	195	6
침구자생경	191	4
활인심서	191	7
양생결	183	1
중장경	183	3
가석허가	173	1
시험방	173	2
백옥섬설	172	1
여씨춘추	172	2
저씨유서	168	4
복초결	162	1
원기론	159	2
행림적요	156	1

인용 중국 문헌	글자 수	기사 수
위생이간방	154	3
좌망명	151	1
서산기	149	7
비전안료용목론	147	2
태청이십사기수화취산도	146	1
양방	145	3
(서명 없음)포박자 편찬	144	1
사월왕방	143	1
십편양방	143	2
의루원융	140	1
대유경	139	1
활인심법	139	2
하수오전	134	1
사승상방	133	1
삼인극일병증방론	133	1
호씨제음방	133	1
옥함방	130	1
신농본초	129	6
건곤비온	127	1
기효양방	125	2
우산잡설	125	1
복기토납결	122	1
수진서	120	1
국사보	119	1
면상형증가	115	4
어약원방	113	2
의방적요	113	1
왕숙화의 설	112	2
태상현변경	112	1
도씨별록	111	3
태공태교	111	2

인용 중국 문헌	글자 수	기사 수
보제본사방	106	1
구진고상보서신명경	104	1
삼모진군결	102	1
양생론	100	1
방외기방	96	1
약성본초	96	3
다설	95	1
통신경	95	2
수진비요	93	1
상천옹어	91	1
문자	90	1
청정경	90	1
군방보	88	1
황제잡금기법	87	4
본초연의보유	85	1
식의심경	85	2
화타중장경	85	5
금기편	84	1
사시조신론	82	1
복식경	79	1
해상집험방	79	1
신선비요	78	1
위생편	76	1
천금양방	76	1
태청초목방	75	2
연년비록	73	1
장로방	73	1
진씨경험방	72	1
회남자	72	5
섭생중묘방	71	1
신선복식방	71	1

인용 중국 문헌	글자 수	기사 수
장씨경험방	71	1
남방목초상	70	1
부수정방	70	1
태평어람	70	2
왕륜의론	69	1
조식잠	69	1
최씨소아방	69	1
보생심감	68	1
신선기거법	68	1
팽조어	68	3
청서필담	66	1
장승절서	65	1
활법기요	64	1
태을진인칠금문	63	1
통신진경	63	1
가우본초	61	1
법천생의	61	1
손씨집효방	61	1
의학발명	61	1
능양자명경	60	1
선경	60	1
신선복식경	60	1
집효방	60	1
(서명 없음)허진군 편찬	60	1
담포	59	1
소진인경험방	59	1
영류검방	59	1
편민도찬	59	2
박택편	58	1
태청영보방	58	1
사시찬요	57	2

인용 중국 문헌	글자 수	기사 수
명의서론	56	1
식물본초	55	2
신농경	55	1
당본초	53	3
두문방	53	1
열선전	52	1
형주기	52	1
구지필기	50	1
야인한화	50	1
선화화성전진방	49	1
중양사어	49	1
청하자	49	1
목욕신심경	47	1
섭생묘용방	47	1
신자	47	1
(서명 없음)소식 편찬	46	1
금수결록	45	1
단계심법보유	45	1
소아조호가	45	1
오진편주	45	1
태상십삼경·일용경	45	1
세시기	44	1
정일평경	42	1
갑을경	41	2
승금방	41	1
직지소아방	41	1
동현영보정관경	40	1
구루신서	38	1
모지여서	38	1
의림집요	38	1
현추	38	1

인용 중국 문헌	글자 수	기사 수
대명본초	37	3
태사공사마론	37	1
기거기복전	36	1
일화본초	35	3
맥결	34	1
세의통변요법	34	1
몽계필담	34	1
다능비사	32	1
학림옥로	30	1
취서	29	1
양생서	28	2
전원기어	28	1
노군어	27	1
양생요집	25	1
위생방	25	1
휘언	25	1
태상감응편	24	2
태평성혜방	24	1
황정경주	24	1
전을소아방	23	1
초인직설	22	1
현관비론	22	1
동자비결	21	1
왕모내전	21	1
항창자	21	1
양생요결	20	1
오금분도결	19	1
양자직결	19	1
풍녕전	19	1
난경	18	1
선서	18	1

인용 중국 문헌	글자 수	기사 수
황정내경	16	2
소유경	13	1
황정외경주	13	1
정일법문수진지요	12	1
사성본초	11	1
식성본초	11	1
구선방	10	1
합계	111,656	1,554
비율(%)	86.2(111,656/129,453)	90.8(1,554/1,713)

표11 《보양지》에서 출전미상 비중

인용 중국 문헌	글자 수	기사 수
미상	35	2
합계	35	2
비율(%)	0.03(35/129,453)	0.1(2/1,713)

전종욱

임원경제연구소 의학부문 번역팀장, 전북대 교수(한국과학문명학연구소)

《보양지》 서문

葆養志引

도가(道家)의 유파에는 정(精)을 수련하는 요결이 있고, 석가(釋家)의 도는 마음을 다스리는 원리를 밝혔다. 그들의 말에, "물(物)은 처음이 없는 시점부터 끊임없이 생겨나고 생겨난다. 천지가 생기기 이전에도 저절로 존재하며, 천지가 생긴 이후에도 역시 저절로 존재한다"[1]고 하는데 도가에서는 그것을 현빈[2]이라 하고, 석가에서는 진여[3]라 한다. 이 두 사람의 가르침은 오로지 이것을 보전하는 것만을 힘쓰려하지 그 밖의 것은 구하지 않는다.

그래서 도가는 깨끗한 마음으로 무위(無爲)를 따르면서 타고난 몸을 수련하되 인위적 교지(巧知)를 버려 신선에 이르려하고, 석가 또한 깨끗한 마음으로 무위(無爲)를 따르면서 마른나무나 죽은 재처럼 되어 부처가 되기를 기약한다. 그들의 언설이 어찌 나름

道家者流有煉精之訣, 釋氏之道明治心之義. 其言曰:"有物自無始來, 生生不已. 先天地而自在, 後天地而亦自在." 道謂之玄牝, 釋謂之眞如. 二氏之立敎也, 專以保此爲務, 不求乎其外.

故道者, 淸淨無爲, 修眞去知, 而至於登仙. 釋者, 亦淸淨無爲, 若枯木死灰, 以期於成佛. 其爲說也, 豈無見也, 一以是設敎者,

---

1 이 구절은 도가와 석가를 아울러 표현하였다. 출전이 별도로 있지는 않으나,《老子》25장 "물(物)은 섞이어 이루어지니, 천지에 앞서 생겨났다(有物混成, 先天地生.)"는 말과 상통한다.

2 현빈(玄牝) : 끊임없이 생(生)하는 암컷의 현묘한 덕을 가리킨다. "곡신은 죽지 않으니, 이것을 현빈이라 한다. 현빈의 문, 이것이 천지의 뿌리이다. 면면히 있는 듯하면서, 쓰여도 애쓰지 않는다.(谷神不死, 是謂玄牝. 玄牝之門, 是謂天地根. 綿綿若存, 用之不勤.)"《老子》6章.

3 진여(眞如) : '진리'에 상응하는 불교용어. 산스크리트어 'tathātā'의 번역어로, 여실(如實)·여여(如如)라고도 한다. 생멸(生滅)에 대칭되는 말로 쓰이며, 제법(諸法)의 실상을 모두 깨달은 상태를 표현한다.

葆養志引

道家者流有煉精之詖釋氏之道明治心之義其言曰有物自無始來生生不已先天地而自在後天地而亦自在道謂之玄牝釋謂之真如二氏之立教也專以保此為務不求乎其外故道者清淨無為修真而亦清淨無為若枯木宛灰以去知而至於登仙釋者亦清淨無為若枯木宛灰以期於成佛其為說也豈無見也一以是設教者偏也惟吾聖人之為道也本於彝倫參之以禮樂刑政相維焉相安焉而盡心明性之學自寓於其中所以濟世也是道也得於有形者也彼二氏者得於無形者

91

의 일리가 없을까마는 오로지 이것만으로 가르침을 삼고자 한다면, 지나치게 치우친 것이다.

偏也.

이제 우리 성인[吾聖人, 공자]께서 가르친 도는 떳떳한 인륜에 근본하고 예악형정4으로 두루 살펴, 서로 엮어주고 서로 증명하니, 마음을 다하고 본성을 밝히는 학문이 저절로 그 속에 깃들어서 세상을 구제할 수가 있다. 우리의 도는 유형에서 얻은 것이고, 저 두 사람은 무형에서 얻은 것이다. 이로부터 판단하면 우리와 저들의 차이를 알아챌 수 있으리라.

惟吾聖人之爲道也, 本於彝倫, 參之以禮樂刑政, 相維焉, 相安焉, 而盡心明性之學自寓於其中, 所以濟世也. 是道也得於有形者也. 彼二氏者得於無形者也. 由是而判, 庶可見吾與彼之異矣.

그러나 우리가 언제 신기(神氣)를 다잡는 일을 저버린 적이 있는가? 단지 그런 일은 대도(大道)의 한 실마리일 뿐이므로 말을 드물게 할 뿐이다. 《맹자》에 야기(夜氣)를 기르는 이야기가 있고,5 주자(朱子)께서도 일찍이 공동도사6라는 이름에 의탁해서 조식법(調息法)7에 뜻을 둔 적이 있으니, 이런 것을 폐할 수가 없음은 명백하다.

雖然, 吾人何嘗舍神氣之收檢哉? 特係是大道之一緖, 故罕言之. 孟子有夜氣之養, 朱子嘗託於空同道士而留意於調息之法焉. 其不可廢, 審矣.

---

4 예악형정(禮樂刑政) : 성인들이 인심과 풍속을 교화하고, 천하를 다스리기 위해 만든 제도의 총칭. "예로 그 뜻을 이끌고, 악으로 그 소리를 부드럽게 하고, 정으로 그 행실을 한결같이 하고, 형으로 그 사악한 짓을 막는다. 예악형정이 그 지극한 기준이다. 이로써 민심을 하나로 만들고, 세상을 다스리는 법도를 펼칠 수 있다.(禮以道其志, 樂以和其聲, 政以一其行, 刑以防其奸. 禮樂刑政其極一也, 所以同民心, 而出治道也.)"《禮記注疏》卷37〈樂記〉(《十三經注疏整理本》14, 1253쪽).

5 맹자는 고요하고 잠잠한 밤의 기운이 인간의 선한 본성을 길러주는 하나의 실마리가 된다고 보았다. "야기를 제대로 간직할 수 없다면, 금수와 다를 바가 없게 될 것이다.(夜氣不足以存, 則其違禽獸不遠矣.)"《孟子正義》卷6〈告子〉上.

6 공동도사(空洞道士) : 주희가 지은 《周易參同契考異》의 발문(跋文)에 자신을 "공동도사 추기(空洞道士邹欣)"라 하였다.

7 조식법은 호흡법의 일종으로, 이에 대해서는 《보양지》 권2〈정·기·신〉 '조기(調氣, 기 고르기)' 항목에 나온다. 주희의 〈調息箴〉이 《朱子大全》卷85에 전한다.

也由是而判庶可見吾與彼之異矣雖然吾人何嘗

舍神氣之收檢哉特係是大道之一緒故罕言之孟

子有夜氣之養朱子嘗託於空同道士而寓意於調

息之法焉其不可廢審矣夫人之生也受於天者固

不昧也有所欲以梏亡之竟不得復其初者滔滔也

于以靜坐觀心降火而養精以保厥生抑一道也今

此志中有精氣神調養之節有修真之目此參酌于

道釋之法也有壽親之方有育嬰之法此固吾人之

恆規也蓋茲頤真攝生亦有自古流傳之方為道之

一端不可全弃故所以略綴而象叙也與

사람의 생명은 하늘에서 받은 것이라 본래 허령불매[8]한 것이나 욕심이 있어 질곡(桎梏)하고 망가뜨리므로, 마침내 그 초심을 회복하지 못하는 경우가 많을 뿐이다. 이제 단정히 앉아 마음을 고요히 바라보면서 화(火)를 내리고 정(精)을 길러 그 생명을 보중하는 것 또한 하나의 도라 하겠다.

《보양지》안에는 정·기·신(精氣神)의 조양(調養)과 '수진(修眞, 몸의 수련)'에 관한 절목[9]이 있으니, 이것은 도가와 석가의 방법을 참작한 것이다. 부모를 섬기는 방도와 아이를 기르는 법[10]에 대한 내용이 있으니 이것은 본래 우리의 한결같은 규범이다. 대개 이러한 몸을 기르는 섭생법은 예부터 전해 내려오던 것으로 도(道)의 한 단서가 되므로, 다 버릴 수는 없기에 간단히 엮어 함께 서술해 둔다.

夫人之生也受於天者, 固不昧也. 有所欲以桎亡之, 竟不得復其初者, 滔滔也. 于以靜坐觀心, 降火而養精, 以保厥生, 抑一道也.

今此志中有精氣神調養之節, 有修眞之目, 此參酌乎道釋之法也. 有壽親之方, 有育嬰之法, 此固吾人之恒規也. 蓋兹頤眞攝生亦有自古流傳之方, 爲道之一端, 不可全棄, 故所以略綴而兼敍也與.

---

8 허령불매(虛靈不昧) : 텅 비어 있으면서 영험하고 환함. 주희가 《大學》의 '明明德'을 풀이하면서, 사람의 본성과 마음은 본래 잡스럽지 않고 어리석지 않음을 표현한 용어. "대학은 대인의 학문이다. 明은 밝힌다는 것이다. 명덕이란 사람이 하늘에게서 얻은 바로, 허령불매하여, 모든 이치를 갖추고 있고 만사에 대응할 수 있다."(大學者, 大人之學也. 明, 明之也. 明德者, 人之所得乎天, 而虛靈不昧, 以具衆理而應萬事者也.)《大學章句》
9 《보양지》권2 〈정·기·신〉과 권4 〈몸 수양[修眞]〉.
10 《보양지》권6 〈부모나 노인을 건강하도록 모시기[壽親養老]〉와 권7 〈임신·출산과 육아[求嗣育嬰]〉.

보양지 권제1

葆養志 卷第一

임원십육지 52

林園十六志 五十二

I. 총서(總敍)

1

몸을 닦고 양생하는 일에는 세세한 부분을 힘쓰고 삼가야 한다. 이익이 적다고
불평하여 힘써 닦지 않아서도 안 되고, 손해가 적다고 대수롭지 않게 여겨 예방
하지 않아서도 안 된다. 일반적으로 작은 일이 모여서 대업의 기틀이 되고, 작은
실수가 모여서 엄청난 손실의 원인이 되는 법이다.

총서

總敍

1. 섭생(양생)

攝生

1) 몸 수양[修眞]은 쉽지 않다

사람이 2가지 기운[二儀之氣]¹을 받아 사대(四大)²의 형체를 이루니, 지우(智愚, 지혜로움과 어리석음)와 귀천(貴賤)은 달라도 '양생(養生)'을 잘하여 오래 살고 싶은 마음[好養貪生]'은 다르지 않다. 그러나 빈궁한 사람은 힘이 부족하여 이루지 못하고, 부귀한 사람은 오만하여 지켜나가기가 어렵고, 성품이 어리석은 사람은 온전한 양생을 깨닫지 못하고, 앎이 있어 지혜로운 사람들은 명리(名利, 명예와 이익)를 앞세우기도 한다. 그러니 본래부터 지극히 참된 사람이 아니고서야 어찌 양생의 이치를 잘 지켜낼 수 있겠는가?

또 경박한 무리들은 실정을 왜곡하고 세속에 편승하여 입으로는 양생의 일을 뇌까리지만 행동은 이미 어긋나 있다. 그렇기 때문에 설령 양생의 이치를 잘 실천한다 하더라도 1개월을 넘기지 못할 것이다.

論修眞未易

人稟二儀之氣, 成四大之形, 愚智、貴賤則別, 好養貪生不異. 貧迫[1]者, 力微而不達；富貴者, 侮傲而難持[2]；性愚者, 未悟於全生；識智者, 或先於名利. 自非至眞之士, 何能保養生之理哉?

其有輕薄之倫[3], 亦有矯情冒俗, 口誦其事, 行已違之, 設能行者, 不踰晦朔, 卽希長壽, 此亦難矣. 《雲

---

1 2가지 기운[二儀之氣] : 음(陰)과 양(陽)의 기운.
2 사대(四大) : 팔다리와 머리·몸통을 합쳐서 부르는 말. 또는 불교의 설에 의하면 사대는 사람의 신체에서부터 일체의 만물을 구성하는 4가지 기본 요소로, 지(地)·수(水)·화(火)·풍(風)을 가리키기도 한다.
[1] 迫 : 저본에는 "迮". 오사카본·《雲笈七籤·雜修攝·將攝保命篇》에 근거하여 수정.
[2] 持 : 저본에는 "恃".《雲笈七籤·雜修攝·將攝保命篇》에 근거하여 수정.
[3] 倫 : 저본에는 "論". 오사카본·규장각본에 근거하여 수정.

그러고도 장수(長壽)하기를 바라니, 이것은 역시 어려운 일이다. 《운급칠첨(雲笈七籤)[3]》[4]

2) 장수와 요절의 구분

황제(黃帝)[5]가 기백(岐伯)[6]에게 물었다. "내가 듣기로는 먼 옛날 사람들은 나이가 모두 100살이 넘어도 동작이 쇠하지 않았다는데, 요즘 사람들은 50살만 되어도 동작이 모두 쇠하는 이유는 시대가 다르기 때문인가? 아니면 사람이 잘못했기 때문인가?"

기백이 대답했다. "먼 옛날 사람들은 모두 도(道)를 알았기 때문에, 음양(陰陽)의 원리를 본받고 술수(術數)[7]를 조절하여 음식에 절도가 있고 일상생활에 상도(常道, 변하지 않는 도리)가 있었으며, 함부로 수고로운 힘을 들이지 않았습니다. 그러므로 몸과 정신(精神)을 모두 잘 보존하여 천수(天壽)를 다했기 때문에 100살이 넘어서야 삶을 마쳤습니다.

그러나 요즘 사람들은 그렇지 않습니다. 술을 단물처럼 여기고 허튼짓을 일삼으며, 취해서 성행위를 하여 정기(精氣)를 고갈시키고, 진기(眞氣)를 소모하고 흩어버려 몸에 생기(生氣)가 충만한 상태를 유지할 줄

《雲笈七籤》

論壽夭之分

黃帝問岐伯曰：“余聞上古之人，春秋皆度百歲而動作不衰；今時之人，年至半百而動作皆衰者，時世異耶？人將失之耶？”

岐伯對曰：“上古之人，皆知道者，法於陰陽，和於術數，食飮有節，起居有常，不妄作勞．故能形與神俱而盡終其天年，度百歲乃去．

今時之人不然也．以酒爲漿，以妄爲常，醉以入房，以慾竭其精，以耗[4]散其眞，不知持滿，不時御神，

---

3 운급칠첨(雲笈七籤) : 북송 천희(天禧) 3년(1019)에 장군방(張君房, ?~?)이 모든 도교 서적을 감수하여 편찬한 《대송천궁보장(大宋天宮寶藏)》의 내용을 주요 부분만 요약해서 편집했다. 도가의 대표적인 유서(類書)로, 120권의 거질이다.

4 《雲笈七籤》卷34〈雜修攝〉“將攝保命篇”(《中華道藏》29-289, 289쪽).

5 황제(黃帝) : 중국에서 처음으로 영토를 통일한 군주이자 문명의 창시자로 숭배되고 있는 전설상의 임금. 한의학에서 현존하는 가장 오래된 의학서인 《황제내경소문》과 《황제내경영추경》에서는 전설적인 가상 인물인 황제(黃帝)를 가탁하여 6명의 명의들이 의학에 대해 문답을 주고 받으며 토론하는 내용을 싣고 있다.

6 기백(岐伯) : 황제의 신하. 그러나 기백 또한 실존 인물은 아니며, 황제와 마찬가지로 이름을 가탁한 것이다.

7 술수(術數) : 자연과 인사의 변화법칙을 기호와 수로 나타내어 준거로 삼는 전통적 미래 예측 도구의 총칭.

[4] 耗 : 저본에는 “好”. 《黃帝內經素問·上古天眞論篇》에 근거하여 수정.

모르고 시도 때도 없이 정신(精神)을 몰아대어 마음의 쾌락에만 골몰합니다. 양생의 즐거움을 거스르고 일상생활에도 절제가 없기 때문에 나이 50에도 노쇠해지는 것입니다."《황제내경소문(黃帝内經素問)[8]》[9]

어떤 질의자가 말했다. "생명이란 처음에 바깥 경계가 없는 곳에서 함께 생겼다가, 마침내 음과 양으로부터 기운을 받아, 하늘과 땅 사이에서 몸을 구현하고, 음식과 호흡으로 북돋아 키워나갑니다. 그런데 여기서 지우(智愚)·강약(强弱)·수요(壽夭, 장수와 요절)의 차이가 생기는 까닭은 하늘에 달린 것입니까? 사람에 달린 것입니까?"

해설자가 말했다. "타고나는 형체와 지우(智愚)는 하늘에 달린 것이고, 반면에 그 몸의 강약(强弱)과 수요(壽夭)는 사람에 달린 것이다. 천도(天道)는 저절로 그러한 것이지만, 인도(人道)는 스스로에게 달려 있다.

애초에 태기(胎氣)가 충실하고, 태어나서는 먹는 젖과 밥이 충분하고, 성장해서는 자미(滋味, 기름진 음식)를 적게 먹으며, 어른이 되어서는 성색(聲色)[10]을

或疑者云:"始同起於無外, 終受氣於陰陽, 載形魄於天地, 資生長[5]於食息, 而有愚有智, 有强有弱, 有壽有夭, 天耶? 人耶?"

解者曰:"形生、愚智, 天也;强弱、壽夭, 人也. 天道自然, 人道自己.

始而胎氣充實, 生而乳食有餘, 長而滋味不足, 壯而聲色有節者, 强而壽;始

---

8 황제내경소문(黃帝内經素問) : 이 책은 인체 해부·생리·병인·병리·진단(辨證)·치료·예방·양생(養生), 그리고 인간과 자연·음양(陰陽)·오행 학설(五行學說)이 의학 속에서 응용되는 바와 운기학설(運氣學說) 등 여러 방면의 내용을 포괄하였는데, 진한(秦漢) 이전의 의학 성과를 제법 체계적으로 반영하였으며, 특히 소박한 변증법(辨證法)을 지도 사상으로 삼아 의학의 기초 이론과 임상 실천을 총괄하였다. 원서(原書)는 9권으로 이루어졌으며, 모두 81편이지만 위진(魏晋) 시대 이후에는 겨우 8권만 남았는데, 북송(北宋)의 임억(林億, ?~?) 등이 이 책에 교주(校注)한 뒤에 지금의 책으로 구성되었다.

9 《黃帝内經素問》卷1〈上古天眞論篇〉第一(《黃帝内經素問語譯》, 1~2쪽).

10 성색(聲色) : 불교에서 듣고 보는 모든 것을 총칭하는 용어로,《금강경》에서는 "응당 색(色)에 머물러서 마음을 드러내지 말고, 응당 성(聲)·향(香)·미(味)·촉(觸)·법(法)에 머물러 마음을 내지 말며, 응당 머문 바가 없이 그 마음을 내야 한다(不應住色生心, 不應住聲、香、味、觸、法生心, 應生無所住心)."라 말하고 있다.

⑤ 生長 : 저본에는 "長生". 오사카본·《雲笈七籤·雜修攝·養性延命錄》에 근거하여 수정.

절제한다면 몸이 건강하면서 장수한다. 반면 애초에 태기가 허약하고, 태어나서는 먹는 젖과 밥이 부족하며, 성장하면서는 자미를 많이 먹고, 어른이 되어서는 성색을 절제하지 않으면 몸이 약하고 요절한다. 생장 과정이 모두 풍족하고, 여기에 더하여 양생의 도를 따르면 수명이 한량없을 것이다."《대유경(大有經)11》12

而胎氣虛耗, 生而乳食不足, 長而滋味有餘, 壯而聲色自放者, 弱而夭. 生長全足, 加之導養, 年未可量." 《大有經》

생기(生氣)는 신(神, 마음 또는 정신)의 뿌리요, 형체는 신의 도구이다. 신은 너무 많이 쓰면 고갈되고, 형체는 너무 피로하면 죽는다. 만약 허정(虛靜)13한 곳에 마음을 두고, 무위(無爲)14의 경지에서 잡념을 없애며, 자후시(子後時)15에 원기(元氣)를 잘 살펴 조용한 방에서 도인(導引)16을 하고, 섭양(攝養, 양생)에 탈이 없게 하며, 이에 겸하여 좋은 약을 복용하면 100년의 수명을 누리기가 일상적인 일이 될 것이다.

生者神之本, 形者神之具. 神大用則竭, 形大勞則斃. 若能遊心虛靜, 息慮無爲, 候元氣於子後⑥時, 導引於閑室, 攝養無虧, 兼餌良藥, 則百年耆壽, 是常分也.

---

11 대유경(大有經) : 불교 경전의 하나. 사람의 질병과 치료에 대한 내용을 많이 담고 있다. 작자 미상의 책으로, 현재는 전해지지 않고, 도가 경전에 인용구로 삽입되어 있다.

12 《雲笈七籤》卷32〈雜修攝〉"養性延命錄"(《中華道藏》29-289, 268쪽).

13 허정(虛靜) : 텅 비고 고요하여 사물에 마음이 움직이지 않는 상태. 또는 그러한 덕(德).

14 무위(無爲) : 도가에서 말하는 최고의 덕성. 이상적인 군주는 인위적으로 함이 없는 상태를 유지함으로써 못함이 없는[無爲而無不治] 경지에 이르는 것을 목표로 삼는다.

15 자후시(子後時) : 자시(子時)는 십이시(十二時)의 첫 번째 시각으로, 현대 시각을 기준으로 하면 23~1시까지의 시각이다. 자시를 3등분하여 0시 정각을 자정(子正)이라 하고, 전날 23시부터 0시 전까지를 자초시(子初時)라 하며, 당일 0시부터 1시까지를 자후시라 한다. 12시 가운데, 일신(一身)의 원기(元氣)가 펼쳐지는 시간은 해시(亥時, 오후 9~11시)와 자시라고 한다.《이운지》권8〈한가로운 삶의 일과(연한공과)〉"하루 24시간의 일과"(《임원경제지 이운지》4, 풍석문화재단, 2019, 377쪽).

16 도인(導引) : 도교의 양생술 중의 하나. 체조를 하듯 몸의 구석구석을 움직여서 근육을 풀어주거나, 피부를 마찰하는 방식 등으로 근력과 혈액 순환을 개선시키는 건강법이다. 중국 호남성(湖南省) 장사시(長沙市) 마왕퇴(馬王堆) 고분에서 1974년 출토된 한(漢)나라 유물 중 백서(帛書)에 그려진〈도인도(導引圖)〉는 도인을 통한 양생술이 한나라 시대에 이미 널리 퍼져 있던 문화였음을 보여준다.

⑥ 後 : 저본에는 "候".《雲笈七籤·雜修攝·養性延命錄》에 근거하여 수정.

〈도인도〉[호남성박물원(湖南省博物院) 복원 소장본]

그렇지 않고 멋대로 생각하여 성색(聲色)을 탐닉하고, 잔재주를 부려 부귀를 좇다가 가슴속에 불안감만 가득 차고, 조급한 마음을 스스로 떨쳐 없애지 못하며, 예도(禮度, 정해진 의례와 절차)를 지키지 않고, 음식을 절제하지 못한다면, 이와 같은 사람들이 어찌 요절의 환란을 면할 수 있겠는가?《양생연명록(養生延命錄)[17]》서문[18]

如恣意以耽聲色, 役智而圖富貴, 得喪縈於懷抱, 躁撓未能自遣, 不拘禮度, 飮食無節, 如斯之流, 寧免夭傷之患也?《養生延命錄》序

3) 사람 수명의 대체적 기한

사람 수명의 대체적 기한은 백 년으로 잡는다. 그러나 탐욕을 절제하고 몸을 보호하면 천 년까지 살 수 있으니, 이는 등불 기름에 작은 심지를 쓰느냐

論人生大期

人生大期, 百年爲限. 節護之者, 可至千歲, 如膏之用[7]小炷與大耳.

---

17 양생연명록(養生延命錄) : 중국 남조(南朝) 시대 사람인 도홍경(陶弘景, 456~536)이 지은 저술로, 현존하는 가장 오래된 양생서(養生書). 도가철학, 섭생 등 건강하게 살기 위한 내용이 두루 실려 있다.

18 《雲笈七籤》卷32〈雜修攝〉"養性延命錄"(《中華道藏》29-289, 267쪽).

[7] 用 : 저본에는 없음.《雲笈七籤·雜修攝·養性延命錄》에 근거하여 보충.

큰 심지를 쓰느냐의 차이와 같다.[19]

다른 사람들은 큰 소리로 말하지만 나는 작은 소리로 말하고, 다른 사람들은 많은 고민을 하지만 나는 생각을 줄이고, 다른 사람들은 두려워하는 마음이 많지만 나는 노여워하지 않는다. 《노자양생요결 (老子養生要訣)[20]》[21]

衆人大言, 我小語;衆人多煩, 我少記;衆人悸怖, 我不怒[8].《老子養生要訣》

사람은 자연의 기(氣)를 받아 살아가는데, 비록 양생의 방술을 모르더라도 다만 섭양이 이치에 맞으면 보통 120세는 살 수 있다. 수명이 여기에 못 미치는 이유는 모두 손상을 입었기 때문이다. 조금이라도 양생의 도(道)를 깨우쳐 실천하면 240세까지 살 수 있다. 여기에 다시 약을 좀 보탠다면 480세까지 살 수 있다. 《양생연명록》[22]

人受氣, 雖不知方術, 但養之得理, 常壽一百二十歲. 不得此者, 皆傷之也. 少復曉道, 可得二百四十歲, 復微加藥物, 可得四百八十歲.《養生延命錄》

사람의 수명은 하늘의 원기로 60세, 땅의 원기로 60세, 사람의 원기로 60세이니, 이를 모두 더하면 180세가 된다. 하지만 경계하고 삼갈 줄 모르면 날마다 줄어든다. 정기(精氣)를 굳게 지키지 않으면 하늘의 원기로 얻은 수명이 줄고, 도모하는 일이 지나

人之壽, 天元六十, 地元六十, 人元六十, 共一百八十歲, 不知戒愼, 則日加損焉. 精氣不固, 則天元之壽減矣;謀爲過當, 則地

---

19 이는……같다 : 등불에 사용되는 기름종지에 작은 심지를 꽂아두어 연료를 아끼면 오래동안 사용할 수 있지만, 반면에 큰 심지를 꽂아두어 연료가 되는 기름을 빨리 고갈시키면 얼마 사용하지 못하는 것에 비유한 말이다. 사람이 탐욕을 절제하고 몸을 보호하여 몸의 기력을 아끼면 장수할 수 있다는 뜻이다.

20 노자양생요결(老子養生要訣) : 노자의 이름을 가탁하여 저술한 양생서로, 《태상노군양생결(太上老君養生訣)》이라고도 한다.

21 《雲笈七籤》 卷32 〈雜修攝〉 "養性延命錄"(《中華道藏》 29-289, 269~270쪽);《遵生八牋》 卷1 〈淸修妙論牋〉(《遵生八牋校注》, 1쪽).

22 《雲笈七籤》 卷32 〈雜修攝〉 "養性延命錄"(《中華道藏》 29-289, 271쪽).

[8] 怒 : 저본에는 "老".《遵生八牋·淸修妙論牋》에 근거하여 수정.

치면 땅의 원기로 얻은 수명이 줄고, 음식을 절제하지 않으면 사람의 원기로 얻은 수명이 줄어든다.

보배롭게 여기고 아껴야 할 것을 사랑할 줄 모르고, 금하고 꺼려야 할 것을 피할 줄 모르면, 신(神)은 날마다 소모되고 질병은 날마다 다가와서 수명이 날마다 짧아진다. 이붕비(李鵬飛)[23] 《삼원연수참찬서(三元延壽參贊書)[24]》 서문[25]

元之壽減矣;飮食不節, 則人元之壽減矣.

當寶嗇而不知所愛, 當禁忌而不知所避, 神日以耗, 病日以來, 而壽日以促矣. 李鵬飛《三元延壽書》序

〈신선도(神仙圖)〉(명 장로(長路) 작)

4) 양생의 5가지 어려움(양생5난)

양생에는 5가지 어려움이 있다. 명리(名利)를 탐하는 욕심이 없어지지 않는 것이 첫 번째 어려움이다. 기쁨과 노여움의 감정을 조절하지 못하는 것이 두 번째 어려움이다. 성색(聲色)을 멀리하지 못하는

養生五難

養生有五難：名利不滅, 一難也;喜怒不除, 二難也;聲色不去, 三難也;滋味不絕, 四難也;神慮精

---

23 이붕비(李鵬飛) : 1222~?. 중국 원나라의 의사. 5권으로 구성된 《삼원연수참찬서(三元延壽參贊書)》를 저술했다.

24 삼원연수참찬서(三元延壽參贊書) : 송나라 말기와 원나라 초기의 의사인 이붕비(李鵬飛, 1222~?)가 1291년에 저술한 의서로, 총 5권으로 구성되어 있다. 《삼원참찬연수서(三元參贊延壽書)》라고도 한다.

25 《三元參贊延壽書》卷1〈三元參贊延壽書序〉(《壽養叢書》1, 5~6쪽).

혜강(嵇康)

것이 세 번째 어려움이다. 자미(滋味)를 끊을 수가 없는 것이 네 번째 어려움이다. 신(神)을 허비하고 정력을 흩어버리는 것이 다섯 번째 어려움이다.

이 5가지 어려움이 엄연히 존재한 상태에서는, 비록 마음으로는 늙지 않기를 바라고, 입으로는 훌륭한 말을 외며, 좋은 약재[榮華]를 먹고 태양의 기운을 호흡하더라도, 수명이 줄어들지 않을 수 없다. 5가지 어려움이 가슴속에서 없어진다면, 믿고 따르는 마음[信順]이 날마다 깊어지고, 그윽한 덕[玄德]이 날마다 온전해질 것이니, 기쁜 일을 바라지 않아도 저절로 복되고 오래 살고자 하지 않아도 저절로 장수할 것이다. 혜강(嵇康)[26] 《양생론(養生論)[27]》[28]

散, 五難也.

五者必存, 雖心希難老, 口誦至言, 咀嚼英華, 呼吸太陽, 不能不夭其年也. 五者無於胸中, 則信順日深, 玄德日全, 不祈喜而自福, 不求壽而自延. 嵇康《養生論》

---

26 혜강(嵇康) : 223~262. 중국 위진(魏晉) 시대의 시인이자 철학자. 죽림칠현 가운데 한 사람으로, 《양생론(養生論)》·《산거원(山巨源)》 등의 많은 철학적·정치적 논저를 남겼다. 전통적 유교사상과 인생관을 통렬하게 비판하고, 인간 본래의 진실성을 키워야 한다고 주장했다.
27 양생론(養生論) : 혜강이 저술한 양생서로, 형(形)과 신(神)을 함께 길러야 하는데, 이 중 신(神)이 더욱 중요하다는 주장을 펼쳤다. 《양생론》은 현재 《소명문선(昭明文選)》·《혜중산집(嵇中散集)》 등의 저서에 포함되어 있다.
28 《養生類纂》卷上 〈養生部〉 "總敍養生"(《壽養叢書》9, 59쪽).

5) 양생의 3가지 방법(양생3술)

보양의 뜻은 그 결이 수만 갈래이지만, 요약하여 말하면 3가지 방법이 있다. 첫째 신(神)을 기르고, 둘째 기운을 아끼고, 셋째 질병을 막는 일이다. 헛된 감정을 잊고 교지(巧智, 교묘한 잔머리)를 버리며, 마음을 편안하게 하고 욕심을 비우며, 잡스러운 일에서 벗어나 참다운 나[眞我]를 보전하여 안팎으로 기댐이 없게 한다. 이와 같으면 신(神)은 안에서 소모되지 않고 감각 기관은 외부 자극에 미혹되지 않을 것이니, 참된 기운[眞一]이 흐트러지지 않아 신(神)이 저절로 편안할 것이다. 이것이 '신(神)을 기르는 일'이다.

일원(一元)의 근본을 품어 진체(眞體)로 돌아가는 정기(精氣)를 튼튼히 하면, 삼초(三焦)[29]가 제자리를 찾고 육적(六賊)[30]이 형체를 잊으며, 식계(識界)[31]가 이미 텅 비어져 대동(大同)[32]이 이에 이루어지면 기운은

養生三術

保養之義, 其理萬計, 約而言之, 其術有三 : 一養神, 二惜氣, 三隄疾. 忘情去智, 恬澹虛無, 離事全眞, 內外無寄. 如是則神不內耗, 境不外惑, 眞一不雜, 神自寧矣. 此養神也.

抱一元之本根, 固歸精[9]之眞[10]氣, 三焦定位, 六賊忘形, 識界既空, 大同斯契則氣自定矣. 此惜氣也.

---

29 삼초(三焦) : 몸의 체간부를 상초(上焦)·중초(中焦)·하초(下焦)의 3부위로 나누는데, 이를 합하여 삼초라고 한다. 상초는 목구멍에서 위장의 분문(噴門, 식도에서 위장으로 음식물이 들어가는 입구)까지에 해당하며, 횡격막 위의 가슴 부위로서 여기에는 폐(肺)·심장·심포락(心包絡) 등 3개의 장기가 속해 있다. 중초는 위장의 분문에서 위장의 유문(幽門, 위에서 십이지장까지의 연결 부분)까지 해당하며, 횡격막 아래에서 배꼽까지의 부위로서 여기에는 비장·위장 2개의 장기가 속해 있다. 하초는 위의 유문에서 전음과 후음까지, 즉 배꼽 아래 하복부에 해당하며, 여기에는 간·신장·방광·소장·대장 등 여러 장기가 속해 있다. 삼초는 몸에서 기와 혈액 순환을 촉진하며 음식물을 소화시켜 영양물질을 온몸에 운반하며, 수도(水道)가 잘 통하게 하는 기능을 한다.

30 육적(六賊) : 번뇌를 일으키는 근원이 되는 안(眼, 눈)·이(耳, 귀)·비(鼻, 코)·설(舌, 혀)·신(身, 몸)·의(意, 뜻)의 육근(六根)을 도적에 비유한 말. 이 6가지는 사람들의 마음을 흔들어서 큰 도(道)를 깨달을 수 없게 한다는 의미에서 '여섯 도적'이라 했다. 육음(六淫) 또는 육기(六氣)라고도 한다.

31 식계(識界) : 인간의 인식 작용을 의미하는 불교 용어. 모든 현상을 구성하고 있는 6가지 요소 중에 1가지를 말하기도 한다. 이 6가지 요소에는 지계(地界, 견고한 성질)·수계(水界, 축축한 성질)·화계(火界, 따뜻한 성질)·풍계(風界, 움직이는 성질)·공계(空界, 공간)·식계(識界, 인식 작용)가 있다.

32 대동(大同) : 일반적으로 《예기》〈예운(禮運)〉편에서 그리고 있는 것처럼 모든 사(私)가 없는 인간세의 이상사회를 표현하는 말이지만, 여기서는 도가에서 말하는, 나와 자연이 합일된 무아의 이상적 경지의 뜻으로 쓰이고 있다.

⑨ 精 : 저본에는 "眞". 《本草衍義·序例·衍義總敍》에 근거하여 수정.

⑩ 眞 : 저본에는 "精". 《本草衍義·序例·衍義總敍》에 근거하여 수정.

저절로 안정된다. 이것이 '기운을 아끼는 일'이다.

음식을 때맞춰 먹고, 몸의 따뜻함과 서늘함이 적절하며, 드나듦에 팔사(八邪)[33]에 저촉되지 않고, 잠을 자고 깨는 일을 억지로 하지 않으면 몸은 저절로 편안할 것이다. 이것이 '질병을 막는 일'이다.《본초연의(本草衍義)[34]》[35]

飲食適時, 溫凉合度, 出處無犯於八邪, 寤寐不可以勉强, 則身自安矣. 此隄疾也.《本草衍義》

6) 양생의 8가지 요점(양생8요)

① 몸은 항상 부지런히 놀리고, ② 음식은 항상 적게 먹는다. 부지런하되 과로하지 말고, 적게 먹되 너무 배고프게 하지는 말아야 한다. ③ 기름지고 진한 음식을 피하고, ④ 짜고 신 음식을 절제한다. ⑤ 생각과 걱정을 줄이고, ⑥ 기쁨과 노여움의 감정을 덜어낸다. ⑦ 격렬한 놀이를 피하고, ⑧ 성생활에 신중을 기한다.《양생연명록》[36]

養生八要

體欲常勞, 食欲常少, 勞無過極, 少無過虛. 去肥濃, 節醎酸, 減思慮, 損喜怒, 除馳逐, 愼房室.《養生延命錄》

7) 양생은 3가지를 온전하게 한다(양생3전)

① 근골(筋骨)을 도인(導引)하면 형체가 온전하고, ② 정욕(情欲)을 끊어버리면 정신이 온전하고, ③ 말을 정갈하게 하면 복이 온전하다.《항창자(亢

養生三全

導筋骨則形全, 剪情[11]欲則神全, 靖言語則福全.《亢倉子》

---

33 팔사(八邪) : 정도(正道)와 상반되는 8가지 그릇된 도(道). 사견(邪見)·사사(邪思)·사어(邪語)·사업(邪業)·사명(邪命)·사정진(邪精進)·사념(邪念)·사정(邪定) 등이 이에 해당한다.

34 본초연의(本草衍義) : 중국 송(宋)나라 약물학자 구종석(寇宗奭, ?~?)이 지은 약재서. 약재 감별과 약물 응용 방면에서 오랫동안 경험한 것을 근거로 하여 가우 연간(1056~1063)의《가우보주신농본초(嘉祐補註神農本草)》가운데에서 풀이가 완벽하지 않은 470종의 약물을 상세하게 분석·논술한 책이다. 특히 미신적인 단약(丹藥) 복용을 반대하고 인공 화학약품을 올바르게 쓸 것을 주장했다.

35 《本草衍義》卷1〈序例〉上 "衍義總敍", 1쪽.

36 《養生延命錄》卷3〈教誡篇〉(《中華道藏》23-57, 646쪽).

[11] 情 : 저본에는 "精". 오사카본·《亢倉子·用道篇》에 근거하여 수정.

倉子)[37]》[38]

8) 양생은 세속과 반대로 함이 중요하다

양생의 도에는 모든 것이 귀결되는 큰 요령이 있다. 그런데 그 이치를 다 헤아리지 못했을 때에는 그저 세속 사람들과 매번 반대로 하려고 생각하면 된다. 그러면 암흑 속에서 수레바퀴자국을 따라가는 것처럼 절반 이상의 공효를 얻는다. 《태사공사마론(太史公司馬論)》[39]》[40]

養生以反俗爲貴

養生之道有都領大歸. 未能具其會者, 但思每與俗反, 則闇踐勝轍, 獲過半之功. 《太史公司馬論》

9) 양생에는 중용(中庸)을 귀하게 여긴다

섭양(攝養, 양생)의 도는 중용을 지키는 일이 가장 좋다. 중용을 지키면 넘치거나 모자라는[過不及] 폐해가 없다. 《황제내경소문(黃帝內經素問)》에 "봄·여름·가을·겨울 사계절의 음양 기운을 지나치게 쓰는 데서 병이 생긴다."[41]라 했다.

대개 자기 몸이 감당할 수 있는 범위를 넘어 일상생활을 억지로 하다가 내몰리면 병이 생긴다. 오장이 기를 받을 때는 대개 일정한 분량이 있으므로 기

養生貴守中

攝養之道, 莫若守中, 守中則無過與不及之害. 《經》曰 : "春夏秋冬[12]四時陰陽, 生病起於過用."

蓋不適其性, 而强去[13]爲逐, 强處卽病生. 五臟受氣, 蓋有常分, 用之過耗,

---

37 항창자(亢倉子) : 노자(老子)의 제자로 추정되는 항창자(?~?)라는 인물이 노자의 사상을 해설하는 형식으로 쓰여진 책. 당나라 천보(天寶) 연간(742~756)에 성립된 도교 4대 진경(眞經) 중 하나이다.
38 《洞靈眞經》卷上〈用道篇〉《中華道藏》15-12, 675쪽);《亢倉子》〈用道篇〉《文淵閣四庫全書》1509, 513쪽)
39 태사공사마론(太史公司馬論) : 중국 전한(前漢) 시대의 역사가·사상가인 사마담(司馬談, ?~B.C. 110)이 저술한 책으로 추정되나 전해지지 않는다. 그는 유가(儒家)·묵가(墨家)·명가(名家)·음양가(陰陽家)·법가(法家)·황로학(黃老學, 도가) 등 제가(諸家)에 두루 능하였고, 특히 황로학을 좋아했다고 한다.
40 《養生延命錄》卷3〈敎誡篇〉《中華道藏》23-57, 644쪽);《雲笈七籤》卷32〈雜修攝部〉"養性延命錄", 179쪽.
41 봄……생긴다 :《黃帝內經素問補注釋文》卷17〈經脈別論〉《中華道藏》20-01, 104쪽).
[12] 春夏秋冬 : 오사카본·《본초연의》에는 "春秋冬夏".
[13] 去 : 저본에는 "云".《本草衍義·序例·衍義總序》에 근거하여 수정.

를 쓰되 지나치게 소모하면 이 때문에 병이 생긴다. 양생을 잘하는 사람은 이미 지나치게 소모하는 폐단이 없고, 게다가 진원(眞元, 원기)을 잘 보호하니, 어찌 외사(外邪)[42]에 침범될 일을 걱정하겠는가?

그러므로 약을 잘 복용하는 것보다 보양을 잘하는 것이 낫고, 보양을 잘 못하는 경우 약이라도 잘 복용하는 것이 낫다. 세상에는 보양도 잘 못하고 약도 잘못 복용하여 갑자기 병이 나면 조상이나 하늘의 탓으로만 돌리는 사람들이 있지만, 이는 역시 바른 생각이 아니다. 《본초연의(本草衍義)》[43]

是以病生. 善養生者, 旣無過耗之弊, 又能保守眞元, 何患乎外邪所中也?

故善服藥, 不若善保養 ; 不善保養, 不若善服藥. 世有不善保養, 又不善服藥, 倉卒病生, 歸咎於神天, 亦未常思也.《本草衍義》

10) 양생에는 반드시 세세한 부분을 조심해야 한다

몸을 닦고 양생하는 일에는 세세한 부분을 힘쓰고 삼가야 한다. 이익이 적다고 불평하여 힘써 닦지 않아서도 안 되고, 손해가 적다고 대수롭지 않게 여겨 예방하지 않아서도 안 된다. 일반적으로 작은 일이 모여서 대업의 기틀이 되고, 작은 실수가 모여서 엄청난 손실의 원인이 되는 법이다. 《포박자(抱朴子)[44]》[45]

養生須謹其細

治身養性, 務謹其細, 不可以小益爲不平而不修, 不可以小損爲無傷而不防. 凡聚[14]小所以就大, 損一所以致億也.《抱朴子》

11) 섭양을 먼저하고 복약과 식이를 그 다음으로 한다

섭생을 잘하는 사람은 잠자고 깨는 시각이 계절에 따라 달리 정해져 있고, 일상생활 속에는 지극히

先攝養次服餌

善攝生者, 臥起有四時之早晚, 興居有至和之常制,

---

42 외사(外邪) : 사람의 몸과 마음을 상하게 하는, 바깥 세계의 사물. 풍(風)·한(寒)·서(暑)·습(濕)·조(燥)·화(火)와 전염병의 인자 등을 가리킨다.
43 《本草衍義》〈序例〉上 "衍義總序", 55쪽.
44 포박자(抱朴子) : 중국 진(晉) 시대의 도교 사상가인 갈홍(葛洪, 284~363)이 지은 도가서.
45 《抱朴子》〈內篇〉卷13 "極言"(《中華道藏》25-1, 240쪽).
[14] 聚 : 저본에는 "愼".《抱朴子·內篇·極言》에 근거하여 수정.

조화로운 바른 규칙이 있고, 뼈와 근육을 다스리는 일에는 굽히고 펴는 방법이 있으며, 사기(邪氣)를 막아 내는 데에는 삼키고 뱉는 술법이 있으며, 영위(營衛)46를 돌게 함에는 보(補, 도움·더함)하고 사(瀉, 쏟음·덜어냄)하는 법칙이 있고, 수고로움과 편안함을 조절함에는 힘을 쓰고 빼는 요령이 있다.

또한 노여움을 참아서 음기를 기르고, 기쁨을 억눌러서 양기를 기른다. 그런 뒤에, 우선 초목(草木)으로 만든 약을 복용하여 기의 결손을 메우고, 금석(金石)으로 만든 단약(丹藥)을 복용하여 기가 영원하도록 돕는다. 《금기편(禁忌篇)47》48

筋骨有偃仰之方, 閑邪有吞吐之術, 流行營衛有補瀉之法, 節宣勞逸有與奪之要.

忍怒以養陰氣, 抑喜以養陽氣, 然後先將草木以救虧缺, 服金石15以定不窮. 《禁忌篇》

12) 안과 밖의 3가지 보배(내삼보와 외삼보)

정(精)·기(氣)·신(神)은 '내삼보(內三寶, 안의 3가지 보배)'요, 귀·눈·입은 '외삼보(外三寶, 밖의 3가지 보배)'이다. 항상 내삼보가 외물을 따라 흘러나가버리지 않게 하고, 외삼보가 마음을 꾀어 어지럽히지 않게 하라. 《수양총서(壽養叢書)49》50

內外三寶

精、氣、神爲"內三寶", 耳、目、口爲"外三寶". 常使內三寶不逐物而施16, 外三寶不誘中而擾. 《壽養叢書》

---

46 영위(營衛) : 영혈(營血)과 위기(衛氣). 영혈은 혈맥 속으로 순환하면서 몸을 자양하는 혈(血)을 말하고, 위기는 인체를 외사로부터 방어하는 기능을 가진 기운을 말한다. 아래 〈삼가고 꺼릴 일들〉에서는 '영분(營分)'·'위분(衛分)'으로 쓰였고, 보통 둘을 합하여 '기혈(氣血)'이라고도 한다.
47 금기편(禁忌篇) : 《抱朴子》〈內篇〉卷13 "極言"에 같은 내용이 '禁忌篇'이라는 소제목도 없이 보인다. 또 《中華道藏》〈雜修攝部〉 "至言總"에 양생을 위해 금기할 내용들을 '禁忌篇'이라는 소제목 아래에 모아놓았는데, 여기의 내용이 바로 "抱朴子曰"로 시작된 부분에 인용되어 있다. 이로 미루어볼 때 《금기편》의 저자가 따로 있는 것이 아니고, 도장경에 양생서에서 따온 내용들을 '禁忌篇'으로 묶어놓은 것으로 보인다.
48 《雲笈七籤》卷35〈雜修攝部〉 "至言總" '禁忌篇'(《中華道藏》29-35, 294쪽).
49 수양총서(壽養叢書) : 중국 명(明)나라 문학가·장서가·양생가인 호문환(胡文煥, ?~?)이 편찬한 양생서.
50 출전 확인 안 됨 ; 《遵生八牋》卷1〈淸修妙論牋〉上(《遵生八牋校注》, 23쪽).
15 石 : 《雲笈七籤·雜修攝部·至言總》에는 "丹".
16 施 : 《遵生八牋·淸修妙論牋》에는 "流".

13) 생기(生機)[51]를 열어 움직이게 한다

양생하는 사람은 생기를 열어 움직이게 함을 중히 여긴다. 생기가 1번 움직이면 솟고 솟아 끝이 없는데, 이를 일러 '마르지 않는 곳[不涸之府]을 뚫는다.'라 한다. 생기를 이루는 데는 2가지 길이 있다. 이 마음을 언제나 즐겁고 편안히 하여 우울감이 생기를 막지 않도록 하는 일이 첫 번째이다. 비토(脾土)[52]를 기르고 소화의 원천을 도와서 나머지 4개의 장이 모두 그에 따라 생기를 얻게 하는 일이 두 번째이다. 이 기괄(機括)[53]을 모른다면 날마다 좋은 보약을 복용한들 얼마나 도움이 되겠는가? 《복수전서(福壽全書)[54]》[55]

論開發生機

養生者, 貴開發生機. 生機一發, 則源源不窮, 此謂 "濬于不涸之府". 生機有二, 使此心嘗自怡適, 而不以憂鬱窒其生機, 一也 ; 助養脾土, 以滋化源, 則四臟[17]都有生機, 二也. 若不知此機括, 雖日服補益良劑, 所補幾何? 《福壽全書》

14) 오장(五臟)[56]을 고르게 북돋운다

총애를 받거나 치욕을 당해도 놀라지 않고 받아들이면 간목(肝木)[57]이 저절로 평안하고, 움직임과 멈춤을 집중된 정신으로 하면 심화(心火)[58]가 저절로 안정된다. 음식에 절제가 있으면 비토(脾土)가

論調養五臟

寵辱不驚, 肝木自寧 ; 動靜以敬, 心火自定 ; 飲食有節, 脾土不洩 ; 調息寡言, 肺金自全 ; 恬然無欲, 腎

---

51 생기(生機) : 생명의 약동성을 촉발하여 증강시키는 기능. 활력(活力)과 같다.
52 비토(脾土) : 비(脾)를 오행(五行)의 토(土)에 소속시켜서 일컫는 말.
53 기괄(機括) : 쇠뇌의 시위를 거는 곳[弩牙, 노아]과 화살의 시위를 메기는 부분[箭括, 오늬]을 말하는데, 곧 사물의 매우 중요한 부분을 뜻하는 말.
54 복수전서(福壽全書) : 중국 명(明)나라 문학가·서화가인 진계유(陳繼儒, 1558~1639)가 지은 양생서.
55 출전 확인 안 됨.
56 오장(五臟) : 간(肝)·심(心)·비(脾)·폐(肺)·신(腎)의 총칭.
57 간목(肝木) : 간을 오행(五行)의 목(木)에 소속시켜서 부른 이름.
58 심화(心火) : 심(心)의 별칭. 심을 오행(五行)의 화(火)에 소속시켜 부르는 이름.
[17] 臟 : 저본에는 "藏". 일반적인 용례에 근거하여 수정.

새지 않고, 조식(調息)[59]하고 말수를 줄이면 폐금(肺金)[60]이 절로 온전해진다. 무심하게 욕심이 없으면 신수(腎水)[61]가 절로 충족된다. 망상으로 참마음을 베지 말고, 객기(客氣)[62]로 원기(元氣)를 상하게 하지 말라.《복수전서》[63]

水自足. 毋以妄想戕眞心, 毋以客氣傷元氣.《福壽全書》

15) 섭생으로 기르는 6가지(섭생6양)

첫째는 말수를 줄여 내기(內氣)를 기른다. 둘째는 색욕을 경계하여 정기(精氣)를 기른다. 셋째는 자미(滋味, 기름진 음식)를 박하게 하여 혈기(血氣)를 기른다. 넷째는 정액을 되돌려 5장의 기(氣)를 기른다. 다섯째는 진노를 없애 간기(肝氣)를 기른다. 여섯째는 음식을 맛있게 하여 위기(胃氣)를 기른다. 이렇듯 기를 기르고 신(神)을 온전히 해야 참된 도를 얻을 수 있다.《태을진인칠금문(太乙眞人七禁文)[64]》[65]

攝生六養

一者, 少言語養內氣. 二者, 戒色慾養精氣. 三者, 薄滋味養血氣. 四者, 嚥精液養臟氣[18]. 五者, 莫嗔怒養肝氣. 六者, 美飮食養胃氣[19]. 養氣全神, 可得眞道.《太乙眞人七禁文》

16) 병은 생기기 전에 미리 막아야 한다

양생에서는 몸을 손상시키지 않는 것을 수명 연

論防患未萌

養生, 以不損爲延年之術.

---

59 조식(調息) : 도교 수행법 중의 하나로, 복기(服氣)라고도 한다. 천지 사이에 널리 퍼져 있는 '원기(元氣)'를 흡입하여 체내에 저장함으로써 인간의 신체에 불사(不死)를 가져오게 하는 수행법.《보양지》권2〈정·기·신〉"조기(調氣)"에 자세히 나온다.

60 폐금(肺金) : 폐를 오행의 금(金)에 소속시켜서 부르는 이름.

61 신수(腎水) : 신(腎)을 오행의 수(水)에 소속시켜서 부르는 이름.

62 객기(客氣) : 병의 원인인 외사(外邪).

63 출전 확인 안 됨 ;《長生詮經》〈洞神眞經〉《中華道藏》23-52, 329쪽).

64 태을진인칠금문(太乙眞人七禁文) : 양생 비결을 모아놓은 글로,《수친양로신서(壽親養老新書)》에 실려 있다.

65 《東醫寶鑑》〈內景篇〉卷1 "身形臟腑圖"(《原本 東醫寶鑑》, 76쪽) ;《壽親養老新書》卷4〈保養〉(《文淵閣四庫全書》738, 378쪽).

[18] 氣 : 저본에는 "神".《東醫寶鑑·內景篇·身形臟腑圖》·《壽親養老新書·保養》에 근거하여 수정.

[19] 養胃氣 : 저본에는 없음.《東醫寶鑑·內景篇·身形臟腑圖》·《壽親養老新書·保養》에 근거하여 보충.

장의 방법으로 삼는다. 몸을 손상시키지 않는다는 말은 몸 보하기를 삶을 보위하는 원칙으로 삼고, 편안할 때 위험을 염려하여 병이 생기기 전에 막는다는 말이다. 비록 어릴 적에 손상을 입어 신기(神氣)가 약해지고 말랐다 하더라도, 만년(晚年)에 깨달아 병을 막고 몸을 보익하면 기혈(氣血)이 충족되면서 신기가 자족하여 자연히 장생할 것이다. 《통신진경(洞神眞經)》[66]》[67]

不損, 以有補爲衛生之經, 居安慮危, 防未萌也. 雖少年致損, 神弱氣枯[20], 及晚景得悟, 防患補益, 則氣血有餘而神自足, 自然長生. 《洞神眞經》

17) 양생은 정(精)·기(氣)·신(神)을 손상시키지 않음을 위주로 한다

일반적으로 사람이 수양하는 데는 각각 정해진 방법이 있지만, 대체로 정(精)을 손상하거나 기를 소모하거나 신을 상하게 하지 말아야 한다. 이 3가지를 도가에서는 전정(全精)·전기(全氣)·전신(全神)이라 한다. 《양성서(養性書)》[68]》[69]

論養生以不損精、氣、神爲主

凡人修養, 各有其法, 大槪勿要損精、耗氣、傷神. 此三者道家謂之全精、全氣、全神.《養性書》

우리 몸속은 정·기·신이 주인인데, 신(神)은 기(氣)에서 생기고, 기는 정(精)에서 생긴다. 그러므로

一身之中, 以精、氣、神爲主, 神生於氣, 氣生於精.

---

66 통신진경(洞神眞經) : 미상. 《삼원연수참찬서》·《동의보감》에 인용된 정보 외에는 알려진 것이 없고, 《중화도장(中華道藏)》권23 〈長生詮經〉에 일부 내용이 보인다.

67 《三元延壽參贊書》卷5 〈神仙警世〉(《中華道藏》23-71, 65쪽) ; 《東醫寶鑑》〈內景篇〉 卷1 "身形" '攝養要訣'(《原本 東醫寶鑑》, 76쪽).

68 양성서(養性書) : 도교의 수양서. 여기 인용된 본문은, 《동의보감》〈내경편(內景篇)〉권1 "정(精)" '정위지보(精爲至寶)'에는 출전이 '養性'으로 되어 있다. 원래 출전은 《상양자금단대요(上陽子金丹大要)》권3 〈상약(上藥)〉 "정기신설(精氣神說)"이다. 《상양자금단대요》는 원(元)나라의 도사 진치허(陳致虛, 1290~?)가 저술한 연단술 서적으로, 《중화도장》 27책에 수록되어 있다. 진치허는 내단학(內丹學)을 대표하는 인물 중 한 사람이다.

69 《東醫寶鑑》〈內景篇〉 卷1 "身形" '搬運服食'(《原本 東醫寶鑑》, 75쪽).

[20] 神弱氣枯 : 《東醫寶鑑·內景篇·身形》에는 "氣弱體枯".

수도하는 자가 자신을 다잡고 수양한다면 이는 실상 정·기·신 3가지를 수련하는 일에 지나지 않는다. 《오진편주(悟眞篇注)[70]》[71]

故修眞之士, 若執己身而修之, 無過鍊治精、氣、神三物而已.《悟眞篇注》

---

70 오진편주(悟眞篇注) : 중국 북송의 장백단(張伯端, 987~1082)이 편찬한 도교서.
71 《悟眞篇注》卷中〈西江月〉(《文淵閣四庫全書》1061, 496쪽);《悟眞篇註釋》卷中〈西江月〉(《中華道藏》19-61, 392쪽).

2. 삼가고 꺼릴 일들

戒忌

1) 양생의 6가지 방해물(양생6해)

섭생을 하는 자는 먼저 6가지 방해물을 제거해야 한다. 그런 다음에야 젊음을 오래 유지할 수 있다. 그 6가지가 무엇인가? 첫째 명리(名利)를 가벼이 여김(박명리)이요, 둘째 성색(聲色)을 삼감(금성색)이요, 셋째 재화를 청렴히 씀(염화재)이요, 넷째 자미(滋味)를 줄임(손자미)이요, 다섯째 허망함을 막음(병허망)이요, 여섯째 질투를 없앰(제질투)이다. 6가지 방해물이 섭생 과정에 그대로 있다면 양생의 도[養生之道]란 헛말일 뿐이다. 《노자양생요결》[1]

養生六害

攝生者, 當先除六害, 然後可以延駐[1]. 何名六害? 一曰"薄名利", 二曰 "禁聲色", 三曰"廉貨財", 四曰"損滋味", 五曰"屛虛妄", 六曰"除嫉妬". 六者若存, 則養生之道徒設耳.《老子養生要訣》

2) 양생을 해치는 16가지 방해물(양생16해)

하늘이 음양을 생성함에, 한(寒)·서(暑)·조(燥, 건조함)·습(濕, 축축함)이나 사계절의 조화와 만물의 변화는 이익되지 않음도 없고 해되지 않음도 없다. 성인(聖人)이 그것을 살펴 뭇 생명을 편안케 했기 때문에 정(精)과 신(神)은 형체에 편히 깃들고 수명은 오래가는 것이다. 오래간다는 것은 짧은 것을 연장한다

養生十六害

天生陰陽, 寒暑, 燥濕, 四時之化, 萬物之變, 莫不爲利, 莫不爲害. 聖人察之以便生, 故精神安乎形而年壽長焉. 長也者, 非短而續之者也, 畢其數也.

---

1 《太上老君養生訣》卷3〈養生眞訣〉(《中華道藏》19-61, 244~245쪽).
[1] 延駐:《太上老君養生訣·養生眞訣》에는 "保性命延駐百年".

는 말이 아니라, 타고난 수명을 다 마친다는 말이다.

제 수명대로 살다가 마치기 위해서 힘써야 할 일은 해로움을 제거하는 데에 있다. 해로움을 제거함은 무엇을 말하는가? 너무 단것, 너무 신것, 너무 쓴것, 너무 매운것, 너무 짠것, 이 5가지가 형체를 채우면 해가 생긴다. 매우 기쁜 것, 매우 노여운 것, 매우 근심하는 것, 매우 두려운 것, 매우 서러운 것, 이 5가지가 신(神)에 닿으면 해가 생긴다. 몹시 추운 것, 몹시 더운 것, 몹시 마른 것, 몹시 습한 것, 몹시 세찬 바람, 몹시 진한 안개, 이 6가지가 정(精)을 흔들면 해가 생긴다.

여기서 '너무[大, 매우, 몹시]'라는 말은 제한을 넘었음을 지칭한다. 그러므로 양생은 근본을 아는 일이 최선이다. 그리하면 질병이 생길 이유가 없다. 《여씨춘추(呂氏春秋)2》3

畢數之務在乎去害. 何謂去害? 大甘、大酸、大苦、大辛、大醎, 五者充形則生害矣 ; 大喜、大怒、大憂、大恐、大哀, 五者接神則生害矣 ; 大寒、大熱、大燥、大濕、大風、大霧, 六者動精則生害矣.

諸言大者, 皆謂過制. 故凡養生, 莫若知本, 則疾無由至矣. 《呂氏春秋》

3) 양생은 다치지 않음을 근본으로 한다

양생은 다치지 않음을 근본으로 하니, 이는 요체(要諦)가 되는 말이다. 재능으로는 못 미치는 바를 골똘히 생각만 하면 다치고, 힘으로는 부치는 것을 억지로 들려 하면 다친다. 슬프고 서러워 초췌하면 다치고, 기쁨과 즐거움도 지나치면 다친다. 무언가를 하고 싶어 안달하면 다치고, 걱정이 사무치면 다

養生以不傷爲本

養生以不傷爲本, 此要語也. 才所不逮而困思之, 傷也 ; 力所不勝而强擧之, 傷也. 悲哀憔悴, 傷也 ; 喜樂過差, 傷也. 汲汲所欲, 傷也 ; 戚戚所患, 傷也. 久談

---

2 여씨춘추(呂氏春秋) : 중국 진(秦)나라의 정치가 여불위(呂不韋, ?~B.C. 235)가 빈객(賓客) 3,000명을 시켜서 여러 학설·사실(史實)·설화(說話) 등을 모아 편찬한 책. 《사고제요(四庫提要)》에서는 〈자부(子部)〉의 잡가편(雜家篇)에 수록되었는데, 도가(道家)사상이 중요한 부분을 차지한다. 유가(儒家)·병가(兵家)·농가(農家)·형명가(刑名家) 등의 설도 볼 수 있다.

3 《呂氏春秋》卷3〈季春紀〉"盡數"(《文淵閣四庫全書》848, 296쪽).

친다. 오래 이야기하면서 웃고 떠들면 다치고, 잠자고 쉬는 일이 때를 잃으면 다친다. 활과 쇠뇌를 당기며 격하게 사냥하면 다치고, 술에 만취하여 구토하면 다친다. 배불리 먹고 바로 누우면 다치고, 숨이 턱에 닿을 듯 뛰어 달리면 다친다. 기뻐 소리치거나 대성통곡을 하면 다치며, 음양이 교류하지 못하면 다친다. 다친 것이 쌓여 결국 궁극에 이르면 일찍 죽으니, 일찍 죽는 것은 도가 아니다.

그러므로 양생(養生)의 방법은, 침은 멀리 뱉지 않고 걸음은 빨리 뛰지 않으며, 귀를 쫑긋 세워 듣지 않고 눈은 너무 오래 보지 않으며, 앉을 적엔 너무 오랫동안 있지 않고 누울 적엔 피로할 때까지 있지 않는 것이다. 또 춥기 전에 옷을 입고 덥기 전에 옷을 벗는다. 극도로 배고픈 다음에 먹으려 하지 말고, 먹을 때는 너무 배부르게 먹지 않는다. 극도로 목마른 다음에 물을 마시려 하지 말고, 마실 때는 너무 많이 마시지 않는다.

일반적으로 많이 먹으면 적취(積聚)⁴가 생기고 많이 마시면 담벽(痰癖)⁵이 생긴다. 너무 과로하거나 게으르지 말 일이며, 늦게 일어나거나 땀을 줄줄 흘리지 말 것이며, 잠을 많이 자지 말 일이다. 마차나 말을 과속으로 치달리지 말 일이며, 눈을 부릅뜨고 먼 곳을 응시하지 말 일이다. 생것과 찬 음식[生冷]을

言笑, 傷也 ; 寢息失時, 傷也. 挽弓引弩, 傷也 ; 沈醉嘔吐, 傷也. 飽食卽臥, 傷也 ; 跳走喘乏, 傷也. 歡呼哭泣, 傷也 ; 陰陽不交, 傷也. 積傷至盡則早亡, 早亡非道也.

是以養生②之方, 唾不及遠, 行不疾走, 耳不極聽, 目不久③視, 坐不至久, 臥不及疲. 先寒而衣, 先熱而解. 不欲極飢而食, 食不可過飽 ; 不欲極渴而飲, 飲不可過多.

凡食多則結積聚, 飲過則成痰癖也. 不欲甚勞、甚逸, 不欲起晚, 不欲汗流, 不欲多睡. 不欲奔車走馬, 不欲極目遠望, 不欲多啖生冷, 不欲飲酒當風, 不欲

4　적취(積聚) : 뱃속에 덩어리가 생기는 모든 병.
5　담벽(痰癖) : 뱃속에 물이 많아 담이 생기고 옆구리가 아픈 병.
② 生 : 저본에는 "性".《抱朴子·極言》에 근거하여 수정.
③ 久 : 저본에는 "及".《抱朴子·極言》에 근거하여 수정.

많이 먹지 말며, 술을 마신 다음 바람을 맞지 말 일이다. 너무 자주 목욕하지 말며, 너무 뜻을 크게 하고 희망을 멀리 두지 말 일이다. 또 이상하고 교묘한 것을 법[規] 삼지 말 일이다.

數數沐浴, 不欲廣志遠願, 不欲規造異巧.

겨울에 너무 따뜻하게 하지 말고 여름에 너무 서늘하게 지내지 말아야 한다. 별 보이는 한데서 자려 하지 말고, 자면서 부채 바람을 쐬려고 하지 말아야 한다. 너무 춥거나 더운 것, 몹시 세찬 바람, 몹시 진한 안개는 모두 무릅쓰지 말 일이다.

冬不欲極溫, 夏不欲窮涼, 不欲露臥星下, 不欲眠中見扇④, 大寒、大熱、大風、大霧, 皆不欲冒之.

5가지 맛이 입으로 들어올 때는 그 중 하나의 맛이 치우치게 많아서는 안 될 것이다. 신맛이 많으면 비(脾)가 상하고, 쓴맛이 많으면 폐(肺)가 상하고, 매운맛이 많으면 간(肝)이 상하고, 짠맛이 많으면 심(心)이 상하고, 단맛이 많으면 신(腎)이 상한다. 이것은 오행의 자연스런 이치이다. 일반적으로 '상(傷)한다'는 말은 즉시 그 증세를 느끼지 못하지만 오래되면 수명을 줄인다는 뜻이다. 《포박자》[6]

五味入口, 不欲偏多, 故酸多傷脾, 苦多傷肺, 辛多傷肝, 鹹多傷心, 甘多傷腎, 此五行自然之理也. 凡言"傷"者, 亦不便覺也, 謂久則損壽耳.《抱朴子》

수명을 기르는 법은 다만 아무것도 상하지 않게 하는 일일 뿐이다. 겨울에 따뜻이 하고 여름에 서늘히 하여 계절과의 조화를 잃지 않는 일이 바로 몸에 알맞게 하는 방법이다.

養壽之法, 但莫傷之而已. 冬溫夏涼, 不失四時之和, 所以適身也.

옷을 겹으로 입고 이불을 두터이 덮으면 몸이 괴로움을 감당하지 못하여 풍한(風寒)으로 오는 병을

重衣厚褥, 體不堪苦, 以致風寒之疾 ; 厚味脯臘,

---

6 《抱朴子內篇》卷13〈極言〉(《中華道藏》25-1, 57쪽).

④ 扇 :《抱朴子內篇·極言》에는 "肩".

부를 수 있다. 마른 고기·절인 고기를 기름지게 먹고, 물리도록 술에 취하고 물리도록 음식을 먹다가 결취(結聚)[7] 같은 병을 부르기도 한다. 요염한 미색과 빈첩이 온 방에 가득할 정도로 여색에 탐닉하면 몸에 허손(虛損)의 화(禍)를 부를 수 있다. 질탕한 음악과 애절한 노래는 마음을 어루만지고 귀를 기쁘게 하여, 결국 허황되고 탐미적인 유혹에 빠질 수 있다. 말을 달리며 산천을 유람하고 들판의 짐승들을 활로 사냥하다가 황광(荒狂)[8]의 잘못에 빠질 수 있다. 전략을 짜 승전하고, 약한 나라를 흡수하여 어지러움을 취하다가 교만하고 안일한 패착에 걸릴 수 있다.

이처럼 양생의 도는 대개 성현이라 할지라도 바른 이치를 잃을 수 있는 것이다. 비유컨대 양생의 방법은 마치 물이나 불과 같아서 그 알맞음을 잃어버려서는 안 된다. 그러면 도리어 큰 해가 되고 말기 때문이다. 《양생연명록》[9]

醉飽厭飫, 以致聚結之疾 ; 美色妖麗, 嬪妾盈房, 以致虛損之禍 ; 淫聲哀音, 怡心悅耳, 以致荒耽之惑 ; 馳騁遊觀, 弋獵原野, 以致荒狂之失 ; 謀得戰勝, 兼弱取亂, 以致驕逸之敗.

蓋聖賢或失其理也. 然養生之具, 譬如水火, 不可失適, 反爲害耳. 《養生延命錄》

지나친 기쁨이나 노여움은 지(志)를 깎고, 지나친 슬픔은 본성을 깎고, 부귀영화는 덕을 어지럽히고, 지나친 음양의 교합은 정을 마르게 하니, 이 모두가 도를 배우는 데 매우 꺼리는 일이다. 비록 환정법[還精法, 정(精, 정액)을 되돌리는 법]과 태식법(胎息法, 배냇숨 쉬는 법)으로 겨우 보할 수는 있으나, 몸속이 이미 완전히 허해지면 오히려 이렇게 보한 기(氣)도 근본의

喜怒損志, 哀戚損性, 榮華惑德, 陰陽竭精, 皆學道之大忌. 雖還精、胎息, 僅而補之, 內虛已徹, 猶非本眞. 《眞誥》

---

7 결취(結聚) : 어떤 물질이 모여서 뭉친 증상.
8 황광(荒狂) : 문란하여 상궤를 벗어남.
9 《雲笈七籤》 卷32 〈雜修攝〉 "養性延命錄"(《中華道藏》 29-32, 271쪽).

진기는 아니다. 《진고(眞誥)10》11

달인(達人, 양생에 통달한 사람)은 부귀가 교만함을 불러온다는 이치를 알기에 제 몸을 굽혀 남의 아래 선다. 명리가 몸을 망치는 걸 알기에 정념(情念)을 잘라내고 욕심을 버린다. 또 주색이 인명을 상하게 함을 알기에 일을 가늠하여 절도에 맞춘다. 기쁨과 노여움이 본성을 깎음을 알기에 정념을 뚫어버리고 마음을 관대히 한다.

達人知富貴之驕傲, 故屈迹而下人. 知名利之敗身, 故割情而去欲. 知酒色之傷命, 故量事而撙節. 知喜怒之損性, 故豁情以寬心.

과도한 생각이 정신을 옥죔을 알기에 정념을 덜어 내고 안을 지킨다. 번잡스런 말이 기운을 침범함을 알기에 입을 다물고 말을 잊는다. 지나친 슬픔과 즐거움이 수명을 줄임을 알기에 억제하여 마음에 두지 않는다. 정념이 목숨을 도둑질함을 알기에 참아내며 실행하지 않는다.

知思慮之銷神, 故損情而內守. 知語煩之侵氣, 故閉口而忘言. 知哀樂之損壽, 故抑之而不有. 知情欲之竊命, 故忍之而不爲.

여기에 더하여 한온(寒溫, 추위와 따뜻함)을 때에 맞게 하고 일상생활에 절도가 있으며, 자미(滋味)로 입을 즐겁게 하지 않고 적당한 조식법(調息法, 호흡법)을 실천 하며, 기(氣)를 온축하여 뇌[泥丸]12를 보전하고, 혼백(魂魄)을 잘 지키며, 신(神)을 화평케 하고 기(氣)를 보전하며, 묵은 것을 버리고 새것을 받아들이며[吐故納新], 욕망이 마음을 방해하지 않게 하며, 삿되

若加之寒溫適時, 起居有節, 滋味無爽, 調息有方, 積⑤氣補於泥丸, 魂魄守藏, 和神保氣, 吐故納新, 嗜慾無以干其心, 邪淫不能惑其性, 則持身之上品, 安有不延年者哉!《雲

---

10 진고(眞誥) : 중국 남조 시대 양(梁)나라의 도홍경(陶弘景, 456~536)이 모산(茅山)에 은거할 때 편찬한 책으로, 도교 상청파(上淸派)의 주요 경전이다.

11 《眞誥》卷5〈甄命授〉1 "道授"(《中華道藏》2-21, 143쪽).

12 뇌[泥丸] : 도교에서는 인체를 작은 우주라 생각해서 인체 각 부분에 신의 이름을 부여했다. 뇌신(腦神)의 이름은 정근(精根), 자는 니환(泥丸)이고 그 신이 사는 곳을 니환궁(泥丸宮)이라 했다. 나중에는 일반적으로 사람의 머리를 니환궁(泥丸宮)이라 불렀다.

⑤ 積 : 저본에는 "精". 《雲笈七籤·雜修攝·太淸導引養生經》에 근거하여 수정.

고 음란한 것이 본성을 어지럽히지 않도록 하면 참으로 몸가짐의 최상 경지이니, 어찌 수명을 늘이지 못할 리가 있겠는가!《운급칠첨》[13]

笈七籤》

4) 양생하려면 반드시 병을 먼저 고쳐야 한다

양생을 배우는 길에는 병을 고치기를 우선시 해야 한다. 몸에 허사(虛邪)[14]가 있거나, 혈이 적거나, 뇌수(腦髓)가 줄거나, 진액이 탁하게 막히도록 해서는 안 된다. 먼저 병을 고치지 않는다면 음식을 먹고 기를 운행하더라도 몸에 아무런 보탬이 되지 않기 때문이다.《진고》[15]

養生必先治病

學生之道, 當先治病, 不使體有虛邪及血少, 腦減, 津液穢滯也. 不先治病, 雖服食行氣, 無益於身.《眞誥》

5) 질병의 원인

피로하다는 것은 신기(神氣, 무형적 기운)가 피로함이요, 상한다는 것은 형용(形容, 유형적 신체)이 상함이다. 배를 굶거나 배부름이 지나치면 비장을 상하고, 생각이 지나치면 심장을 상하고, 색욕이 지나치면 신장을 상하고, 일상생활이 상도를 넘으면 간(肝)을 상하며, 기쁨과 노여움, 슬픔과 근심이 지나치면 폐(肺)를 상한다.

또 바람이나 한기, 더위나 습기를 만나면 몸 바깥으로부터 상하고, 배를 굶거나 배가 부르거나 노역(勞役)을 하면 몸 안으로부터 축난다. 이러한 원인을

論疾病之因

勞者, 勞於神氣;傷者, 傷於形容. 飢飽過[6]度則傷脾, 思慮過度則傷心, 色欲過度則傷腎, 起居過常則傷肝, 喜怒, 悲愁過度則傷肺.

又風寒, 暑濕則傷於外, 飢飽勞役則敗於內. 晝感之則病榮, 夜感之則病衛.

---

13 《雲笈七籤》卷34〈雜修攝〉"太淸導引養生經"'將攝保命篇'(《中華道藏》29-34, 289쪽).
14 허사(虛邪) : 허(虛)한 기운을 타고 몸에 들어와 병을 일으키는 사기(邪氣).
15 《眞誥》卷10〈協昌期〉2 "上淸眞人馮延壽口訣"(《中華道藏》2-21, 176쪽).
[6] 過:《中藏經·勞傷論》에는 "無".

낮에 얻어 걸리면 몸의 안쪽 영분(榮分)[16]에 병이 나고, 밤에 얻어 걸리면 몸의 겉쪽 위분(衛分)[17]에 병이 난다. 영분과 위분의 경락은 몸의 안팎을 교차로 운행하면서 각각 밤낮을 따라 돌기 때문이다[18].

처음 하나에서 피로가 생기면 그 하나에서 시작하여 둘을 일으키고, 둘이 셋으로 전해지고, 셋은 넷으로 통하며, 넷은 다섯을 간섭한다. 다섯은 다시 하나를 침범한다. 이렇게 하나에서 다섯까지 이르면 사기는 깊이 숨어들고 그로 인해 진기(眞氣)가 사라진다.[19] 그리하여 사람은 기육(肌肉)이 깎이고, 신기(神氣)가 약해지며, 먹는 음식이 줄고, 걷기가 어려워진다. 이와 같은 지경에 이르면 사명(司命)[20]이라 하더라도 역시 살릴 수가 없다. 화타(華陀)[21]《중장경(中藏經)[22]》[23]

榮衛[7]經行, 內外交運, 而各從其晝夜.

始勞於一, 一起爲二, 二[8]傳於三, 三通於四, 四干其五, 五復犯一. 一至於五, 邪乃深藏, 眞氣因[9]失. 使人肌肉消, 神氣弱, 飮食減, 行步難, 及其如此, 則雖司[10]命, 亦不能生也. 華陀《中藏經》

---

16 영분(榮分) : 온몸을 순환하면서 영양 작용을 하는 물질, 또는 여기에 병이 생기는 단계를 이르는 말.

17 위분(衛分) : 밖으로부터 사기(邪氣)가 침입하지 못하도록 몸을 보호하는 피부의 기능, 또는 여기에 병이 생기는 단계를 이르는 말.

18 영분과……때문이다 : 영기와 위기는 각각 몸의 내부와 외부를 돌아다니는 기로서, 영기는 영분의 경락을 따라 밤에 돌고, 위기는 위분의 경락을 따라 낮에 돈다.

19 처음……사라진다 : 하나에서 다섯까지는 병인을 가리키거나, 오행에 배속된 오장(五臟)을 말한 것으로 보이며, 오장이 생극(生剋)관계로 서로 연결되며 그 연결은 사기가 전해지는 경로가 되기도 하는 것임을 보여준다.

20 사명(司命) : 별 이름 또는 생명을 주관하는 신의 이름.

21 화타(華陀) : ?~208? 중국 한나라 말기, 삼국 시대 초기의 의사. 이름은 부(旉), 자(字)는 원화(元化). 편작(扁鵲)과 더불어 명의를 상징하는 인물로 꼽힌다. 화타는 약과 침, 뜸 등에 모두 정통했고 마비산(麻沸散)이라는 마취제를 이용해서 외과수술도 했으며, 호랑이·사슴·곰·원숭이·새의 동작을 흉내내는 체조인 오금희(五禽戲)를 만들었다. 조조(曹操)의 부름에 응하지 않자 조조에 의해 살해당했다. 저서로《중장경》과《화타신의비전(華陀神醫秘傳)》등이 있다.

22 중장경(中藏經) : 중국 육조(六朝) 시대에 삼국 시대의 명의 화타(華陀)의 이름에 가탁한 의서. 일명 화타중장경(華陀中藏經)으로 불린다.

23 《中藏經》卷上〈勞傷論〉19, 16쪽.

[7] 榮衛 : 저본에는 없음.《中藏經·勞傷論》에 근거하여 보충.

[8] 二 : 저본에는 없음.《中藏經·勞傷論》에 근거하여 보충.

[9] 因 :《中藏經·勞傷論》에는 "自".

[10] 司 : 저본에는 "有".《中藏經·勞傷論》에 근거하여 수정.

사람은 하늘과 땅으로부터 음양(陰陽)의 기운을 받아 생긴 존재이다. 대개 하늘에는 육기(六氣)²⁴가 있는데, 사람이 삼음삼양(三陰三陽)²⁵으로써 위로 육기를 받든다. 땅에는 오행이 있는데, 사람이 오장오부(五臟五腑)²⁶로써 아래로 오행에 응한다. 이와 같은 원리에 힘입어 피육(皮肉, 피부와 살)·근골(筋骨)·정수(精髓)·혈맥(血脈)·사지(四肢)·구규(九竅)²⁷·모발(毛髮)·치아(齒牙)·순설(脣舌, 입술과 혀)이 생겨나는데, 이런 것들이 모두 합해져 신체를 이룬다.

밖으로는 기혈이 순환하면서 경락을 돌아다니니 이것은 육음(六淫)에 잘 상하며, 안으로는 정(精)·신(神)·혼(魂)·백(魄)·지(志)·의(意)·사(思)가 칠정(七情)에 잘 상한다. 육음이란 한(寒)·서(暑)·조(燥)·습(濕)·풍(風)·열(熱)이요, 칠정이란 희(喜)·노(怒)·애(哀)·사(思)·비(悲)·공(恐)·경(驚)이다. 만약 몸가짐이 적절하면 편안하고 건강하지만, 이치에 맞지 않는 것을 억지로 무릅쓰고 하면 온갖 병이 생긴다. 《삼인극일병

人稟天地陰陽而生者. 蓋天有六氣, 人以⑪三陰三陽而上奉之；地有五行, 人以⑫五臟五腑而下應之. 於是資生皮肉、筋骨、精髓、血脈、四肢、九竅、毛髮、齒牙、脣舌, 總而成體.

外則氣血循環, 流注經絡, 喜傷六淫；內則精神、魂魄、志、意、思, 喜傷七情. 六淫者, 寒暑、燥濕、風熱；七情者, 喜、怒、哀⑬、思、悲、恐、驚⑭. 若持⑮護得宜, 怡然安泰, 役冒非理, 百疴生焉. 《三因極一

---

24 육기(六氣) : 풍(風)·한(寒)·서(暑)·습(濕)·조(燥)·화(火) 등 6가지 기(氣)를 말한다.

25 삼음삼양(三陰三陽) : 태음(太陰)·소음(少陰)·궐음(厥陰) 이 세 음의 경맥과 태양(太陽)·소양(少陽)·양명(陽明) 이 세 양의 경맥.

26 오장오부(五臟五腑) : 한의학에서 인체의 내부 장기를 이르는 말. 오장은 간·심장·비장·폐·신장이며, 여기에 각각 상응관계를 갖는 오부는 쓸개·소장·위·대장·방광이다. 장(臟)은 내부가 충실한 것, 부(腑)는 반대로 공허한 기관을 가리킨다.

27 구규(九竅) : 사람의 귀·눈·입·코·요도(尿道)·항문(肛門)의 9개 구멍.

⑪ 以 : 저본에는 "有".《三因極一病證方論·三因論》에 근거하여 수정.

⑫ 以 : 저본에는 "有".《三因極一病證方論·三因論》에 근거하여 수정.

⑬ 哀 : 오사카본에는 "愛".《三因極一病證方論·三因論》에는 "憂".

⑭ 驚 :《三因極一病證方論·三因論》에는 "惊".

⑮ 持 :《三因極一病證方論·三因論》에는 "將".

증방론(三因極一病證方論)[28]》[29]

方論》

도를 들어 본 적이 없는 사람은 마음을 방일(放逸)케 하여 삶의 즐거움에 거스른다. 즉 '정(精)과 신(神)'으로 교지(巧智)를 좇으며[徇], 근심과 두려움으로 득실을 좇고, 힘들고 괴롭게 예절을 좇으며, 한평생 재리(財利, 재물과 이익)를 좇는다. 이 네 가지 좇음[四徇, 사순 즉 교지, 득실, 예절, 재리]을 그만두지 않으면 심(心)이 그 때문에 병이 난다.

未聞道者, 放逸其心, 逆於生樂. 以精神徇智巧, 以憂畏徇得失, 以勞苦徇禮節, 以身世徇財利, 四徇不置, 心爲之病矣.

지나치게 몸을 과로하거나, 요란하고 갑작스럽게 기가 치밀어 오르거나, 바람을 맞아가며 술을 과음하거나, 맵고 짠 음식을 좋아하면 간(肝)이 그 때문에 병이 난다.

極力勞形, 謀暴氣逆, 當風縱酒, 食嗜辛鹹, 肝爲之病矣.

날것과 찬것을 함부로 먹거나, 따뜻함과 서늘함이 그 알맞음을 잃거나, 앉거나 눕기를 너무 오래하거나, 너무 많이 먹거나 너무 굶주리면 비(脾)가 그 때문에 병이 난다.

飮食生冷, 溫涼失度, 久坐久臥, 大飽大飢, 脾爲之病矣.

호흡이 정상 범위를 넘거나, 변론과 논쟁을 과도하게 하거나, 심한 추위와 더위[寒暄]를 함부로 무릅쓰거나, 짜거나 쓴 음식을 마구 먹으면 폐(肺)가 그 때문에 병이 난다.

呼叫過常, 辯爭陪答, 冒犯寒暄[16], 恣食鹹苦, 肺爲之病矣.

습한 곳에 오래 앉아 있거나, 무리해서 물에 뛰어

久坐濕地, 强力入水, 縱慾

---

28 삼인극일병증방론(三因極一病證方論) : 중국 남송(南宋)의 진언(陳言, 1121~1190)이 1174년에 저술한 의서. 18권. 병의 원인을 내인(內因)·외인(外因)·불내외인(不內外因) 3가지로 구분하고 이에 근거하여 치료법을 상술했다.
29 《三因極一病證方論》卷2〈三因論〉, 28쪽.
[16] 暄 : 저본에는 "喧".《本草衍義·衍義總敍》에 근거하여 수정.

들거나, 멋대로 몸을 혹사하여 삼전(三田)[30]의 기운이 새어나가게 되면 신(腎)이 그 때문에 병이 난다.

이 5가지 병이 이미 일어나기 때문에 늙지 않았는데도 야위고, 야위지 않았는데도 병이 난다. 병이 나면 위중하고 위중하면 반드시 죽는다. 양생을 하는 사람[衛生之士]은 이 5가지를 삼가야만 평생 괴로움이 없을 것이다. 《본초연의》[31]

6) 노쇠의 원인

눈은 몸의 거울이요, 귀는 몸의 창문이다. 많이 보면 거울이 혼탁해지고, 많이 들으면 창문이 닫힌다. 얼굴은 신(神)의 뜰이요, 머리카락은 뇌의 꽃이다. 그래서 마음이 슬프면 얼굴이 검게 타들어가고, 뇌수가 줄면 머리카락이 하얗게 센다. 정원(精元)[32]이 안에서 망실되고 단정(丹精)[33]이 다 말라버렸기 때문이다. 정(精)이란 몸의 신(神)이요, 명(明)이란 몸의 보배다. 몸을 많이 놀리면 정(精)이 흩어지고 영분(營分)이 다하면 명(明)이 소진된다. 늙어서 기력이 떨어지고, 노쇠함이 어느새 다가왔기 때문이다. 《진고》[34]

勞形, 三田漏溢, 腎爲之病矣.

五病旣作, 故未老而羸, 未羸而病, 病至則重, 重則必斃. 衛生之士, 謹此五者, 可致終身無苦. 《本草衍義》

論衰老之因

眼者身之鏡, 耳者體之牖. 視多則鏡昏, 聽衆則牖閉. 面者神之庭, 髮者腦[17]之華. 心悲則面焦, 腦減則髮素, 所以精元內喪, 丹精[18]損竭也. 精者體之神, 明者身之寶, 勞多則精散, 營竟則明消, 所以老隨氣落, 耄已及之. 《眞誥》

---

30 삼전(三田) : 도가(道家)에서 말하는 상(上)·중(中)·하(下)의 세 단전(丹田). 곧 뇌(腦)·심장(心臟)·배꼽 아래의 세 곳을 일컫는다.
31 《本草衍義》卷1〈衍義總叙〉, 6쪽.
32 정원(精元) : 정기(精氣)의 근원(根源).
33 단정(丹精) : 단전(丹田)의 정기(精氣).
34 《眞誥》卷2〈運象篇〉第二(《中華道藏》2-21, 120쪽) ;《眞誥》卷2〈運象篇〉第二(《文淵閣四庫全書》 1059, 326~327쪽) ;《東醫寶鑑》〈內景篇〉卷1 "身形" '養性禁忌'(《原本 東醫寶鑑》, 77쪽).
17 腦 : 저본에는 "齒".《眞誥·運象篇》·《東醫寶鑑·內景篇·身形》에 근거하여 수정.
18 精 :《眞誥·運象篇》에는 "津".

7) 양생에는 중화(中和)가 중요하다

장도릉(張道陵)[35]이 다음과 같이 말했다. "양성(養性)의 도는 오래 걸어 다니지 말고, 오래 앉아 있지 말고, 오래 누워 있지 말고, 오래 듣고 있지 말며, 억지로 먹고 마시지 말며, 너무 취하지 말며, 너무 근심하지 말며, 너무 애달프게 생각하지 말라는 것이다." 이것이 이른바 '중화(中和)를 잘한다.'는 것이다. 중화를 잘하면 반드시 장수한다. 《신자(愼子)[36]》[37]

養生貴中和

張道人云 : "養性之道, 莫久行、久坐、久臥、久聽, 莫強食飲、莫大醉、莫大愁憂、莫大哀[19]思." 此所謂"能中和", 中和者, 必久壽也. 《愼子》

8) 양생에 먼저 4가지 어려움을 없애야 한다

허황되고 망령됨은 덕의 병이요, 과장되게 자랑함은 몸의 재앙이요, 엉겨서 막힘은 잃음의 우두머리요, 자신을 부끄러워함은 몸의 자물쇠다. 이 네가지 어려움을 없앤 후에 비로소 도를 물을 수 있다. 《진고》[38]

養生先遣四難

虛妄者德之病, 華衒者身之災, 滯者失之首, 恥者體之鑰. 遣此四難, 然後始可以問道耳. 《眞誥》

보양지 권제1 끝

葆養志卷第一

---

35 장도릉(張道陵) : 34?~156. 중국 도교의 일파인 오두미도(五斗米道)의 창시자. 본명은 장릉(張陵), 자는 보한(輔漢). 장천사(張天師)라고도 한다. 산에 들어가 장생(長生)의 도를 구하여 24편의 도서(道書)를 편찬했다. 주문이나 부적, 기도를 통해 병자를 치료해서 효과를 인정받음으로써 교세를 확장했다. 입교자에게 쌀 5두를 받았기 때문에 오두미도라 했다.

36 신자(愼子) : 중국 전국 시대 신도(愼到, B.C. 395~B.C. 315)가 지은 책. 법가(法家)로 분류되나 도가(道家) 사상을 근본으로 한다. 12편이 있었으나, 현재 5편만 전해진다.

37 출전 확인 안 됨 ;《雲笈七籤》卷32〈雜修攝〉"養性延命錄"(《中華道藏》29-32, 270쪽) ;《東醫寶鑑》〈內景篇〉卷1 "身形" '攝養要訣'(《原本 東醫寶鑑》, 76쪽).

38 《眞誥》卷2〈運象篇〉第二(《中華道藏》2-21, 119쪽) ;《眞誥》卷2〈運象篇〉第二(《文淵閣四庫全書》1059, 326~327쪽).

[19] 哀 : 저본에는 "夜".《雲笈七籤·雜修攝·養性延命錄》에 근거하여 수정.

보양지 권제2

葆養志 卷第二

2

임원십육지 53

林園十六志 五十三

I. 정(精)·기(氣)·신(神)

정(精)이란 정말 좋은 이름이다. 사람의 정(정액)은 가장 귀하면서 그 양은 매우 적으며 몸 전체에 모두 1.6승(升. 되)이 있다. 이것은 남자가 16세에 사정하기 전 최고의 수치이고 무게는 1근이다. 계속 쌓여 가득 차면 3승까지 이르고, 덜어서 잃으면 1승도 안 된다. 정과 기(氣)는 서로 길러주는데, 기가 모이면 정이 가득 차고 정이 가득 차면 기가 왕성하다.

- Ⅰ -

정(精)·기(氣)·신(神)

精·氣·神

1. 보정(保精, 정 지키기)

保精

1) 총론

남녀가 함께 사는 일은 인간 사회의 큰 인륜이다. 양만으로는 생(生)하지 못하고 음만으로는 성(成)하지 못하니, 사람의 도리에 폐할 수 없는 점이 있다. 장자(莊子)도 이렇게 말했다. "사람이 두려워할 만한 것은 남녀가 함께 잠자리하는 사이에 있다. 이를 경계할 줄 모르면 허물이 된다."

대개 이 몸은 천지의 조화와 함께 흐른다. 왼쪽은 신(腎)이라 수(水)에 속하고, 오른쪽은 명문(命門)[1]이라 화(火)에 속한다. 양(陽)은 북방 자(子)에서 생기지만 실제로 화가 그 속에 있으니, 이는 마치 북방에 구사(龜蛇)[2]가 있는 이치와 같다. 방광은 왼쪽 신(腎)의 부(腑)요, 삼초는 오른쪽 신(腎)의 부(腑)이다.

삼초에는 손바닥크기의 기름막이 있는데, 바로 방광과 마주 대하고 있다. 거기에 하얀 맥[白脈]이 둘 있는데, 안에서부터 나왔다가 척추를 끼고 위로 올라가 뇌를 관통한다. 상초는 단중(膻中)[3]에 있고 심장

總論

男女居室, 人之大倫, 獨陽不生, 獨陰不成, 人道有不可廢者. 莊周乃曰 : "人之可畏者, 衽席之間, 不知戒者, 過也."

蓋此身與造化同流, 左爲腎屬水, 右爲命門屬火. 陽生於子, 火實藏之, 猶北方之有龜蛇也. 膀胱爲左腎之腑, 三焦爲右腎之腑.

三焦有脂膜如掌大, 正與膀胱相對, 有二白脈, 自中而出, 夾脊而上貫於腦. 上焦在膻中, 內應心 ; 中焦在

---

1 명문(命門) : 생명의 근본이 있는 곳. 한의학에서는 일반적으로 오른쪽 신장을 지칭한다.
2 구사(龜蛇) : 현무(玄武)를 말한다. 북방을 나타내는 상상 속의 동물로, 거북과 뱀을 합쳐놓은 형상이다.
3 단중(膻中) : 가슴의 한 가운데 부분. 종기(宗氣)가 모이는 자리이다.

에 내응(內應)한다. 중초는 중완(中脘)⁴에 있고 비장에 내응한다. 하초는 제하(臍下, 배꼽 아래)에 있으니, 이 것이 바로 신간동기(腎間動氣)⁵이다.

　신간동기가 몸 전체에 퍼져 담담히 조용할 적엔 욕망이 일어나지 않고 정기(精氣, 여기서는 정액)가 삼초에 잘 흩어져서 백맥(百脈, 온갖 맥)을 영화롭게 한다. 하지만 욕망이 한번 일어나면 화가 확 타오르며 삼초를 뒤흔들면서 정기가 흘러넘쳐 명문(命門)에서부터 쏟아져 나가니, 두렵도다! 원기는 유한하나 인욕(人慾, 인간의 욕망)은 끝이 없다. 화(火)는 목(木)에서 생기는데, 잘못이 생기면 반드시 화가 수(水)를 극(克)하게 된다.⁶ 미려(尾閭)⁷를 단속하지 못하면 창해(滄海)가 말라버리게 된다.⁸

　젊을 때는 혈기가 아직 완정하지 않으니 색을 경계하라는 공부자(孔夫子, 공자의 존칭)의 가르침⁹도 못지키고, 또 늙어서는 정욕(情慾)을 줄이고 마음을 한

中脘, 內應脾；下焦在臍下, 卽腎間動氣.

分布人身, 方其湛寂, 慾念不興, 精氣散於三焦, 榮華百脈, 及慾想一起, 慾火熾然, 翕撮三焦, 精氣流溢, 竝從命門輸瀉而去, 可畏哉！元氣有限, 人慾無涯. 火生於木, 禍發必克. 尾閭不禁, 滄海以竭.

少之時, 血氣未定, 旣不能守夫子在色之戒, 及其老也, 則當寡慾閑心, 又不能

4　중완(中脘)：배꼽의 중심으로부터 0.4척 윗부분.

5　신간동기(腎間動氣)：좌우 신장 사이에서 생동하는 진기(眞氣)로, 우리 몸에서 생명과 기의 근원이다. 《난경(難經)》〈팔난(八難)〉에서는 "이른바 생기의 근원이란, 십이경맥의 근본을 말하고 신간동기(腎間動氣)를 말한다(所謂生氣之原者, 謂十二經脈之根本也, 謂腎間動氣也)."라 했고, 《의학정전(醫學正傳)》 권1〈의학혹문(醫學或問)〉에서는 "신간동기는 배꼽 아래의 기해(氣海)와 단전(丹田)이 있는 곳을 말한다(腎間動氣, 謂臍下氣海·丹田之地也)."라 했다.

6　화(火)는……된다：오행의 생극관계에서 목생화(木生火)로서 목이 화를 생하는 관계이고, 수극화(水克火)로서 수가 화를 극하는 관계가 정상인데, 화가 너무 심한 경우에는 도리어 수를 극하여 수 기운이 말라버리고 마는 경우를 지칭한다.

7　미려(尾閭)：끊임없이 물이 빠져나가는 큰 바다 깊은 곳에 난 구멍. 인체의 독맥(督脈)에 속하는 장강혈(長强穴)의 다른 이름이기도 하다.

8　미려(尾閭)를……된다：미려를 조심하지 않으면 몸의 수 기운이 모두 빠져나가 창해와 같이 많은 물도 모두 빠져 나가버린다는 비유를 통해 성행위를 자주 하여 몸의 정을 모두 누설하는 일을 경계한 말이다.

9　젊을……가르침："孔子曰：'君子有三戒：少之時, 血氣未定, 戒之在色. 及其壯也, 血氣方剛, 戒之在鬪. 及其老也, 血氣旣衰, 戒之在得.'"《論語注疏》卷16〈季氏〉(《十三經注疏整理本》23, 258쪽).

가로이 하라는 열자(列子)[10]의 양생 방법[11]도 깨치지 못한다면 나는 그가 양생을 잘 하는지 알지 못하겠다. 《삼원연수참찬서》[12]

신음(腎陰)맥[13]은 안으로 귓속에 속하고, 방광맥[14]은 눈가에서 시작한다. 따라서 눈이 어두워지고 귀가 막히면, 이는 방사(房事) 때문에 생기는 질환이다. 《삼원연수참찬서》[15]

정욕이 많으면 정(精)을 깎는다. 사람이 보전해야 할 것이 목숨이요, 아껴야 할 것이 몸이요, 중히 여겨야 할 것이 정이다. 간정(肝精, 간의 정기)이 굳세지 않으면 눈이 어지럽고 안광이 없다. 폐정(肺精)이 두루 흘러 만나지 않으면 기육(肌肉)이 마른다. 신정(腎精)이 굳세지 않으면 신기(神氣)가 감소한다. 비정(脾精)이 단단치 않으면 이빨이 들뜨고 머리카락이 빠진다. 만약 진정(眞精)이 깎이고 흩어지는 일이 멎지 않으면 질병이 잇따라 생기다 마침내 죽음이 이른다.

明列子養生之方, 吾不知其可也. 《三元延壽書》

腎陰內屬於耳中, 膀胱脈出於目眥. 目盲所視, 耳閉厥聰, 斯乃房之爲患也. 同上

慾多則損精. 人可保者命, 可惜者身, 可重者精. 肝精不固, 目眩無光；肺精不交, 肌肉消瘦；腎精不固, 神氣減少；脾精不堅, 齒髮浮落. 若耗散眞精不已, 疾病隨生, 死亡隨至. 同上

---

10 열자(列子) : ?~?. 기원전 4세기경의 인물. 중국 전국 시대 도가 사상가. 《열자(列子)》를 남겼고, 《장자(莊子)》〈열어구(列禦寇)〉편에 그의 언급이 많이 남아 있다.

11 늙어서는……방법 : 이 구절은 현전하는 《列子》에서는 확인되지 않고, 예를 들어 《遵生八牋》卷1〈淸修妙論牋〉下(《遵生八牋校注》, 41쪽); 《雲笈七籤》卷32〈雜修攝〉"養性延命錄"(《中華道藏》29-32, 268쪽) 등에서 확인된다.

12 《三元延壽參贊書》卷1〈天元之壽精氣不耗者得之〉(《中華道藏》23-71, 734~735쪽); 《醫方類聚》卷201〈養性門〉"三元延壽書" '天元之壽精氣不耗者得之'(《醫方類聚》9, 411쪽).

13 신음(腎陰)맥 : 족소음신경(足少陰腎經)의 경락. 발바닥의 용천혈(湧泉穴)에서 시작해 혀뿌리에까지 이어진다.

14 방광맥 : 족태양방광경(足太陽膀胱經)의 경락. 눈 안쪽 눈물샘 부위에서 시작하여 등을 타고 새끼발가락 끝까지 이어진다.

15 《三元延壽參贊書》卷1〈欲不可縱〉(《中華道藏》23-71, 736쪽); 《山林經濟》卷1〈攝生〉"省嗜慾".

《삼원연수참찬서》[16]

병이란 죽음의 길로 이어져 있는 것이요, 정욕이
란 병의 길로 이어져 있는 것이요, 성색(聲色)을 가
까이 하는 일은 정욕의 길로 이어져 있는 것이다.
이 세 가지 길을 막으면 수명을 늘릴 수 있다. 《수양
총서》[17]

病者所縣適于死之路也,
欲者所縣適于病之路也,
邇聲色者所縣適于欲之路
也. 塞此三路, 可以延生.
《壽養叢書》

오장은 각각 정(精)을 저장하고 있지만 그 모두가
일정한 곳에 가만히 정박하고 있지도 않다. 대개 사
람이 성교를 하기 전에는 정이 혈액 속에 함유되어 있
어 형상이 아직 없다. 성교 시에 욕화가 절정에 이르
러서야 전신에 흘러다니던 혈액이 명문(命門)에 이르
고 정액으로 변하여 사정하게 된다. 그러므로 사람이
사정한 정액을 그릇에 담아, 조금의 소금과 술을 섞
어 하룻밤 내놓으면 다시 혈액이 된다. 《진전(眞詮)》[18]

五藏各有藏精, 竝無停泊
于其所. 蓋人未交感, 精涵
于血中, 未有形狀. 交感之
後, 慾火動極, 而周身流行
之血至命門, 而變爲精以
泄焉. 故以人所泄之精貯
于器, 拌少鹽, 酒, 露一宿
則復爲血. 《眞詮》

매우 잘 아는 사람은 침상을 따로 쓰고, 보통 잘
아는 사람은 이불을 따로 쓴다. 약을 천 첩 먹기보
다 홀로 자는 일이 낫다. 《팽조어(彭祖語)[19]》[20]

上士異床, 中士異被. 服
藥千裹, 不如獨臥. 《彭祖
語》

---

16 《三元延壽參贊書》卷1〈欲不可縱〉(《中華道藏》23-71, 736쪽);《醫方類聚》卷201〈養性門〉"三元延壽
書"'慾不可縱'(《醫方類聚》9, 412쪽).

17 출전 확인 안 됨;《山林經濟》卷1〈攝生〉"省嗜慾"(《農書》2, 41쪽).

18 《東醫寶鑑》〈內景篇〉卷1"精"'五藏皆有精'(《原本 東醫寶鑑》, 82쪽);《雜病源流犀燭》卷18〈內傷外感
門〉"色欲傷源流"(《沈氏尊生書》, 314쪽).

19 팽조어(彭祖語) : 중국 역사상 가장 장수한 인물인 팽조(彭祖, ?~?)가 남겼다고 알려진 어록. 전설에 의하
면 팽조는 요(堯)임금 때부터 은(殷)나라 말년까지 약 700여 년을 살았다고 한다. 후대에 신선으로 추앙되
었으며 많은 서적과 어록이 팽조의 이름을 빌려서 찬술되었다.

20 《三元延壽參贊書》卷1〈欲不可縱〉(《中華道藏》23-71, 736쪽);《醫方類聚》卷201〈養性門〉"三元延壽
書"'慾不可縱'(「醫方類聚」9, 412쪽).

팽조 신선도 [명나라 홍응명(洪應明, ?~?)이 편찬한 《선불
기종(仙佛奇蹤)》]

요염한 미색과 빈첩이 온 방에 가득할 정도로 여
색에 탐닉하면 몸에 허손(虛損)의 화(禍)를 부를 수
있다. 이를 안다면 장생할 수 있다.《팽조어》[21]

美色妖麗, 嬌妾盈房, 以致
虛損之禍, 知此可以長生.
同上

정욕이 오장에서 나오면 혼백이 조용히 안정되므
로 살게 되지만, 정욕이 속마음에서 나오면 정신이
마구 흩어지므로 죽게 된다.《노군어(老君語)[22]》[23]

情慾出於五內, 魂定魄靜,
生也；情慾出於胸臆, 精
散神惑, 死也.《老君語》

---

21 《三元延壽參贊書》卷1〈欲不可縱〉(《中華道藏》23-71, 736쪽)；《醫方類聚》卷201〈養性門〉"三元延壽
書"'慾不可縱'(『醫方類聚』9, 412쪽).

22 노군어(老君語)：도가(道家)의 개조(開祖)인 태상노군(太上老君)이 남겼다는 어록. 태상노군은 일반적으
로 노자(老子)를 지칭하지만《노군어》는《노자도덕경》과는 다른 문헌이다.

23 《雲笈七籤》卷32〈雜修攝〉"養性延命錄"(《中華道藏》29-32, 270쪽)；《醫方類聚》卷201〈養性門〉"三
元延壽書"'慾不可縱'(《醫方類聚》9, 412쪽)；《遵生八牋》卷2〈清修妙論牋〉下(《遵生八牋校注》, 34쪽)；
《遵生八牋》卷10〈延年却病牋〉下"高子三知延壽論"(《遵生八牋校注》, 331쪽).

음악과 여색을 절제하지 않으면 정(精)이 깎이고, 가벼이 사용하기를 멎지 않으면 정이 흩어진다. 성인(聖人)은 정을 아끼어 사정을 절제하므로 뇌수가 가득하고 뼈가 견고하다.《전원기어(全元起語)[24]》[25]

樂色不節則精耗, 輕用不止則精散. 聖人愛精重施, 髓滿骨堅.《全元起語》

양생을 잘하는 자는 일반적으로 성욕이 막 솟구치려는 충동을 느끼면 반드시 삼가 억제해야 하지, 마음대로 성욕을 좇아 스스로 해를 지어서는 안 된다. 한 번 억제하는 데 성공하면 한 번 불이 꺼져서 한 번 기름을 절약한 셈이 된다. 만약 억제치 못하고 정욕을 따라 사정하면, 이 기름불이 타오르면서 기름을 더욱 없애고 말 것이니, 스스로 잘 방지해야 하지 않겠는가!《비급천금요방(備急千金要方)[26]》[27]

善攝生者, 凡覺陽事轉盛, 必謹而抑之, 不可縱心竭意以自賊也. 若一度制得, 則一度火滅, 一度增油. 若不能制, 縱情施瀉, 卽是膏火將滅, 更去其油, 可不深自防!《千金要方》

양생을 배우는 사람은 반드시 마음을 평안히 하여 신(神)을 기르고, 음식을 복용하여 병을 치료하고, 뇌궁(腦宮)[28]을 가득 채우고, 현정(玄精)[29]을 기울여 없애지 않은 뒤에야 존신(存神)[30]법, 복하(服霞)[31]

學生之夫, 必夷心養神, 服食治病, 使腦宮塡滿, 玄精不傾, 然後可以存神服霞, 呼吸二景耳.

---

24 전원기어(全元起語) : 중국 남북조 시대 명의 전원기(全元起, ?~?)가 남긴 어록. 그가 남긴《황제내경소문훈해(黃帝內經素問訓解)》는 망실되고 없다.

25 《醫方類聚》卷201〈養性門〉‘三元延壽書’‘慾不可縱’(《醫方類聚》9, 412쪽);《遵生八牋》卷10〈延年却病牋〉下 “高子三知延壽論”(《遵生八牋校注》, 332쪽).

26 비급천금요방(備急千金要方) : 중국 당(唐)나라 손사막(孫思邈, 581~682)이 7세기 중엽에 지은 의서.《황제내경(黃帝內經)》이후의 의학 성과를 정리한 역작이다.

27 《備急千金要方》卷27〈養性〉“房中補益第八”(《孫思邈醫學全書》, 500쪽);《東醫寶鑑》〈內景篇〉卷1 “精”‘節慾儲精’(《原本 東醫寶鑑》, 82쪽).

28 뇌궁(腦宮) : 두뇌(頭腦)를 의미하는 도교 용어. 마음속을 의미하기도 한다.

29 현정(玄精) : 원기(元氣) 또는 정액(精液).

30 존신(存神) : 도교 수양법 중의 하나. 인체의 기관에 있는 신(神)을 잘 섬겨 양생하는 수양법.

31 복하(服霞) : 도교 수양법 중의 하나. 해가 뜨거나 질 무렵에 나타나는 노을을 바라보며 공기를 마시는 수양법.

법, 이경(二景)32 호흡법을 시행할 수 있다.

만약 자주 성행위[交接]를 해서 정액을 거듭 흘려 보내게 되면 기(氣)는 더러워지고 신(神)은 사라지며 정령(精靈)이 고갈된다. 그러므로 비록 현정옥록(玄挺玉籙)33과 금서태극(金書太極)34을 다시 얻는다 하더라도 죽음에서 벗어날 수 없게 되리라.

옛적에 선사(先師)께서 이 일을 항상 경계하여 다음과 같이 말씀하셨다. "양생을 배우는 사람은 1번 성행위를 하면 1년간의 약효과를 기울여 없애고, 2번 성행위를 하면 2년간의 약효과를 기울여 없애고, 3번 이상 성행위를 하면 그 동안 쌓은 약효과가 몸에서 모두 없어진다."35 그러므로 진선지사(眞仙之士, 참된 신선의 도를 배우는 사람)는 이것에 항상 주의해서 생생(生生, 섭생)의 큰 금기로 여긴다. 《진고(眞誥)》36

원기(元氣)란 신간동기(腎間動氣)이다. 오른쪽 신장은 명문(命門)이니, 이곳은 정(精)과 신(神)이 머무는 곳이다. 이곳을 아끼고 보중(保重)하면 영위가 두루

若數行交接, 漏泄施瀉者, 則氣穢神①亡, 精靈枯竭, 雖復玄挺玉籙、金書太極者, 將亦不可解於非生乎.

在昔先②師常誡於斯事, 云:"學生之人, 一接則傾一年藥勢, 二接則傾二年藥勢, 過三以往, 則所傾之藥都無於身矣." 是以眞仙之士常愼於此, 以爲生生之大忌.《眞誥》

元氣者, 腎間動氣也. 右腎爲命門, 精神之所舍. 愛惜保重, 榮衛周流, 神氣不

---

32 이경(二景) : 해[日]와 달[月]을 의미하는 도교 용어. 또는 해가 다니는 길인 황도(黃道)와 달이 다니는 길인 적도(赤道)를 의미하기도 한다.

33 현정옥록(玄挺玉籙) : 도교의 비결이 적혀 있는 여러 부적 중에서 특별하게 뽑아낸 부적으로 추정된다. 도교의 수양방법 중의 하나인 결재지법(潔齋之法)에서는 옥록이나 황록(黃籙) 또는 금록(金籙)으로 만든 부적을 몸에 찬 채로 몸을 정결하게 씻는 예식이 있다.

34 금서태극(金書太極) : 도교의 경전(經典)에서 말하는 고귀한 지위. 금서(金書)는 도교에서 신성시하는 전적(典籍)을 의미한다. 도교에서는 도(道)의 본질은 태극이라고 말하는데, 태극은 그 맥락에 따라서 태초(太初)의 혼돈(混沌) 상태를 의미하기도 하고, 천지의 궁극적 원리를 의미하기도 하며, 가장 높은 지위를 의미하기도 한다.

35 양생을……없어진다 :《진고》의 저자인 도홍경(陶弘景)에게 돌아가신 스승이 하신 말씀. 스승의 이름은 미상.

36《眞誥》卷10〈恊昌期〉2 "上淸眞人馮延壽口訣"(《中華道藏》 2-21, 177쪽).

① 神 : 저본에는 "身".《眞誥·恊昌期·上淸眞人馮延壽口訣》에 근거하여 수정.

② 先 : 저본에는 "玄". 오사카본·《眞誥·恊昌期·上淸眞人馮延壽口訣》에 근거하여 수정.

명(明)나라의 〈도인양생도(導引養生圖)〉

흐르고 신(神)과 기(氣)가 끊이지 않아 하늘과 땅과 함께 마찬가지로 장수할 수 있다. 《현추(玄樞)[37]》[38]

竭, 可與天地同壽.《玄樞》

음양(陰陽)의 도(道)에서는 정액이 보배가 된다. 근신하여 정액을 지키면 천시(天時)보다 늦게 늙는다.[39] 《선서(仙書)[40]》[41]

陰陽之道, 精液爲寶. 謹而守之, 後天而③老.《仙書》

---

37 현추(玄樞) : 춘추전국 시대의 명의(名醫) 편작(扁鵲, B.C. 407~B.C. 310)이 지었다고 전해지는《황제팔십일난경(黃帝八十一難經)》을 지칭한다. 편작의 본명은 진월인(秦越人) 또는 진소제(秦少齊)라 하고, 《황제팔십일난경》은 약칭해서《의황제난경(議黃帝難經)》또는《난경(難經)》으로 부른다. 여기 인용된 글은《운급칠첨(雲笈七簽)》권56〈제가기법(諸家氣法)〉"원기론(元氣論)"에 보이는 '秦少齊《議黃帝難經》云' 이하 원문과 글자의 출입이 있다.《삼원연수참찬서》권1〈욕불가종(欲不可縱)〉에 보이는 '玄樞曰' 이하 원문은 인용된 글과 일치한다.

38 《三元延壽參贊書》卷1〈欲不可縱〉(《中華道藏》23-71, 736쪽);《雲笈七簽》卷56〈諸家氣法〉"元氣論"(《中華道藏》29-56, 446쪽).

39 음양(陰陽)의……늙는다 : 자연의 순리에 따라 천지만물은 시간이 흐르면서 노화가 진행되는 법이지만, 생명의 근본이 되는 정액을 잘 보전하면 천시(天時, 자연의 시간)보다 노화가 더디게 진행한다는 의미.

40 선서(仙書) :《삼원연수참찬서》에 인용된 도교 서적 중 하나.《삼원연수참찬서》에 인용된 서적 중 일부는 정확한 서명이나 출전이 확인되지 않는다.

41 《三元延壽參贊書》卷1〈慾不可縱〉(《中華道藏》23-71, 736쪽);《東醫寶鑑》〈內景篇〉卷1"精"'精爲至寶'(《原本 東醫寶鑑》, 81쪽).

③ 而 : 저본에는 "不".《三元延壽參贊書·欲不可縱》·《東醫寶鑑·內景篇·精》에 근거하여 수정.

애석하구나, 애석하구나, 원양궁(元陽宮)[42]에 주인 없어 애석하구나![43]

마음 한 점(點)은 이미 농염한 여인의 질투 따라 가버리니, 백신(百神)[44]은 울면서 송별하고 정광(精光)이 떠나가네.[45]

삼시(三尸)[46]는 기뻐하고 칠백(七魄)[47]은 화를 내니, 혈(血)이 손상되고 기(氣)가 쇠하면 어느 곳을 보(補)하리?

영원(靈源)의 진물(眞物)[48]이 다른 사람에게 속하게

可惜許, 可惜許, 可惜元陽宮無[4]主!

一點旣隨濃[5]色妬, 百神泣送精光[6]去.

三尸喜, 七魄怒[7], 血敗氣衰何所補?

靈[8]源眞物屬他人, 赤宅元

---

[42] 원양궁(元陽宮) : 중국 서진(西晉) 무제(武帝, 재위 265~290) 시기의 도사(道士)였던 진흥명(陳興明, ?~?)이 수행했다고 알려진 도량. 호남성(湖南省) 형양시(衡陽市) 남악구(南岳區)의 형산(衡山)에 있었다고 한다. 여기서는 특정 장소가 아니라 일반적으로 도사가 수행하는 장소를 지칭한다.

[43] 원양궁(元陽宮)에……애석하구나 : 수행에 정진해야 할 사람의 마음이 색(色, 애욕)으로 향해 있어서, 수행을 할 주체가 없는 상황이 아쉬움으로 추정된다. 이 구절이 저본에는 "可惜元陽宮裏主"로 되어 있고 《양생비지(養生秘旨)》에는 "可惜元陽宮裏生"으로 되어 있으나, 이하의 문맥과 통하지 않아 《삼원연수참찬서》에 근거하여 수정하였다.

[44] 백신(百神) : 온갖 귀신(鬼神)과 신령(神靈). 도교에서는 인간의 몸에 여러 귀신과 신령이 깃들어 있다고 보았다.

[45] 정광(精光)이 떠나가네 : '정광'은 용모가 반듯하면서 풍채가 훤칠함을 의미한다. 이 구절은 색(色)을 탐하기 때문에 몸의 상태가 나빠져 용모와 풍채가 시들어감을 비유한 것으로 보인다.

[46] 삼시(三尸) : 사람의 몸에 깃들어 있으면서 질병이나 욕망을 일으킨다고 하는 3가지 귀신. 삼시(三屍) 또는 삼충(三蟲)이라고도 한다. 도교에서는 이 상시(上尸)·중시(中尸)·하시(下尸)가 사람이 먹는 오곡의 자양분에 의지하여 기생하면서 심신에 개입한다고 여겼다. 상시인 팽거(彭琚)는 사람의 머리에 있으면서 차마(車馬)와 성색(聲色)을 좋아하게 만들고, 중시인 팽질(彭瓆)은 뱃속에 있으면서 오미(五味, 음식의 맛)를 좋아하게 만들고, 하시인 팽교(彭矯)는 다리에 있으면서 색(色)을 탐하게 만든다고 한다. '삼시'와 아래 '칠백'에 대한 내용은 《태상제삼시구충보생경(太上除三尸九蟲保生經)》(《中華道藏》 23-50, 612~614쪽)에 그림과 함께 상세하게 나온다.

[47] 칠백(七魄) : 사람의 몸에 깃들어 있으면서 육신을 관장한다고 하는 7가지 백(魄). 순서대로 시구(尸狗)·복시(伏矢)·작음(雀陰)·탄적(呑賊)·비독(飛毒)·제예(除穢)·취폐(臭肺)라 하는데, 각각 심(心, 심장)·위(胃, 위장)·신(腎, 신장)·비(脾, 비장)·담(膽, 쓸개)·간(肝)·폐(肺)를 관장한다는 설도 있고, 희(喜, 기쁨)·노(怒, 분노)·애(愛, 사랑)·구(懼, 두려움)·애(哀, 슬픔)·오(惡, 미움)·욕(欲, 욕망)의 칠정(七情)을 관장한다는 설도 있다. 도교에서는 인간의 영혼과 육신을 통틀어 표현할 때 삼혼칠백(三魂七魄)이라 한다. 혼백(魂魄)을 넋이라고 하는데, 혼(魂)은 양의 측면이고, 백(魄)은 넋의 음의 측면을 말한다.

[48] 영원(靈源)의 진물(眞物) : 본래 몸에 갖추고 있던 신령(神靈)의 참된 기운을 의미하는 것으로 추정된다.

[4] 無 : 저본에는 "裏". 《三元延壽參贊書·慾不可縱》에 근거하여 수정.

[5] 隨濃 : 저본에는 "出顏". 《三元延壽參贊書·慾不可縱》에 근거하여 수정.

[6] 精光 : 저본에는 "眞陽". 《三元延壽參贊書·慾不可縱》에 근거하여 수정.

[7] 怒 : 저본에는 "舞". 《三元延壽參贊書·慾不可縱》에 근거하여 수정.

[8] 靈 : 《養生秘旨·可惜歌》에는 "弄".

삼시도(三尸圖)《태상제삼시구충보생경》

칠백도(七魄圖)《태상제삼시구충보생경》

된다면 적택(赤宅)의 원궁(元宮)[49]은 누가 주인이 되겠 는가?

　세상 사람들에게 권하노니, 도(道)를 흠모해야지, 색(色)을 흠모하지 마소. 색을 흠모하고 미인을 탐한 들 무슨 이로움이 있으리?

宮[9]誰做主?

勸世人, 須慕道, 休慕色. 慕色貪嬌[10]有何益?

49　적택(赤宅)의 원궁(元宮) : 적택은 얼굴[臉]을 지칭하는 도교 용어다. 적택의 원궁은 색을 탐하기 이전의 얼굴 본바탕을 말한다.
[9]　宮 :《養生秘旨·可惜歌》에는 "君".
[10]　嬌 :《三元延壽參贊書·慾不可縱》에는 "淫".

형해(形骸, 육체)가 점점 말라 가는 줄을 생각지 않고, 사람을 만나면 단사(丹砂)[50]의 힘만 강변하네.

단사의 힘은 사람이 알기가 어려운 것이니, 누가 몸속으로 눈을 돌려 기꺼이 찾으려 하겠는가?

《영원경(靈源經)》[51] 속에서는 단사를 '진연(眞鉛)'[52]이라 부르고, 《단화결(丹華訣)》[53] 안에서는 '금액(金液)'[54]이라 했네.

삼모진군(三茅眞君)[55]은 그것을 '하나'라고 부르니, 그대가 하나를 얻는 때에 만사가 끝나리.

성인(聖人)이 그 하나를 숨겨 전할 방도가 없으니, 분명히 깨닫지 못하면 어둡기 칠흑(漆黑) 같네.

한 신(神)이 떠나니 백신(百神)이 흩어지고, 백신이 떠난 뒤 사람들은 알지를 못하네.

不念形骸積漸枯, 逢人强說丹砂力.

丹砂力, 人難識, 誰人肯向身中覓?

《靈源經》裏號"眞鉛", 《丹華訣》內名"金液".

三茅眞君喚作"一", 子得一時萬事畢.

聖人秘一不能傳, 不曉分明暗如漆.

一神去, 百神離, 百神去後人不知.

---

50 단사(丹砂) : 단약(丹藥)을 만드는 연단(鍊丹)의 공정 중에 재료로 쓰는 광물을 총칭한다. 어떤 처방에서는 주사(朱砂)를 의미하기도 한다.

51 영원경(靈源經) : 미상. "영원경"이란 이름의 책은 현재 《중화도장》·《정통도장(正統道藏)》를 비롯한 도교서적 및 사고전서(四庫全書) 등에 보이지 않는다.

52 진연(眞鉛) : 도교의 방사(方士)들이 수은(水銀)이나 납 등의 금석(金石)을 정련하여 만든 단약(丹藥). 《중화도장》에 수록된 《음진군금석오상류(陰眞君金石五相類)》·《환단중선론(還丹衆仙論)》등 여러 연단술 서적에는 진연에 대한 이설(異說)이 있는데, 추석(秋石, 동변을 정제한 결정물)이라는 설도 있고 수은이라는 설도 있다.

53 단화결(丹華訣) : 도교의 연단술(練丹術)을 요약한 가결. "단화결"이란 이름이 붙은 가결이나 책은 현재 《중화도장》을 비롯한 도교서적에 보이지 않는다. 다만, 연단술을 다루는 서적 중 하나인 《환단가결(還丹歌訣)》(《중화도장》 18책)에는 금액(金液)을 만드는 처방이 상세하게 기록되어 있다. 도교의 연단술을 추구하는 사람들 중에서, 벽곡(辟穀, 곡식은 피하고 솔잎이나 밤 등을 날것으로 먹음)을 하거나 단약(丹藥)을 제조해서 복용하는 학파는 외단학파(外丹學派)라 하고, 외부 음식이나 약에 의존하기보다는 스스로 몸을 수련하면서 음양의 조화를 체내에 축적시켜 불로장생을 추구하는 학파는 내단학파(內丹學派)라 한다.

54 금액(金液) : 도교의 방사들이 여러 약재와 금석(金石) 등을 정련해서 추출해낸 액체. 방사들은 이 액체를 오래 복용하면 불로장생하여 신선이 된다고 믿었다. 《도장집요(道藏輯要)》〈금액환단인증도시(金液還丹認證圖詩)〉에는 금액의 효과에 대한 내용이 그림과 시(詩)로 기록되어 있다.

55 삼모진군(三茅眞君) : 중국 한(漢)나라 경제(景帝, 재위 B.C. 157~B.C. 141) 때의 도사(道士)인 모영(茅盈)·모고(茅固)·모충(茅衷) 형제 3인. 이들은 강소성(江蘇省) 구용시(句容市)에 있는 도교의 성지(聖地) 모산(茅山)에서 함께 도학(道學)을 수련하고 전파했다. 도교의 초기 개창자이기 때문에 도교 교단에서는 후대에 이들을 '삼모진군'으로 추증(追贈)하였다. 줄여서 삼모군(三茅君)이라고도 부른다. 《현품록(玄品錄)》 권2 〈서한(西漢)〉 "도품(道品)"(《中華道藏》 45-13, 452쪽)에 삼모군의 전기(傳記)가 수록되어 있다.

금액법상(金液法象) 《도장집요》

삼모진군 초상《정통도장》

몇 번이나 말할까 말하지 말까 망설였건만, 때가 되었으니 입을 열어 천기(天機, 하늘의 기밀)를 누설하네. 여암(呂岩)[56] 《가석허가(可惜許歌)[57]》[58]	幾度欲說不欲說, 臨時下口泄天機. 呂純陽 《可惜許歌》
사람의 대욕(大欲, 기본적인 욕구) 중에 성행위[房中]보다 절실한 것은 없다. 하지만 성행위를 좋아하기	人之大欲, 莫切於房中. 嗜而不知禁, 則侵剋年齡, 蠶

---

56 여암(呂岩) : 798~?. 중국 당(唐)나라의 도사. 자는 동빈(洞賓), 호는 순양(純陽). 도교의 일파인 전진도(全眞道)의 5대 조사(祖師)였기 때문에 여조(呂祖)라 하며, 도교의 팔선(八仙) 중 한 사람이다. 종남산(終南山)에서 오랫동안 수도하였고 검술의 명인으로 알려져 있다. 그는 수양의 방법을 기존에 주로 행해지던 연단법(鉛丹法, 외단)에서 내공법(內功法, 내단) 위주로 바꾸었고, 그의 이론은 이후 도교 교리의 발전에 큰 영향을 끼쳤다. 저서로 《여조전서(呂祖全書)》·《여조시집(呂祖詩集)》·《구진상서(九眞上書)》등이 있다.

57 가석허가(可惜許歌) : 중국 당나라의 도사 여암이 남긴 가결(歌訣). 도교의 양생술(養生術)을 짧은 노래로 압축해서 표현했다. 이 가결은 여러 판본으로 전해지는데, 《중화도장(中華道藏)》 수록본인 《삼원연수참찬서》 권1 〈욕불가종(欲不可縱)〉(《중화도장》23책)에 "신선가석허가(神仙可惜許歌)"란 제목으로 있고, 여러 이본(異本)이 《양생비지(養生秘旨)》 〈가석가(可惜歌)〉, 《준생팔전(遵生八牋)》 권2 〈청수묘론전(清修妙論牋)〉 "신선가석가(神仙可惜歌)", 《자규비서내집(紫閨秘書內集)》 권2 〈여순양수양결(呂純陽修養訣)〉등 각각 다른 제목으로 수록되어 있다. 여기 인용된 글은 위 책들에 수록된 원문과 글자의 출입이 매우 많기 때문에 저본의 글자가 문맥상 맞지 않는 경우에 한정해서 《삼원연수참찬서》의 원문을 1차 기준으로 하고 《양생비지》의 원문을 참고해서 교감하였다.

58 《三元延壽參贊書》 卷1 〈慾不可縱〉(《中華道藏》23-71, 736쪽) ; 《養生秘旨》 〈可惜歌〉, 98쪽.

순양(純陽) 여암(呂岩) 신선도[명나라 화가 장로(張路, 1464~1538)의 《신선도책(神仙圖册)》]

만 하고 금욕은 알지 못하면 수명을 단축하고 정백(精魄, 정액의 원천)을 잠식하여 알지 못하는 사이에 원신(元神)·진기(眞氣)가 떠나버린다. 도를 아는 사람은 때맞춰 절제하고 진원(眞元)을 보중하여 일신(一身)의 주인으로 삼는다. 그렇지 않으면 토납(吐納, 호흡법)·도인(導引)·복이(服餌, 식이요법)의 방술을 열심히 해도 근본이 단단하지 않아 끝내 무익할 뿐이다.

《내경》에 다음과 같이 말했다. "7손(七損)과 8익(八益)【7손이란 여자의 혈(血)을, 8익이란 남자의 정(精)을 조절하는 것이다】을 잘 알면 혈기(血氣)와 정기(精氣) 두 가지를 조율할 수 있다. 이를 조율할 줄 모르면 일찍 쇠하는 이유가 된다.

그러므로 40살이 되면 음기(陰氣)가 저절로 절반이 되어 일상생활에 움직임이 쇠한다. 50살이 되면 몸이 무거워지고 귀와 눈이 어두워진다. 60살이 되면 발기불능이 되고, 기운이 크게 쇠하며, 구규(九竅)[59]

食精魄, 闇然不覺而元神、眞氣去矣. 知道之士, 時加撙節, 保惜眞元, 以爲一身之主命. 不然, 雖勤於吐納、導引、服餌之術, 而根本不固, 終亦無益.

《內經》曰："能知七損、八益【七者女子之血, 八者男子之精】, 則血氣、精氣二者可調. 不知用此, 則早衰之節也.

故年四十而陰氣自半也, 起居衰矣. 年五十體重, 耳目不聰明矣. 年六十陰痿, 氣大衰, 九竅不利, 下虛上

---

59 구규(九竅) : 인체에 있는 9개의 구멍(콧구멍 2개, 귓구멍 2개, 눈 2개, 입, 생식기, 항문). 감각기관·생식기관·배설기관을 아울러 총칭하는 용어.

의 기능이 떨어지고, 아래는 허하고 위로는 실하여 눈물과 콧물이 함께 나온다. 그러므로 '이것을 알면 건강하고 모르면 늙는다.'라 한 것이다.

지혜로운 자는 남음이 있고【본성에서 출발하여 먼저 행하므로 남음이 있다】, 어리석은 자는 부족하다【상황을 관찰하고 난 뒤에 배우므로 부족하다】. 남음이 있으면 귀와 눈이 총명해지고, 신체가 가볍고 강해진다. 노인은 더욱 건장해지고 청장년은 더욱 단련된다."[60]

대개 남자는 정(精), 여자는 혈(血)이라 하는데 만약 그것을 남도록 조절한다면 형기(形氣)가 쇠하지 않고 수명을 보전할 수 있다. 그렇지 않으면 구멍으로 정이 끊임없이 새어 나가서 결국 속이 말라 죽는다. 이것은 정이 사람을 떠난 게 아니라 사람이 스스로 정을 떠났기 때문이니, 어찌 경계하지 않을 수 있겠는가?《섭생요의(攝生要義)[61]》[62]

정(精)이란 정말 좋은 이름이다. 사람의 정(정액)은 가장 귀하면서 그 양은 매우 적으며 몸 전체에 모두 1.6승(升, 되)이 있다. 이것은 남자가 16세에 사정하기 전 최고의 수치이고 무게는 1근이다. 계속 쌓여 가득 차면 3승까지 이르고, 덜어서 잃으면 1승도

實, 涕泣俱出矣. 故曰: '知之則強, 不知則老.'

智者有餘【自性而先行, 故有餘】, 愚者不足【察行而後學, 故不足】, 有餘則耳目聰明, 身體輕強, 老者益壯, 壯者益治."

蓋謂男精女血, 若能使之有餘, 則形氣不衰, 而壽命可保矣. 不然, 竅漏無度, 中乾以死, 非精離人, 人自離精, 可不戒哉?《攝生要義》

精者, 極好之稱. 人之精最貴而甚少, 在身中通有一升六合. 此男子二八未泄之勝[11]數, 稱得一斤. 積而滿者, 至三升, 損而喪之者,

---

60 7손(七損)과……단련된다:《黃帝內經素問》卷2〈陰陽應象大論篇〉(《黃帝內經素問語譯》, 37~38쪽).
61 섭생요의(攝生要義):중국 남송(南宋)의 도사 하빈장인(河濱丈人, ?~?)이 편찬한 양생술 서적. 하빈장인은 이 책을 저술했다는 사항 이외로는 다른 사적이 남아 있지 않다. 이 책은 섭성(攝性)과 조식(調息) 및 절욕(節慾)의 방법을 도교의 관점에서 서술했다.《수양총서(壽養叢書)》에 1책 10편이 수록되어 있다.
62 《攝生要義》〈房中篇〉(《壽養叢書》5, 33~34쪽).
[11] 勝:《上陽子金丹大要·上藥·精氣神說》에는 "成".

안 된다. 정과 기(氣)는 서로 길러주는데, 기가 모이면 정이 가득 차고 정이 가득 차면 기가 왕성하다.

날마다 먹는 음식 중에 화미(華美, 빛깔도 맛도 좋은 것)한 것이 정(精)이 된다. 그래서 정은 '미(米, 쌀)'자와 '청(靑, 채소류)'자로 이루어진다. 사람의 나이가 16세가 되면 정이 배설되는데, 일반적으로 성교를 1번하면 0.05승을 잃는다. 잃은 뒤에 보탬이 없으면 정은 다하고 몸은 병이 든다. 그러므로 정욕을 절제하지 못하면 정이 닳고, 정이 닳으면 기가 쇠하고, 기가 쇠하면 병이 나고, 병이 나면 몸이 위태하다. 아! 정이란 것은 사람 몸의 지극한 보물이리라!《양성서(養性書)》[63]

不及一升. 精與氣相養, 氣聚則精盈, 精盈則氣盛. 日啖飮[12]食之華美者爲精, 故從米從靑. 人年十六則精泄, 凡交一次則喪半合. 有喪而無益, 則精竭身憊. 故慾不節則精耗, 精耗則氣衰, 氣衰則病至, 病至則身危. 噫, 精之爲物, 其人身之至寶乎!《養性書》

정(精)은 기(氣)를 낳을 수 있고, 기는 신(神)을 낳을 수 있다. 몸을 영위(榮衛)함에 이보다 중대한 것은 없다. 양생을 하는 사람은 우선 그 정을 보배로 여겨야 한다. 정이 가득하면 기가 굳세고, 기가 굳세면 신이 왕성하고, 신이 왕성하면 몸이 건강하고, 몸이 건강하면 병이 적다. 안으로는 오장(五藏)이 여유롭게 꽃피고, 밖으로는 피부가 윤택해지니, 얼굴이 광채가 나고 귀와 눈이 총명해지면서 늙어도 건장해질 것이다.

精能生氣, 氣能生神, 榮衛一身, 莫大于此, 養生之士先寶其精. 精滿則氣壯, 氣壯則神旺, 神旺則身健, 身健則少病. 內則五藏敷華, 外則肌膚潤澤, 容顏光彩, 耳目聰明, 老當益壯矣.

---

63 《上陽子金丹大要》卷3〈上藥〉"精氣神說"上(《中華道藏》27-28, 532~533쪽);《東醫寶鑑》〈內景篇〉卷1 "精" '精爲至寶'(《原本 東醫寶鑑》, 81쪽).
[12] 飮 : 저본에는 "飯".《上陽子金丹大要·上藥·精氣神說》에 근거하여 수정.

《황정경(黃庭經)》[64]에서는 "우선 조용한 방에서 자기를 지키며 함부로 사정하지 말라. 출구를 닫고 정을 채우면 오래 살 수 있다."[65]라 했다. 《상천옹어(象川翁語)》[66]》[67]

2) 정욕은 완전히 끊을 수는 없다

황제(黃帝)가 "음(陰)과 양(陽)이 조화를 이룬 상태〔一陰一陽〕를 '도(道)'라 하고, 음에 치우치거나 양에 치우친 상태를 '병(病)'이라 한다."라 했다.[68] 또 말했다. "이 둘이 조화하지 못하는 상태는 마치 봄만 있고 가을이 없거나 겨울만 있고 여름이 없는 것과 같다. 이런 상태를 조화롭게 만들면 이를 '성도(聖度, 성인의 법도)'라 한다."[69]

성인은 음양 화합(和合)의 도(道)를 끊지 않는다. 다만 굳게 닫아걸고 천진(天眞)[70]을 지키는 일을 귀히

《黃庭經》曰 : "急守靜室, 勿妄泄, 閉而寶之, 可長活."《象川翁語》

論慾不可絶

黃帝曰 : "一陰一陽之謂道, 偏陰偏陽之謂疾." 曰 : "兩者不和, 若春無秋, 冬無夏, 因而和之, 則是謂聖度."

聖人不絶和合之道, 但貴於閉密以守天眞也.《三元

64　황정경(黃庭經) : 도교의 대표 경전 중 하나. 후한(後漢) 후기 무렵인 약 2~3세기경 출현한 책으로, 저자는 알려져 있지 않다. 양생의 원리 및 수련 방법을 도가의 입장에서 서술한 책이다. 외경과 내경으로 나누어져 있으며, 정식 명칭은 《상청황정내경경(上淸黃庭內景經)》과 《태상황정외경경(太上黃庭外景經)》이다. 《운급칠첨(雲笈七籤)》 권11 〈삼동경교부(三洞經敎部)〉《중화도장》 29책)에 수록되어 있다.

65　우선……있다 :《雲笈七籤》卷11〈三洞經敎部〉"上淸黃庭內景經" 20 '呼吸章'《中華道藏》 29-11, 113쪽).

66　상천옹어(象川翁語) : 중국 송나라의 도사 옹보광(翁葆光, ?~?)이 남긴 어록. 옹보광의 자는 연명(淵明), 호는 무명자(無名子)이고, 상천주(象川州, 중국 사천성 성도의 한 지역) 출신이라 상천옹(象川翁)으로 불렸다. 효종(孝宗) 순희(淳熙) 연간(1174~1189)에 활동했다고 알려져 있지만 자세한 사적이나 저서는 남아 있지 않다. 이 글은 《상양자금단대요(上陽子金丹大要)》 권3 〈상약(上藥)〉 "정기신설(精氣神說)"《중화도장》 27책)에 수록되어 있다.

67　《上陽子金丹大要》卷3〈上藥〉"精氣神說" 上《中華道藏》 27-28, 533~534쪽);《東醫寶鑑》〈內景篇〉卷1 "精" '精爲至寶'《原本 東醫寶鑑》, 82쪽).

68　황제(黃帝)가……했다 : '일음일양지위도(一陰一陽之謂道)'는 《주역》〈계사전(繫辭傳)〉에 나오는 구절이다. 《황제내경》에는 이 구절이 나오지 않지만, 후대에 의가(醫家)들이 《주역》의 이 구절에 '편음편양지위질(偏陰偏陽之謂疾)'이라는 한 구절을 덧붙여서 황제(黃帝)가 남긴 말로 가탁해 사용했다.

69　이……한다 :《黃帝內經素問》卷1〈生氣通天論篇〉《黃帝內經素問語譯》, 20쪽).

70　천진(天眞) : 자연 그대로의 타고난 본성.

여긴다.[71] 《삼원연수참찬서》[72]

延壽書》

남자는 정(精)을 주로 삼고, 여자는 혈(血)을 주로 삼는다. 그래서 정이 왕성하면 여자와의 잠자리를 생각하고, 혈이 왕성하면 회임(懷妊, 임신)을 꿈꾼다. 만약 외로운 양(陽)이 음(陰)을 끊어버리고 홀로된 음이 양을 얻지 못하여 정욕만 치솟고 그 뜻을 이루지 못하면 몸속에서 음양이 서로 다투게 되어 추웠다가 더웠다가 하며, 오래되면 노병(勞病)[73]이 된다. 《삼원연수참찬서》[74]

男子以精爲主, 女子以血爲主, 故精盛則思室, 血盛則懷胎. 若孤陽絕陰, 獨陰無陽, 慾心熾而不遂, 則陰陽交爭, 乍寒乍熱, 久而爲勞. 同上

남자는 여자가 없어서는 안 되고, 여자는 남자가 없어서는 안 된다. 만약 바르고 곧은 생활을 늘 염두에 두며 그리워할 일이 없다면 오래도록 수명을 두루 누릴 수 있다. 《팽조어(彭祖語)》[75]

男不可無女, 女不可無男. 若念頭正直, 無可思者, 大佳長年也. 《彭祖語》

사람의 나이가 60이 되면 폐정(閉精, 사정을 멈춤)하고 사정하지 않는 법이다. 만약 기력이 아직 왕성한 사람이라면 억지로 참아서도 안 된다. 오래도록 사정하지 않을 경우 옹질(癰疾)[76]이 생길 수 있기 때문이다. 《비급천금요방》[77]

人年六十者, 常閉精勿泄. 若氣力尚壯盛者, 亦不可强忍, 久而不泄, 致生癰疾. 《千金要方》

---

71 성인은……여긴다 : 성인은 남녀의 음양 화합을 끊어버리지 않으며, 다만 충분히 절제하고 정을 귀하게 지키는 데 힘쓴다는 뜻이다.
72 《三元延壽參贊書》卷1〈慾不可絕〉《中華道藏》23-71, 735쪽).
73 노병(勞病) : 몸이 추웠다가 열이 나고 땀이 나며 잠을 자다 정액이 저절로 나오는 병.
74 《三元延壽參贊書》, 위와 같은 곳.
75 《三元延壽參贊書》, 위와 같은 곳.
76 옹질(癰疾) : 악창이나 부스럼이 생기는 질병.
77 《三元延壽參贊書》, 위와 같은 곳 ;《備急千金要方》卷27〈養性〉8 "房中補益"《孫思邈醫學全書》, 500쪽).

3) 정욕은 너무 이른 나이에 발하면 안 된다

論慾不可早

남자가 파양(破陽)[78]을 너무 일찍 하면 그 정기(精氣)가 손상된다. 여자가 파음(破陰)을 너무 일찍 하면 그 혈맥(血脈)이 손상된다. 《삼원연수참찬서》[79]

男子破陽太早, 則傷其精氣 ; 女子破陰太早, 則傷其血脈.《三元延壽書》

정(精)이 아직 통하지 않았을 시기에 여자를 품어서 그 정을 통하게 되면, 오체(五體)[80] 중에 정의 부족으로 인해 채워지지 않은 부위가 생기게 되어 나중에 형용하기 어려운 질병이 생긴다. 《삼원연수참찬서》[81]

精未通而御女以通其精, 則五體有不滿之處, 異日有難狀之疾. 同上

아직 비녀[笄]를 꽂지 않은 여자[82]가 천계(天癸, 생리)가 막 이르러[83] 이미 남자[男色]를 가까이 하게 되면, 음기(陰氣)가 일찍 새어나가 몸이 온전해지기도 전에 손상을 입는다. 《삼원연수참찬서》[84]

未笄之女, 天癸始至, 已近男色, 陰氣早泄, 未完而傷. 同上

---

78 파양(破陽) : 남자가 여자와 성행위를 처음으로 하는 일. 파음(破陰)은 여자가 남자와 처음으로 성행위를 하는 일.

79 《三元延壽參贊書》卷1〈慾不可早〉(《中華道藏》23-71, 735쪽).

80 오체(五體) : 오장과 연계된 신체 부위. 곧 힘줄은 간(肝), 혈맥은 심(心), 피부는 폐(肺), 근육은 비(脾), 뼈는 신(腎)과 연관된 부위이다.

81 《三元延壽參贊書》, 위와 같은 곳.

82 비녀[笄]를……여자 : 성인이 되지 않은 여자. 일반적으로 14~15세 전후의 소녀는 머리카락에 쪽을 지어 비녀를 꽂는 의식인 계례(笄禮, 여자 성인식)를 올리고 나서야 성인으로 인정받았다. 남자의 경우에는 15~20세에 상투를 틀고 의관(衣冠)을 갖추어 관례(冠禮, 남자 성인식)를 올렸다.

83 천계(天癸)가……이르러 : 중국 고대 의학에서는 여자 나이 14세 무렵에 생리를 시작하게 된다고 생각하였다. 《황제내경소문(黃帝內經素問)》권1〈상고천진론편(上古天眞論篇)〉에는 "여자 나이 14세가 되면 천계(天癸)가 이르러 임맥(任脈)이 통하고 태충맥(太沖脈)이 왕성해져서 월경[月事]이 때에 맞추어 나오므로 자식을 가질 수 있다(二七而天癸至, 任脈通, 太沖脈盛, 月事以時下, 故有子)."라 했다. 이에 대해 현대 주석가들은 여자의 천계는 신수(腎水), 생장과 생식을 주관하는 체액) 또는 여성호르몬을 의미한다고 보고 있으며, 임맥과 태충맥은 여성의 생리 및 임신과 관련된 경맥으로 풀고 있다.

84 《三元延壽參贊書》, 위와 같은 곳.

몸이 마른 여자는 혈을 길러야 하므로 알맞은 나이가 되고 나서 시집가야 한다. 허약한 남자는 여색을 절제해야 하므로 몸이 건장해지고 나서 혼인해야 한다. 《저씨유서(褚氏遺書)[85]》[86]

羸女則養血, 宜及時而嫁 ; 弱男則節色, 宜待壯而婚. 《褚氏遺書》

4) 정욕은 억지로 쓰면 안 된다

정욕으로 인하여 억지로 힘을 쓰면 신장의 기(氣)가 상하고 허리뼈[高骨]가 망가진다【주 억지로 성행위를 하면 정(精)이 소모되고, 정이 소모되면 신장이 상하고, 신장이 상하면 골수의 기운이 안에서 말라버리기 때문에 허리가 아파 구부리거나 펼 수 없다】.《황제내경소문》[87]

論慾不可强

因而强力, 腎氣乃傷, 高骨乃壞【注 强力入房則精耗, 精耗則腎傷, 腎傷則髓氣內枯, 腰痛不能俛仰】.《黃帝素問》

성품을 기르는 도는 감당할 수 없는 일을 억지로 하지 않는 데에 있을 뿐이다. 음식은 생명을 길러 주는 것이다. 그럼에도 불구하고 취한 데다 억지로 마시게 하고 배부른 데다 억지로 먹게 하면, 병에 걸려 몸에 해를 끼치지 않는 경우가 없었다. 하물며 정욕은 어떻겠는가? 정욕을 억지로 채우면 원정(元精)이 제거되고, 원신(元神)이 떨어져나가고, 원기(元氣)가 흩어진다.《삼원연수참찬서》[88]

養性之道, 莫强所不能堪耳. 飲食所以養生者也, 然使醉而强酒, 飽而强食, 未有不疾而害其身. 況慾乎? 慾而强, 元精去, 元神離, 元氣散.《三元延壽書》

---

85 저씨유서(褚氏遺書) : 중국 남북조 시대 남제(南齊)의 의학자인 저징(褚澄, ?~?)이 저술한 의서. 저징의 자는 언도(彦道)이다. 건원(建元) 연간(479~480)에 오군태수(吳郡太守)가 되었고 후에는 좌중상서(左中尙書)를 역임했다. 의술에 정통하여 백성들에게 의술을 베풀었으며 청렴하고 결백한 관리로 신망이 높았다. 여러 본초서와 약방을 저술했다고 알려져 있으나 현재는 《저씨유서》만 남아 있다. 여기 인용된 기사는 《저씨유서》에 실린 본문과는 다소 차이가 있으나 《삼원연수참찬서》의 인용문과는 일치한다.

86 《三元延壽參贊書》, 위와 같은 곳 ; 《褚氏遺書》〈受形〉.

87 《黃帝內經素問》 卷1〈生氣通天論〉(《文淵閣四庫全書》 733, 18쪽).

88 《三元延壽參贊書》 卷1〈慾不可强〉(《中華道藏》 23-71, 737쪽).

발기불능으로 정욕을 즐길 수 없는 지경에서 단석(丹石)[89]을 복용하여 억지로 양기를 돋우려 한다면 신수(腎水)가 고갈되고, 심화(心火)가 타오르며, 오장이 말라붙어 소갈(消渴)[90]에 바로 걸린다. 《삼원연수참찬서》[91]

陰痿不能快慾, 强服丹石以助陽, 腎水枯竭, 心火如焚, 五藏乾燥, 消渴立至. 同上

성생활에만 억지로 힘쓰면 오장육부의 정이 극도로 허해지고, 몸이 야위고, 다리를 절며 잘 지치고, 가슴이 두근거리고, 몽정을 하고, 소변을 다 보아도 잔뇨가 나오고, 소변이 뿌옇고, 발기불능이 되고, 아랫배가 당기고, 얼굴이 검어지고, 귀가 먹는 증상이 생긴다. 《삼원연수참찬서》[92]

强勉房勞者, 成精極、體瘦、尫羸、驚悸、夢泄、遺瀝、便濁、陰痿、小腹裏急、面黑、耳聾. 同上

5) 성생활의 절도

房中節度

《소녀경(素女經)[93]》에서 다음과 같이 말했다. "사람의 나이가 20살이면 4일에 1번 사정하고, 30살이면 8일에 1번 사정하고, 40살이면 16일에 1번 사정하고, 50살이면 20일에 1번 사정하고, 60살이면 폐정(閉精)하여 사정하지 말아야 한다."[94] 이는 본받을 만한 말이다.

타고난 바탕이 두텁고 음식을 잘 먹어 정력이 건

《素女》曰 : "人年二十者四日一泄, 三十者八日一泄, 四十者十六日一泄, 五十者二十日一泄, 六十者閉精勿泄." 此法語也.

所稟者厚, 食飮多, 精力

---

89 단석(丹石) : 수은의 원료가 되는 돌. 붉은 빛을 띤다. 도가의 불로장생약이나 한의학의 약재로 쓰였으나 수은중독으로 몸을 망가뜨리는 경우가 많았다.
90 소갈(消渴) : 물을 많이 마시지만 갈증이 없어지지 않고, 소변량이 많아지는 증상. 당뇨에 해당한다.
91 《三元延壽參贊書》, 위와 같은 곳.
92 《三元延壽參贊書》, 위와 같은 곳.
93 소녀경(素女經) : 음양오행론을 기반으로 남자는 불, 여자는 물로 인식하여 장수에 관하여 서술한 성의학(性醫學) 서적.
94 사람의……한다 : 출전 확인 안 됨.

장하면, 간혹 그 횟수를 조금 넘기도 한다. 이를 우물에 비유하자면 근원이 깊어 멀리까지 흐르는 물은 비록 물을 긷는 대로 물이 채워지더라도 오히려 우물이 마를까 걱정하는 사례와 같다. 만약 타고난 바탕이 얕고 원기도 본래 약한 데다가 식사량이 줄고 정력이 감퇴되었는데도 억지로 사정한다면, 이는 겁쟁이가 풍부(馮婦)[95]의 호랑이 잡는 기술을 흉내내는 것이니, 호랑이 이빨에 찢기기에 딱 좋을 뿐이다. 《삼원연수참찬서》[96]

여자를 품는 법은 1개월에 2번 사정할 수 있는 사람이면 1년에 24번 사정한다. 이렇게 하면 모두 100세를 살면서도 안색이 그대로이며 질병도 없다. 만약 여기에 약을 더한다면 오래 살 수 있다. 《비급천금요방》[97]

사람의 나이 60살이면 폐정(閉精)하고 사정하지 말아야 한다. 만약 체력이 아직 건장하면 1개월에 1번 사정한다. 만약 나이 60살이 넘은 사람 중에, 수십 일 동안 성행위를 하지 않아도 마음이 평안한 사람은 스스로 견고하게 폐정할 수 있다. 《비급천금요방》[98]

健, 或少過其度. 譬之井焉, 源深流長, 雖隨汲隨滿, 猶懼其竭也. 若所稟者薄, 元氣本弱, 又食減精耗, 顧強而爲之, 是怯夫而試馮婦之術, 適以觸虎牙耳. 《三元延壽書》

御女之法[13], 能一月再泄, 一歲二十四泄, 皆得一百歲, 有顏色, 無疾病. 若加以藥, 則可長生. 《千金要方》

人年六十者, 閉精勿泄. 若體力猶壯者, 一月一泄. 若年過六十而有數旬不得交合, 意中平平者, 自可閉固也. 同上

---

95 풍부(馮婦) : ?~?. 중국 춘추(春秋) 시대 진(晉)나라 사람. 호랑이를 맨손으로 때려잡았는데 후에 선비가 되어 다시는 잡지 않으려 했다. 어느날 호랑이를 잡아달라고 사람들이 부탁하자 팔을 걷고 수레에서 내려 자신의 분수를 잊고 옛 습성대로 행동했다고 빈축을 산 일화가 《맹자(孟子)》〈진심(盡心)〉하편(下篇)에 있다.
96 《三元延壽參贊書》卷1〈慾不可絶〉(《中華道藏》23-71, 735쪽).
97 《備急千金要方》卷27〈養性〉 "房中補益"(《孫思邈醫學全書》, 499쪽).
98 《備急千金要方》, 위와 같은 곳.
[13] 法 : 저본에는 없음. 《備急千金要方·養性·房中補益》에 근거하여 보충.

《황제내경소문》에서는 64의 숫자를 정수(精髓)가 고갈되는 햇수라 여겼다. 이때에는 자신의 정욕을 절제해야 한다는 뜻이다. 《비급천금요방》에 실린 《소녀경》에서는 "60살인 사람은 폐정(閉精)하고 사정하지 말아야 한다."고 논했다. 이때에는 정욕을 끊어야 한다는 뜻이다.

절제해야 하는데 절제할 줄 모르고, 끊어야 하는데 끊을 수 없다면, 앉은 자리에서 생명을 잃게 되니 이는 대개 자초한 것이다. 《침구자생경(針灸資生經)99》100

《內經》以八八之數爲精髓竭之年, 是當節其慾矣. 《千金方》載《素女》論"六十者閉精勿泄", 是慾當絶矣.

宜節不知節, 宜絶不能絶, 坐此而喪生, 蓋自取之也. 《資生經》

오래 사는 요체는 성생활에 달려 있다. 옛사람들은 여기에 항상 절도가 있었으니, 20살 이전에는 2일마다 하고, 20살 이후에는 3일마다 하고, 30살 이후에는 10일마다 하고, 40살 이후에는 1개월마다 하고, 50살 이후에는 3개월마다 하고, 60살 이후에는 7개월마다 했다. 《포박자》101

長生之要, 其在房中. 古人於此, 恒有節度, 二十以前, 二日復⑭ ; 二十以後, 三日復 ; 三十以後, 十日復 ; 四十以後, 一月復 ; 五十以後, 三月復 ; 六十以後, 七月復. 《抱朴子》

6) 여인의 상(相) 보는 법

여인은 반드시 얼굴이 예쁠 필요는 없다. 다만 초경 전에 유방이 생기고 살이 통통하면 좋다.

相婦人法

婦人不必顔色姸麗. 但得少年未經生乳, 多肥肉, 益也.

---

99 침구자생경(針灸資生經) : 중국 송나라의 의학자 왕집중(王執中, 1140~1207)이 편찬한 침구서(針灸書). 신체의 혈자리·침구법에 대해 소개하였다.
100 《東醫寶鑑》〈內景篇〉卷1 "精" '節慾儲精'(《原本 東醫寶鑑》, 82쪽).
101 출전 확인 안 됨 ;《增補山林經濟》卷7〈攝生〉"省嗜慾"(《農書》3, 467쪽).
⑭ 復 : 저본에는 "後". 오사카본·규장각본·《增補山林經濟·攝生·省嗜慾》에 근거하여 수정.

만약 머리카락이 가늘고, 눈동자의 흑백이 분명하고, 몸이 부드러우며 뼈가 연하고, 피부가 곱고 매끄러우며, 말할 때 목소리가 조화롭고, 팔다리의 관절에 모두 살이 충분하면서도 뼈는 크지 않으면 또한 좋다. 《비급천금요방》[102]

若細髮, 目精黑白分明, 體柔骨軟, 肌膚細滑, 言語聲音和調, 四肢骨節皆欲足肉而骨不大, 亦益也. 《千金要方》

여인이 머리카락이 헝클어지고, 얼굴이 파리 같고, 목이 짧고, 결후(結喉)[103]가 있고, 목소리가 남자 같고, 입이 크고, 코가 높고, 치아가 드러나고, 눈동자가 흐릿하고, 입과 턱에 털이 있고, 관절이 크고, 머리카락이 누렇고, 살이 적은 경우 그런 여인과 성행위를 하면 모두 생명에 해가 되고 수명을 줄인다. 《비급천금요방》[104]

婦人蓬頭、蠅面、搥項、結喉、雄聲、大口、高鼻、露齒、目精渾濁、口頷有毛、骨節高大、髮黃、少肉, 與之交會, 皆賊命損壽也. 同上

여인의 길한 상은 얼굴에 온화한 빛이 있고, 머리카락이 검고 가늘며 윤기나면서 길고, 눈이 길면서 흑백이 분명하고, 신광(神光, 눈빛에 배어 있는 정신)이 나쁘지 않고, 인상이 바르고 코가 둥글며, 입술이 붉고 치아가 희며, 광대뼈 자리에 볼이 통통하고, 몸이 부드럽고 뼈가 연하지만 크지 않고, 피부가 희고 고우며 매끄럽고, 목소리가 조화롭고, 성품과 행동이 유순한 경우 이런 사람과 동침하면 남자에게 보탬이 된다. 《증보산림경제》[105]

婦人吉相, 面有和色, 頭髮黑細膩長, 眼長而黑白分明, 神光不惡, 印正準圓, 脣紅齒白, 顴位腮豐, 體柔骨軟而不大, 肌白細滑, 語音和調, 性行柔順, 犯之益人. 《增補山林經濟》

---

102 《備急千金要方》 卷83 〈養性〉 "房中補益"(《孫思邈醫學全書》, 499쪽).
103 결후(結喉) : 남자의 목 가운데 부위에 연골이 튀어나온 부분.
104 《備急千金要方》, 위와 같은 곳.
105 《增補山林經濟》 卷7 〈攝生〉 "省嗜慾"(《農書》 3, 465쪽).

여인에게는 남자를 죽이는 7가지 상(7살상)이 있다.

① 얼굴은 크고 입은 작은 상.

② 코 위에 주름이 있는 상.

③ 귀가 뒤집혀 귓바퀴가 없는 상.

④ 매우 아름다워 얼굴에 은빛이 도는 듯한 상.

⑤ 머리카락이 검고 눈썹이 없는 상.

⑥ 눈동자가 크고 눈썹이 거친 상.

⑦ 눈동자가 누런 상.

만약 오관(五官)¹⁰⁶이 모두 좋아서 단 하나도 흠이 없는 경우라도, 위의 7가지 경우 중 하나라도 해당되면 남자가 형(刑)을 받는다. 《증보산림경제》¹⁰⁷

여인의 얼굴이 네모져서 호랑이 얼굴인 경우 이런 여인과 동침하면 여인이 반드시 남자를 죽인다. 피부가 희지만 광택이 없거나, 광대뼈가 높고 이마가 깎인 듯 평평하거나, 눈이 둥글지만 비뚤어졌으며 입이 튀어나왔거나, 엉덩이가 높거나, 가슴이 여위었으며 등이 움푹 패었거나, 콧마루와 눈썹 사이가 움푹 꺼졌거나, 나이가 많거나, 관절의 살이 얼음처럼 차갑거나, 머리카락이 누렇거나 붉으면서 또 억세거나, 눈동자가 붉거나 누렇거나, 나이가 어린

婦人有七殺相：

一曰：面大口小.

二曰：鼻上生紋.

三曰：耳反無輪.

四曰：極美面如銀色.

五曰：髮黑無眉.

六曰：睛大粗眉.

七曰：睛黃.

如□⑮五官俱好, 一面無虧, 犯此, 亦主刑矣⑯. 同上

女若方面爲虎面, 必犯殺人⑰. 皮白無光, 顴高額削, 目圓斜嘴尖, 臀蹻, 胸露背坑, 山根陷, 年壽起, 節肉冷如氷, 髮或黃或赤且硬, 睛或赤或黃, 或少年髮落, 聲大如雷, 性急如火, 夜睡多呼, 陰毛若直若長若黑, 皆主刑⑱夫. 同上

---

106 오관(五官) : 사람의 5가지 감각을 맡는 기관. 눈·코·귀·혀·피부.
107 《增補山林經濟》, 위와 같은 곳(《農書》 3, 464쪽).
⑮ □ : 저본에는 "빈 칸을 채워야 한다[塡]."라는 두주가 있고, 오사카본에는 "빠진 글자는 이후에 고찰해 보아야 한다[闕字後考]."라는 두주가 있다. 《增補山林經濟·攝生·省嗜慾》에는 공란 없이 이어져 있으며 "如五官俱好, 一面無虧, 犯此, 亦主刑夫"가 쌍행소주이다. 번역은 《증보산림경제》 원문에 의거하여 '如' 이후를 별도의 문장으로 처리했다.
⑯ 矣 : 저본에는 "夫". 《增補山林經濟·攝生·省嗜慾》에 근거하여 수정.
⑰ 人 : 저본에는 "又". 《增補山林經濟·攝生·省嗜慾》에 근거하여 수정.
⑱ 刑 : 저본에는 "妨". 《增補山林經濟·攝生·省嗜慾》에 근거하여 수정.

데도 머리카락이 빠지거나, 목소리가 벼락처럼 크거
나, 성질이 불처럼 급하거나, 밤에 자면서 소리를 많
이 지르거나, 음모가 만약 곧거나 길거나 검은 경우
이런 여인과 동침하면 남자가 형을 받는다. 《증보산
림경제》[108]

성행위를 할 때 꺼려야 할 사람으로 9가지 종류
가 있다(9기).

房事忌其人者, 有九忌.

① 나이가 많은 사람.

一, 年高大.

② 고질병이 있는 사람.

二, 有痼疾.

③ 입술이 얇고 코가 큰 사람.

三, 脣薄鼻大.

④ 치아가 성글고 머리카락이 누런 사람.

四, 齒疏髮黃.

⑤ 음모가 굵고 억센 사람.

五, 莎苗强硬.

⑥ 목소리가 남자 같은 사람.

六, 聲雄.

⑦ 살이 거칠어 윤기가 없는 사람.

七, 肉澀[19]不膏.

⑧ 성정이 온화하지 않은 사람.

八, 性情不和.

⑨ 성질이 사납고 투기하는 사람.

九, 性悍妬忌.

이들은 모두 사람에게 손상을 줄 수 있다. 《섭생
요의》[109]

皆能損人. 《攝生要義》

7) 성행위 하는 법

交會法

일반적으로 성행위를 할 때 항상 코로 숨을 많이
들이쉬고, 입으로 조금씩 숨을 내쉬면 자연히 보탬
이 된다. 성행위를 마치고 찌는 듯이 열이 나면 이는

凡交合之時, 常以鼻多內
氣, 口微吐氣, 自然益矣.
交會畢蒸熱, 是得氣也.

---

108 《增補山林經濟》, 위와 같은 곳(《農書》 3, 464쪽).
109 출전 확인 안 됨;《增補山林經濟》卷7〈攝生〉"省嗜慾"(《農書》 3, 464~465쪽).
[19] 澀 : 저본에는 "涉".《增補山林經濟·攝生·省嗜慾》에 근거하여 수정.

기운을 얻은 것이다. 《비급천금요방》[110]

일반적으로 사정을 하려 할 때는 입을 다물고 눈을 부릅뜨며 폐기(閉氣, 숨을 멈춤)하고, 양손을 꽉 쥔 채[握固兩手][111] 상하좌우로 흔들다가 코를 오므려 숨을 들이쉰다.

또 하부를 오므려 배로 숨을 들이마시고, 척추를 조금 뉘었다가, 급히 왼손의 가운데 두 손가락[112]으로 병예혈(屛翳穴)[113]을 누르며 길게 숨을 내쉬고, 아울러 치아를 1,000번 두드리면 정(精)이 위로 올라가 뇌를 보하면서 사람이 장수하게 한다. 만약 정을 함부로 내보내면 신(神)이 손상된다. 《비급천금요방》[114]

8) 성행위를 할 때의 금기
8-1) 취하거나 배부를 때를 금한다

비급천금요방[115] 취하거나 배부를 때 성행위를 하면 작게는 얼굴에 기미가 끼거나 기침을 하고, 크게는 장기가 손상되거나 맥이 끊어져 목숨을 깎아낸다.

삼원연수참찬서[116] 지나치게 배부른 상태에서 성행위로 피로하여 몸이 손상되면, 혈기가 흘러넘쳐 대

《千金要方》

凡欲施瀉者, 閉口張目閉氣, 握固兩手左右上下, 縮鼻取氣.

又縮下部及吸腹, 小偃脊膂, 急以左手中兩指, 抑屛翳穴, 長吐氣, 并琢齒千遍, 則精上補腦, 使人長生. 若精妄出, 則損神也. 同上

慾有所忌
忌醉飽

千金要方 醉飽交接, 小者面䵟咳嗽, 大者傷絕臟脈損命.

三元延壽書 飽食過房室勞損, 血氣流溢, 滲入大腸,

---

110 《備急千金要方》卷27 〈養成〉 "房中補益"(《孫思邈醫學全書》, 500쪽).
111 양손을……채[握固兩手] : 두 손 각각 네 손가락으로 엄지손가락을 움켜잡고 주먹을 쥠.
112 가운데……손가락 : 중지와 약지.
113 병예혈(屛翳穴) : 남성의 경우 음낭과 항문 사이의 중간 부분, 여성의 경우 음순과 항문 사이의 중간 부분에 있는 혈. 일반적으로 회음혈(會陰穴)이라 한다.
114 《備急千金要方》, 위와 같은 곳.
115 《備急千金要方》卷81 〈養性〉 "道林養性"(《孫思邈醫學全書》, 490쪽).
116 《三元延壽參贊書》卷1 〈欲有所忌〉(《中華道藏》23-71, 737쪽).

장으로 스며들기 때문에 때때로 대변에 선혈이 나오고 배가 아프다. 이 병을 '장벽(腸癖)'이라 한다.

술에 너무 취하여 성행위를 하면 기가 고갈되어 간이 상한다. 남자는 정액의 양이 적어지고 발기불능이 되며, 여자는 월경 때 생리혈의 양이 적어지면서 악혈(惡血)이 고여 악창이 생긴다.

時便淸血腹痛. 病名"腸癖".

大醉入房, 氣竭肝傷. 丈夫則精液衰少, 陰痿不起, 女子則月事衰微, 惡血淹留, 生惡瘡.

[운급칠첨][117] 취하거나 배부를 때는 성행위를 하면 안 된다. 병이 생기므로 절대 금해야 한다.

[雲笈七籤] 醉飽, 不可行房室之事. 生病, 切愼之.

[소씨제병원후총론(巢氏諸病源候總論)][118][119] 취한 채로 성행위를 하면 간혹 악창이 생긴다.

[巢氏病源] 醉而交接, 或致惡瘡.

8-2) 등촉을 금한다

忌燃燭

[운급칠첨][120] 평생의 금기는 침실에서 등촉을 켜두고 성행위를 하는 것이다.

[雲笈七籤] 終身之忌, 臥幕[20]燃燭行房.

8-3) 분노하거나 무섭거나 두렵거나 슬프거나 기쁠 때를 금한다

忌忿怒恐懼悲喜

[황제잡금기법(黃帝雜禁忌法)][121][122] 사람이 화가 난 상태에서 혈기가 아직 안정되지 않았을 때 성행위를

[黃帝雜禁忌法] 人有所怒, 血氣未定, 因以交合, 令人

---

117 《雲笈七籤》卷32〈雜修攝〉"雜戒忌禳災祈善"(《中華道藏》29-1, 271쪽).

118 소씨제병원후총론(巢氏諸病源候總論) : 중국 수(隋)나라의 의사 소원방(巢元方, ?~?)이 지은 의학서. 질병의 원인과 증상을 논의한 최초의 책이다.

119 《巢氏諸病源候總論》卷35〈瘡病諸候〉"諸惡瘡候"(《文淵閣四庫全書》734, 796쪽).

120 《雲笈七籤》卷35〈雜修攝〉"禁忌篇"(《中華道藏》29-001, 294쪽).

121 황제잡금기법(黃帝雜禁忌法) : 미상. 이 문헌은 모두 《비급천금요방》의 인용문으로만 보일 뿐이다.

122 출전 확인 안 됨 ; 《備急千金要方》卷27〈養性〉"房中補益"(《孫思邈醫學全書》, 501쪽).

[20] 幕 : 《雲笈七籤·雜修攝·禁忌篇》에는 "莫".

하면 옹저(癰疽)가 발생하게 된다.

發癰疽.

삼원연수참찬서 [123] 분노한 상태로 힘을 다해 성행위를 하면 정이 허해지고 기가 꺾여 옹저가 발생한다.

무섭거나 두려운 상태로 성행위하면 음양이 치우치고 허해져서 의식을 잃거나, 저절로 땀이 나거나[自汗], 식은땀이 난다[盜汗]. 계속 쌓이면 노증(勞症, 폐결핵)이 된다.

三元延壽書 忿怒中盡力房事, 精虛氣節, 發爲癰疽.

恐懼中入房, 陰陽偏虛, 發厥、自汗、盜汗, 積而成勞.

비급천금요방 [124] 매우 기쁘거나 매우 슬플 때는 성행위를 하면 안 된다.

千金要方 大喜、大悲, 不可合陰陽.

8-4) 먼 여행으로 피곤할 때를 금한다

황제잡금기법 [125] 먼 여행으로 피곤할 때 성행위를 하면 5로(五勞)[126]로 몸이 허약해진다.

忌遠行疲乏

黃帝雜禁忌法 遠行疲乏來入房, 爲五勞虛損.

운급칠첨 [127] 먼 여행에서 돌아와 매우 피곤할 때는 성행위를 하면 안 된다.

雲笈七籤 遠行還歸大疲倦, 不可行房室之事.

8-5) 월경이 끝나지 않았을 때를 금한다

황제잡금기법 [128] 여인의 월경이 끝나지 않았는데

忌月事未絕

黃帝雜禁忌法 婦人月事未

---

123 《三元延壽參贊書》卷1 〈欲有所忌〉(《中華道藏》23-71, 737쪽).
124 《千金翼方》卷12 〈養性〉 "養性禁忌"(《孫思邈醫學全書》, 722쪽).
125 출전 확인 안 됨;《備急千金要方》, 위와 같은 곳.
126 5로(五勞) : 한의학에서 몸이 쇠약해지는 증상을 심장·폐·간·비장·신장의 5가지 원인으로 분류한 것.
127 《雲笈七籤》卷32 〈雜修攝〉 "雜戒忌禳災祈善"(《中華道藏》29-1, 271쪽).
128 출전 확인 안 됨;《雲笈七籤》, 위와 같은 곳.

성행위를 하면 백박(白駁)[129]이라는 병에 걸린다.

絕而與交合, 令人成病得白駁.

삼원연수참찬서 [130] 월경이 끝나지 않았는데 성행위를 하면 백박이 생기고, 또 냉기가 몸 안으로 들어와 몸과 얼굴이 누렇게 여위고 출산하지 못한다.

三元延壽書 月事未絕而交接, 生白駁, 又冷氣入內, 身面萎黃不産.

8-6) 금속으로 인한 상처가 낫지 않았을 때를 금한다

忌金瘡未差

삼원연수참찬서 [131] 금속으로 인한 상처가 낫지 않았는데 성행위를 하면 혈기가 요동쳐서 상처가 썩는다.

又 金瘡未差而交會, 動於血氣, 令瘡敗壞.

8-7) 병이 막 나았을 때를 금한다

忌病新可

삼원연수참찬서 [132] 계절성 유행병이 아직 회복되지 않았는데 금기를 범하면, 혀가 몇 촌 빠져나와서 죽는다.

又 時病未復犯者, 舌出數寸死.

《삼국지》에서 돈자헌(頓子獻)[133]이 막 병이 나았을 때 화타(華陀)가 맥을 보고 "아직 허증이 회복되지 않았으니 성행위를 하지 말아야 합니다. 성행위를 다시 하면 곧 죽는데, 죽을 때는 혀가 몇 촌 빠져나올 것입니다."라 했다. 돈자헌의 처가 100리 밖에서 와서 문병하고, 그예 밤에 성행위를 했더니 3일 뒤

《三國志》子獻病已差, 華陀視脈, 曰 : "尙虛未復, 勿爲勞事, 色復卽死. 死當舌出數寸." 其妻從百里外省之, 止[21]宿夜交接, 三日病發, 一如陀言. 可畏哉!

---

129 백박(白駁) : 피부에 흰 반점이 생기는 병. 간의 기가 정체되고, 기혈이 부족하거나, 풍사·습사가 결합하여 기혈이 조화롭지 못하여 걸린다. 백전풍(白癜風)이라고도 한다.
130 《三元延壽參贊書》 卷1 〈欲有所忌〉 (《中華道藏》 23-71, 737쪽).
131 《三元延壽參贊書》, 위와 같은 곳.
132 《三元延壽參贊書》, 위와 같은 곳.
133 돈자헌(頓子獻) : ?~?. 중국 후한 말, 삼국 시대 군(郡)의 고위관리인 독우(督郵)를 역임했다.
[21] 止 : 저본에는 "正". 오사카본·규장각본·《三元延壽參贊書·欲有所忌》에 근거하여 수정.

에 그 병이 발생했다. 모든 것이 화타의 말과 똑같
았다.[134] 두려워할 만하도다!

비급천금요방 [135] 남녀가 열병(熱病)이 낫지 않았거
나, 열병이 막 나았을 때 성행위를 하면 죽는다.

千金要方 男女熱病未差,
熱疾新差, 交者死.

8-8) 소변 참기를 금한다

忌忍小便

황제잡금기법 [136] 소변을 참고 성행위를 하면 안 된
다. 하면 임병(淋病)[137]에 걸려 음경이 아프고, 얼굴
은 혈색을 잃게 된다.

黃帝雜禁忌法 不可忍小便
交合, 令人淋莖中痛, 面失
血色.

삼원연수참찬서 [138] 소변을 참고 성행위를 하면 간
혹 포전(胞轉)[139]에 걸려 배꼽 아래가 갑자기 아프다
가 죽는다.

三元延壽書 忍小便入房
者, 或致胞轉, 臍下急痛
死.

8-9) 용뇌나 사향 복용을 금한다

忌服腦、麝

삼원연수참찬서 [140] 용뇌나 사향을 복용하고 성행위
를 하면 관규(關竅)[141]가 열리면서 진기(眞氣)가 달아
나 흩어진다. 증상이 위중하면 어지럽고, 가벼우면
콧물이 나온다.

又 服腦、麝入房者, 關竅
開通, 眞氣走散. 重則虛
眩, 輕則腦瀉.

---

134 돈자헌(頓子獻)이……똑같았다 : 출전 확인 안 됨.
135 출전 확인 안 됨 ;《千金翼方》卷12〈養性〉"養性禁忌"(《孫思邈醫學全書》, 722쪽).
136 출전 확인 안 됨 ;《備急千金要方》卷27〈養性〉"房中補益"(《孫思邈醫學全書》, 501쪽).
137 임병(淋病) : 소변이 잘 나오지 않는 병.
138《三元延壽參贊書》卷1〈欲有所忌〉(《中華道藏》23-71, 737쪽).
139 포전(胞轉) : 아랫배가 아프고 소변이 나오지 않는 증상. 주로 임산부가 걸리는 증상이다.
140《三元延壽參贊書》, 위와 같은 곳.
141 관규(關竅) : 인체에서 외부와 접촉하고 소통하는 구멍의 총칭. 눈·코·귀·입의 구멍 7개와 요도·항문을
   합하여 9규(九竅)이다.

8-10) 마늘 먹기를 금한다

[비급천금요방][142] 생마늘을 많이 먹고 성행위를 하면 간이 상하여 얼굴에 광택이 없어진다.

忌食葫

[千金要方] 多食生葫行房, 傷肝, 令人面無光.

8-11) 눈이 붉어지는 증상[赤目] 앓을 때를 금한다

[비급천금요방][143] 눈이 붉어지는 증상을 앓을 때는 반드시 성행위를 금해야 한다. 성행위를 하면 내장(內障)[144]에 걸리게 된다.

忌患赤目

[又] 患赤目, 須忌房事, 令人患內障.

8-12) 막 목욕했을 때를 금한다

[운급칠첨][145] 막 목욕했을 때 성행위를 하면 안 된다. 하면 병이 난다.

忌新沐浴

[雲笈七籤] 新沐浴, 不可行房室之事, 生病.

8-13) 함께 목욕하기를 금한다

[삼원연수참찬서][146] 성행위로 사정을 하게 되면 반드시 삼초(三焦)·심장·비장·신장의 기운이 동요되고, 이 부위가 동요되면 열이 나면서 욕화(慾火)가 치성한다.

이때 물에 들어가면 중초의 열이 울결(鬱結)되어 황달이 발생하고, 하초의 기운이 지나쳐서 이마가 검어지고, 상초의 혈이 어혈의 열을 따라 대변으로가 검은색 설사가 난다. 남녀가 성행위를 하고 나서 함께 목욕하면 병으로 죽는 일이 많다.

忌同浴

[三元延壽書] 交接輪寫, 必動三焦、心、脾、腎也, 動則熱而慾火熾.

因入水, 致中焦熱鬱發黃, 下焦氣勝額黑, 上焦血走隨瘀熱, 行於大便, 黑溏.

男女同室而浴者, 多病死.

---

142 《備急千金要方》 卷26 〈食治〉 "菜蔬"(《孫思邈醫學全書》, 477쪽).
143 출전 확인 안 됨;《醫燈續焰》 卷21 〈附餘〉.
144 내장(內障) : 눈에 백색의 예막이 끼거나 흐려져서 잘 보이지 않는 증상.
145 《雲笈七籤》 卷32 〈雜修攝〉 "雜戒忌禳災祈善"(《中華道藏》29, 271쪽).
146 《三元延壽參贊書》 卷1 〈欲有所忌〉(《中華道藏》23-71, 737쪽).

8-14) 성행위하면서 땀내기를 금한다

忌入房汗出

삼원연수참찬서 [147] 성행위하면서 땀을 냈다가 바람을 맞으면 노풍(勞風)[148]이 된다.

又 入房汗出中風, 爲勞風.

8-15) 낮의 성행위를 금한다

忌晝合

운급칠첨 [149] 부부가 낮에 성행위를 하면 상서롭지 못하다.

雲笈七籤 夫妻晝合, 不祥.

9) 성욕에는 피하는 사항이 있다

慾有所避

9-1) 추운 곳이나 더운 곳, 비바람·천둥번개를 피한다

避寒熱、風雨、雷電

비급천금요방 [150] 성행위할 때는 세찬 바람·큰 비·짙은 안개·심한 추위·무더위·천둥번개·천지가 갑자기 어두워지는 때·일식과 월식·무지개·지진 등이 발생한 때를 피해야 한다.

만약 이럴 때 여자를 품으면 신기가 손상되어 불길하다. 남자의 손상은 100배이고 여자도 병에 걸린다.

千金要方 交會者, 當避大風、大雨、大霧、大寒、大暑、雷電霹靂、天地晦冥、日月薄蝕、虹蜺、地動. 若御女者, 則損人神不吉, 損男百倍, 令女得病.

9-2) 해·별·절·사당·우물·부엌·무덤을 피한다

避日星、寺廟、井廚、塚墓

비급천금요방 [151] 성행위할 때는 해·달·별빛 아래, 사당·절 안, 우물·부엌·화장실의 근처, 무덤·시신이 들어 있는 관 옆을 피해야 한다.

又 交會者, 當避日月星辰火光之下、神廟佛寺之中、井竈圊廚之側、塚墓屍柩之傍.

---

147 《三元延壽參贊書》, 위와 같은 곳.
148 노풍(勞風) : 체질이 허약한데 힘든 일을 하여 풍사가 침입한 병증. 목덜미가 뻐근하며 눈앞이 아찔하고 가래가 나온다.
149 《雲笈七籤》 卷32 〈雜修攝〉 "雜戒忌禳災祈善"(《中華道藏》29, 273쪽).
150 《備急千金要方》 卷27 〈養性〉 "房中補益"(《孫思邈醫學全書》, 500~501쪽).
151 《備急千金要方》 卷27 〈養性〉 "房中補益"(《孫思邈醫學全書》, 501쪽).

9-3) 여러 기일을 피한다

비급천금요방 152 하지 후의 병일(丙日, 일진의 천간이 병으로 된 날)과 정일(丁日), 동지 후의 경일(庚日)과 신일(申日)에는 모두 성행위를 하면 안 된다. 성행위를 하면 매우 흉하다.

일반적으로 큰달에는 17일, 작은달에는 16일, 이 날들은 각각 낭패를 보는 날이므로 성행위를 하면 안 된다. 금기를 범하면 혈맥이 상한다.

매월 28일은 인신(人神, 사람의 신기)이 음분(陰分)에 있어 성행위를 절대 금해야 하고, 갑자일(甲子日)·경신일(庚申日)에는 더욱 조심해야 한다.

15일은 인신이 온몸에 있으므로 더욱 경계해야 한다.

又 夏至後丙、丁日，冬至後庚、辛日，皆不可合陰陽，大凶.

凡大月十七日、小月十六日，此各22毀敗日，不可交合，犯之傷血脈.

每月二十八日，人神在陰，切忌慾事，甚於甲子、庚申.

十五日，人神在遍身，尤當戒之.

삼원연수참찬서 153 당나라 위징(魏徵)154은 사람들에게 장명일(長命日, 수명을 늘이는 날)155과 여러 강신일(降神日, 신이 내려오는 날)156에는 성행위를 하지 말라 했

三元延壽書 唐 魏徵令人勿犯長命及諸神降日，犯陰者促壽.

---

152 출전 확인 안 됨；《千金翼方》卷12〈養性〉"養性禁忌"《孫思邈醫學全書》, 722쪽).

153《三元延壽參贊書》卷1〈欲有所避〉《中華道藏》23-71, 738쪽).

154 위징(魏徵)：580~643. 중국 당나라의 관료. 당나라의 개국공신이며 이건성(李建成)의 측근이었으나 현무문(玄武門)의 변 이후에 태종(太宗)에게 중용되었다.《주서(周書)》·《수서(隋書)》등의 편찬에 관여했으며, 바른말로 태종의 분노를 산 일도 여러 번 있었으나 흔들림이 없었다.

155 장명일(長命日)：장수(長壽)를 기원하는 세시풍속 절기. 예를 들면, 중국에서는 음력 1월 15일 상원절(上元節, 대보름)에 원소(元宵, 쌀경단의 일종)를 만들어 먹으면서 무병장수(無病長壽, 병이 없이 오래 사는 것)를 기원했고, 5월 5일 단오(端午)에는 장명루(長命縷, 긴 수명을 기원하는 실 뭉치)를 만들어 몸에 차면서 장수하기를 빌었다.

156 강신일(降神日)：각 지역에서 수호신(守護神) 등에게 제례(祭禮)를 올리는 특정한 날 또는 각 가문에서 조상신에게 제사(祭祀)를 올리는 날. 이날 제사와 제례를 드리면, 신(神)이 하늘에서 강림(降臨)하여 제식에 참여한다고 여겼다. 예를 들면, 중국 일부 지역에서는 음력 5월 13일은 관제강신일(關帝降神日)이라 하여 관우(關羽, 161~219)에게 드리는 제례를 행하였으며, 이날 관우의 신령(神靈)이 지상으로 내려온다고 믿었다.

22 各：저본에는 "名".《千金翼方·養性·養性禁忌》에 근거하여 수정.

다. 금기를 범하고 성행위를 하면 수명이 짧아진다.

매달 1일은 이날 성행위를 하면 수명을 12년 깎고, 15일은 10년 깎고, 그믐날은 1년 깎는다.

朔日減一紀, 望日減十年, 晦日減一年.

매달 8일 상현과 23일 하현과 삼원(三元)[157]은 5년을 깎는다.

初八上弦、二十三下弦、三元減五年.

입춘·입하·입추·입동, 춘분·추분, 동지·하지, 2사(二社)[158]는 각각 4년을 깎고, 삼복(三伏)은 1년을 깎는다.

四立、二分、二至、二社各減四年、三伏減一年.

경신일·갑자일·본명일(本命日)[159]은 2년을 깎는다.

庚申、甲子、本命減二年.

1월 3일 온갖 신이 모두 모이는 날, 14·16일 천관(天官)·지관(地官)·수관(水官)이 내려오는 날, 2월 2일 온갖 신이 모이는 날, 3월 9일 소귀신[牛鬼神]이 내려오는 날에 금기를 범하면 100일 뒤에 중악(中惡)[160]에 걸린다.

正月初三萬神都會、十四·十六三官降、二月二日萬神會、三月初九牛鬼神降犯者, 百日中惡.

4월 4일 온갖 부처가 교화하는 날에 금기를 범하면 목소리를 잃는다. 8일 밤 선악동자(善惡童子)[161]가 내려오면 금기를 범한 자가 피를 쏟고 죽는다.

四月初四萬佛善化犯之, 失音. 初八夜善[23]惡童子降, 犯者血死.

---

157 삼원(三元) : 도교의 제삿날로 상원(上元)·중원(中元)·하원(下元)이 각각 1월 15일, 7월 15일, 10월 15일에 해당한다. 상원은 복을 내리는 일을 주관하는 천관(天官)의 탄생일이고, 중원은 벌을 내리는 일을 주관하는 지관(地官)의 탄생일이며, 하원은 재해와 액운을 주관하는 수관(水官)의 탄생일이다.

158 2사(二社) : 토지신에게 제사지내는 절일(節日)로, 입춘과 입추 뒤 다섯 번째 무일(戊日)인 춘사일(春社日)과 추사일(秋社日).

159 본명일(本命日) : 태어난 해의 간지에 따라 조심해야 하는 날. 즉 자년생(子年生)은 유일(酉日), 축년생(丑年生)은 오일(午日), 인년생(寅年生)은 미일(未日), 묘년생(卯年生)은 신일(申日), 진년생(辰年生)은 해일(亥日), 사년생(巳年生)은 술일(戌日), 오년생(午年生)은 축일(丑日), 미년생(未年生)은 자일(子日), 신년생(申年生)은 묘일(卯日), 유년생(酉年生)은 인일(寅日), 술년생(戌年生)은 사일(巳日), 해년생(亥年生)은 진일(辰日)을 조심해야 한다.

160 중악(中惡) : 나쁜 기운의 영향을 받아 갑자기 졸도하여 사람을 알아보지 못하는 증상. 중풍과 유사하다.

161 선악동자(善惡童子) : 불교 신화 속에 나오는 동자. 사람이 생전에 거둔 악업을 기록해 두었다가 사후에 명부시왕(冥府十王, 명부의 심판자)에게 고하여 재판을 도와주는 역할을 하는 존재.

[23] 善 : 저본에는 "蓋". 《三元延壽參贊書·欲有所避》에 근거하여 수정.

5월 중 끝이 5·6·7이 든 날은 9독일(毒日)[162]이 되므로 금기를 범하면 3년을 넘기지 못한다.

10월 10일 밤 서천왕(西天王)[163]이 내려올 때 금기를 범하면 1년 뒤에 죽는다.

11월 25일 약잉대부(掠剩大夫)[164]가 내려올 때 금기를 범하면 일찍 죽는다.

12월 7일 밤에 금기를 범하면 나쁜 병으로 죽는다. 20일 천사(天師)[165]가 서로 어울려 길을 갈 때 금기를 범하면 수명이 짧아진다.

4월과 10월은 음양순용사(陰陽純用事)[166]의 달이므로 피한다.

이상의 일진에는 모두 금기를 범하여 성행위를 하면 안 된다.

五月三箇五日、六日、七日爲九毒日, 犯者不過三年.

十月初十夜西天王降, 犯之一年死.

十一月二十五日掠剩大夫降, 犯之短命.

十二月初七夜犯之, 惡病死. 二十日天師相交行道, 犯之促壽.

四月、十月陰陽純用事.

已上日辰竝不可犯淫.

진고 [167] 일반적으로 갑자(甲子)일과 경신(庚申)일은 귀신이 다투어 어지럽고, 정신이 조급하여 더러워지

眞誥 凡甲子[24]、庚申之日, 是尸鬼競亂, 精神躁穢之

---

162 독일(毒日) : 독에 취약한 날이라는 의미로, 5월은 여름에 가까워지면서 비가 많이 내리고 벌레가 번식하여 사람들이 병에 많이 걸리기 때문에 독월(毒月)이라 불렸고, 독월의 첫 독일(毒日)에 병마와 악귀를 제거하는 행사를 한 것이 단오의 유래이다.

163 서천왕(西天王) : 불교의 4천왕(四天王) 중에서 수미산의 서쪽을 담당하는 왕. 용과 여의주를 들고 있는 모양으로 묘사되며, 권속으로 용과 아귀를 부린다고 전해진다. 광목천왕(廣目天王)·광목천(廣目天)이라고도 한다.

164 약잉대부(掠剩大夫) : 도교의 신(神) 중 하나. 보통 약잉신(掠剩神)으로 부르며, 사람의 재물운을 관장한다고 한다.

165 천사(天師) : 도사(道師)에 대한 존칭. 중국 후한 말기에 오두미도(五斗米道)를 창시한 장도릉(張道陵, ?~?)이 원조이다.

166 음양순용사(陰陽純用事) : 음이나 양이 오직 한 가지만 작용하는 때. 4월은 주역(周易)에서 건괘(乾卦, ䷀)에 해당하여 모든 효(爻)가 양효(陽爻)이다. 이런 경우를 순용(純用)이라 하며 음양의 교합이 없기 때문에 남녀의 합방을 금하는 관습이 있었다. 또한 10월은 곤괘(坤卦, ䷁)에 해당하여 모든 효가 음효(陰爻)이다. 이런 경우 역시 남녀의 합방을 금하였다.

167《眞誥》卷10〈協昌期〉"上淸眞人馮延壽口訣"(《中華道藏》2-021, 177쪽).

24 子:《眞誥·協昌期·上淸眞人馮延壽口訣》에는 "寅".

는 날이다. 이런 날은 부부가 자리를 함께 하거나 얼굴을 마주보고 이야기하면 안 되고, 몸을 정갈하게 재계하고 동침을 금해야 한다. 그날을 미리 방비하여 정욕을 부를 만한 것을 떨쳐낸다.

日也. 不可夫妻同席及言語面會, 當淸齋不寢, 警備其日, 遣諸可欲.

9-4) 성행위하기에 길한 날

交會吉日

천금익방(千金翼方) [168] [169] 일반적으로 매달 2일·3일·5일·9일·20일, 이 날들은 생일(生日, 양의 기운이 많은 날)이므로, 성행위를 하면 병이 없어지게 된다.

千金翼方 凡月二日、三日、五日、九日、二十日, 此生日也, 交會令人無病.

---

[168] 천금익방(千金翼方) : 중국 당(唐)나라 의학자 손사막(孫思邈, 541~682)이 편찬한 의서. 자신이 쓴 《비급천금요방(備急千金要方)》을 보충하여 지은 책이다.
[169] 《千金翼方》卷12〈養性〉"養性禁忌"(《孫思邈醫學全書》, 722쪽).

2. 조기(調氣, 기 고르기)

調氣

1) 총론

기(氣)는 신(神)의 조상이고, 정(精)은 기의 자손이다. 기는 정과 신의 뿌리이자 꼭지이다. 《동원십서(東垣十書)[1]》[2]

신(神)은 기(氣)에서 길러지고, 기는 신에서 모이네.

신(神)·기(氣)가 흩어지지 않게 하는 것, 이를 '수진(修眞)'[3]이라 하지.

기가 맑으면 신이 트이고, 기가 탁하면 신이 어둡네.

기가 어지러우면 신이 피로하고, 기가 쇠하면 신이 떠나지.

따라서 사람은 기를 도(道)로 삼고, 도는 기를 주인으로 삼는다네.

일반적으로 사람은 1일 밤낮 동안 13,520번의 호흡을 하면서 잠시도 멈춘 적이 없지.

1번의 호흡이라도 줄이면 몸이 차가워지고, 1번

總論

氣者神之祖, 精乃氣之子. 氣者精、神之根、蔕也. 《東垣十書》

神養於氣, 氣會於神.

神、氣不散, 是謂"修眞".

氣淸則神暢, 氣濁則神昏.

氣亂則神勞, 氣衰則神去.

人以氣爲道, 道以氣爲主.

凡人一日一夜, 一萬三千五百二十息, 未嘗休息也.

減之一息則寒, 加之一息則

---

1 동원십서(東垣十書) : 중국 금(金)·원(元) 시대의 의학자 이고(李杲, 1180~1251)가 자신이 지은 《비위론(脾胃論)》·《난실비장(蘭室祕藏)》등 모두 10종류의 저술을 엮어 편찬한 의서. 동원(東垣)은 이고의 호이다.

2 《脾胃論》卷下 〈省言箴〉《李東垣 醫學全書》, 72쪽).

3 수진(修眞) : 원문을 그대로 풀면 '진체(眞體)를 닦아서 신과 기가 흩어지지 않도록 수양하는 것'을 말하며, 이것으로 《보양지》권제4의 제목을 삼았다.

의 호흡이라도 더하면 몸이 뜨거워지지.

熱.

그리하여 장부가 조화롭지 못하게 되어서 여러 질병이 생긴다네.

臟腑不和, 諸疾生焉.

그러므로 원기(元氣)는 보양에 달려 있고, 곡신 (穀神)⁴은 수호하는 데 달려 있지. 《삼모진군결(三茅眞 君訣)⁵》⁶

故元氣在保養, 穀神在守 護.《三茅眞君訣》

코끝에 흰 것 있으니 내 그것을 보네.

鼻端有白, 我其觀之.

때에 따라 곳에 따라 숨 쉬기 여유롭고 순하지.

隨時隨處, 容與猗移.

고요함이 지극하여 숨 내쉴 때는 봄 연못의 물고 기 같이 하네.

靜極而噓, 如春沼魚.

움직임을 그치고 들이쉴 때는 온갖 벌레가 숨는 것 같이 하지.

動已而吸, 如百蟲蟄.

자욱한 기운 열리고 닫힘에 그 오묘함 끝이 없도다.

氤氳開闔, 其妙無窮.

누가 그것을 주관하는가? 주재함이 없는 효과로 구나.

孰其尸之? 不宰之功.

구름 밖 하늘의 운행은 내가 감히 분간할 수 없 겠지.

雲外天行, 非子敢議.

하지만 한결같음을 지키며 조화롭게 호흡하면 1,200살 살 수 있으리. 주희(朱熹)《조식잠(調息箴)⁷》⁸

守一處和, 千二百歲. 朱子 《調息箴》

---

4 곡신(穀神) : 곡식을 다스리는 신. 여기서는 인체를 영양하는 음식물의 정기(精氣)를 가리키며, 그러한 곡 신이 지켜져야 생명활동을 영위할 수 있다는 뜻이다.

5 삼모진군결(三茅眞君訣) : 도교 모산파(茅山波)의 시조인 모영(茅盈)·모고(茅固)·모충(茅衷) 3인의 신선 이 지었다고 하는 구결. 첫째 모영이 서왕모(西王母)를 만나《태극현진경(太極玄眞經)》을 받고 사람을 살 리는 등의 술법을 썼으며, 동생들을 가르쳐 모산에서 지냈다고 한다.

6 《修眞十書》卷24〈雜著捷徑〉 "三茅眞君訣"(《中華道藏》19-099, 867쪽).

7 조식잠(調息箴) : 중국 남송(南宋)의 주희(朱熹)가 지은, 호흡을 고를 때의 잠언. 문집인《회암집(晦庵 集)》에 수록되어 있으며,《주자전서(朱子全書)》에 그대로 수록되어 있다.

8 《晦庵集》卷85〈銘箴贊表疏啓婚書上梁文〉 "調息箴"(《朱子全書》24, 3997쪽).

2) 사람에게는 4기(氣)가 있다

대체로 양생할 때는 먼저 원기를 조절해야 한다. 몸에는 4기(氣)가 있음을 사람들은 대부분 알지 못하지만, 4기의 가운데에서 각각 생사(生死)를 주관한다.

① '건원(乾元, 하늘)의 기(氣)(건원지기)'이다. 이 기는 몸속에서 변화하여 정(精)이 되고, 정은 다시 기가 된다. 정은 신(神)에 도달하니 정이 보태지면 신이 밝아지고, 정이 견고하면 신이 트이고, 신이 트이면 삶이 건강하다. 만약 정이 흩어지면 신이 피로하고, 정이 고갈되면 신이 떠나고, 신이 떠나면 죽는다.

② '곤원(坤元, 땅)의 기(氣)(곤원지기)'이다. 이 기는 몸속에서 변화하여 혈(血)이 되고, 혈은 다시 기가 된다. 기와 혈은 몸 안에서 통하므로 혈이 건장하면 몸이 풍만해진다. 혈이 견고하면 얼굴이 펴지고 얼굴이 펴지면 생기가 화합한다. 만약 혈이 쇠하면 머리카락의 색이 변하고, 혈이 썩으면 뇌수(腦髓)가 텅비고, 뇌수가 비면 죽는다.

③ '서기(庶氣)'이다. 서기는 일원(一元)이 사귀는 기(氣)이고, 이 기(氣)는 변화하여 진(津)이 되며, 진(津)은 다시 기(氣)가 된다. 이 기는 생명(곧 일원)을 운용하고 생명은 이 기에 의탁한다. 음양이 움직이고 쉬면서 형해(形骸, 육신)를 윤택하게 하는데, 이 기가 통하면 살고 이 기가 모자라면 죽는다.

④ '중기(衆氣)'이다. 중기는 곡기(穀氣)이다. 곡식은 생명을 구제하지만, 끝내는 생명을 그르친다. 곡기를 먹어야 살지만, 곡기를 지나치게 쌓으면 도리어

論人有四氣

大凡養生, 先調元氣. 身有四氣, 人多不明, 四氣之中, 各主生死.

一曰"乾元之氣", 化爲精, 精反爲氣. 精者達於神, 精益則神明, 精固則神暢, 神暢則生健. 若精散則神疲, 精竭則神去, 神去則死.

二曰"坤元之氣", 化爲血, 血復爲氣. 氣血者通於內, 血壯則體豐, 血固則顔盛, 顔盛則生合. 若血衰則髮變, 血敗則腦空, 腦空則死.

三曰"庶氣", 庶氣者一元交氣, 氣化爲津, 津復爲氣, 氣運於生, 生託於氣, 陰陽動息, 滋潤形骸, 氣通則生, 氣乏則死.

四曰"衆氣", 衆氣者, 穀氣也. 穀濟於生, 終誤於命, 食穀氣雖生, 蘊穀氣還死.

죽는다. 정은 혈에 결부될 수 있고, 기는 생명에 결부될 수 있으므로 정과 기가 순환하게 해야 곧 몸이 오랫동안 견고하다.

건원(乾元, 하늘)의 양기가 양기이면서 음위(陰位)에 있는 경우는 배꼽 아래의 '기해(氣海)'9가 이곳이다. 곤원(坤元, 땅)의 음기가 음기이면서 양위(陽位)에 있는 경우는 뇌 속의 '혈해(血海)'10가 이곳이다. 생명은 양(陽)에 속하고 양은 심장·비장·폐·신장·간의 오장을 관통하는데, '호흡의 기(천식지기)'가 이것이다. 죽음은 음(陰)에 속하고 음은 신맛·쓴맛·단맛·매운맛·짠맛의 5미(五味)를 받아들이는데, '더럽고 나쁜 기(예오지기)'가 이것이다.

'기해의 기'는 정(精)과 신(神)을 건장하게 하여 골수를 메운다. '혈해의 기'는 피부를 보하여 혈맥을 흐르게 한다. '호흡의 기'는 쓸개·위장·대장·소장·삼초(三焦)·방광의 육부(六腑)를 통하게 하여 팔다리를 지탱한다. '더럽고 나쁜 기'는 몸의 신(神)을 어지럽혀 오장을 썩게 한다. 《보생론(普生論)11》12

精能附血, 氣能附生, 當使循環, 即身永固.

乾元之陽, 陽居陰位, 臍下氣海是也. 坤元之陰, 陰居陽位, 腦中血海是也. 生者屬陽, 陽貫五臟, 喘息之氣是也. 死者屬陰, 陰納五味, 穢惡之氣是也.

氣海之氣, 以壯精神以塡骨髓；血海之氣, 以補肌膚以流血脈；喘息之氣, 以通六腑以扶四肢；穢惡之氣, 以亂身神以腐五臟. 《普生論》

---

9 기해(氣海) : 배꼽 아래로 0.15척 길이에 있는 혈자리. 인체에서 기가 가장 많이 모이는 바다라는 의미로 이름 지어졌다. 주역 64괘 중에는 건괘의 구이(九二)를 말함.

10 혈해(血海) : 일반적으로 기경팔맥(奇經八脈, 12경맥 이외의 별도의 경맥 8개) 중 포궁(胞宮, 자궁)에서 아랫배, 배꼽 옆, 가슴, 목구멍을 흐르는 충맥(衝脈)을 지칭하는 말이지만, 여기서는 뇌 속의 혈해라고 하여 그 위치를 특정한 점이 좀 다르다. 물론 척수 속의 뇌척수를 뇌수로 확장하여 척추를 따라 올라가는 충맥이 온몸의 기혈을 조절한다고 볼 수도 있다.

11 보생론(普生論) : 서명은 인용서적에 따라 다르게 기록되어 있다. 《태평어람(太平御覽)》에는 '저생론(著生論)', 《준생팔전(遵生八牋)》에는 '양생론(養生論)'으로 기록되어 있다. 저자는 미상.

12 출전 확인 안 됨；《太平御覽》卷720〈方術部〉1 "養生"《文淵閣四庫全書》899, 426쪽)；《遵生八牋》卷2〈淸修妙論箋〉下(《遵生八牋校注》, 44~45쪽).

3) 영기(榮氣)[13]와 위기(衛氣)[14]

사람의 기는 곡식에서 받고, 곡식은 위장에 들어가서 폐로 전해진다. 오장육부가 모두 기를 받는데, 그 중 맑은 기는 영기(營氣)가 되고 탁한 기는 위기(衛氣)가 된다. 영기는 맥 안에서 흐르고 위기는 맥 밖에서 흐른다. 영기는 쉬지 않고 50번을 돌아 다시 크게 모이니, 음양이 서로 이어지는 현상이 마치 둥근 고리처럼 끊임없이 순환한다. 《영추경(靈樞經)[15]》[16]

사람이 온전한 생명을 얻을 수 있는 까닭은 원기가 양에 속하고 양은 영기가 되며, 혈맥은 음에 속하고 음은 위기가 되어, 영기와 위기가 항상 흐르고 있기 때문으로, 그래서 늘 생명을 유지하는 것이다.

또한 '영위'라 할 때 영위는 곧 기맥을 영화(榮華)롭게 하는 것으로, 나무가 꽃을 피우는[芳榮] 현상과 같다. 장부를 잘 영위하고 신기를 잘 아끼고 지킨 뒤에야 생명을 경영할 수 있고 삶의 길을 보전할 수 있다. 《원기론(元氣論)[17]》[18]

맑은 것은 영(榮)이 되고 탁한 것은 위(衛)가 되며,

論榮衛

人氣受於穀, 穀入於胃以傳與肺. 五臟六腑皆以受氣, 其淸者爲榮, 其濁者爲衛, 榮在脈中, 衛在脈外. 營周不休五十度而復大會, 陰陽相貫如環無端. 《靈樞經》

人所以得全生命者, 以元氣屬陽, 陽爲榮;以血脈屬陰, 陰爲衛, 榮衛常流, 所以常生矣.

亦曰"榮衛", 榮衛卽榮華氣脈, 如樹木芳榮也. 榮衛臟腑, 愛護神氣[1], 然後得以經營, 保於生路. 《元氣論》

淸者爲榮, 濁者爲衛;榮

---

13 영기(營氣):혈맥 속으로 순환하면서 혈을 생기게 하고 온몸을 자양하는 기.
14 위기(衛氣):피부 등 몸 겉면에 분포된 양기(陽氣). 피부를 튼튼하게 하고 외부의 사기(邪氣)를 막는 역할을 한다.
15 영추경(靈樞經):저자 미상. 《내경(內經)》의 한 부분으로 《황제내경영추경(黃帝內經靈樞經)》이라고도 한다. 일반적인 의학이론과 더불어 경락과 침구에 대한 내용이 자세하게 기술되어 있다.
16 《黃帝內經靈樞邪氣》 卷4 "營衛生會", 53~54쪽.
17 원기론(元氣論):《운급칠첨(雲笈七籤)》〈제가기법(諸家氣法)〉 내부의 하위 항목이다. 인간의 탄생과 죽음과 관련된 기의 운용에 대하여 서술되어 있다.
18 《雲笈七籤》 卷56 〈諸家氣法〉 "元氣論"(《中華道藏》 29, 446쪽).
1 神氣:저본에는 없음. 《雲笈七籤·諸家氣法·元氣論》에 근거하여 보충.

영은 맥 속에서 운행하고 위는 맥 밖에서 운행한다. 낮에는 온몸에서 운행하고 밤에는 오장에서 운행하여 100각(刻)19에 50번을 돌다가, 아침이 되면 크게 모인다. 양손의 촌(寸)·관(關)·척(尺)20 부위는 음양이 서로 이어져 늘 흐르는 현상이 둥근 고리처럼 순환하여 시종 끊어지지 않는다.

行脈中, 衛行脈外. 晝行於身, 夜行於臟, 一百刻五十周, 至平朝大會. 兩手寸關尺, 陰陽相貫常流, 如循其環, 始終不絶.

영기와 위기가 끊어지면 사람이 죽고, 흐르면 살기 때문에, 영기와 위기의 운용을 조리있게 하며 아끼고 보중해야 한다. 영과 위가 두루 흐르게 하고 신(神)과 기(氣)가 고갈되지 않게 해야 천지와 함께 오래 살 수 있을 것이다. 《원기론》21

絶則人死, 流則人生, 故當運用調理, 愛惜保重, 使榮衛周流, 神氣不竭, 可與天地同壽矣. 同上

4) 생기의 근원

12경맥(十二經脈)22은 모두 생기의 근원에 관계된다. 이른바 '생기의 근원'이란 '신간동기(腎間動氣)'를 말한다. 이는 오장육부의 근본이고, 12경맥의 뿌리이며, 호흡의 문이고, 삼초의 근원이다. 일명 '사기(邪氣)를 막는 신(守邪之神)'이다. 그러므로 이 기(氣)는 사람의 근본이다. 《수양총서》23

論生氣之原

十二經脈者, 皆係於生氣之原. 所謂"生氣之原"者, 謂"腎間動氣"也. 此五臟六腑之本, 十二經脈之根, 呼吸之門, 三焦之原. 一名"守邪之神". 故氣者, 人之根本也.《壽養叢書》

---

19 각(刻) : 시간단위의 하나. 전통적으로 하루를 100각으로 정하여 1각은 그 1/100이 되는 시간, 곧 14분 24초이다. 조선 후기 시헌력(時憲曆)이 도입된 이후에는 1각을 15분으로 정하여, 하루를 96각으로 계산했다.

20 촌(寸)·관(關)·척(尺) : 손목 부위가 관(關)이고, 손바닥 부위가 촌(寸)이고, 손등 부위가 척(尺)이다. 촌맥(寸脈)은 심장·소장·폐·대장을 관장하며, 관맥(關脈)은 간·쓸개·흉격·비장·위를 관장하며, 척맥(尺脈)은 신장·방광·명문·삼초를 관장한다.

21 《雲笈七籤》卷56〈諸家氣法〉"元氣論"(《中華道藏》29-1, 446~447쪽).

22 12경맥(十二經脈) : 인체 내에 있는 12개의 기본 경맥. 12정경이라고도 한다. 태양·양명·소양과 태음·소음·궐음의 3음3양의 기운이 수(手)와 족(足)에 각각 배치되어 모두 12경을 이룬다.

23 출전 확인 안 됨;《黃帝八十一難經纂圖句解》卷2 "八難日"(《中華道藏》20-7, 666쪽);《東醫寶鑑》〈內景篇〉卷1 "氣" '生氣之原'(《原本 東醫寶鑑》, 87쪽).

기해(氣海)와 단전(丹田)[24]은 실로 생기의 근원이다. 기해혈은 배꼽 0.15척 아래에 있다. 단전혈은 일명 '개원(開元)'으로, 배꼽 0.3척 아래에 있다. 《수양총서》[25]

氣海、丹田實爲生氣之原. 氣海一穴在臍下一寸半, 丹田一穴, 一名"開元", 在臍下三寸. 同上

5) 날숨과 들숨

사람이 생명을 받은 처음에 태중(胎中)에 있을 때는 어머니의 호흡을 따라 호흡하다가 태어난 뒤에 탯줄을 자르면 한 점의 '참되고 신령한 기[眞靈之氣]'가 배꼽 아래로 모인다.

일반적으로 사람에게는 오로지 기(氣)가 최우선이므로 호흡보다 더 우선할 것이 없다. 눈·귀·코·혀·몸·의식[意志]【욕구를 말한다】은 모두 이 기로 말미암아 생긴다. 이 기가 아니면 성(聲)·색(色)·향(香)·미(味)·촉(觸)·법(法, 만물)을 전혀 깨달을 수 없다.[26] 날숨은 하늘 끝에 닿고 들숨은 땅의 끝에 닿는다. 기는 사람의 몸에서 하루에 810장(丈)[27]을 두

論呼吸之氣

人受生之初, 在胞胎之內, 隨母呼吸, 及乎生下, 剪去臍帶, 則一點眞靈之氣聚于臍下.

凡人惟氣最先, 莫先於呼吸. 眼、耳、鼻、舌、身[2]、意志[3]【謂慾】, 皆由是氣. 非是氣則聲、色、香、味、觸、法, 都不知覺. 氣之呼接於天根, 氣之吸接於地根. 氣之在人身, 一日周行八百

---

24 단전(丹田) : 보통 배꼽 아래 0.3척 되는 부위를 말하며, 3개로 나눌 때는 상단전이 뇌, 중단전이 심장, 하단전이 배꼽 아래 0.3척 되는 부위에 해당된다.

25 출전 확인 안 됨:《東醫寶鑑》〈內景篇〉卷1 "氣" '生氣之原'(《原本 東醫寶鑑》, 87쪽).

26 눈……없다 : 불교에서 말하는 육근(六根)과 육경(六境)에 대한 언급이다. 눈·귀·코·혀·몸의 다섯 감각기관을 오근(五根)이라 하고, 오근을 통솔하는 의식(意識)은 의근(意根)이라 하며, 합쳐서 육근이라 한다. 이 육근이 인식하는 대상, 즉 귀로 듣는 행위[聲境]·눈으로 보는 행위[色境]·코로 냄새를 맡는 행위[香境]·입으로 맛을 느끼는 행위[味境]·몸으로 부딪혀 깨닫는 행위[觸境]·의식으로 인지하는 행위[法境]를 육경이라고 한다. 즉, 안이비설신(眼耳鼻舌身, 눈·귀·코·혀·몸)은 감각기관을 통칭하며, 제6식(識)인 의식은 감각 및 인식행위를 포괄한다.

27 810장 : 하루에 810장의 거리를 주행한다는 뜻으로, 앞에서 100각에 영위가 인체 안팎을 50회 돈다는 말을 기준으로 계산하면 12경락을 모두 한 번 돌았을 때 실제로 키의 8배(즉 8장) 정도의 주행거리로 상정할 수 있다. 이것을, 좌우로 함께 달리므로 2배를 하면 50회×8장×2=800장 정도로 계산된다. 1장은 10척이다.

[2] 身 : 저본에는 없음.《上陽子金丹大要·上藥·論精氣神》에 근거하여 보충.

[3] 志 :《上陽子金丹大要·上藥·論精氣神》·《東醫寶鑑·內景篇·氣》에는 없음.

루 돈다.《수양총서》[28]

《주역참동계(周易參同契)》[29]에 "용구(用九)와 용육(用六)은 효위(爻位)가 없이 육허(六虛)를 두루 흘러 다닌다."[30]라 했다. 육허는 곧 괘(卦)의 6획이니, 용구와 용육이 육허를 두루 흘러 다니는 것을 숨을 한 번 내쉬고 한 번 들이마실 때 기가 위아래로 오가게 하는 현상에 비유한 것이다. 이렇게 오랫동안 숨을 쉬면 신(神)이 응집되고 호흡이 안정되어 변화를 이루게 된다. 숨을 내쉬면 기(氣)가 빠져나가니 양(陽)의 열림이요, 숨을 들이마시면 기가 들어오니 음(陰)의 닫힘이다.

대개 사람 몸의 음양은 천지의 음양과 비슷하므로, 만약 위아래로 오르내리는 호흡을 잘 다스려서 쉬지 않고 몸에 두루 흐르게 하면 음양이 열리고 닫히며 오고가는 신묘함이 내 몸속에서 다 발휘되게

一十丈.《壽養叢書》

《參同契》曰:"二用無爻位, 周流行六虛." 六虛卽卦之六畫也, 以喩一呼一吸, 往來上下. 久之則神凝息定, 所以成變化也. 呼則氣出, 陽之闢也;吸則氣入, 陰之闔也.

蓋人身之陰陽, 與天地陰陽相似, 若能御呼吸於上下, 使之周流不息, 則闔闢往來之妙, 盡在吾身中.

---

28 《上陽子金丹大要》卷3〈上藥〉"論精氣神"(《中華道藏》27-28, 534쪽);《東醫寶鑑》〈內景篇〉卷1 "氣" '氣爲呼吸之根'(《原本 東醫寶鑑》, 87쪽).

29 《주역참동계(周易參同契)》:중국 동한의 도사(道士) 위백양(魏伯陽, 151~221)의 저서로, 초기 도교(道教)에 관한 내용을 담고 있다. 《주역(周易)》의 형식을 빌려 서술하였으며, 연단술(鍊丹術)에 관한 내용이다. 서유구의 조부 서명응은 《주역참동계》에 심취하여 주석서를 남기기도 했으니, 서유구에게도 남다른 영향을 준 책으로 판단된다.

30 용구(用九)와……다닌다 : 《주역참동계》에 "건곤(乾坤)은 역(易)에 들어가는 문으로, 모든 괘(卦)의 부모이다. 감리(坎離)는 바르고 텅 비어서 바퀴통을 돌리고 굴대를 바르게 한다(乾坤者, 易之門戶, 衆卦之父母, 坎離匡郭, 運轂正軸)."라 하고, 또 "감리(坎離)는 건곤(乾坤)의 작용으로, 두 작용[용구(用九)와 용육(用六)]은 효위(爻位)가 없이 육허를 두루 돌아다니며, 오고감이 정해지지 않았고 오르내림 또한 일정하지 않다(坎離者, 乾坤二用, 二用無爻位, 周流行六虛, 往來既不定, 上下亦無常)."라 했다. 용구와 용육은 건괘(乾卦)와 곤괘(坤卦)의 점사에만 쓰인 용어로, 여섯 개의 효(爻)가 모두 양효(9)이거나 모두 음효(6)인 것을 가리킨다. 순수한 양기와 순수한 음기의 작용은 막힘없이 자유롭게 움직이며 강한 가능성을 가지고 있는 상태를 가리키는 것으로 풀이된다. 출전은 《周易參同契》上篇, 12쪽. 국립중앙도서관 소장본(古 1231-9).

된다. 《원화자(元和子)》[31]에 "사람의 몸은 대체로 천지와 같다."[32]라 한 말이 이것이다. 《수양총서》[33]

《元和子》曰"人身大抵同天地"是也. 同上

6) 태식법(胎息法)[34]

사람이 태중에 있을 때는 입과 코로 호흡하지 못하고, 오직 탯줄이 어머니의 임맥(任脈)[35]에 연결되어 있을 뿐이다. 어머니의 임맥은 폐(肺)와 통하고, 폐가 코와 통한다. 그래서 어머니가 숨을 내쉬면 태아도 내쉬고 어머니가 숨을 들이마시면 태아도 들이마시는데, 그 기(氣)가 모두 배꼽에서 오고 간다. 지의(智顗)[36]는 "식신(識神, 정신)이 생명에 기탁한 처음에 정혈(精血)과 합하는데, 근본은 배꼽에 있다. 이 때문에 사람이 태어날 때 배꼽으로만 어머니와 연결되어 있다."[37]라 했다.

胎息法

人在胎中, 不以口鼻呼吸, 惟臍帶繫於母之任脈. 任脈通於肺, 肺通乎鼻. 故母呼亦呼, 母吸亦吸, 其氣皆于臍上往來. 天台謂:"識神托生之始, 與精血合, 根在乎臍, 是以人生時, 惟臍相連."

---

31 원화자(元和子) : 중국 당(唐)나라의 관리인 두신(杜信, ?~?)의 저술. 현재 일실되어 그 내용을 정확하게 확인할 수 없다. 두신의 자는 입언(立言). 헌종(憲宗) 원화(元和) 연간(806~820)에 형부원외랑(刑部員外郎)·항주자사(杭州刺史)·국자사업(國子司業) 등을 역임했다. 저서로 《사략(史略)》·《한거록(閑居錄)》·《동재적(東齋籍)》 등이 있다.

32 사람의……같다 : 출전 확인 안 됨.

33 《易外別傳》《中華道藏》16-18, 617쪽) ; 《東醫寶鑑》, 위와 같은 곳.

34 태식법(胎息法) : 태중(胎中)에 있을 때의 호흡을 모방한 호흡법. 도가에서 행하던 단전호흡법 중 하나로, 잡념을 없애고 호흡하면서 기운이 배꼽 아래까지 미치게 하는데, 이를 오랫동안 하면 장수한다고 전해진다.

35 임맥(任脈) : 기경팔맥(奇經八脈)의 하나. 회음(會陰)에서 시작하여 음부와 뱃속을 지나 관원혈(關元穴) 부위를 거쳐 몸의 앞 정중선을 따라 목구멍까지 올라가 입술을 돈 다음 뺨을 지나 눈으로 들어간다. 온몸의 음경(陰經)을 조절하며, 임맥에 병이 들면 남자는 산증(疝症), 여자는 월경 불순·자궁 출혈·불임·유산 등의 병증이 나타난다.

36 지의(智顗) : 538~597. 중국 진(陳)나라 말기, 수(隨)나라 초기의 고승으로, 천태종의 개조(開祖)이다. 천태대사(天台大師)·지자대사(智者大師)라고도 한다. 법화경 연구에 가장 심혈을 기울여 여기에 근거한 대승불교 수행론을 정립했다. 그의 저술 《법화현의(法華玄義)》·《법화문구(法華文句)》·《마하지관(摩訶止觀)》의 천태3대부(天台三大部)와 그 밖에 《천태지자대사선문구결(天台智者大師禪門口訣)》·《관음현의(觀音玄義)》·《관음의소(觀音義疏)》·《금광명현의(金光明玄義)》등을 지었다. 수 양제의 청으로 그에게 보살계(菩薩戒)를 수여하고 지자대사(智者大師)의 호를 받았으며, 방생회(放生會)를 최초로 시행한 것으로도 알려져 있다.

37 식신(識神)이……있다 : 《天台智者大師禪門口訣》《中華大藏經》98, 37쪽)

처음 조식(調息)을 배울 때는 기(氣)가 배꼽에서 나왔다가 배꼽으로 들어간다는 것을 생각하면서 몹시 가늘게 호흡을 조절해야 한다. 그런 뒤에 입과 코로 숨을 쉬지 않고 다만 배꼽으로 호흡하게 되는데, 이 모습이 마치 태중에 있을 때와 같으므로 '태식(胎息)'이라 한다.

처음에 한 모금 폐기(閉氣, 숨을 멈춤)하고 배꼽으로 호흡하면서 81이나 120까지 숫자를 세고 나서야 입으로 숨을 토해 낸다. 이때 몹시 가늘게 내쉬어야 하는데, 기러기깃털을 입과 코에 붙여두고 숨을 토해도 기러기깃털이 움직이지 않을 정도까지 한다. 익숙해질수록 점점 세는 수를 늘려서 1,000까지 셀 수 있으면 늙은이가 다시 젊어지는데, 하루 수련에 하루만큼 젊어지게 된다.

갈홍(葛洪)[38]은 한여름만 되면 번번이 깊은 연못 바닥으로 들어가 10일 정도가 지난 뒤에야 나왔는데, 이는 폐기(閉氣)하여 태식(胎息)할 수 있었기 때문이다. 다만 폐기할 줄만 알고 태식할 줄 모르면 이로움이 없다. 《진전》[39]

태식(胎息)은 어린아이가 태중에 있을 때처럼 호흡이 자유로워서 위로는 기관(氣關)에 이르고, 아래

初學調息, 須想其氣出從臍出, 入從臍滅, 調得極細. 然後不用口鼻, 但以臍呼吸, 如在胞胎中, 故曰 "胎息".

初閉氣一口以臍呼吸, 數之至八十一或一百二十, 乃以口吐氣出之. 當令極細, 以鴻毛着于口鼻之上, 吐氣而鴻毛不動爲度. 漸習漸增, 數之久可至千, 則老者更少, 日還一日矣.

葛仙翁每盛暑, 輒入深淵之底, 十[4]日許乃出, 以其能閉氣胎息耳. 但知閉氣, 不知胎息, 無益也. 《眞詮》

胎息者, 如嬰兒在母胎中, 氣息自在, 上至氣關, 下至

---

38 갈홍(葛洪) : 284~363. 중국 동진(東晉) 시대의 의약학자이자 도교 수행자. 자는 치천(稚川), 호는 포박자(抱朴子). 성선(成仙)의 요체인 내단(內丹)과 외단(外丹)의 원리를 체계화했다. 저서로 《포박자(抱朴子)》·《신선전(神仙傳)》 등이 있다.

39 《祈嗣眞詮》卷1《叢書集成初編》 2986, 14~15쪽);《東醫寶鑑》〈內景篇〉 卷1 "氣" '胎息法《原本 東醫寶鑑》, 87쪽).

[4] 十:《祈嗣眞詮》에는 "一".

도태도(道胎圖, 태식호흡법 그림)(《중화도장》)

로는 기해(氣海)에 이르러[40] 입과 코로 호흡할 겨를이 없는 상태를 말한다. 그러므로 폐기(閉氣)하여 숨을 쉬지 않고도 깊은 샘에 들어가 10일 동안 나오지 않을 수 있는 것이다. 《양성서》[41]

氣海, 不暇口鼻之氣. 故能閉氣不息, 能入深泉旬日不出也. 《養性書》

내관(內觀)[42]하는 요점은 신(神)을 고요히 하고 심(心)을 안정시켜 어지러운 생각이 일어나지 않고 간

內觀之要, 靜神定心, 亂想不起, 邪妄不侵. 氣歸臍

---

40 위로는……이르러 : 기관(氣關)은 한의학에서 기가 출입하는 문이라는 뜻으로 땀구멍, 소아의 진단법에서는 식지 둘째마디를 가리키기도 하는데, 여기서는 흉부의 상초 부위에서 기를 돌리는 중요 부위 정도로 이해된다. 기해(氣海)는 기가 바다처럼 모이는 임맥에 위치한 혈자리이다. 몸 앞면의 정 중앙을 지나는 선에서 배꼽 아래로 0.15척 되는 곳에 있다. 하단전(下丹田)이라고도 한다.

41 《太淸調氣經》《中華道藏》 23-36, 221쪽);《東醫寶鑑》, 위와 같은 곳.

42 내관(內觀) : 도교의 관상법 중 하나로, 자신의 내면을 관찰하는 행위. 도교에서는 신체 기관에 천상의 신들의 분신인 체내신(體內神)이 있어 인간의 수명을 관장하며, 체내신이 신체로부터 이탈하면 곧 인간이 죽게 된다고 믿었다. 내관은 체내신과의 교감을 얻고 그 이탈을 방지해서 불사(不死)를 실현하려는 방법이다. 내시(內視)·존시(存視)·존상(存想)이라고도 한다.

사하고 망령된 생각이 침범하지 못하게 하는 것이
다. 기(氣)가 배꼽으로 돌아가 식(息)이 되고, 신(神)
이 기(氣)로 들어가 태(胎)가 되니, 태와 식이 합해지
면서 섞이고 하나가 된 상태를 '태을(太乙)'이라 한다.
《양성서》43

爲息, 神入氣爲胎, 胎息相
合, 混而爲一, 名曰"太乙".
同上

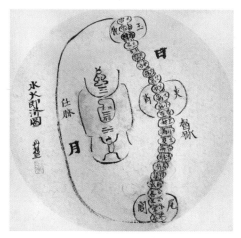

일월(日月)·임맥(任脈) 등 상관도

7) 여러 가지 비결

음식을 먹고 난 뒤, 입을 다물고서 단정히 앉네.
간사한 생각이 일어나지 않게 하고 끊임없이 조식(調
息)하지. 호흡이 자유로워져서 마치 숨을 쉬지 않는
듯한 상태가 되네. 이런 과정에서 심화(心火)가 아래
로 내려가고, 신수(腎水)가 위로 올라오지. 그러면 입
안에 침이 고이고, 신령하고 참된 기운이 몸에 깃드

雜訣

飲食餐完, 禁口端坐. 莫
起邪5念, 調息綿綿. 呼
吸自在, 似有如無. 心火下
降, 腎水上升. 口中津生,
靈眞附體.《太上日用經》

43 《三洞經敎部》〈太上老君內觀經〉《中華道藏》29-17, 163쪽);《大丹直指》卷上〈五行顚倒龍虎交媾訣並
圖〉《中華道藏》26-36, 633쪽);《東醫寶鑑》, 위와 같은 곳.
5 邪:《長生詮經·太上日用經》에는 "一".

네. 《태상일용경(太上日用經)44)》45

신(神)을 조화롭게 하고 기를 운행하는 방법[導氣]46은 다음과 같다. 밀실에서 문을 닫고 잠자리를 편안하고 따뜻하게 한 뒤, 높이 0.25척 정도의 베개를 베고 반듯하게 누워서 눈을 감고 가슴과 배 사이에서 폐기(閉氣)한다. 이때 기러기깃털을 코에 붙여 두고 300번 호흡하는 동안 움직이지 않도록 한다. 그러면서 귀에는 들리는 것이 없고, 눈에는 보이는 것이 없고, 마음에는 생각나는 것이 없도록 한다. 이와 같이 하면 추위와 더위가 침범할 수 없고 벌이나 전갈이 독으로 해를 끼칠 수 없게 되어 360살까지 장수한다. 팽조(彭祖)47《복식경(服食經)48)》49

和神導氣之道, 當得密室閉戶, 安牀煖席, 枕高二寸半, 正身偃臥瞑目, 閉氣於胸膈中, 以鴻毛着鼻上而不動經三百息, 耳無聞, 目無視, 心無思. 如此則寒暑不能侵, 蜂蠆不能毒, 壽三百六十歲. <u>彭祖</u>《服食經》

사람의 몸은 텅 비어 아무것도 없고, 다만 흘러 다니는 기(氣)가 있을 뿐이다. 호흡할 때 그 이치를

人身虛無, 但有遊氣. 氣息得理, 卽百病不生. 故善

---

44 태상일용경(太上日用經) : 일상생활의 양생법을 담은 도교 경전. 《장생전경(長生詮經)》《중화도장》23책)에 수록되어 있다. 중국 청대의 도사 이함허(李涵虛, 1806~1856)가 도교 경전 《태상십삼경(太上十三經)》을 주해한 《평주도학십삼경(評註道學十三經)》에도 수록되어 있다.

45 《長生詮經》〈太上日用經〉《中華道藏》23-52, 328쪽) ; 《遵生八牋》卷1〈清修妙論箋〉上(《遵生八牋校注》, 9쪽).

46 기를 운행하는 방법[導氣] : 양생술 중 하나로, 기(氣)를 끌어당겨 숨으로 회전시키는 방법이다. 침술 용어로는 침을 놓을 때 천천히 넣었다가 뽑는 처치법을 말하는데, 이때 사기(邪氣)가 빠져나가서 몸의 저항력을 강화한다고 한다.

47 팽조(彭祖) : ?~?. 중국 역사상 방중술(房中術)의 시조로 일컬어지는 인물. 요(堯)임금 때 팽성(彭城)에 봉해진 뒤, 하(夏)·은(殷)·주(周) 삼대(三代)에 걸쳐 800년을 살았다고 전해진다.

48 복식경(服食經) : 팽조가 지었다고 알려진 양생서. 책은 사라지고 없으나 《본초강목(本草綱目)》등의 서적에 일부 내용이 전한다. 《중화도장(中華道藏)》을 기준으로 팽조 관련 저서는 다음과 같다. 《팽조곡선와인법(彭祖穀仙臥引法)》(《중화도장》23-39, 237쪽), 《팽조도인도(彭祖導引圖)》(《중화도장》23-39, 240쪽), 《팽조섭생양성론(彭祖攝生養性論)》(《중화도장》23-59, 655~656쪽), 《팽조도인법(彭祖導引法)》(《중화도장》29-34, 285~286쪽). 이 책들에는 원문과 관련된 내용이 실려 있지 않으나, 《태청도림섭생론(太淸道林攝生論)》·《비급천금요방(備急千金要方)》·《동의보감(東醫寶鑑)》등의 책에 실려 있다.

49 《太淸道林攝生論》〈調氣法〉《中華道藏》23-56, 638쪽) ; 《孫眞人備急千金要方》卷82〈養性〉 "調氣法第五"(《中華道藏》22-1, 571쪽) ; 《東醫寶鑑》〈內景篇〉卷1 "氣" '調氣訣'(《原本 東醫寶鑑》, 87~88쪽).

터득하면 온갖 질병이 생기지 않는다. 그러므로 섭양을 잘 하는 사람은 조기(調氣, 호흡의 조절)하는 방법을 알아야 한다.

攝養者, 須知調氣方焉.

조기(調氣)하는 방법은 다음과 같다. 자정 이후부터 정오 이전까지는 기가 생기므로 호흡을 조절할 수 있으나, 정오 이후부터 자정 이전까지는 기가 사라지므로 호흡을 조절할 수 없다.

調氣之法, 夜半後, 日中前, 氣生得調; 日中後, 夜半前, 氣死不得調.

조기(調氣)할 때는 반듯하게 누워 두꺼우면서도 부드러운 이불을 침상에 펴고 베개 높이가 몸과 수평이 되도록 한 뒤, 손과 발을 쭉 편다. 양손은 주먹을 쥔 채로 몸과 0.4~0.5척 거리를 두고, 양다리는 서로 0.4~0.5척 거리를 두고 벌리고서 윗니와 아랫니를 계속 부딪치며 침을 삼킨다.

調氣之時則仰臥, 牀鋪厚軟, 枕高下共身平, 舒手展脚. 兩手握固, 去身四五寸, 兩脚相去四五寸, 數數叩齒, 飮玉漿⑥.

기를 끌어당겨 코에서 배로 들이마시는데, 기가 가득차면 멈추고 여유가 있으면 다시 들이마신다. 이 상태로 오랫동안 버티다가 기가 가득차서 가슴이 답답해지면 입으로 가늘게 기를 토해내며[吐] 끝까지 내쉰다. 다시 코로 가늘게 끌어당기듯 들이마셨다가 기를 내쉴 때는 한결같이 앞의 방법을 따른다.

引氣從鼻入腹⑦, 足則停止, 有力更取. 久住氣悶, 從口細細吐出盡. 還從⑧鼻細細引入, 出氣一準前法.

입을 닫고 마음을 집중하기를 계속하면 아무 소리도 들리지 않게 되는데, 이 경지에 이를 수 있다면 신선과의 거리가 멀지 않은 것이다. 만약 날씨가 흐리거나 비바람이 불거나 몹시 춥거나 더우면 기는

閉口以心中數數, 令耳不聞, 能至于此, 則去仙不遠矣. 若天陰風雨大寒暑⑨, 勿取氣, 但閉之. 《養性書》

---

⑥ 數數叩齒飮玉漿:《太淸道林攝生論·用氣法·調氣方》에는 없음.
⑦ 腹:《太淸道林攝生論·用氣法·調氣方》에는 없음.
⑧ 還從: 저본에는 "遠以".《太淸道林攝生論·用氣法·調氣方》에 근거하여 수정.
⑨ 風雨大寒暑:《孫眞人備急千金要方·養性·調氣法第五》에는 "霧惡風猛寒".

취하지 말고 폐기(閉氣)만 해야 한다. 《양성서》[50]

일반적으로 토(吐)란 묵은 기[故氣]를 내쉬는 것으로, 묵은 기는 '사기(死氣)'라고도 한다. 반면 납(納)이란 새로운 기[新氣]를 들이마시는 것으로, 새로운 기는 '생기(生氣)'라고도 한다. 그러므로 《노자도덕경(老子道德經)》에 "현빈(玄牝)의 문【코를 '현문(玄門)'이라 하고, 입을 '빈호(牝戶)'라 한다】은 천지의 뿌리[51]이다. 끊임없이 이어져 항상 존재하는 듯하니, 계속 써도 수고롭지 않다."[52]라 했다. 이는 입과 코[口鼻, 위에서 말한 현빈(玄牝)]가 천지 사이에서 음양과 생사(生死)의 기를 주거나 받아들일 수 있다는 말이다. 《양성서》[53]

凡吐者, 出故氣, 亦名"死氣" ; 納者, 取新氣, 亦名"生氣". 故《老子》曰 : "玄牝之門【鼻曰"玄門", 口曰"牝戶[10]"】, 天地之根, 綿綿若存[11], 用之不勤." 言口鼻天地之間, 可以出納陰陽、生死之氣也. 同上

천지의 텅 빈 공중(空中)은 모두 기(氣)로 이루어져 있고, 사람 몸의 텅 빈 곳도 모두 기로 이루어져 있다. 그러므로 내쉬는 탁한 기는 사람 몸속의 기이고, 들이마시는 맑은 기는 천지의 기이다. 사람이 기 속에 있는 현상은 물고기가 물속에서 헤엄치는 모습과 같다. 물고기 뱃속으로 물이 드나들 수 없

天地虛空中皆氣, 人身虛空處皆氣. 故呼出濁氣, 身中之氣也 ; 吸入淸氣, 天地之氣也. 人在氣中, 如魚游水中. 魚腹中不得水出入卽死, 人腹中不得氣出入

---

50 《太淸道林攝生論》〈用氣法〉第5 "調氣方"(《中華道藏》23-56, 638~639쪽) ; 《孫眞人備急千金要方》卷82 〈養性〉"調氣法"第5(《中華道藏》22-1, 572쪽) ; 《東醫寶鑑》〈內景篇〉卷1 "氣" '調氣訣'(《原本 東醫寶鑑》, 88쪽).

51 천지의 뿌리 : 코는 하늘의 기운을 호흡하는 곳, 입은 땅의 기운을 수납하는 곳이라는 관념이 들어 있어, 현빈의 문이 천지의 뿌리라고 한 것이다.

52 현빈(玄牝)의……않는다 : 《道德眞經註》卷1〈六章〉(《中華道藏》9-11, 193쪽).

53 《孫眞人備急千金要方·養性·調氣法》卷82〈養性〉"調氣法"第5(《中華道藏》22-1, 571쪽) ; 《東醫寶鑑》, 위와 같은 곳.

⑩ 戶 : 저본에는 "門". 《東醫寶鑑·內景篇·氣》에 근거하여 수정.

⑪ 存 : 저본에는 "有". 《老子道德經》에 근거하여 수정.

으면 물고기가 죽고, 사람 뱃속으로 기가 드나들 수 없으면 사람 역시 죽게 되니, 그 이치가 같다. 섭생(攝生)을 잘 하는 사람은 반드시 기(氣)의 원리에 밝을 것이다.

조기(調氣)하는 방법을 수련하고자 하는 사람은 항상 밀실에서 문을 닫고 잠자리를 편안하고 따뜻하게 한 뒤, 높이 0.2척 정도의 베개를 베고 반듯하게 눕는다. 눈을 감고 양손은 주먹을 쥐고, 양다리는 0.5척 거리를 두고서 벌리며, 양팔과 몸의 거리 역시 각 0.5척 거리를 둔다.

이 자세로 먼저 폐기(閉氣)를 익힌다. 코로 숨을 들이마시다가 배에 점점 가득 차야 참는다. 참은 채로 오랫동안 버티다가 숨을 참을 수 없어야 입으로 가늘게 토해내고, 한번에 다 내쉬면 안 된다. 기(氣)가 안정되면 다시 이전과 같이 숨을 참는다.

처음에는 호흡의 10~20식(息, 한 번의 호흡) 밖에 참을 수 없지만 익숙해질수록 횟수가 점점 늘어난다. 다만 70~80식 이상을 참을 수 있게 되면 오장육부와 가슴과 배 사이에 모두 맑은 기[淸氣]가 퍼질 것이다.

완전히 익숙해지면 폐기(閉氣)할 때 콧속에는 짧은 숨 0.1척 남짓만 남아 있고, 갇혀 있는 기(氣)가 마치 속에서 불로 폐궁(肺宮, 폐의 영역)을 찌는 듯하다. 이때, 숨을 한 번 내쉬면 몸이 허물을 벗는 듯하고 신(神)이 몸밖에 있는 듯하여 그 쾌감은 이루 말할

亦死, 其理一[12]也. 善攝生者, 必明於氣之故矣.

欲修調氣之術者, 常得密室閉戶, 安牀煖席, 枕高二寸許, 正身偃臥, 冥目握固, 兩足間相去五寸, 兩臂與體相去亦各五寸.

先習閉氣, 以鼻吸入, 漸漸腹滿乃閉之. 久不可忍, 乃從口細細吐出, 不可一呼卽盡. 氣定, 復如前閉之.

始而十息或二十息不可忍, 漸熟漸多. 但能閉至七八十息以上, 則臟腑、胸膈之間, 皆清氣之布護矣.

至於純熟, 當其氣閉之時, 鼻中惟有短息一寸餘, 所閉之氣在中如火蒸潤肺宮. 一縱則身如委蛻, 神在身外, 其快其美, 有不可言之

---

[12] 一 : 저본에는 "二". 오사카본·규장각본·《壽養叢書·新刻攝生要義·調氣篇》에 근거하여 수정.

수 없는 상태가 된다. 이는 아마도 일기(一氣)가 내 몸의 겉과 속, 위와 아래를 막힘없이 관통하기 때문이리라. 갇혀 있던 그 기가 점점 사라지면 환하게 밝아지며 다시 이전과 같이 된다. 이 방법은 많이 할수록 좋고, 오래 할수록 효과가 난다. 다만 밤낮으로 1~2번 정도만 해도 오랫동안 지속하면 귀와 눈이 총명해지고 정신이 완전해지며 몸이 건강하고 가벼워져서 온갖 질병이 사라질 것이다.

狀. 蓋一氣流通表裏, 上下徹澤故也. 其所閉之氣漸消, 則恍然復舊. 此道以多爲賢, 以久爲功. 但能於日夜間得此一兩度, 久久耳目聰明, 精神完固, 體健身輕, 百疾消滅矣.

일반적으로 조기(調氣)하는 처음에는 몸을 편안하게 하고 기(氣)를 조화롭게 하기를 힘써야 하며, 의(意, 의식)와 다투게 해서는 안 된다. 만약 편안하고 조화롭지 않으면 바로 멈추고, 조화로워지면 그제야 행한다. 오랫동안 싫증내지 않고 행하면 몸에 좋을 것이다.

凡調氣之初, 務要體安氣和, 無與意爭. 若不安和, 且止, 俟和乃爲之. 久而不倦則善矣.

폐기(閉氣)는 마치 항룡복호(降龍伏虎)[54]와 같아서 그 신묘한 이치를 통달해야 하니, 가슴과 배를 항상 텅 비어 있게 해야지, 가득차게 해서는 안 된다. 만약 기(氣)가 뭉쳐서 막히면 두루 흐를 수 없다. 그러한 증상을 느끼면 곧바로 토납법(吐納法, 호흡법)을 써서 제거해야 하는데, 취(吹)·허(噓)·가(呵)·희(嘻)·사(呬)·희(噫)·호(呼) 따위가 이것이다[55]. 그렇지 않으면

閉氣, 如降龍伏虎, 要須達其神理, 胸膈常宜虛空, 不可飽滿. 若氣有結滯, 不得宣流. 覺之便當用吐法以除之, 如吹、噓、呵、嘻、呬、噫、呼之類是也. 不然, 泉源壅遏, 必至逆流, 瘡

---

54 항룡복호(降龍伏虎) : 용을 항복시키고 호랑이를 엎드리게 한다는 의미. 후한(後漢)의 의학가이자 도사인 조병(趙炳, ?~?)은 방술(方術)에 뛰어나서 호랑이에게 주문을 걸면 호랑이가 땅에 바짝 엎드려 머리를 숙이고 눈을 감는데, 이때 잡아서 포박했다고 한다. 또 도교의 별도 학파인 정일원황파(正一元皇派)의 창시자인 조후(趙侯, ?~?)가 동이에 물을 받아 숨을 불어넣고 주문을 외우면 물고기와 용이 바로 나타났다고 전해진다.

55 토납법(吐納法, 호흡법)을······이것이다 : 중국 명나라 주권(朱權, 1378~1448)이 저술한 《활인심법(活人心法)》에서 말하고 있는 '질병을 제거하고 수명을 늘리는 여섯 글자의 비결[去病延壽六字訣]'을 가리킨다. 이 방법은 입으로 토해내고 코로 들이마시는 것이다. 각각의 호흡법을 대략 살펴보면 다음과 같다. ① 신장의 기를 '취(吹)'라는 소리를 내어 불기. 신장은 오행의 수에 속하는 병이 들고 생명력이 드나드는 문을

〈항룡복호도(降龍伏虎圖)〉(중국 청나라 그림. 화가 미상)

기가 생겨나는 원천이 막혀서 반드시 역류하게 되
었다가 창양(瘡瘍)과 중만(中滿)[56]과 같은 질병이 생긴
다. 《섭생요의》[57]

瘍、中滿之患作矣.《攝生
要義》

숨을 들이마셔서 기(氣)를 가라앉히는 방법은 다
음과 같다. 밤낮에 관계없이 책상다리를 하고 고요

納息下氣之法, 不拘晝夜,
跏趺靜坐, 啖菜數莖, 屏

주관한다. 신장에 병이 들 때 취 소리를 내며 숨을 내쉬면 사특하고 망녕된 질병의 원인이 그 즉시 달아난
다. ② 심장의 기를 '가(呵)'라는 소리를 내어 불기. 심장의 근원이 괴롭고 메마르면 '가' 소리 내어 숨을 내
쉬는 것이 가장 좋은 방법이다. 목구멍 속이나 입에 부스럼이 생기면서 열이 나고 통증이 있으면 이 방법
을 사용한다. ③ 간의 기를 '허(噓)'라는 소리를 내어 불기. 간에 병이 들면 시거나 매운맛을 많이 먹게 된
다. 이때는 허 소리 내어 병 기운을 불어 버리면 병이 확실히 제거된다. ④ 폐의 기를 '사(呬)'라는 소리를
내어 불기. 폐에 병이 들면 급히 사 소리 내어 불어야 한다. 그렇게 하면 눈 아래 부위가 자연스럽게 편안
해진다. ⑤ 비의 기를 '호(呼)'라는 소리를 내어 불기. 비에 병이 들면 설사하고 창자가 소리 내어 울며 물을
토한다. 이때는 급히 숨을 고르며 호 소리 내어 불면 단(丹)을 이루는 것에 버금가는 효과가 있다. ⑥ 삼초
의 기를 '희(嘻)'라는 소리를 내어 불기. 삼초에 병이 있으면 급히 희 소리 내어 불어야 한다. 옛 성인께서
남긴 말씀이 최상의 의사다.(퇴계 이황 저·이윤희 역, 《활인심방 : 퇴계선생의 마음으로 하는 몸공부》,
예문서원, 2007, 236~249쪽 참조.) 원문에서 언급된 '희(噫)'는 미상이다. 여섯 번째 방법인 '희(嘻)'와 착
각하여 오기(誤記)한 것으로 추정된다.

56 창양(瘡瘍)과 중만(中滿) : 창양은 온갖 외과 및 피부과 질환을 통틀어 말하고, 중만은 뱃속이 그득하여
소화가 잘 되지 않는 증상을 말한다.

57 《新刻攝生要義》〈調氣篇〉(《壽養叢書》 5, 10~13쪽).

히 앉아 푸성귀 몇 줄기를 먹고 코로 내쉬는 숨을 참으며 마음속으로 생각한다. 이때 숨을 들이마셔서 기를 가라앉히기를 1번 할 때부터 5~9번에 이르기까지 모두 기(氣)가 의(意, 의식)를 따라 곧바로 후문(後門, 항문)에 이르러 분출되도록 한다. 1번 입으로 기를 내뿜어 9번에 이를 때마다 손가락 하나씩을 굽혀서 횟수를 센다. 오른손 엄지손가락을 빼두고 나머지 아홉 손가락을 굽히면 이는 9×9로 81의 수(數)가 된다.

이렇게 하면 허화(虛火)가 절로 내려가고, 진수(眞水, 콩팥의 음기)가 절로 생기며, 원기(元氣)가 두루 흘러 일체 막힘이 없어서, 질병을 예방할 수 있으며 수명을 연장할 수 있다. 가까이 내 몸에서 징험해보니 줄곧 분명한 효험이 있었다. 연(鉛, 납)·홍(汞, 수은)·금단[金丹, 선단(仙丹)]의 술법과 비교할 때 매우 큰 차이로 효과가 있다. 《우산잡설(祐山雜說)[58]》[59]

기(氣)를 지키는 묘책은 정(精)을 온전히 하는 데 있으니, 지나치게 많이 잠자는 것을 막아야 한다. 무릇 사람이 걷거나 달리면 기(氣)가 급해지면서 목이 쉬며, 지나치게 잠을 자면 숨이 거칠어지면서 코를 곤다. 오직 고요히 앉아야만 기(氣)가 고르면서 완만해진다. 《수양총서》[60]

伏鼻息, 心中默念, 納息下氣一次, 五六七八至九, 俱氣隨意進, 直至後門進出. 每一口氣進至九, 屈一指爲記. 虛右大指, 屈至九指, 是爲九九八十一數.

虛火自降, 眞水自生, 元氣週流, 一無阻滯, 可以却疾, 可以延年. 近取諸身, 歷有明驗. 其視鉛、汞、金丹之術, 相去遠矣. 《祐山雜說》

守氣之妙在乎全精, 尤當防其睡眠. 夫人遇行走, 則氣急而嗄, 甚睡則氣麤而齁. 惟靜坐則氣平而緩. 《壽養叢書》

---

58 우산잡설(祐山雜說) : 중국 명나라 문신인 풍여필(馮汝弼, 1499~1577)의 저서. 명나라의 제도 및 역사, 각 지방의 물산 및 특색 등에 대한 자료를 수록하고 있다.
59 《祐山雜說》〈納息下氣訣〉(《叢書集成初編》 2922, 15쪽).
60 《上陽子金丹大要》 卷3 〈上藥〉 "論精氣神"(《中華道藏》 27-28, 534쪽) ; 《東醫寶鑑》〈內景篇〉 卷1 "氣" '調氣訣'(《原本 東醫寶鑑》, 88쪽).

사람은 16살부터 정기(精氣)가 점점 줄어든다. 비단 남녀의 정욕은 정기를 손상시키기에 충분할 뿐만 아니라 일단 사물과 반응하면 그 과정에서 생기는 시(視, 시각)·청(聽, 청각)·언(言, 말)·동(動, 움직임)이 모두 정기를 소모시키고 흩어지게 하는 근원이다. 그러므로 석씨(釋氏, 승려)는 면벽(面壁, 벽을 마주하고 좌선하는 수련)을 하고, 선가(仙家, 도사)는 좌관(坐關)[61]을 하였으니, 모두 기틀을 세우고 자신을 단련하여 고행(苦行)[62]으로 이 신기(神氣)가 소모됨을 방지하기 위해서이다. 곧 이것이 장생하는 방법이다. 《고금의감(古今醫鑑)[63]》[64]

人自十六歲, 精氣漸減. 不但男女之慾足以損敗, 一與事應, 則視、聽、言、動皆耗散精氣之原. 故釋氏面壁, 仙家坐關, 皆築基煉己, 苦行以防耗此神氣, 便是長生之術.《古今醫鑑》

〈달마면벽도(達磨面壁圖)〉[청나라 문인 황이(黃易, 1744~180)]

---

61 좌관(坐關) : 도교의 수행 방법 중 하나. 일정한 기간 내에 외계(外界)를 떠나 홀로 거처하며 바르게 앉아 한결같은 마음으로 참선하는 것이다. 폐관(閉關)이라고도 한다.
62 고행(苦行) : 어떠한 경지에 이르거나 최고의 정신적 활동을 실현하기 위해 육체적인 욕망을 억누르고 육체를 극도로 괴롭히는 종교적 수행 방법.
63 고금의감(古今醫鑑) : 중국 명나라의 의학자 공신(龔信, ?~?)이 찬집(纂輯)하고, 아들인 공정현(龔廷賢, 1522~1619)이 속편(續編)했으며, 왕긍당(王肯堂, 1549~1613)이 수정하고 보충한 의서.
64 《古今醫鑑》卷7 〈補益〉 "天眞接命丹", 179쪽 ;《東醫寶鑑》, 위와 같은 곳.

3. 색신(嗇神, 신 기르기)

嗇神

1) 총론

總論

정(精)을 오로지 모으고 신(神)을 길러 외물에 뒤섞이지 않는 상태를 '청(淸)'이라 하고, 신(神)을 제자리로 돌리고 기운을 복용[服氣][1]하여 편안하고 동요되지 않는 상태를 '정(靜)'이라 한다.

專精養神, 不爲物雜, 謂之"淸"; 反神服氣, 安而不動, 謂之"靜".

사념(思念, 생각이나 잡념)을 절제하여 지(志, 마음)를 안정시키고, 신을 고요하게 하여 신을 편안하게 하고, 기를 보전하여 정을 보존시키며, 생각과 걱정을 모두 잊고, 눈을 감고 명상하면서 몸속을 내관(內觀)하면, 몸과 신이 아울러 하나가 된다. 몸과 신이 아울러 하나가 되면 참[眞]에 가까워질 것이다. 《선경(仙經)[2][3]

制念以定志, 靜神以安神, 保氣以存精, 思慮兼忘, 冥想內視, 則身神竝一, 身神竝一則近眞矣. 《仙經》

심(心)이란 신명(神明)의 집이다. 속이 텅 비었으며 지름은 0.1척에 불과하지만, 신명이 그곳에 산다. 세상과 사물이 다루기 어렵기는 마치 어지러이

心者, 神明之舍. 中虛不過徑寸, 而神明居焉. 事物之滑, 如理亂棼, 如涉驚浸.

---

1 기운을 복용[服氣] : 곧 복기(服氣)를 말함. 복기는 도가(道家)의 수련법 중 하나로 여름에는 화성(火星)의 적기(赤氣)를, 겨울에는 화성의 흑기(黑氣)를 마시는 것이다.

2 선경(仙經) : 일반적으로 도가 계열 경전(經典)을 가리키는데, 여기서는 어떤 책을 말하는지 정확하지 않다. 현재는 중국 송나라의 관리이자 문인인 장군방(張君房, 11세기 활동)이 편찬한 《운급칠첨(雲笈七籤)》과 명나라의 관리이자 문인인 고렴(高濂, 1573~1620)이 편찬한 《준생팔전(遵生八牋)》에 동일한 원문이 전한다.

3 《雲笈七籤》卷92〈仙籍語論要記〉"衆眞語錄"(《中華道藏》29-92, 727쪽);《遵生八牋》卷2〈淸修妙論箋〉下(《遵生八牋校注》, 41쪽).

꼬인 삼베를 정리하는 듯하고, 사나운 물결을 건너는 듯하다. 그래서 때로는 두려워 조심하기도 하고, 때로는 벌을 주거나 꾸짖어 경계하기도 하며, 때로는 기뻐하거나 노여워하며, 때로는 깊이 생각하기도 하여, 하루 사이나 잠시 사이에도 이 지름 0.1척의 공간[心]이 불처럼 뜨겁게 타오르는 것이다. 그러므로 "심이 고요하면 신명을 통할 수 있고, 원기를 견고하게 할 수 있어서 온갖 질병이 생기지 않는다."라 했다.

만약 심에서 하나의 생각이라도 싹터 일어나면 신(神)이 밖으로 내달리고 기(氣)가 안에서 흩어지면서 혈(血)이 기를 따라 운행하기 때문에 영위(榮衛)가 어지러워져 온갖 질병이 내 몸을 공격한다.《활인심법(活人心法)4》5

사람의 신(神)은 외물에 뒤섞이지 않는 청(淸)의 상태를 좋아하는데, 심(心)이 신을 어지럽게 한다. 또 사람의 심은 편안하고 동요되지 않는 정(靜)의 상태를 좋아하는데, 물욕이 심을 끌어당긴다.6 따라서

或怵惕, 或懲創, 或喜怒, 或思慮, 一日之間、一時之頃, 徑寸之地炎如火矣. 故曰："心靜可以通神明, 可以固氣元, 而萬病不生."

若一念起①萌, 神馳於外, 氣散於內, 血隨氣行, 榮衛②昏亂, 百病相攻.《活人心法》

人神好清而心擾之, 人心好靜而欲牽③之. 常能遣④其欲而心自靜, 澄其心而神自清. 同上

---

4 활인심법(活人心法)：중국 명나라의 주권(朱權, 1378~1448)이 양생법과 도교의 비결 등에 관해 저술한 양생의서(養生醫書). 총 2권.《활인심서(活人心書)》·《구선활인심방(臞仙活人心方)》이라고도 한다. 주권은 중국 명나라 태조 주원장의 17번째 아들이다. 호는 구선(臞仙)·대명거사(大明居士)·함허자(涵虛子)·단구선생(丹丘先生)이다.

5 《保生心鑑》〈附活人心法〉"治心"（《壽養叢書》6, 77~78쪽）；《活人心法》上卷〈治心〉（《臞仙活人心方》, 22~24쪽）.

6 사람의……가둔다：앞 기사에서 이미 소개된 '청'과 '정'이라는 용어를 통한 이와 같은 인식은 도가의 기본 사상인 청정무위(淸靜無爲)에 대한 설명으로 좋은 예가 된다.

① 起：《活人法法·治心》에는 "旣".

② 衛：《活人法法·治心》에는 "胃".

③ 牽：저본에는 "牢",《長生銓經·淸靜經》에 근거하여 수정.

④ 遣：《長生銓經·淸靜經》에는 "遺"

평소에 그 물욕을 심에서 떠나보낼 수 있으면 심이
저절로 편안하고 동요되지 않으며, 그 심을 깨끗하
게 할 수 있으면 신이 절로 외물에 뒤섞이지 않게 된
다.《활인심법》[7]

일이 있을 때나 없을 때나 항상 마음이 없는 무
심(無心)의 상태인 듯 행동하고, 상황이 고요할 때나
시끄러울 때나 그 뜻은 오직 한결같이 해야 한다.
절제하면서도 집착하지 않고 놓아두면서도 동요하
지 않으며, 상황이 시끄럽더라도 미워함이 없고 온
갖 일을 겪더라도 번뇌함이 없는 상태, 이것이 '진정
(眞定)'이다.《정관경(定觀經)》[8][9]

세상의 일에 '무심'하면 심(心)에서는 무사(無事, 무
리 될 일이 없음)하다. 그러므로 마음이 고요하면 지혜
가 생겨나고, 마음이 동요하면 어리석음이 생겨난
다.《현관비론(玄關秘論)》[10][11]

혜강(嵇康)이 다음과 같이 말했다. "약을 복용하
고 땀을 내려 해도 간혹 땀이 안 나는 경우가 있다.

有事無事, 常若無心；處
靜處喧, 其志惟一. 制而不
著, 放而不動, 處喧無惡,
涉事無惱者, 此是"眞定".
《定觀經》

無心於事, 則無事於心. 故
心靜生慧, 心動生昏.《玄
關秘論》

嵇叔夜云："服藥求汗, 或
有弗獲, 愧情一集[5], 渙然

---

7   출전 확인 안 됨；《長生詮經》〈清靜經〉《中華道藏》23-52, 328쪽).

8   정관경(定觀經)：《동현영보정관경(洞玄靈寶定觀經)》을 가리킨다. 작자는 알 수 없지만 대략 수당(隋唐)
    즈음에 편찬한 것으로 추정된다.

9   《雲笈七籤》卷17〈三洞經教部〉"洞玄靈寶定觀經"《中華道藏》29-17, 165쪽)；《長生詮經》〈定觀經〉《中
    華道藏》23-52, 328쪽).

10 현관비론(玄關秘論)：작자와 편찬 연대를 알 수 없다. 현재《장생전경(長生詮經)》에 본문에서 언급한 부
    분 이외에 1구절을 포함하여 총 2구절만이 전해진다.

11 《長生詮經》〈玄關秘論〉《中華道藏》23-52, 330쪽)；《遵生八牋》卷2〈清修妙論箋〉下《遵生八牋校注》,
    42쪽).

⑤ 焦：《保生要錄·養神氣門》에는 "集".

하지만 부끄러운 감정이 일어 한번 애태우면 땀이 줄줄 흘러내린다. 이렇듯 감정이 마음속에서 발하여 밖으로 드러나면 기쁨·노여움·슬픔·즐거움이 어찌 사람을 상하게 하지 않는다고 장담하겠는가? 그러므로 심(心)이 어지럽지 않은 사람이 신(神)도 피로하지 않고, 신이 피로하지 않으면 기(氣)가 어지럽지 않으며, 기가 어지럽지 않으면 몸이 태평하고 수명이 늘어날 것이다."《보생요록(保生要錄)12》13

流離. 情發于中而形于外, 則知喜、怒、哀、樂寧不傷人? 故心不撓者神不疲, 神不疲則氣不亂, 氣不亂則身泰壽延矣."《保生要錄》

사람이 그 물욕을 심(心)에서 떠나보낼 수 있으면 심이 절로 편안하여 동요되지 않는다. 그 심을 깨끗하게 할 수 있으면 신(神)이 절로 외물에 뒤섞이지 않게 되어 자연히 육욕(六慾)14이 생기지 않고 삼독(三毒)15이 사라진다.

人⑥能遺其欲而心自靜, 澄其心而神自清, 自然六慾不生, 三毒消滅.

무릇 사람은 마음을 텅 비우면 깨끗해지고[澄, 곧 淸], 자리에 앉아 좌정하면 고요해진다[靜]. 그러니 말하기를 줄이고 듣기를 적게 하면 신과 명(命, 생명)이 보존된다. 대개 말이 많으면 기(氣)를 손상시키고, 기쁨이 많으면 정(情)을 가누지 못하게 되고, 노여움이 많으면 의(意)를 다치게 되고, 슬픔과 시름·

夫人心虛則澄, 坐定則靜, 寡言希聽⑦, 存神保命. 蓋多言則損氣, 多喜則放情, 多怒則觸意, 多悲哀、思慮則傷神, 多貪慾、勞困則傷精. 凡此皆修行之人不⑧

---

12 보생요록(保生要錄) : 중국 송나라의 양생학자인 포건관(蒲虔貫, ?~?)의 저술. 인체의 정신조양(精神調養)과 건신(健身)·기거(起居)·음식 및 약석조양(藥石調養)에 관한 내용을 담고 있다.

13 《保生要錄》〈養神氣門〉(《中華道藏》23-67, 709쪽);《遵生八牋》卷2〈淸修妙論箋〉下(《遵生八牋校注》, 37쪽).

14 육욕(六慾) : 육근(六根, 눈·귀·코·혀·몸·의식)에서 각각 발생하는, 보고 듣고 냄새를 맡고 맛을 보며 만지고 생각하고자 하는 욕심.

15 삼독(三毒) : 불교에서 말하는 세 가지 번뇌로, 탐욕(貪慾)·진에(瞋恚, 분노)·우치(愚癡, 어리석음)를 의미.

⑥ 人 :《太上老君說常淸靜妙經》에는 "常".

⑦ 聽 : 저본에는 "能".《上陽子金丹大要·須知·脫胎換鼎須知》에 근거하여 수정.

⑧ 修行之人不 :《上陽子金丹大要·須知·脫胎換鼎須知》에는 "非修行底所".

생각과 걱정이 많으면 신(神)을 상하게 되고, 탐욕·피로가 많으면 정(精)을 상하게 된다. 일반적으로 이러한 것들은 모두 수행하는 사람이 가져서는 안 되는 태도이다. 《청정경(淸靜經)16)17

宜有也.《淸靜經》

생각·걱정·웃음·말·기쁨·노여움·즐거움·근심·미워함·좋아함·일·투기(投機)18를 줄인다. 무릇 생각이 많으면 신(神)이 흩어지고, 걱정이 많으면 심(心)이 피로하고, 웃음이 많으면 오장육부가 위로 뒤집히고, 말이 많으면 기해(氣海)19가 허탈해진다.

기쁨이 많으면 방광에 풍사(風邪)가 들고, 노여움이 많으면 피부에 죽은 피[浮血]가 달리고, 즐거움이 많으면 심과 신(神)에 사기(邪氣)가 들끓고, 근심이 많으면 머리와 얼굴이 그을리고 마른다.

좋아함이 많으면 지(志)와 기(氣)가 어지럽게 넘치고, 미움이 많으면 정상[精爽, 정령(精靈)]이 마구 날뛰고, 일이 많으면 근육과 혈맥이 건조해지고 당기게

少思少念, 少笑少言, 少喜少怒, 少樂少愁, 少惡少好, 少事少機. 夫多思則神散, 多念則心勞, 多笑則臟腑上翻, 多言則氣海虛脫. 多喜則膀胱納客風, 多怒則腠理奔浮血⑨, 多樂則心神邪蕩, 多愁則頭面⑩焦枯.

多好則志⑪氣潰溢⑫, 多惡則精爽奔騰, 多事則筋脈乾急, 多機則智慮⑬沈迷.

---

16 청정경(淸靜經):《태상노군설상청정묘경(太上老君說常淸靜妙經)》을 가리킨다. 총 1권이며, 도교 경전 중 하나이다. 구전(口傳)으로 내려오다가 동한(東漢) 연간에 갈현(葛玄, 164~244)이 기록하여 책으로 만들었다.

17 《太上老君說常淸靜妙經》《中華道藏》6-1, 1쪽);《上陽子金丹大要》卷7〈須知〉 "脫胎換鼎須知"《中華道藏》27-28, 552쪽). 이 문장의 출전은《청정경》으로 되어 있으나, 본문의 내용 중 일부만 보인다. 진치허(陳致虛, 1290~?)의《상양자금단대요》에서 본문의 내용을 모두 확인할 수 있다.

18 투기(投機):기회(機會)를 노려서 요행(僥倖)을 바라는 마음.

19 기해(氣海):배꼽 아래 0.15척 되는 곳에 있는 경혈로, 기를 받아들이는 바다와 같다하여 기해(氣海)라고 한다. 하단전(下丹田)이라고도 불린다.

⑨ 血:《太上老君養生訣·養生眞訣》에는 없음.

⑩ 頭面:《太上老君養生訣·養生眞訣》에는 "髮鬢".

⑪ 志:저본에는 "智".《太上老君養生訣·養生眞訣》에 근거하여 수정.

⑫ 潰溢:《太上老君養生訣·養生眞訣》에는 "傾覆".

⑬ 慮:《太上老君養生訣·養生眞訣》에는 "慧".

되며, 투기가 많으면 지려(智慮)가 매우 혼미해진다. 이상에서 말한 지나친 감정들은 바로 생명을 도려내는 것이 도끼보다 심하고, 인성을 갉아먹는 것이 승냥이나 이리보다 사납다. 《노자양생요결》[20]

茲乃伐人之生, 甚於斤斧, 蝕人之性, 猛於豺狼.《老子養生要訣》

기쁨과 노여움은 도(道)가 쇠한 것이고, 근심과 슬픔은 덕(德)이 상실된 것이며, 좋아함과 미워함은 심(心)이 지나친 것이고, 즐김과 욕심은 삶의 얽매임이다. ① 사람이 너무 노여워하면 음(陰)을 깨뜨리고, ② 너무 기뻐하면 양(陽)을 떨어뜨리며, ③ 기(氣)를 박하게 하면 벙어리가 되고, ④ 놀라서 두려워하면 미치광이가 되며, ⑤ 근심과 슬픔으로 마음을 애태우면 피로해져서 마침내 질병이 된다.

喜怒者道之衰[14]也, 憂悲者德之失也, 好憎者心之過也, 嗜欲者生之累也. 人大怒破陰, 大喜墜陽, 薄氣發喑, 驚怖爲狂, 憂悲焦心, 疲乃成疾.

사람이 이 5가지를 제거할 수 있다면 곧 신명(神明)에 부합된다. 신명이란 그 내면(內面)을 얻는 것이니, 그 내면을 얻으면 오장(五臟)이 편안해지고, 생각과 걱정이 평정되며, 눈과 귀가 밝아지고, 근육과 뼈가 강해진다. 《문자(文子)[21]》[22]

人能除此五者, 卽合於神明. 神明者得其內, 得其內者五臟寧, 思慮平, 耳目聰明, 筋骨勁强.《文子》

섭생(攝生)을 잘하는 사람은 항상 생각·걱정·욕심·일·말·웃음·근심·즐거움·기쁨·노여움·좋아

善攝生者, 常少思少念, 少慾少事, 少語少笑, 少愁少

---

20 《太上老君養生訣》〈養生眞訣〉(《中華道藏》23-40, 244쪽).
21 문자(文子) : 중국 춘추전국 시기의 철학자·문학가·교육가·사상가였던 문자(文子, ?~?)의 저술이다. 문자(文子)는 도가의 시조인 노자(老子)의 후학으로 추정되며, 도가 학파에 있어서 중요한 인물로 알려져 있다. 《문자》에서는 주로 노자의 말을 해설하면서 노자의 사상을 설파하였고, 도(道)의 학설을 계승·발전시켰다. 현재 《중화도장》에는 《통현진경(通玄眞經)》이라는 서명으로 전한다.
22 《通玄眞經》卷1〈道原〉(《中華道藏》15-8, 447쪽).
14 衰 : 《通玄眞經·道原》에는 "邪".

함·미워함을 줄인다. 이 12가지 행동을 줄이는 것이 양성(養性)의 요령[都契]이다. ① 생각이 많으면 신(神)이 위태롭고, ② 걱정이 많으면 지(志)가 흩어지며, ③ 욕심이 많으면 지(志)가 어지럽고, ④ 일이 많으면 몸이 피로하다.

⑤ 말이 많으면 기(氣)가 부족해지고, ⑥ 웃음이 많으면 오장(五臟)이 상하고, ⑦ 근심이 많으면 심(心)이 두렵고, ⑧ 즐거움이 많으면 의(意)가 잘 넘친다. ⑨ 기쁨이 많으면 마구 어지럽고 정신이 어수선해지며, ⑩ 노여움이 많으면 모든 맥박이 불안정하고, ⑪ 좋아함이 많으면 갈피를 못 잡고 정리가 되지 않으며, ⑫ 미워함이 많으면 몸이 초췌해지고 즐거움이 없게 된다. 일반적으로 이 12가지 많은 것을 제거하지 않으면 영위(榮衛)가 바른 길을 잃고 혈기가 제멋대로 흘러 생명의 근본을 잃게 된다.《포박자》23

樂, 少喜少怒, 少好少惡. 行此十二少者, 養性之都契也. 多思則神殆, 多念則志散, 多慾則志昏, 多事則形勞.

多語則氣乏, 多笑則臟傷, 多愁⑮則心懾, 多樂則意溢. 多喜則妄錯昏亂, 多怒則百脈不定, 多好則專迷不理, 多惡則憔悴無歡. 凡此十二多不除, 則榮衛失度, 血氣妄行, 喪生之本也.《抱朴子》

심(心, 심장)은 슬프고 놀라거나 생각과 걱정이 많으면 그 신(神)이 상한다.24 신이 상하면 무서워하고 두려워하여 제정신을 잃고, 군살이 없어지고 살이 빠지며, 모발이 생기를 잃고 안색이 어두워지면서 겨울에 죽는다.

비(脾, 비장)는 근심이 해소되지 않으면 그 의(意)가

心怵惕思慮則傷神. 神傷則恐懼自失, 破䐃脫肉, 毛悴色夭, 死于冬.

脾憂愁而不解則傷意. 意

---

23 《抱朴子養生論》(《中華道藏》23-58, 655쪽);《東醫寶鑑》〈內景篇〉卷1 "身形" '養性禁忌'(《原本 東醫寶鑑》, 77쪽).

24 심(心)은……상한다 : 심장의 정지활동이 본연의 정도를 벗어날 경우에 심장을 주관하는 신(神)이 손상을 입는다는 뜻이다. 이하의 비장과 의(意), 간과 혼(魂), 폐와 백(魄), 신장과 지(志) 역시 같은 관계를 보여 준다.

⑮ 愁 : 저본에는 "怒".《東醫寶鑑·內景篇·身形》에 근거하여 수정.

상한다. 의가 상하면 혼란스러워지고, 팔다리를 들지 못하며, 모발이 생기를 잃고 안색이 어두워지면서 봄에 죽는다.

간(肝)은 슬픔과 서러움으로 마음속이 요동치면 그 혼(魂)이 상한다. 혼이 상하면 미치광이가 되거나 잊어버려서 정(精)이 쌓이지 않고, 정이 쌓이지 않으면 행동이 바르지 않아서 음낭이 오그라들고 경련이 나며, 양옆구리가 아파서 팔을 들지 못하고, 모발이 생기를 잃고 안색이 어두워지면서 가을에 죽는다.

폐(肺)는 기쁨과 즐거움에 끝이 없으면 그 백(魄)이 상한다. 백이 상하면 미치광이가 되는데, 미치광이는 의(意)가 온전하지 못한 사람으로, 피부가 메마르고, 모발이 생기를 잃고 안색이 어두워지면서 여름에 죽는다.

신(腎, 신장)은 노여움이 지나쳐 그치지 않으면 그 지(志)가 상한다. 지가 상하면 이전에 했던 말을 잘 잊어버리고, 허리와 등을 구부리거나 펼 수 없으며, 모발이 생기를 잃고 안색이 어두워지면서 늦여름(음력 6월)에 죽는다.

무서움과 두려움이 해소되지 않으면 정(精)이 상한다. 정이 상하면 뼈가 시큰거리고 손발이 차가워지고 힘이 빠져서 정(精, 정액)이 수시로 저절로 흘러

傷則悗⑯亂, 四肢不舉, 毛悴色夭, 死于春.

肝悲哀動中則傷魂. 魂傷則狂忘不精, 不精則不正, 當人陰縮⑰而攣筋, 兩脇骨不舉, 毛悴色夭, 死于秋.

肺喜樂無極則傷魄. 魄傷則狂, 狂者意不存人, 皮革焦, 毛悴⑱色夭, 死于夏.

腎盛怒而不止則傷志. 志傷則喜忘其前言, 腰脊不可以俛仰屈伸, 毛悴色夭, 死于季夏.

恐懼而不解則傷精. 精傷則骨痠痿厥, 精時自下. 是故五藏主藏精者也, 不可

---

⑯ 悗 : 저본에는 "悅". 오사카본·《靈樞經·本神》·《東醫寶鑑·內景篇·神》에 근거하여 수정.
⑰ 縮 : 저본에는 "緒". 《東醫寶鑑·內景篇·神》에 근거하여 수정.
⑱ 悴 : 저본에는 없음. 《東醫寶鑑·內景篇·神》에 근거하여 보충.

내린다. 그러므로 오장(五臟)은 정(精)의 저장을 주관하므로, 오장을 손상해서는 안 된다. 손상되면 정을 간수하지 못하여 음이 허해지고, 음이 허해지면 기(氣)가 없어지고, 기가 없어지면 반드시 죽게 될 것이다. 《영추경》[25]

傷. 傷則失守而陰虛, 陰虛則無氣, 無氣則必死矣. 《靈樞經》

슬프고 놀라며 근심 걱정이 많으면 무서움과 두려움이 흘러넘쳐 그치지 않는다. 슬픔이 속을 흔들면 기가 다하고 끊어져서 생명을 잃는다. 기쁨과 즐거움이 끝이 없으면 신(神)이 마구 흩어져 저장되지 못한다. 근심이 해소되지 않으면 기(氣)가 막혀서 운행되지 않는다. 노여움이 지나치면 미혹되어 다스려지지 않는다. 무서워하거나 두려워하면 신(神)이 마구 흩어져 거두어들여지지 못한다. 《영추경》[26]

怵惕思慮者, 恐懼流淫而不止. 悲哀動中者, 竭絕而失生. 喜怒無極者, 神蕩散而不藏. 愁憂不解者, 氣閉塞而不行. 盛怒者, 迷惑而不治. 恐懼者, 神蕩散而不收. 同上

2) 존상(存想)

존(存)이란 나의 신(神)을 보존하는 것을 말하고, 상(想)이란 나의 몸을 생각하는 것을 말한다. 눈을 감으면 곧 자기의 눈이 보이고, 심(心)을 거두어들이면 곧 자기의 심이 보인다. 심과 눈이 모두 나의 몸을 떠나지 않고, 나의 신을 상하게 하지 않으면 존상(存想)에 천천히 나아가는 것이다.

일반적으로 사람의 눈은 온종일 다른 사람을 보기 때문에 심(心)이 이미 밖으로 좇아 달리고, 온종일 다

論存想

存謂存我之神, 想謂想我之身. 閉目即見自己之目, 收心即見自己之心. 心與目皆不離我身, 不傷我神, 則存想之漸也.

凡人目終日視他人, 故心已[19]逐外走, 終日接他事,

---

25 《靈樞經》卷2〈本神〉, 25쪽 ;《東醫寶鑑》〈內景篇〉卷1 "神" '神統七情傷則爲病'(《原本 東醫寶鑑》, 95쪽).
26 《靈樞經》, 위와 같은 곳 ;《東醫寶鑑》, 위와 같은 곳.
[19] 已 :《天隱子·存想》에는 "亦".

른 일을 접하기 때문에 눈도 밖으로 좇아 살핀다. 번쩍번쩍거리는 부산한 빛깔 때문에 몸 안으로 비춰본[內照, 내관(內觀)] 적이 없으니, 어떻게 병에 걸려 요절하지 않겠는가? 이 때문에 뿌리로 돌아가는 것을 '정(靜)'이라 하고, 정(靜)을 '천명을 회복하는 것[復命]'이라 한다. 본성(本性)을 그대로 이루고 존재를 그대로 보존하는 것이야말로[成性存存] 모든 오묘함의 문이다. 이것이 존상(存想)에 천천히 나아감이요, 도(道)를 공부하는 대강이다. 《천은자양생서(天隱子養生書)[27]》[28]

故目亦逐外瞻. 營營浮光, 未嘗內⑳照, 奈何不病且夭耶? 是以歸根曰"靜", 靜曰"復命". 成㉑性㉒存存, 衆妙之門. 此存想之漸, 學道之功半矣. 《天隱子養生書》

무릇 심(心)은 본성을 주관하며 온몸 전체가 종주로 여기는 곳이다. 심(心)으로써 의(意, 의식)를 움직이므로 의가 가면 기(氣)도 따라간다. 그리하여 그 기가 은미한 곳에 이르면 신령스러워지고, 그윽한 곳에 이르면 달통하는 것이다. 옛날에 먼저 통달한 사람은 말 없는 가운데 이해하고[默會] 신기(神氣)의 활동으로 깨달았다. 하지만 명의(名義, 이름과 언어)를 굳이 사용하여 후대 사람들을 붙잡아 인도해주었으니, 이것이 존상(存想)의 술법이 비롯된 연유이다.

《대동경(大洞經)》을 살펴보면 9궁(九宮)[29]의 이론이

夫心宰性眞, 百體攸宗. 用以遣意, 意往氣從, 至微而神, 至幽而通. 古昔先達, 默會神解, 假托名義, 接引後人, 此存想之術所由始也.

按《大洞經》有九宮之論,

---

27 천은자양생서(天隱子養生書) : 중국 당나라의 도사(道士)인 사마승정(司馬承禎, 639~735)이 양생(養生)에 관해 저술한 책. 《천은자(天隱子)》라고도 한다.

28 《天隱子》〈存想〉《中華道藏》26-4, 36쪽).

29 9궁(九宮) : 도교에서 사람 두뇌에 존재한다고 말하는 가상의 궁궐. 일반적으로 명당궁(明堂宮)·니환궁(泥丸宮)·동방궁(洞房宮)·유주궁(流珠宮)·옥제궁(玉帝宮)·천정궁(天庭宮)·극진궁(極眞宮)·현단궁(玄丹宮)·천황궁(天皇宮)을 말한다. 문헌에 따라서 명칭이 다른 경우도 있다. 이 중에서 니환궁이 정신활동을 주관하는 중추라고 여겼다. 구궁은 9개의 방위, 즉 8괘(卦)와 중궁(中宮)이라는 의미도 겸하고 있다.

⑳ 內 : 《天隱子·存想》에는 "復".

㉑ 成 : 《天隱子·存想》에는 "誠".

㉒ 性 : 저본에는 "惟". 오사카본·규장각본·《天隱子·存想》에 근거하여 수정.

있는데, 이것이 바로 존상술의 시초이다.

《대동경》에 다음과 같이 말했다. "양눈썹 사이에서 바로 위로 0.03척 들어가면 수촌쌍전(守寸雙田)이다【코를 기준으로 하여 바로 위아래로 눈썹 경계선이 닿는 곳에서 0.1척 되는 곳이다. 다시 뒤로 뼈가 나올 즈음까지 들어가서 대략 0.03척 이전까지는 수촌(守寸)의 성(城)이 된다. 오른쪽에 자호(紫戶), 왼쪽에 청방(靑房)이 있고, 뒤에 2신(神)이 살기 때문에 '수촌쌍전'이라 한다[30]】.

다시 0.1척 들어가면 명당궁(明堂宮)이다【왼쪽에 명동진군(明童眞君), 오른쪽에 명녀진군(明女眞君), 중앙에 명경신군(明鏡神君)이 있으니, 모두 3신군이 산다】.

다시 0.2척 들어가면 동방궁(洞房宮)이다【머리[頭中]를 통칭하여 동방(洞房)이라 하지만, 동방궁은 그 정위(正位)가 된다. 왼쪽에 원영군(元英君), 오른쪽에 원백군(元白君), 중앙에 황노군(黃老君)이 있으니, 모두 3신(神)이 산다. 이 뒤로부터 "다시 0.1척 들어간다", "다시 0.2척 들어간다", 다시 0.3척 들어간다"라 하는 말은 모두 양눈썹에서 바로 위에 있는 곳을 기준으로 삼는다. 다시 0.03척 들어가면 쌍전(雙田)이고, 다시 0.1척 들어가면 명당(明堂)이며, 다시 0.2척 들어가면 동방이다. 이는 쌍전 뒤로 다시 0.1척 들어간다고 명당이 되거나, 명당 뒤로 다시 0.2척을 들어간

乃斯術之濫觴.

其曰 : "兩眉間直上却入三分, 爲守寸雙田【謂對鼻直上下按眉際方一寸處. 却向後入骨際, 約三分以前, 爲守寸之城. 右有紫戶, 左有靑房, 後二神居之, 故曰 "守寸雙田"】.

却入一寸, 爲明堂宮【左有明童眞君, 右有明女眞君, 中有明鏡神君. 凡三神君居之】.

却入二寸, 爲洞房宮【頭中雖通名爲洞房, 此則洞房之正位也. 左有元英君, 右有元白君, 中有黃老君, 凡有三神居之. 自此以後, 凡云 "却入一寸、二寸、三寸"者, 皆以兩眉直上處爲本. 却入三分, 便是雙田, 却入一寸, 便是明堂, 却入二寸, 便是洞房. 非雙田後再却一寸, 爲明堂, 明堂後再

---

30 코를……한다 : 여기서 설명한 내용은, 도가의 수양법을 비결과 함께 묘사한 《수진도(修眞圖)》에서 부분적으로 확인할 수 있다.

《상청동진구궁자방도(上淸洞眞九宮紫房圖)》에 수록된 구궁 해설 그림(《중화도장》)

다고 동방이 되는 것은 아니라는 뜻이다】.

다시 0.3척 들어가면 단전궁(丹田宮)이다【또는 '니환궁(泥丸宮)'이라고도 한다. 왼쪽에 상원적자제군(上元赤子帝君), 오른쪽에 제향(帝鄕)이 있으니, 모두 2신이 산다】.

다시 0.4척 들어가면 유주궁(流珠宮)이다【유주진군(流珠眞君)이 산다】. 다시 0.5척 들어가면 옥제궁(玉帝宮)이다【옥청신모(玉淸神母)가 산다】.

명당에서 0.1척 올라가면 천정궁(天庭宮)이다【이는 또한 명당에서 1층 올라가는 것을 말하니, 명당 위로 대략 0.1척 정도 되는 곳을 천정궁이라고 한다. 상청진녀(上淸眞女)가 산다】. 동방에서 0.1척 올

却二寸, 爲洞房也】.

却入三寸, 爲丹田宮【亦曰"泥丸宮". 左有上元赤子帝君, 右有帝鄕. 凡二神居之】.

却入四寸, 爲流珠宮【有流珠眞君居之】. 却入五寸, 爲玉帝宮【有玉淸神母居之】.

明堂上一寸, 爲天庭宮【此又在明堂上一層言之, 謂明堂之上約一寸處, 爲天庭宮也. 有上淸眞女居之】. 洞

라가면 극진궁(極眞宮)이다【태극제비(太極帝妃)가 산
다】. 유주에서 0.1척 올라가면 태황궁(太皇宮)이다
【태상군후(太上君后)가 산다】. 단전에서 0.1척 올라가
면 현단궁(玄丹宮)이다【중황태을진군(中黃太乙眞君)이
산다】."[31]

일반적으로 머리 하나에 이러한 9개의 궁(宮)이
있다. 《황정경(黃庭經)》에 이른바 "명당은 금궤(金匱)
와 옥방(玉房) 사이에 있고, 동방(洞房)은 자극(紫極)과
신령(神靈)의 문호이다."[32]라고 한 것이 이것이다.

궁이 비록 9개가 있으나 오직 수촌(守寸)만이 왼
쪽에 강대(絳臺), 오른쪽에 황궐(黃闕)이 있기 때문에
9궁의 진인(眞人)이 드나들 때 모두 강대와 황궐로써
길을 삼는다. 그 나머지 여러 궁은 모두 앞문과 뒷
문이 있어서 서로 통하는데, 오직 니환궁만 아랫문
이 있어서 목구멍으로 통하니, 이것이 인체의 큰 빗
장이 된다.

수양하는 사람이 계절·밤낮·방향에 관계없이 이
를 수양하고자 하면 먼저 평안히 앉아 폐기(閉氣, 숨
죽이고 조용히 함)하면서 눈을 감고 양손은 주먹을 쥔
채로 양무릎 위에 올린다. 그런 다음에 먼저 수촌(守
寸)을 존상(存想)하여 청방(青房)의 신과 자호(紫戶)의
신, 이 두 대신(大神)을 본다.

아울러 태아가 처음 태어날 때의 모양으로, 방
문의 색깔과 같은 옷을 입고[衣], 손에는 금박 입힌

房上一寸, 爲極眞宮【太極
帝妃居之】. 流珠上一寸,
爲太皇宮【有太上君后居
之】. 丹田上一寸, 爲玄丹宮
【有中黃太乙眞君居之】."

凡一首之中有此九宮.《黃
庭經》所謂"明堂, 金匱、
玉房間；洞房, 紫極、靈門
戶"是也.

宮雖有九, 惟守寸左面有
絳臺, 右面有黃闕, 九宮眞
人出入, 皆以此爲路. 其
餘諸宮, 皆有前戶、後戶以
相通, 惟泥丸一宮有下門
以通喉中, 此爲大關鍵也.

修養之士, 不論四時、晝
夜、方向, 欲修此者, 先平
坐閉氣, 冥目握固兩膝上.
乃先存想守寸, 見青房、紫
戶二大神.

竝形如嬰兒初生之狀, 衣
如房戶之色, 手執流金鈴

31 양눈썹……산다 :《上淸洞眞九宮紫房圖》〈九宮紫房三丹田訣〉《中華道藏》2-42, 417쪽).
32 명당은……문호이다 :《修眞十書黃庭內景玉經注》卷56〈靈臺章〉《中華道藏》19-99, 1010쪽).

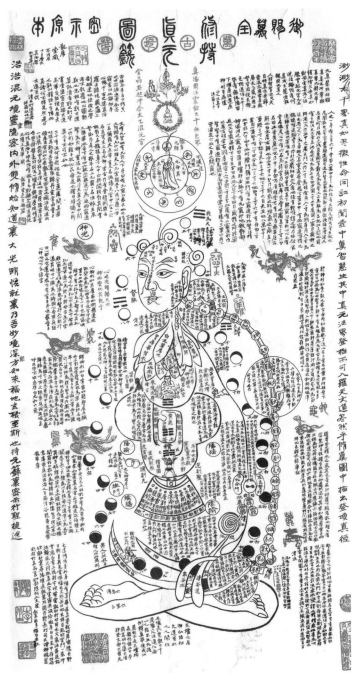

도가의 양생비결을 요약한 《수진도(修眞圖)》[청나라 용호당(龍虎堂) 판본]

방울을 잡고 있는데【흔들면 소리가 난다】, 몸에는 구름이나 안개 기운과 같은 붉은빛이 나면서 신이 수촌궁(守寸宮) 밖으로 흐른다【이 뒤로부터 그 신(神)을 존상(存想)함은 모두 이와 같은 형태이다. 일반적으로 궁에 2신이 살면 왼쪽을 먼저 존상하고 오른쪽을 나중에 하며, 3신이 살면 중앙을 먼저 하고 왼쪽을 그 다음에 하며 오른쪽을 마지막으로 한다】.

수촌궁의 존상이 끝나면 다음으로 명당궁, 동방궁, 니환궁, 유주궁, 옥제궁을 존상하고, 위로 천정궁, 극진궁, 태황궁, 현당궁에 이르기까지 모두 이처럼 존상한다.

9궁이 끝나고 나면 다시 니환궁의 신(神)을 존상한다. 아울러 입으로 적기(赤氣)를 토해냈다가 자기 입으로 흘러들어오게 한다. 숨을 들이마시며 그 기를 삼키되 위로 단전(丹田, 상단전)으로 흘러 들어가게 하는데, 토해냈다가 흘러 들어오게 하기를 열이 날 때까지 한다. 이처럼 하면 9궁의 일이 끝이 날 것이다. 여기서 표현한 궁(宮), 신(神), 의(衣, 옷을 입다), 령(鈴, 방울)이라 하는 따위는 모두 가상으로 말한 것이다.

대개 사람의 뇌는 곧 정수(精髓)의 바다이고, 단전(丹田)은 곧 기(氣)의 바다이다. 만약 혈기가 막혀서 통하지 않으면 결코 두 기운이 화합하여 정기(精氣)를 만들 수가 없고, 날마다 고갈될 뿐이다. 그래서 항상 존상(存想)을 더함으로써 기(氣)를 훈증시켜 확 뚫리도록 하면, 마치 구름과 연기가 위에서 비와

【搖動聞其聲】, 身發赤光如雲霞之氣, 流於守寸宮外【自此以後, 存想其神, 皆如此狀. 凡宮中有二神居者, 先左次右;有三神居者, 先中次左次右】.

守寸畢, 次明堂, 次洞房, 次泥丸, 次流珠, 次玉帝, 次上及天庭四宮, 皆如之.

九宮既畢, 復想泥丸之神. 竝口吐赤氣, 灌入己口. 吸而嚥之, 以上灌丹田, 行吐行灌, 以熱爲度. 如此則九宮之事畢矣. 其曰宮、曰神、曰衣、曰鈴之類, 皆假設之義.

蓋人之腦乃精髓之海, 丹田乃氣之海. 若[23]血氣滯塞不通, 必不能和合而生精氣, 日惟枯竭而已. 故常加存想, 使氣薰蒸透徹, 如雲煙在上變成雨露, 卽

---

[23] 若 : 저본에는 "蓋". 오사카본・《攝生要義・存想篇》에 근거하여 수정.

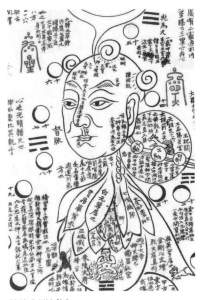

《수진도》 부분 확대

이슬로 변하듯이, 곧 몸 겉의 살결[腠理, 땀구멍]이 맑게 열리면서 그 기운이 정혈(精血)로 변한다. 이를 통해 뇌와 신(腎)을 보양해주는 효과가 큰 것이다.

만약 사람이 우연히 6가지 기운[六氣]에 감수되어 몸속이 불쾌해지면 곧바로 침상으로 나아가 편안히 누워서 폐기(閉氣)하고, 눈을 감고서 양손은 주먹을 쥐고 존상(存想)해야 한다. 명당 2신 또한 아울러 편안히 누워서【만약 앉아서 3신을 존상하면 모두 바깥을 향해 꿇어앉는다. 이 구절의 내용은 명당(明堂)만 존상하거나 니환(泥丸)만 존상하는 것으로, 존상 중에 쉬운 방법이다】각각 입으로 적기(赤氣)를 토해

腠[24]理通瑩, 化爲精血, 補腦益腎之功, 於是爲大矣.

若人偶感六氣, 體中不快, 便當就寢偃臥, 閉氣冥目, 握固存想. 明堂二神, 竝亦偃臥【若坐想三神, 皆向外長跪. 此一節是單想明堂, 或單想泥丸之[25]想, 術易之法也】, 各口吐赤氣, 從宮中流蟲, 漸漸纏繞我身,

---

내면, 궁에서 벌레가 흘러나와 점점 나의 몸을 친친 휘감아 흐릿한 기운이 둘러싼다.

마침내 몸을 두르고 있는 기운을 삼켜서 마시면 기운이 강렬하게 입으로 들어가서 흉복(胸腹)으로 흘러가 단전(丹田)으로 들어감을 느낄 수 있다【이는 곧 신체의 하부(下部)를 존상하는 방법이다】.

순식간에 몸을 두른 적기(赤氣)는 곧바로 불로 변하여 불이 마침내 몸을 두르게 되는데, 몸이 불과 함께 한몸이 되면 안팎으로 밝게 빛나서 뼈와 살·오장육부가 숯이 타는 듯한 모습과 같다. 이와 같으면 몸속의 기(氣)가 위아래로 통하여서 안팎으로 남음이 없을 것이다.

이로 말미암아 풍한(風寒)·서습(暑濕)을 기(氣)로 뚫어서 흩어지게 하고, 적체(積滯)·응결(凝結)을 기로 뻗쳐서 사라지게 하면, 그 질병이 저절로 낫는다. 이런 존상을 만약 밤낮으로 항상 3~5번 행하여 오랫동안 지속할 수 있다면 자연스레 온갖 질병이 생기지 않을 것이다.

존상이란 행위는 모두 상황을 가설한 것이다. 이는 의(意, 의식)로 기(氣)를 끌어당기는 술법으로서, 위로는 뇌수(腦髓)의 문에 통하게 하고 아래로는 혈기(血氣)의 바다에 닿게 할 뿐이다. 따라서 실제로 이러한 사물이 존재하는 것은 아니다. 도(道)를 배우는 사람은 이 점을 알고 있어야 한다. 《섭생요의》[33]

蒙籠周匝,

遂將所繞之氣呑而嚥之, 覺勃勃入口下流胸腹入丹田【此卽存想下部之術】.

須臾繞身赤氣, 卽便成火, 火遂燒身, 身與火共爲一體, 內外洞光, 骨肉、臟腑如燃炭之狀. 如此則身中之氣通透上下, 內外無餘矣.

由是風寒、暑濕, 以氣徹而散, 積滯、凝結, 以氣達而消, 其疾自愈. 若能晝夜常行三五過久久, 自然百疾不生.

凡此皆假設景象, 以意引氣之術. 使上通腦髓之門, 下達血氣之海耳, 非必眞有此物也. 學道者, 當自知之. 《攝生要義》

---

33 《攝生要義》〈存想篇〉《壽養叢書》, 6~10쪽).

3) 좌망(坐忘)

　좌망이란 존상(存想)을 통하여 외부의 자극을 잊는 수련이다. 도를 행하면서도 행한다는 사실을 의식하지 않는 것이 곧 좌(坐)의 뜻이 아니겠는가? 보면서도 본다는 사실을 의식하지 않는 것이 곧 망(忘)의 뜻이 아니겠는가? 왜 도를 행한다는 사실을 의식하지 않는다고 하는가? 심(心)이 동요하지 않기 때문이다. 왜 본다는 사실을 의식하지 않는다고 하는가? 형체가 다 사라졌기 때문이다. 《천은자양생서》[34]

　사람이 무심(無心)하면 도에 합치되고 유심(有心)하면 도에 어긋난다. 이 '무(無, 없음)'란 글자 하나가 모든 '유(有, 있음)'를 남김없이 포함하고 만물을 끝없이 생성하면서도 다함이 없게 한다.

　천지가 크다고 하나 형태가 있는 것은 부릴 수 있으되 형태가 없는 것은 부릴 수 없다. 음양이 신묘하다 하나 기(氣)가 있는 것은 부릴 수 있으되 기가 없는 것은 부릴 수 없다. 오행이 지극히 정묘하다 하나 수(數)가 있는 것은 부릴 수 있으되 수가 없는 것은 부릴 수 없다. 온갖 걱정이 어지럽게 일어난다 하나 의식할 수 있는 것은 부릴 수 있으되 의식할 수 없는 것은 부릴 수 없다.

　지금 이 이치를 닦으려면 우선 형체를 단련해야 좋다. 형체 단련의 묘책은 신(神)을 응집하는 데 달려

論坐忘

坐忘者, 因存想[26]而忘也. 行道而不見其行, 非坐之義乎? 有見而不知[27]其見, 非忘之義乎? 何謂不行? 曰心不動故; 何謂不見? 曰形都泯故.《天隱子養生書》

人無心則與道合, 有心則與道違. 惟此無之一字, 包諸有而無餘, 生萬物而不竭.

天地雖大, 能役有形, 不能役無形; 陰陽雖妙, 能役有氣, 不能役無氣; 五行至精, 能役有數, 不能役無數; 百念紛起, 能役有識, 不能役無識.

今夫修此理者, 不若先鍊形, 鍊形之妙在乎凝神. 神

---

34 《天隱子》〈坐忘〉(《中華道藏》26-4, 36쪽).
[26] 想 : 저본에는 없음. 《天隱子·坐忘》에 근거하여 보충.
[27] 知 : 《天隱子·坐忘》에는 "行".

있다. 신(神)이 응집되면 기(氣)도 응취되고, 기가 응취되면 단전(丹田)이 완성되며, 단전이 완성되면 형체가 굳세지고, 형체가 굳세지면 신(神)이 온전해진다.

凝則氣聚, 氣聚則丹成, 丹成則形固, 形固則神全.

그러므로 송제구(宋齊丘)[35]는 "형체를 잊음으로써 기를 기르며, 기를 잊음으로써[忘] 신(神)을 기르고, 신(神)을 잊음으로써 허(虛)를 기른다."[36]라 했다. 이 '망(忘, 잊다)'이란 글자는 곧 아무 것도 없다는 뜻이다. "본래 아무 것도 없으니, 티끌이란 것이 어디에서 일어나리오?"[37]라 한 말은 곧 이것을 이름이로다! 《백옥섬설(白玉蟾說)[38]》[39]

故宋齊丘曰 : "忘形以養氣, 忘氣以養神, 忘神以養虛." 只此忘之一字則是無物也. "本來無一物, 何處有塵埃?", 其斯之謂乎! 《白玉蟾說》

항상 침묵하면 원기(元氣) 상하지 않고,
생각을 줄이면 지혜의 빛 마음속에서 빛나네.

常默元氣不傷,
少思慧燭內光.

---

35 송제구(宋齊丘) : 887~959. 중국 남당(南唐)의 관리. 좌승상(左丞相)을 역임했다. 저서로 《증보옥관조신경(增補玉管照神經)》 등이 있다.

36 형체를……기른다 : 출전 확인 안 됨.

37 본래……일어나리오 : 중국 선종(禪宗)의 육조(六祖) 혜능(慧能, 638~713)이 지은 게송의 일부이다. 혜능은 선종의 오조(五祖)인 홍인(弘忍, 602~675)의 의발(衣鉢)을 전수받은 사람이다. 본래 홍인의 상좌(上座)인 신수(神秀, 606~706)가 적임자로 기대되었으나, 홍인은 혜능의 그릇을 알아보았기 때문에 모든 승려들을 모이게 한 뒤 각자 게송을 한 수씩 지어 오라고 말하였다. 혜능과 신수는 다음과 같은 게송을 지었는데, 이 게송의 우열로 인하여 홍인의 의발이 혜능에게 전수되었다고 전해진다. 신수는 "몸은 보리수요, 마음은 명경대로다. 부지런히 털어내어, 티끌이 앉지 않도록 할지니(身是菩提樹, 心如明鏡臺. 時時勤拂拭, 勿使惹塵埃)."라는 게송을 지었다. 이에 대하여 혜능은 "보리는 본래 나무가 아니요, 명경 또한 대(臺)가 아니다. 본래 아무 것도 없으니, 티끌이란 것이 어디에서 일어나리오(菩提本無樹, 明鏡亦非台. 本來無一物, 何處惹塵埃)."라는 게송을 지었다. 이로써 혜능은 선종의 제6대조가 되었다.
승려들을 모이게 한 뒤 각자 게송을 한 수씩 지어 오라고 말하였다. 혜능과 신수는 다음과 같은 게송을 지었는데, 이 게송의 우열로 인하여 홍인의 의발이 혜능에게 전수되었다고 전해진다. 신수는 "몸은 보리수요, 마음은 명경대로다. 부지런히 털어내어, 티끌이 앉지 않도록 할지니(身是菩提樹, 心如明鏡臺. 時時勤拂拭, 勿使惹塵埃)."라는 게송을 지었다. 이에 대하여 혜능은 "보리는 본래 나무가 아니요, 명경 또한 대(臺)가 아니다. 본래 아무 것도 없으니, 티끌이란 것이 어디에서 일어나리오(菩提本無樹, 明鏡亦非台. 本來無一物, 何處惹塵埃)."라는 게송을 지었다. 이로써 혜능은 선종의 제6대조가 되었다.

38 백옥섬설(白玉蟾說) : 중국 남송(南宋)의 도인 백옥섬(白玉蟾, 1134~1229)이 지은 도교서 《해경문도집(海瓊問道集)》을 말한다. 도교의 수련법 중 기(氣)의 순환을 통하여 정신과 육신을 수련하는 내단(內丹)에 대한 내용을 다루고 있다.

39 《海瓊問道集》〈玄關顯秘論〉《中華道藏》19-69, 531쪽);《東醫寶鑑》〈內形篇〉卷1 "身形" '虛心合道'《原本 東醫寶鑑》, 75쪽).

명나라 화가 대진(戴進, 1388~1462)의 《달마지혜능육대조사도권(達摩至慧能六代祖師圖卷)》에 묘사된 홍인(弘忍)과 혜능(慧能)의 일화

백옥섬(白玉蟾) 초상화(화가 미상)

노여워하지 않으면 모든 신(神) 편안하고 막힘이 없으며,	不怒百神安[28]暢,
고뇌하지 않으면 마음의 본바탕 청량하지.	不惱心地清凉.
구하지 않으면 아첨도 없고 도리에 어긋남도 없으며,	不求無諂無曲[29],
집착하지 않으면 상황에 알맞게 대처할 수 있네.	不執可圓可方.
탐하지 않으면 이것이 바로 부귀요,	不貪便是富貴,
구차하지 않으면 어찌 임금인들 두렵겠는가.	不苟何懼君王.
고량진미의 맛을 끊으면 영천(靈泉)[40] 저절로 내리고,	味絕靈泉自降,
기가 안정되면 진식(眞息)[41] 저절로 길어지지.	氣定眞息自長.
사기(邪氣)에 범촉되면 형체가 망가지고 신(神)이 떠돌며,	觸則形斃神遊,

---

40 영천(靈泉) : 신령스러운 샘물. 전하여 도가에서는 사람의 침을 의미한다.

41 진식(眞息) : 호흡법의 하나. 진인(眞人)이 하는 호흡법이라는 의미이다. 몸속 깊은 곳까지 호흡의 기운을 들여보내고 내쉬는 방법이다.

[28] 神安 : 《群仙要語纂集 · 坐忘銘》에는 "脈和".

[29] 曲 : 저본에는 "明". 《群仙要語纂集 · 坐忘銘》에 근거하여 수정.

사특한 생각을 하면 꿈 흩어지고 몸 경직되네.	想則夢離尸殭.
기 새어나가면 형체는 두꺼운 흙으로 돌아가고,	氣漏形歸厚土,
생각 새어나가면 신(神)은 죽음의 땅으로 내달리지.	念漏神趨死㉚鄕.
심(心) 죽어야 신(神) 활력을 얻고,	心死方得神活,
백(魄) 멸한 뒤에야 혼(魂) 창성하네.42	魄滅然後魂昌.
계속 변화하는 사물은 그 오묘한 이치 다 궁구하기 어렵지만,	轉物難窮妙理,
그에 따른 조화는 영원한 진리 떠날 수 없지.	應化不離眞常.
지극히 정교함은 흐릿함에 빠지고,	至精潛於恍惚,
너무 큰 형상 아득함에 섞여버리네.	大象混於渺茫.
조화는 기준을 아는 듯 정확하나,	造化若知規繩,
귀신은 드러내고 숨는 일 예측할 수 없는 법이지.43	鬼神莫測行藏.
마시지도 않고 먹지도 않고 잠자지도 않는 것,	不飮不食不寐,
이를 일러 '진인의 좌망'이라 한다네.	是謂"眞人坐忘".
왕중양(王重陽)44《좌망명(坐忘銘)45》46	重陽祖師《坐忘銘》

4) 기쁨과 노여움　　　　　　　　　　論喜怒

도를 배우는 사람은 무엇보다 기쁨과 노여움의　學道之人, 聊且均調喜怒

---

42 심(心)……창성하네 : 앞 구절에서 심은 신이 거하는 집이면서 많은 감정의 발단이 되는 곳이다. 그래서 신을 온전히 보존하려면 심과 연결된 희로애락의 감정을 배제하는 일이 관건이 된다는 뜻이다. '백 멸한 뒤에야 혼 창성하네.'라는 말은 혼이 양의 기운을 대변하고 백이 음의 기운을 상징하여 그 음양이 합쳐 혼백을 이룬다는 관념을 전제하고 있다. 여기에는 건강의 요체는 음적인 기운을 점차 소멸시키고 양적인 기운을 키워가는 데에 있다는 생각이 반영된 것이다.

43 조화는……법이지 : 이 구절은 조화와 귀신을 분리하여 따로 말한 것이라기보다는, 귀신의 조화(몸의 조화) 또는 천지의 조화로 묶어서 보고, 이들의 운행은 규구준승(規矩準繩)이 들어맞는 것처럼 정확한 법칙성을 가지면서도 그 드러나 보임과 숨어 감춤은 쉽게 측량하고 이해하기 어렵다는 뜻으로 보아야 할 것이다.

44 왕중양(王重陽) : 1112~1170. 중국 북송(北宋)의 도사(道士). 중양조사(重陽祖師)라고도 한다. 유교·불교·도교의 이치는 모두 하나로 통한다고 주장했다. 저서로《전진전후집(全眞前後集)》·《도광집(韜光集)》·《운중록(雲中錄)》·《중양교화집(重陽敎化集)》등이 있다.

45 좌망명(坐忘銘) : 왕중양이 좌망에 대한 의견을 밝힌 명(銘).

46 《群仙要語纂集》卷下〈坐忘銘〉《中華道藏》27-42, 761쪽).

㉚ 死 :《群仙要語纂集·坐忘銘》에는 "鬼".

왕중양 초상화(화가 미상)

감정을 적절히 조절하여야 한다. 비록 기쁘더라도 담연지성(湛然之性, 담담한 본연의 성품)을 요동치게 하는 데 이르지는 말고, 비록 노엽더라도 호연지기(浩然之氣, 굳건하고 바른 마음)를 막히게 하는 데 이르지는 말아야 한다. 《모지여서(耄智餘書)[47]》[48]

기쁨과 노여움이 절제되지 않으면 생명이 굳세지 못하게 된다. 기쁨과 노여움을 조화롭게 하여 거처를 편안히 하면 사벽(邪僻, 나쁜 기운)이 이르지 않고 장수한다. 《청량서(清涼書)[49]》[50]

之情. 雖有喜, 勿至盪動湛然之性；雖有怒, 勿至結滯浩然之氣.《耄智餘書》

喜怒不節, 生乃不固, 和喜怒以安居處, 邪僻不至, 長生久視.《清涼書》

---

47 모지여서(耄智餘書) : 중국 북송(北宋)의 도사 조형(晁逈, 948~1031)이 지은 도교 이론서.
48 출전 확인 안 됨 ;《居家必用》〈癸集〉"謹身" '修養秘論'(《居家必用事類全集》, 402쪽).
49 청량서(清涼書) : 미상. 《중화도장》에 수록된 《삼원연수참찬서》 및 다른 판본에도 이하 기사의 인용출전은 "청량서"가 아니라, 구체적 서명이 생략된 "서운(書云)"으로 되어있다. 《중화도장》 및 《사고전서》등 고서목록에 "청량서"란 이름의 책은 확인되지 않는다.
50 《三元延壽參贊書》卷2〈喜樂〉(《中華道藏》23-71, 740쪽).

기쁨과 노여움의 감정이 갑작스럽게 바뀌면 음기는 부족하고 양기는 남게 되어, 영위가 운행되지 못하고 뭉쳤다가 그것이 옹저(癰疽)[51]가 된다.《청량서》[52]

喜怒不測, 陰氣不足, 陽氣有餘, 榮衛不行, 發爲癰疽. 同上

기쁨과 즐거움이 끝이 없으면 백(魄)이 상하게 되고, 백이 상하면 미치광이가 된다. 미치광이가 되면 의식이 없고 피부가 검게 된다.《청량서》[53]

喜樂無極則傷魄, 魄傷則狂, 狂者意不存, 皮革焦. 同上

분노하면 기가 치밀어 오르고 분노가 심하면 피를 토한다. 노여움을 줄이면 형체가 편안하지만, 버럭 분노하거나 한탄하면 수명을 줄인다. 눈에 노기를 띠고 해와 달을 오래 보면 시력을 잃는다.《청량서》[54]

忿怒則氣逆, 甚則嘔血. 少怒則形佚, 悄悄忿恨則損壽, 怒目久視日月則損明. 同上

심하게 노여워하면 간을 상하고, 간이 상하여 혈이 근육에 영양을 공급하지 못하면 기가 격동한다. 기가 격동하여 치밀어 오르면 피를 토하고 설사하며 눈이 어두워지게 되며, 박궐(薄厥)[55]을 일으킨다.《청량서》[56]

大怒傷肝, 血不榮於筋而氣激矣. 氣激上逆, 嘔血, 飧泄, 目暗, 使人薄厥. 同上

급작스럽게 일어나는 분노는 그쳐야 한다. 분노

切切忿怒當[31]止之. 盛而

---

51 옹저(癰疽) : 신체가 곪아 안팎으로 혹이 생기는 병증.《인제지》권16 〈외과〉 "옹저의 전반적인 처방"에서는 영기(靈氣)가 잘 돌지 못하여 살결을 거스르면 발생한다고 했다.
52 《三元延壽參贊書》, 위와 같은 곳.
53 《三元延壽參贊書》, 위와 같은 곳 ; 《東醫寶鑑》〈內形篇〉 卷1 "神" '神統七情傷則爲病'《原本 東醫寶鑑》, 95쪽).
54 《三元延壽參贊書》 卷2 〈忿怒〉《中華道藏》 23-71, 740쪽).
55 박궐(薄厥) : 궐증(厥證)의 하나. 팔다리가 싸늘해지고 머리가 아프며 정신을 잃는 증상이 나타난다.
56 《三元延壽參贊書》, 위와 같은 곳.
[31] 當 : 저본에는 "常". 오사카본·규장각본·《三元延壽參贊書·忿怒》에 근거하여 수정.

가 성하여 그치지 않으면 지(志)가 상하고 이전에 한 말을 잘 잊어버리며, 허리와 등이 은은히 아파서 굽히고 펴지를 못한다. 《청량서》[57]

몹시 노여워하면 온갖 맥(脈)이 안정되지 않는다. 또 몹시 노여워하면 온몸의 털이 타들어가며 근육이 위축되어 노증(勞症)이 되니 갑자기 죽지는 않는다. 하지만, 오장에 두루 전해지면 결국 죽는다. 약의 효과도 소용이 없고 다만 심(心)과 지(志)를 바꾸어야 생명을 건질 수 있다. 《청량서》[58]

먹을 때 갑자기 진노하면 신(神)을 놀라게 하고 날아다니는 꿈을 밤에 꾼다. 《청량서》[59]

분노가 가득하면 신(神)을 상하게 한다. 신(神)은 혀와 통하니, 심(心)이 손상되면 심은 혀와 연관되므로 말을 더듬거린다. 《소씨제병원후총론(巢氏諸病源候總論)》[60]

갑자기 기뻐하면 양(陽)의 기운을 상하게 된다. 《내경》[61]

不止, 志爲之傷, 喜忘前言, 腰背隱痛, 不可俛仰屈伸. 同上

多怒則百脈不定. 又多怒則鬢髮焦, 筋萎爲勞, 卒不死矣[32], 五臟傳徧, 終死矣. 藥力不及, 苟能改心易志, 可以得生. 同上

當食暴嗔, 令人神驚, 夜夢飛揚. 同上

憤滿傷神, 神通於舌, 損心則謇吃. 《巢氏病源》

暴喜傷陽. 《內經》

---

57 《三元延壽參贊書》, 위와 같은 곳.
58 《三元延壽參贊書》, 위와 같은 곳.
59 《三元延壽參贊書》, 위와 같은 곳.
60 《巢氏諸病源候論》 卷30 〈骨口病諸候〉 "謇吃候"(《文淵閣四庫全書》 734, 762쪽).
61 《黃帝內經素問》 卷2 〈陰陽應象大論〉(《黃帝內經素問語譯》, 32쪽) ; 《東醫寶鑑》 〈內形篇〉 卷1 '氣' '中氣'(《原本 東醫寶鑑》, 89쪽).
[32] 矣 : 《三元延壽參贊書·忿怒》에는 "俟".

기뻐하면 기가 이완된다【주 기쁘면 기가 조화 롭고 지(志)가 트이고 영위가 잘 통하게 된다. 그러므로 기가 이완된다】.《내경》[62]

喜則氣緩【注 喜則氣和志達, 榮衛通利, 故氣緩】. 同上

갑자기 노여워하면 음의 기운을 상하게 된다. 《내경》[63]

暴怒傷陰. 同上

심하게 노여워하면 형기(形氣)가 끊어지고, 혈(血) 이 위에서 꽉 뭉쳐서[菀] 기절할[革厥] 수 있다【주 울 (菀)은 뭉친다는 말이다. 혁궐(革厥)은 기절(氣絶)이 다】.《내경》[64]

大怒則形氣絶而血菀於上, 使人革[33]厥【注 菀, 鬱也. 革厥, 氣絶也】. 同上

노여워하면 기가 치밀어 오른다. 《내경》[65]

怒則氣上. 同上

노여워하면 기가 치밀어오른다. 심하면 피를 토 하고 설사를 한다【주 노여워하면 양기(陽氣)가 치 밀어올라 간목(肝木, 간의 목기운)이 비장[脾, 비장의 토기 운]을 누른다. 그러므로 피를 토하고 설사를 한다】. 《내경》[66]

怒則氣逆, 甚則嘔血及飧 泄【注 怒則陽氣逆上而肝 木乘脾, 故嘔血及飧泄】. 同上

---

62 《黃帝內經素問》卷11〈擧痛論〉(《黃帝內經素問語譯》, 225쪽);《東醫寶鑑》〈內形篇〉卷1 "神" '神統七情 傷則爲病'(《原本 東醫寶鑑》, 95쪽).

63 《黃帝內經素問》卷2〈陰陽應象大論〉(《黃帝內經素問語譯》, 32쪽);《東醫寶鑑》〈內形篇〉卷1 "氣" '中 氣'(《原本 東醫寶鑑》, 89쪽).

64 《黃帝內經素問》卷1〈生氣通天論〉(《黃帝內經素問語譯》, 16쪽);《東醫寶鑑》〈內形篇〉卷1 "神" '神統七 情傷則爲病'(《原本 東醫寶鑑》, 95쪽).

65 《黃帝內經素問》卷11〈擧痛論〉(《黃帝內經素問語譯》, 225쪽);《東醫寶鑑》〈內形篇〉卷1 "氣" '九氣'(《原 本 東醫寶鑑》, 89쪽).

66 《黃帝內經素問》卷11〈擧痛論〉(《文淵閣四庫全書》733, 126쪽);《東醫寶鑑》, 위와 같은 곳.

33 革 :《黃帝內經素問·生氣通天論》·《東醫寶鑑·內形篇·神》에는 "薄".

기쁨과 노여움에 절도가 없거나 몸 안에서 추위와 더위가 일정 범위를 넘으면, 생명이 튼튼해지지 못한다.《내경》[67]

喜怒不節, 寒暑過度, 生乃不固. 同上

기쁨은 심(心)에서 출발하여 폐에서 이루어진다. 그러므로 절도를 넘으면 이 2개의 장기가 모두 상한다.《갑을경(甲乙經)[68]》[69]

喜發於心而成於肺. 故過節則二臟皆傷.《甲乙經》

7정(七情)이 사람을 상하게 할 때는 이 중에서 노여움의 감정이 유독 심하다. 대개 노여워하면 간목(肝木)이 비토(脾土)를 극(克)한다. 비장이 상하면 나머지 4개의 장기도 모두 상한다.《의학강목(醫學綱目)》[70]

七情傷人, 惟怒爲甚. 蓋怒則肝木便克脾土, 脾傷則四臟俱傷矣.《醫學綱目》

심하게 기뻐하면 양(陽)의 기가 떨어지고, 심하게 즐거워하면 기가 흩어지며, 맘껏 즐거워하면 혼백이 상하게 된다. 이러한 기운이 눈에 들어가고 간을 손상시키면 눈이 어두워진다.《회남자(淮南子)[71]》[72]

大喜墜陽, 大樂氣飛揚, 恣樂傷魂魄, 通於目, 損於肝則目暗.《淮南子》

심하게 노여워하면 음(陰)을 깨뜨린다.《회남자》[73]

大怒破陰. 同上

---

67 《黃帝內經素問》卷2〈陰陽應象大論〉(《黃帝內經素問語譯》, 32쪽);《東醫寶鑑》〈內形篇〉卷1 "神" '神統七情傷則爲病'(《原本 東醫寶鑑》, 95쪽).

68 갑을경(甲乙經) : 중국 진(晉)나라의 의학자 황보밀(皇甫謐, 214~282)이 지은 중국 최초의 침구학 전문서.

69 《鍼灸甲乙經》卷1〈精神五臟〉, 3쪽 ; 위와 같은 곳.

70 출전 확인 안 됨;《東醫寶鑑》〈內形篇〉卷1 "神" '神統七情傷則爲病'(《原本 東醫寶鑑》, 95~96쪽).

71 회남자(淮南子) : 중국 한(漢)나라의 유안(劉安, ?~B.C. 122)이 편찬한 유서(類書). 다양한 유파의 학문과 천문학·의학 등 전문지식을 담고 있다.

72 《三元參贊延壽書》卷2〈喜樂〉(《壽養叢書》1, 45쪽);《淮南鴻烈集解》卷7〈精神訓〉, 238쪽.

73 《三元參贊延壽書》卷2〈忿怒〉(《壽養叢書》1, 47쪽);《淮南鴻烈集解》, 위와 같은 곳.

성내지 말라. 신(神)이 좋아하지 않는다. 《회남자》[74]

勿恚怒, 神不樂. 同上

기쁘면 기가 조화롭고 성(性)이 트이며 영위가 통행한다. 그러나 심하게 기뻐하면 심(心)을 상하고, 이것이 축적되면 몸이 손상된다. 그러므로 "덜 기뻐하면 신(神)이 피로하지 않다."라 했다. 《취서(聚書)》[75]

喜則氣和性達, 榮衛通行. 然大喜傷心, 積傷[34]則損[35], 故曰"少喜則神不勞". 《聚書》

당나라 유공도(柳公度)[76]는 나이 80여 세가 되어도 걸음이 가볍고 강건했다. 누가 그 방법을 물었더니, 이렇게 말했다. "내게 다른 방술이 있어서가 아니라, 원기를 상해가며 기쁨과 노여움을 부추긴 적이 아직 없고, 항상 기해(氣海)를 따뜻이 했을 뿐이라네."[77] 《삼원연수참찬서》[78]

唐 柳公度, 年八十餘, 步履輕健. 或求其術, 曰 : "吾無術, 但未嘗[36]以元氣佐喜怒, 氣海常溫耳." 《三元延壽書》

은거(隱居)[79]가 말했다. "도가에 또한 삶을 기르는 지침이 있는데, 제일은 진노[嗔恚]를 줄이는 것이다." 《삼원연수참찬서》[80]

隱居云 : 道家更有頤生旨, 第一令人少嗔恚. 同上

---

74 출전 확인 안 됨 ; 《雲笈七籤》 卷32 〈雜修攝〉 "養性延命錄" 《中華道藏》 29-1, 271쪽).

75 출전 확인 안 됨 ; 《三元延壽參贊書》 卷2 〈喜樂〉 《中華道藏》 23-71, 740쪽).

76 유공도(柳公度) : ?~?. 중국 당(唐)나라의 양생가. 유종원(柳宗元, 773~819)의 당형(堂兄)이다.

77 내게……뿐이라네 : 출전 확인 안 됨.

78 《三元延壽參贊書》 卷2 〈喜樂〉 《中華道藏》 23-71, 740쪽).

79 은거(隱居) : 중국 남북조 시대 양(梁)나라 도사(道士) 도홍경(陶弘景 456~536)으로 추정된다. 도홍경의 호가 은거(隱居)이다.

80 《三元延壽參贊書》 卷2 〈忿怒〉 《中華道藏》 23-71, 740쪽).

[34] 傷 : 저본에는 "陽". 《三元延壽參贊書·喜樂》에 근거하여 수정.

[35] 損 : 오사카본에는 해당 원문의 윗 여백에 "손(損)자 아래에 빠진 글자가 있다(損字下缺字)."라는 서유구의 두주(頭注)가 적혀 있다.

[36] 嘗 : 저본에는 "常". 《三元延壽參贊書·喜樂》에 근거하여 수정.

선현의 시에서 다음과 같이 말했다.

"노기(怒氣)는 불꽃처럼 해로와서

조화로움 태우고 공연히 스스로 상처내도다.

몸에 접촉해 와도 함께 다투지 말지니,

일 지나고 나면 마음 다시 청량해지리라."《삼원

연수참찬서》[81]

先賢詩云：

"怒氣劇炎火，

焚和徒自傷。

觸來勿與競，

事過心淸凉。"同上

세상 사람들이 수명을 다하지 못하는 이유는 모두 자기를 아끼지 않는 탓이다. 분에 못 이겨 힘을 다해 다투면 이는 독을 모아서 신(神)을 공격하는 일이니, 안으로 골수가 상하고 밖으로 기육(肌肉)이 말라붙는다. 정기(正氣)는 날로 쇠약해지고 사기(邪氣)는 날로 왕성해지니, 화를 냄은 바닷물을 길어 모닥불을 끄고, 태산을 허물어 도랑물을 막는 일과 다름없다.《명의서론(名醫敍論)》[82][83]

世人不終耆壽，皆由不自愛惜。忿爭盡意，聚毒攻神，內傷骨髓，外乏肌肉。正氣日衰，邪氣日盛，不異擧滄波以注[37]爝火，頹華嶽以塞溝流。《名醫敍論》

닫고 저장하는 일[閉藏]을 주로 하는 것은 신장이요, 흩뜨리고 거르는 일[疏泄]을 주로 하는 것은 간이다. 두 장기는 모두 상화(相火)[84]를 갖고 있으며 그 경락은 위로 심장에 속한다. 심장은 군화(君火)[85]

主閉藏者，腎也；司疏泄者，肝也。二藏皆有相火而其系上屬于心。心，君火也，怒則傷肝而相火動，動

---

81 《三元延壽參贊書》卷2〈忿怒〉《中華道藏》23-71, 741쪽).

82 명의서론(名醫敍論) : 미상.《명의서병론(名醫敍病論)》으로 기재되어 있는 판본도 있다.

83 출전 확인 안 됨;《三元延壽參贊書》, 위와 같은 곳.

84 상화(相火) : 장부를 온양(溫養)하고 인체의 생리기능을 추동시키는 원동력으로, 군화(君火)에 대비되는 명문 또는 간담(肝膽)의 화기이다.

85 군화(君火) : 심장의 화기를 말한다. 군화는 상초에서 전신을 주재하며, 상화(相火)는 하초에서 장부를 온양(溫養)한다. 군화와 상화는 각기 그 자리를 지켜 공동으로 인체의 정상 활동을 유지시킨다. 심장의 화기운이 임금처럼 높은 지위에 자리 잡고 움직이지 않는 반면, 여타 장기의 화 기운은 심장의 화 기운을 받아 활동하며 움직이는 상화(相火)로 인식된다.

37 注 : 저본에는 "炷".《三元延壽參贊書·悲哀》에 근거하여 수정.

라서, 노여워하면 간을 상하게 하고 상화가 동한다. 상화가 동하면 흩뜨리고 거르는 일은 할 수 있겠지만, 닫고 저장하는 일[閉藏]은 할 수 없다. 비록 딱 맞지는 않아도 보이지 않게 흘러 조용히 소모된다. 그러므로 원정(元精, 타고난 정)을 보중하려면 노여움을 그칠 줄 알아야 한다. 《복수전서》[86]

則疏泄用事而閉藏不得其職. 雖不合, 亦暗流而潛耗矣. 是故欲保元精, 當知息怒. 《福壽全書》

5) 슬픔과 서러움

論悲哀

심(心)이 허하면 슬퍼진다. 슬프면 근심이 생긴다. 《내경》[87]

心虛則悲, 悲則憂. 《內經》

슬프면 기가 사그라진다. 《내경》[88]

悲則氣消. 同上

슬프고 서러우면 초췌해지고, 곡을 하며 울면 숨이 가빠져서 음양이 교류하지 못해 몸이 상한다. 그러므로 조문과 문병을 하면 신(神)이 잘 흩어진다. 《삼원연수참찬서》[89]

悲哀憔悴, 哭泣喘乏, 陰陽不交, 傷也. 故弔死問病則喜神散. 《三元延壽書》

슬픔과 서러움으로 마음속이 요동치면 혼을 상하게 하고, 혼이 상하면 미치광이가 되거나 신(神)이 정밀하지 않게 되며, 오래 지나면 음낭이 오그라들고 경련이 나며, 양옆구리가 아파서 팔을 들지 못한

悲哀動中則傷魂, 魂傷則狂忘不精, 久而陰縮拘攣, 兩脅痛不擧. 同上

---

86 출전 확인 안 됨 ; 《東醫寶鑑》〈內形篇〉卷1 "精"'遺泄精屬心'(《原本 東醫寶鑑》, 83쪽).
87 《黃帝內經素問》卷17〈調經論〉(《文淵閣四庫全書》733, 189쪽) ; 《東醫寶鑑》〈內形篇〉卷1 "神" '神統七情傷則爲病'(《原本 東醫寶鑑》, 96쪽).
88 《黃帝內經素問》卷17〈調經論〉(《黃帝內經素問語譯》, 332쪽) ; 위와 같은 곳.
89 《三元延壽參贊書》卷2〈悲哀〉(《中華道藏》23-71, 741쪽).

다.《삼원연수참찬서》[90]

슬픔과 서러움이 너무 심하면 포락(胞絡)[91]이 끊어지고 양기가 몸속에서 동하는데, 이것이 겉으로 발하면 명치가 문드러지고 소변에서 자주 피가 섞여 나온다.《삼원연수참찬서》[92]

悲哀太甚, 則胞絡絶而陽氣內動, 發則心下潰, 溲數血也. 同上

너무 슬퍼하면 성(性)을 상하게 한다. 슬퍼하면 심계(心系)[93]의 근육이 당겨지고, 폐의 포엽(布葉)[94]이 들려 상초의 기가 통하지 않고, 영위의 기가 펴지지 못하며, 더운 음식이 속에 있어 기가 사그라진다.《삼원연수참찬서》[95]

大悲伐性, 悲則心系急, 肺布葉擧, 上焦不通, 榮衛不舒, 熱氣[38]在中而氣消. 同上

슬퍼하고 서러워하면 지(志)를 상하게 하고, 모발이 생기를 잃고 안색이 어두워지며, 정기가 다하고 끊어져서 생기를 잃는다.《삼원연수참찬서》[96]

悲哀則傷志, 毛悴色夭, 竭絶失生. 同上

근눌(近訥)[97]이 다음과 같이 말했다. "폐가 기를 내보낼 때 슬픔으로 인해서 기가 소모되고 펴지지

近訥云:"肺出氣, 因悲而氣耗不舒[39], 所以心系急

---

90 《三元延壽參贊書》, 위와 같은 곳.
91 포락(胞絡) : 자궁과 연결된 낙맥(絡脈).
92 《三元延壽參贊書》, 위와 같은 곳 ;《東醫寶鑑》〈內形篇〉卷3 "胞" '血崩血漏'(《原本 東醫寶鑑》, 159쪽).
93 심계(心系) : 심장과 다른 장기들을 연결해주는 낙맥.
94 포엽(布葉) : 장기의 생김새가 잎이 펼쳐져 있는 모양과 비슷하다는 말로, 폐에서는 기관(氣管)에서 뻗어 나온 2개의 기관지(氣管支)를 말한다.
95 《三元延壽參贊書》, 위와 같은 곳 ;《東醫寶鑑》〈內形篇〉卷1 "氣" '九氣'(《原本 東醫寶鑑》, 89쪽).
96 《三元延壽參贊書》, 위와 같은 곳.
97 근눌(近訥) : 미상.
[38] 氣 : 저본에는 "食".《三元延壽參贊書·悲哀》에 근거하여 수정.
[39] 舒 :《三元延壽參贊書·悲哀》에는 "行".

못한 까닭은 심계의 근육이 당겨져서 기가 사그라지기 때문이다. 무릇 심(心)은 지(志)를 주관하고, 신(腎)은 지(志)를 저장하며, 슬픔은 상[商, 폐금(肺金)을 비위]에 속하는데, 이 때문에 슬픔이 심하면 정(精)을 잃어 음낭이 오그라든다. 슬픔으로 인해서 심(心)이 즐겁지 못하면 수(水)와 화(火)가 모두 떨어져 나가고 신(神)과 정(精)을 모두 잃어버린다."《삼원연수참찬서》98

而消矣. 夫心主志, 腎藏志, 悲屬商, 因悲甚則失精陰縮, 因悲而心不樂, 水火俱離, 神精喪亡矣."同上

6) 생각과 걱정

생각이 많으면 기가 결체(結滯)된다【주 생각이 심(心)에 얽매여 흩어지지 않으므로 기 또한 머물러 결체된다】.《내경》99

論思慮

思則氣結【注 繫心不散, 故氣亦停留而結也】.《內經》

생각과 근심이 과도하고 무서움과 걱정이 때도 없이 일어나 뭉치면 담연(痰涎, 가래)이 생긴다. 담연이 기와 함께 부딪혔다가 올라가서 내려오지 않게 되면 우열(憂噎)·기열(氣噎)·노열(勞噎)·사열(思噎)·식열(食噎)의 오열(五噎)100 병이 된다.《소씨제병원후총론》101

思憂過度, 恐慮無時, 鬱而生涎, 涎與氣搏, 升而不降, 爲憂、氣、勞、思、食五噎之病.《巢氏病源》

생각과 걱정이 많으면 심(心)이 허해지기 때문에, 그 틈에 외부의 사기가 심에 붙게 되면 숨이 차고 속에 기가 쌓여서 밥 먹는 데에 수시로 장애가 된다.

思慮則心虛, 外邪從之, 喘而積氣在中, 時害於食. 同上

---

98 《三元延壽參贊書》, 위와 같은 곳.
99 《黃帝內經素問》卷11〈擧痛論〉(《黃帝內經素問語譯》, 226쪽);《東醫寶鑑》〈內形篇〉卷1 "神" '神統七情 傷則爲病'(《原本 東醫寶鑑》, 96쪽).
100 오열(五噎): 걱정·기·과로·생각·음식으로 인한 다섯 가지 열증(噎症, 목메임)이다. 음식이 목 안에서 아래로 넘어가지 못하는 증상이 나타난다.
101 출전 확인 안 됨;《三元延壽參贊書》卷2〈思慮〉(《中華道藏》23-71, 741쪽).

《소씨제병원후총론》[102]

생각과 걱정으로 심(心)을 상하게 하면 피를 토하거나 코피가 나고, 머리카락이 푸석해진다.《소씨제병원후총론》[103]

思慮傷心, 爲吐衄, 爲髮焦. 同上

팽조가 말했다. "일반적으로 사람이 생각이 없을 수 없지만 점차 제거해야 한다. 사람의 몸은 텅 비어 있다. 다만 떠도는 기가 있더라도 호흡하는 데에 이치를 얻으면 온갖 병이 생기지 않는다. 도(道)는 번거로운 데에 있지 않다. 단지 의식(衣食)·성색(聲色)·승부(勝負)·득실·영욕을 생각하지 않을 수만 있으면 심(心)이 수고롭지 않고 신(神)이 극에 이르지 않아 분명히 오래 살 수 있다. 계략이 감당할 수 없을 만큼 과하고 음식에 절제가 없으면 큰 병을 기르게 된다."《섭생요의》[104]

彭祖曰:"凡人不能無思, 當漸漸除之. 人身虛無, 但有遊氣, 氣息得理, 百病不生. 道不在煩, 但能不思衣食, 不思聲色, 不思勝負, 不思得失, 不思榮辱, 心不勞, 神不極, 但爾可得延年. 謀爲過當, 飮食不節, 養成大患也."《攝生要義》

생각이 많으면 신(神)이 흩어지고, 걱정이 많으면 심(心)이 피로하고, 투기가 많으면 지혜로운 생각이 혼미해지고, 계획을 제대로 결정하지 못하면 담(膽)이 차가워지고 기가 넘쳐나 입이 쓰다.《수양총서》[105]

多思則神散, 多念則心勞, 多機則智慮沈迷, 謀慮未決則膽寒, 氣溢而口苦. 《壽養叢書》

---

102 출전 확인 안 됨;《三元延壽參贊書》, 위와 같은 곳.
103 출전 확인 안 됨;《三元延壽參贊書》, 위와 같은 곳.
104 출전 확인 안 됨;《三元延壽參贊書》, 위와 같은 곳.
105 출전 확인 안 됨;《山林經濟》卷1〈攝生〉"養心志"(《農書》2, 37~38쪽).

피로에 대해서 《경(經)》에서는 "이는 채증(瘵證)[106]
이다. 이 병을 옮기는 벌레가 있어 환자가 서로 전염
되어 이어진다."라 했으니, 진실로 이러한 이치가 있
다. 비유컨대 속담에 "사람 사귀는 데 밝지 못하다."
라는 말과 같다. 이 말은 상사병(相思病)을 말하는 것
이다. 한 여인과 정을 깊이 쌓다가 갑자기 이별을 겪
고는 생각을 떨치지 못하여 넋을 놓고 밥 먹는 일도
잊으며 용모도 파리해지는데, 원하는 것이 채워지
지 않으면 마침내 고질병이 된다. 《장승절서(張承節
書)[107]》[108]

勞,《經》言"瘵證, 有蟲,
患者相繼", 誠有是理. 只
譬如俗談"不曉事人", 言相
思病也. 與一女人情密,
忽經別離, 念念不舍, 失
察[40]忘湌, 便覺形容瘦瘁,
不償所願, 竟爲沈疴.
《張承節書》

어떤 선비가 책 보기를 좋아해서 밥 먹는 일도 잊
을 정도였다. 하루는 자색 옷을 입은 사람이 앞에 서
서 말했다. "당신은 너무 지나치게 생각하면 안 되
오. 그러면 나는 죽소." 선비가 누구인지를 물었더
니, "나는 곡신(穀神)이오."라 했다. 선비는 이에 생각
을 끊고 이전처럼 밥을 먹었다. 《삼원연수참찬서》[109]

一士人喜觀書忘食, 一日有
紫衣人立於前, 曰: "公不
可苦思, 思則我死矣." 問
其何人, 曰: "我穀神也."
於是絶思而食如故.《三元
延壽書》

생각이 많으면 기가 결체되고 몸속에 잠복해 있
던 열이 흩어지지 않는다. 오래되어 기혈이 모두 허

思則氣結, 伏[41]熱不散.
久而氣血俱虛, 則疾速至

---

106 채증(瘵證): 신체 내의 원기가 부족하거나 피로가 지나치게 심하여 나타나는 증상. 노채(勞瘵)라고도 하
며, 지금의 폐결핵과 같다.
107 장승절서(張承節書): 미상. 《삼원연수참찬서(三元延壽參贊書)》 등에 "장승절운(張承節云)"이란 내용이
나오는 것으로 보아 장승절이라는 사람이 쓴 책으로 보인다. 다만 인물에 대한 내용 또한 미상이다.
108 출전 확인 안 됨;《三元延壽參贊書》卷2〈思慮〉《中華道藏》23-71, 741쪽).
109 《三元延壽參贊書》, 위와 같은 곳;《東醫寶鑑》〈內形篇〉卷1"神"'藏氣絶則神見於外'《原本 東醫寶鑑》,
95쪽).
[40] 察:《三元延壽參贊書·思慮》에는 "瘵".
[41] 伏: 저본에는 "喉".《三元延壽參贊書·思慮》에 근거하여 수정.

해지면 질병이 금방 찾아와 일찍 죽는다. 《삼원연수 참찬서》110

而夭枉. 同上

7) 근심과 시름

근심하면 기가 가라앉는다. 《내경》111

근심하면 흉격이 막히고 닫혀 기맥이 단절되고 위아래가 통하지 않는다. 기가 안에서 굳어지면 대소변 통로가 치우쳐 시원하게 배설할 수가 없다. 《내경》112

근심과 피로에 내상(內傷)을 입으면 기가 치밀어오르고, 기가 치밀어오르면 6수(六輸)113가 통하지 않고 온기(溫氣)가 운행되지 않는다. 어혈이 안에 쌓여서 흩어지지 않고 진액이 껄끄럽게 막혀 제거되지 않아 결국 적(積, 덩어리)이 생긴다. 《내경》114

근심은 폐의 기를 상하게 하여 폐기가 운행되지 않는다. 《운급칠첨》115

論憂愁

憂則氣沈. 《內經》

憂則隔42塞否閉, 氣脈斷絕 而上下不通也. 氣固於內, 則大小便道偏, 不能通泄也. 同上

內傷於憂勞43則氣上逆, 上逆則六輸不通, 溫氣不行. 凝44血蘊裏而不散, 津液濇滲, 著不去, 積遂成矣. 同上

憂傷肺氣而不行. 《雲笈七籤》

---

110 《三元延壽參贊書》, 위와 같은 곳.

111 출전 확인 안 됨 ; 《東醫寶鑑》 〈內形篇〉 卷1 "神" '神統七情傷則爲病'(《原本 東醫寶鑑》, 96쪽).

112 《黃帝內經素問》 卷8 〈通評虛實論〉(《文淵閣四庫全書》733, 100쪽) ; 《東醫寶鑑》, 위와 같은 곳.

113 6수(六輸) : 6수(六腧). 6수(六腧)는 척주(脊柱) 좌우에 있는 육부(六腑)의 수혈(兪穴)로, 위수(胃兪)·소장수(小腸兪)·대장수(大腸兪)·담수(膽兪)·방광수(膀胱兪)·삼초수혈(三焦兪穴)을 말한다. 여기서는 인체의 모든 경혈, 곧 기가 흐르는 통로를 대표하는 의미로 보인다.

114 《靈樞經》 卷10 〈百病始生〉, 132쪽.

115 출전 확인 안 됨 ; 《三元延壽參贊書》 卷2 〈憂愁〉(《中華道藏》23-71, 741쪽).

42 隔 : 저본에는 "膈". 오사카본·《黃帝內經素問·通評虛實論》·《東醫寶鑑·內形篇·神》에 근거하여 수정.

43 勞 : 《靈樞經·百病始生》에는 "怒".

44 凝 : 저본에는 "癡". 《靈樞經·百病始生》에 근거하여 수정.

일을 당하여 근심이 그치지 않으면 결국 폐로(肺勞)116가 되어 흉격에 기가 치밀어올라 그득하고 기가 가슴에서 등까지 이어져 늘 은은한 통증이 있다. 《운급칠첨》117

遇事而憂不止, 遂成肺勞, 胸膈逆滿, 氣從胸達背, 隱痛不已. 同上

근심과 시름이 풀리지 않으면 의(意)가 상하고, 마음이 흐릿하여 편치 않고, 사지(四肢)가 견디지 못한다. 《운급칠첨》118

憂愁不解則傷意, 怳惚不寧, 四肢不耐. 同上

깊은 근심과 무거운 진노로 잠을 제때 잘 자지 못하면 몸이 상한다. 《운급칠첨》119

深憂重恚, 寢息失時, 傷也. 同上

큰 시름은 기를 통하지 않게 하니, 시름이 많으면 심(心)이 옥죄인다. 《소유경(小有經)120》121

大愁氣不通, 多愁則心攝. 《小有經》

먹을 때 근심에 빠지면 신(神)이 그 때문에 놀라서 잠잘 때 꿈속에서도 불안하다. 《삼원연수참찬서》122

當食而憂, 神爲之驚, 夢寐不安. 《三元延壽書》

여인이 근심하고, 짝을 그리워하다 곡을 하며 울면 음양의 기가 결체되어 생리 양이 많다가 적다가

女人憂慮, 思想哭泣, 令陰陽氣結, 月水時少時多.

---

116 폐로(肺勞) : 폐가 허약해져서 생기는 병증. 기침을 하고 목구멍이 아프며 목이 쉬고 가슴이 답답한 증상이 나타난다.
117 출전 확인 안 됨 ; 《三元延壽參贊書》卷2〈憂愁〉(《中華道藏》23-71, 741~742쪽).
118 출전 확인 안 됨 ; 《三元延壽參贊書》卷2〈憂愁〉(《中華道藏》23-71, 742쪽).
119 《雲笈七籤》卷35〈雜修攝〉"禁忌"(《中華道藏》29-1, 294쪽).
120 소유경(小有經) : 중국 도가계열의 경전. 저자는 미상이다. 《운급칠첨(雲笈七籤)》과 《양성연명록(養性延命錄)》에 일부 내용이 전한다.
121 출전 확인 안 됨 ; 《三元延壽參贊書》卷2〈憂愁〉(《中華道藏》23-71, 742쪽).
122 《三元延壽參贊書》, 위와 같은 곳.

한다. 또 내열로 입이 쓰고 목마르며, 안색이 나쁘고, 살이 마르고 검게 된다. 《삼원연수참찬서》[123]

內熱苦渴[45], 色惡, 肌體枯黑. 同上

8) 놀람과 무서움

큰 공포는 광증(狂症)을 발생시킨다. 《회남자》[124]

論驚恐

大怖生狂.《淮南子》

일로 인하여 매우 놀라고 무서워하여 스스로 이겨낼 수 없으면, 담기(膽氣)가 튼튼하지 않게 되고, 신(神)과 혼이 불안하고, 마음이 허하고 답답하며, 저절로 땀이 나고, 몸이 부으며, 음식을 먹어도 맛이 없다. 《삼원연수참찬서》[125]

因事而有大驚恐, 不能自遣, 膽氣不壯, 神魂不安, 心虛煩悶, 自汗體浮, 食飲無味.《三元延壽書》

무서움과 두려움이 풀리지 않으면 정(精)이 상하고, 뼈가 시큰거리며, 계종(瘛瘲)[126]이 생기고, 정액(精液)이 때로 저절로 흘러나오며, 오장이 제 기능을 잃고, 음허증(陰虛證)[127]이 생기고, 기가 약해져 견디지 못한다. 《삼원연수참찬서》[128]

恐懼不解則精傷, 骨痠瘻瘲, 精時自下, 五臟失守, 陰虛, 氣弱[46]不耐. 同上

놀라면 몸이 의탁할 데가 없고, 신(神)이 돌아갈 곳이 없으며, 생각이 정처가 없어 결국 기가 어지러

驚則身無所倚, 神無所歸, 慮無所定, 氣乃亂矣. 同上

123《三元延壽參贊書》, 위와 같은 곳.
124《淮南鴻烈集解》卷7〈精神訓〉, 238쪽.
125《三元延壽參贊書》卷2〈驚恐〉(《中華道藏》23-71, 742쪽).
126 계종(瘛瘲) : 힘줄이 당기거나 늘어져서 팔다리가 움츠러졌다 늘어졌다를 반복하는 병증.
127 음허증(陰虛證) : 인체의 음 기운이 허하여 생기는 병증, 곧 진액(津液)이나 정혈(精血)이 부족하여 허열이 나고 불면증이 있으며, 관절과 골수의 허약 등 속으로는 소모(消耗)증이 일어나는 증상이다.
128《三元延壽參贊書》, 위와 같은 곳.
[45] 渴:《三元延壽參贊書·憂愁》에는 "凝".
[46] 弱 : 저본에는 없음. 《三元延壽參贊書·驚恐》에 근거하여 보충..

워진다. 《삼원연수참찬서》129

너무 무서우면 신장을 상하게 한다. 무서움이 제거되지 않으면 지(志)가 흐릿해지고, 즐겁지 않다. 《삼원연수참찬서》130

大恐傷腎. 恐不除則志 [47] 怳惚不樂. 同上

놀람·무서움·근심·생각은 안으로는 장부를 상하게 하고, 그 기가 위로 치밀어오르면 피를 토한다. 《삼원연수참찬서》131

驚、恐、憂、思內傷臟腑, 氣逆於上則吐血也. 同上

무서우면 정(精)이 도망가고, 정이 도망가면 상초(上焦)가 닫히고, 상초가 닫히면 기가 치밀어오르고, 기가 치밀어오르면 하초(下焦)가 창만(脹滿)해져서 결국 기가 운행되지 않는다. 《삼원연수참찬서》132

恐則精却, 却則上焦閉, 閉則氣逆, 逆則下焦脹, 氣乃不行. 同上

9) 사랑과 미움

좋아함과 미워함은 사람의 마음을 피로하게 한다. 그렇기 때문에 이를 얼른 제거하지 않으면 지기(志氣)가 날로 소모되므로 그 수명을 다할 수 없는 원인이 된다. 《회남자》133

論愛憎

好憎者, 使人心勞, 弗疾去則志氣日耗, 所以不能終其壽. 《淮南子》

《노자도덕경》에서 다음과 같이 말했다. "과도한

《老子》曰 : "甚愛必大費,

---

129 《三元延壽參贊書》, 위와 같은 곳 ; 《東醫寶鑑》〈內形篇〉卷1 "氣" '九氣'(《原本 東醫寶鑑》, 89쪽).
130 《三元延壽參贊書》, 위와 같은 곳.
131 《三元延壽參贊書》, 위와 같은 곳.
132 《三元延壽參贊書》, 위와 같은 곳 ; 《東醫寶鑑》〈內形篇〉卷1 "氣" '九氣'(《原本 東醫寶鑑》, 89쪽).
133 《淮南鴻烈集解》卷7〈精神訓〉, 223쪽.
[47] 志 : 《三元延壽參贊書·驚恐》에는 "志傷".

탐닉은 반드시 허비함이 크고, 많이 간직하면 반드시 크게 잃는다. 만족함을 알면 욕되지 않고, 그칠 줄 알면 위태롭지 않으니, 오래오래 갈 수 있다."[134] 대개 여색을 과도하게 탐닉하면 정(精)과 신(神)을 허비하고, 재물을 과도하게 탐닉하면 횡액(橫厄)을 만난다. 탐닉하는 건 적은 것이고 허비하는 건 많은 것이니, 오직 만족을 알고 그침을 알면 저절로 욕되지 않고 위태롭지 않을 수 있다. 그러므로 오래 갈 수 있는 것이다. 《삼원연수참찬서》[135]

미움과 사랑은 성(性)을 손상시키고 신(神)을 상하게 한다. 마음에 미움이 있어도 너무 깊이 미워하지 말고 항상 사물을 평등하게 대하도록 마음을 운용해야 하고, 마음에 사랑함이 있어도 너무 깊이 사랑하지 말고 치우친 것을 깨닫고 찾아내면 즉시 바르게 고쳐야 한다. 그렇지 않으면 본성을 손상시키고 신(神)을 상하게 한다. 《삼원연수참찬서》[136]

좋아하는 마음이 많으면 오로지 거기에 푹 빠져서 마음을 조절하지 못하고, 미워하는 마음이 많으면 초췌해지고 즐거움이 없으니, 이들 모두 삶을 해치는 도끼들이다. 《삼원연수참찬서》[137]

多藏必厚亡, 知足不辱, 知止不殆, 可以長久."蓋甚愛色, 費精神, 甚愛財遇禍患, 所愛者少, 所費者多, 惟知足知止, 則自可不辱而不危也, 故可長久. 《三元延壽書》

憎愛損性傷神. 心有所憎, 不用深憎, 常運心於物平等, 心有所愛, 不用深愛, 如覺偏頗 尋卽改正. 不然, 損性傷神. 同上

多好則專迷不理, 多惡則憔悴無懽, 乃戕生之斧也. 同上

134 과도한……있다 : 《老子道德經》〈德經〉(《中華道藏》9-2, 7쪽).
135 《三元延壽參贊書》卷2〈憎愛〉(《中華道藏》23-71, 742쪽).
136 《三元延壽參贊書》, 위와 같은 곳.
137 《三元延壽參贊書》, 위와 같은 곳.

10) 의심과 미혹

의심과 미혹이 걷히지 않으면 마음에 중심이 없어진다. 그러면 정기(正氣)가 운행되지 않고 외부에서 사기(邪氣)가 침범하여 잠을 자지 못하고, 밥 먹는 일도 잊으며, 깊이 침묵하므로 기혈이 허해져서 몸은 점점 허손(虛損)하게 된다. 《삼원연수참찬서》[138]

의심이 계속되면 반드시 마음의 병이 된다. 이반(李蟠)[139]은 항상 독살될까 의심해서 우물을 자물쇠로 잠궈두고 물을 먹었다. 마음은 영부(靈府, 신령한 곳)여서 외물로부터 충격을 받으면 평생 낫지 않는다. 의심과 미혹이 많은 것은 병의 근본이다.

옛날 술을 많이 마시는 사람이 있었는데, 벽에 조각한 활이 술잔에 그림자로 비치자 그는 그것이 뱀인 줄 알고는 집에 돌아와 병이 생겼다. 나중에 그곳에서 다시 술을 마실 때 비로소 그것이 활인 줄 알고는 마침내 병이 나았다.

또 어떤 승려가 어두운 방에 들어갔다가 생가지를 밟아 터뜨렸다. 이를 살아 있는 생물이라 오해하고 살생을 했다 생각하여 머릿속에 그것이 떠나지 않았다. 그날 한밤중에 밖에서 문을 두드리며 자기 목숨을 찾으러 오는 환청까지 들리자 승려가 내일 천발(薦拔)[140]을 하겠노라 약속까지 했다. 다음날

論疑惑

疑惑不已, 心無所主, 正氣不行, 外邪干之, 失寐忘飧, 沈沈默默, 氣血以虛, 漸爲虛損[48].《三元延壽書》

常疑必爲心疾. 李蟠常疑遇毒, 鎖井而飮. 心, 靈府也, 爲外物所中, 終身不瘳. 多疑惑, 病之本也.

昔有飮廣客酒者, 壁有雕弓, 影落杯中, 客疑其蛇也, 歸而疾作. 後再飮其地, 始知其爲弓也, 遂愈.

又僧入暗室, 踏破生茄, 疑爲物命, 念念不釋. 中夜有扣門索命者, 僧約明日薦拔. 天明視之, 茄也. 疑之爲害如此.《國史補》

---

138 《三元延壽參贊書》卷2〈疑惑〉(《中華道藏》23-71, 743쪽).
139 이반(李蟠) : ?~?. 중국 당(唐)나라의 문인. 문장가 한유(韓愈, 768~824)의 제자로 육경(六經)에 능통했다.
140 천발(薦拔) : 망자의 넋을 달래고 극락세계로 인도하기 위해 드리는 불교제식.
[48] 損 : 《三元延壽參贊書·疑惑》에는 "勞".

가서 보니 가지였다. 의심이 해가 되는 일이 이와 같

다.《국사보(國史補)[141]》[142]

보양지 권제2 끝 　　　　　　　　　　　　　　　葆養志卷第二

---

[141] 국사보(國史補) : 중국 당나라의 문인 이조(李肇, ?~?)가 편찬한 역사서. 당나라의 역사 및 조정의 비화
　　를 수록하였기 때문에 일반적으로《당국사보(唐國史補)》라 부른다.

[142] 출전 확인 안 됨 ;《三元延壽參贊書》卷2〈疑惑〉(《中華道藏》23-71, 743쪽).

보양지 권제3

葆養志 卷第三

3

I. 기거와 음식

사람의 몸을 선방(仙方)에서는 집의 구조에 빗대어 이름을 붙인다. 귀·눈·코·입은
창과 문이다. 손발과 사지의 뼈마디는 기둥과 서까래요, 머리카락과 피부는 벽·기
와·담장이다. 기추(氣樞, 폐와 신장을 합해 말함)·혈실(血室, 자궁)·의사(意舍, 비장)·창름현
부(倉廩玄府, 위장)·니환강궁(泥丸絳宮, 뇌)·자방옥궐(紫房玉闕, 얼굴로 추정됨)·12중루(十二
重樓, 기관지의 12마디)·분문(賁門, 식도와 위가 이어지는 부분)·비문(飛門, 입술)·현빈(玄牝, 코)
등의 문은 대개 다르지만 그것을 주관하는 것이 각각 있다.

- I -

기거와 음식

起居、飮食

1. 형체 기르기(양형)

養形

1) 총론

오래 걷지 말고, 오래 앉아 있지 말고, 오래 서있지 말고, 오래 누워 있지 말고, 오래 보지 말고, 오래 듣지 말라. 배고프지 않은데 억지로 먹으면 비장이 피로하다. 목마르지 않은데 억지로 마시면 위가 창만하다. 몸은 약간 피로해야 좋고 음식은 항상 소식해야 좋다. 피로는 지나치지 말아야 하고, 적게 먹되 속을 비우지 말아야 한다. 겨울에는 아침에 속을 비우지 말고 여름에는 밤에 포식하지 말아야 한다. 일찍 일어나더라도 닭이 울기 전에 일어나지 않아야 하고, 늦게 일어나더라도 해가 뜬 이후를 넘기지 않아야 한다. 《노자양생요결(老子養生要訣)[1][2]

總論

無久行, 無久坐, 無久立, 無久臥, 無久視, 無久聽. 不飢強食則脾勞, 不渴強飲則胃脹. 體欲少勞, 食欲常少. 勞則勿過, 少勿令虛. 冬則朝勿虛, 夏則夜勿飽. 早起不在鷄鳴前, 晚起不過日出後. 《老子養生要訣》

귀가 잘 들리게 하려면 항상 포식하고, 눈이 잘 보이게 하려면 항상 눈을 감고, 팔과 손가락 힘을 기르려면 항상 구부렸다 폈다 하고, 다리와 발가락 힘을

養耳力者, 常飽 ; 養目力者, 常暝 ; 養臂指者, 常屈伸① ; 養股趾者, 常步履. 《褚

---

1 노자양생요결(老子養生要訣) : 노자의 이름을 가탁하여 저술한 양생서로, 《태상노군양생결(太上老君養生訣)》이라고도 한다.
2 《太上老君養生訣》〈養生眞訣〉(《中華道藏》 23-40, 244쪽).
① 伸 : 저본에는 "信". 《褚氏遺書·分體》에 근거하여 수정.

기르려면 항상 걸어야 한다.《저씨유서(褚氏遺書)3》4

氏遺書》

　도를 행하려면 항상 3관(三關)을 조절해야 하니, 이는 정(精)을 뿌리내리고 뼈를 굳히는 도이다. 3관이란 입이 천관(天關)이 되고, 발이 지관(地關)이 되고, 손이 인관(人關)이 된다. 3관이 조절되면 오장(五臟)이 편안하고, 오장이 편안하면 온몸에 병이 없다.《진고(眞誥)5》6

爲道, 當令三關恒調, 是根精固骨之道也. 三關者, 口爲天②關, 足爲地關, 手爲人關. 三關調則五臟安, 五臟安則舉身無病.《眞誥》

　머리카락은 빗질을 많이 해야 하고, 치아는 윗니와 아랫니를 마주쳐 많이 두드려야 하고, 침은 항상 삼켜야 하고, 기는 항상 정련해야 하고, 손은 항상

髮宜多梳, 齒宜多叩, 液宜常嚥, 氣宜精鍊, 手宜在面. 此五者所謂"子欲不死,

빗질하는 모습(임원경제연구소 최시남·김광명)

3　저씨유서(褚氏遺書) : 중국 남북조 시대 남제(南齊)의 의학자인 저징(褚澄, ?~?)이 저술한 의서. 저징의 자(字)는 언도(彦道)이며, 건원(建元, 479~480) 연간에 오군태수(吳郡太守)가 되었고 후에는 좌중상서(左中尙書)를 역임했다. 의술에 정통하여 백성들에게 의술을 베풀었으며 청렴하고 결백한 관리로 신망이 높았다. 여러 본초서와 약방을 저술했다고 알려져 있으나, 현재는《저씨유서》만 남아 있다.
4　《褚氏遺書》〈分體〉(《文淵閣四庫全書》734, 545쪽).
5　진고(眞誥) : 중국 남조 시대 양(梁)나라의 의학자인 도홍경(陶弘景, 456~536)이 모산(茅山)에 은거할 때 편찬한 책으로 도교 상청파(上淸派)의 주요 경전이다.
6　《眞誥》卷5〈甄命授〉"道授"(《中華道藏》2-21, 142쪽).
②　天 :《眞誥·甄命授·道授》에는 "心".

얼굴에 두어야 한다. 이 5가지는 이른바 '그대가 불사 (不死)를 원한다면, 곤륜(崑崙, 머리)을 닦을 뿐.'이라는 말에 해당한다. 《삼원연수참찬서(三元延壽參贊書)》[7]

修崑崙耳". 《三元延壽書》

2) 사람의 몸을 집에 비유하다

論人身比屋子

사람의 몸을 선방(仙方)에서는 집의 구조에 빗대어 이름을 붙인다. 귀·눈·코·입은 창과 문이다. 손발과 사지의 뼈마디는 기둥과 서까래요, 머리카락과 피부는 벽·기와·담장이다. 기추(氣樞, 폐와 신장을 합해 말함)·혈실(血室, 자궁)·의사(意舍, 비장)·창름현부(倉廩玄府, 위장)·니환강궁(泥丸絳宮, 뇌)·자방옥궐(紫房玉闕, 얼굴로 추정됨)·12중루(十二重樓, 기관지의 12마디)·분문(賁門, 식도와 위가 이어지는 부분)·비문(飛門, 입술)·현빈(玄牝, 코) 등의 문은 대개 다르지만 그것을 주관하는 것이 각각 있다.

人之身, 仙方以屋子名之. 耳眼鼻口, 其牕牖、門戶也；手足肢節, 其棟梁、榱桷也；毛髮體膚, 其壁、瓦、垣墻也. 曰氣樞、曰血室、曰意舍、曰倉廩玄府、曰泥丸絳宮、曰紫房玉闕、曰十二重樓、曰賁門、曰飛門、曰玄牝等門, 蓋不一也, 有主之者焉.

보통 집이란 폭풍과 세찬 비로 흔들리거나 벌레와 좀이 침식하기도 하고 좀도둑들이 재산을 훔쳐가기도 한다. 이를 가만히 놔두고 단속할 줄 모르면 세월이 갈수록 집이 동쪽으로 기울고 서쪽으로 퇴락하여 거처할 수가 없게 된다.

今夫屋, 或爲暴風·疾雨之所飄搖、螽蟲·蟻蠹之所侵蝕, 或又爲鼠竊、狗偸之所損壞, 苟聽其自如而不知檢, 則日積月累, 東傾西頹而不可處矣.

대개 몸이란 집이고, 심(心)이란 집에 거처하는 주인이다. 주인이 항상 주인 노릇을 잘할 수 있다면 창문·기둥·서까래·담벽이 모두 완전하고 견고하여 지

蓋身者, 屋也；心者, 居室之主人也. 主人常能爲之主, 則所謂牕戶、棟榱、垣

---

7 《三元延壽參贊書》卷2〈櫛髮〉(《中華道藏》23-71, 746쪽).

원(地元)[8]의 수명을 얻을 수 있다.《삼원연수참찬서》[9]

壁皆完且固, 而地元之壽
可得矣.《三元延壽書③》

3) 내경(內景, 오장육부의 속 모습)   論內景

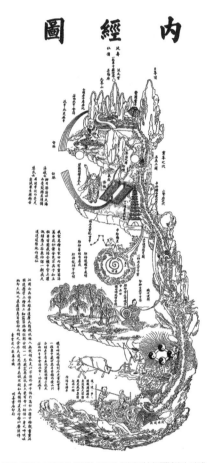

인체 내부를 그림으로 풀이한 도교의 〈내경도(內經圖)〉(작자 미상)

---

8 지원(地元) : 사주의 4지지(地支). 사주에서의 천간(天干)을 천원(天元), 지지를 지원이라 하며, 지지 중의
   장간(藏干)을 인원(人元)이라 한다. 이를 이름하여 천지인(天地人), 3재(才)라 하며, 인명의 추기(樞機)를
   장악하고 있는 것의 하나로 중요한 역할을 한다.
9 《三元延壽參贊書》卷2〈地元之壽起居有常者得之〉(《中華道藏》23-71, 739쪽).
③ 書 : 저본에는 없음. 오사카본·규장각본에 근거하여 보충.

오장육부의 속 모습은 각각 별도의 영역이 있다. 따라서 그에 맞게 양생술을 행하는 것이 양생의 요점이다. 옛 이론들을 참고하여 이 내용을 기술했기 때문에 명백하게 징험할 수 있겠다.

일반적으로 사람의 식도[咽]와 기도[喉] 2개의 구멍은 하나의 완(脘)10에서 나온 것이지만 서로 다른 길을 통해 기운을 운행한다. 기도는 앞에 있어 호흡의 출납을 주로 하고, 식도는 뒤에 있어 음식을 삼키는 일을 주로 한다.

기도[喉系]는 딱딱한 대롱이 이어지고, 폐본(肺本, 폐의 뿌리)에 연접하여 호흡하는 통로가 된다. 호흡이 출입하며 아래로 심장과 간의 구멍과 통하며 여러 경맥의 운행을 자극하니, 기의 큰 바다[巨海]이다. 식도[咽系]는 부드러운 대롱이 이어지고 아래로 위본(胃本, 위의 뿌리)에 접하여 음식의 통로가 된다. 물과 음식이 함께 내려가 모두 위에서 모이니, 수곡(水穀, 물과 음식)의 바다이다. 이 2개의 길은 함께 가지만 서로 침범하지 않는다.

대개 음식은 반드시 기구(氣口, 기도의 입구)를 거쳐서 내려간다. 기구는 어떤 형태를 가지고 있는데, 이를 '회염(會厭)'11이라 한다. 음식을 삼킬 때는 회염이 드리워 기구가 닫히므로 수곡이 식도로 내려가도 기도를 전혀 침범하지 않는다. 말을 하거나 호흡하면 회염이 열린다. 먹으면서 말을 하면 수곡이 공기

腑臟內景, 各有區別, 達以行術, 養生之要. 參稽古論, 述此明徵.

凡人咽喉二竅, 同出一脘, 異塗施化. 喉在前, 主出納 ; 咽在後, 主吞嚥.

喉系堅空, 連接肺本, 爲氣息之路, 呼吸出入, 下通心肝之竅, 以激諸脈之行, 氣之巨海也. 咽系柔空, 下接胃本, 爲飲食之路, 水食同下, 併歸胃中, 乃水穀之海也. 二道竝行, 各不相犯.

蓋飲食必歷氣口而下, 氣口有形, 謂之"會厭", 當飲食方嚥, 會厭卽垂, 厥口乃閉, 故水穀下咽了, 不犯喉. 言語呼吸, 則會厭開張. 當食言語, 則水穀

---

10 완(脘) : 복부의 구분단위로 상완(上脘)·중완(中脘)·하완(下脘)이 있다. 본문에서는 상완을 말한다.
11 회염(會厭) : 인두 하부에서 후두로 들어가는 입구에 뚜껑 역할을 하는 연골로 울대덮개라고도 한다. 숨을 쉬거나 말할 때는 열리고, 음식을 먹거나 게울 때는 닫힌다.

를 타고 후완(喉脘, 목구멍의 윗부분)에 보내지면서 결국 기도가 자극을 받아 기침을 하게 된다.

기도 아래는 폐이다. 폐의 양쪽 엽(葉)[12]의 백영(白瑩)[13]이 덮개[華蓋]가 되어 여러 장기를 덮는다. 폐는 마치 벌집과 같이 텅 비어서 밑에 터진 구멍이 없다. 그래서 숨을 들이쉬면 가득 차고 내쉬면 텅 비니, 한 번 숨을 들이쉬고 한 번 내쉬면서 폐가 가득 차고 텅 비는 일이 자연스럽게 이루어지며, 그침이 없다. 그러므로 폐는 맑은 기운과 탁한 기운의 교환으로 인체의 풀무[14]를 운용한다.

폐의 아래는 심장이다. 심장에는 이어지는 길이 있어 위로는 폐에 연결되니, 폐가 맑은 기운을 받으면 아래의 심장으로 흘려보낸다. 심장 밖으로는 심포락(心包絡)[15]이 있어서 붉고 누런 기름을 둘러싸고 있다. 심장의 모양은 끝이 뾰족하고 길어서 타원형이며 색깔은 흑색·청색·적색·황색을 띠고 있다. 심장 안에 구멍의 개수는 각각 서로 많이 다르다.

심장의 위로는 혀 밑으로 통하지만 터진 구멍은 없다. 오직 옆으로 맥 하나가 이어져서 아래로 신장에 연접함으로써 신장으로 기를 흘려보낸다. 심장의 아래에는 사이를 가르는 격막(膈膜)이 있어 척추와 옆구리를 빙 둘러 서로 붙어 있다. 격막은 탁한 기

乘氣送入喉脘, 遂戕刺而咳矣.

喉之下爲肺, 兩葉白瑩謂爲華蓋以覆諸臟, 虛如蜂窠, 下無透竅, 故吸之則滿, 呼之則虛, 一呼一吸, 消息自然, 無有窮已, 乃淸濁之交, 運人身之橐籥也.

肺之下爲心, 心有系絡, 上屬於肺, 肺受淸氣, 下乃灌注, 外有包絡, 裹赤黃脂. 其象尖長圓扁, 其色黑靑赤黃, 其中竅數多寡各異, 迥不相同.

上通於舌下, 無透竅, 惟旁有系一脈, 下連於腎而注氣焉. 心之下有膈膜, 與脊脅周廻相著, 遮蔽濁氣, 使不得上薰心肺, 所謂"膻

---

12 엽(葉) : 장기의 구조를 형성하는 부분. 현재에도 폐엽·간엽 등의 표현을 사용한다.

13 백영(白瑩) : 폐 윗부분의 희고 맑게 보이는 부분으로 추정된다.

14 풀무 : 원문의 '탁약(橐籥)'을 풀이한 것으로, 불피울 때 바람을 일으키는 도구이다. 탁(橐)은 풀무의 바깥쪽 몸체이고 약(籥)은 안쪽에 있는 관으로 움직이면서 바람을 일으키는 작용을 한다. 여기서는 폐의 기능을 가리키는 말로 쓰였다.

15 심포락(心包絡) : 심장을 둘러싸고 있는 낙맥(絡脈). 심장을 보호하고 그 기능을 돕는 작용을 한다.

운을 막아서 위로 심장과 폐에 이 기운을 쐬지 못하게 한다. 이것이 이른바 '단중(膻中, 심포락)'이다.

격막의 아래에는 간이 있다. 간에는 1개의 엽이 있는 것과 2~3개의 엽이 있는 것이 있다. 간계(肝系, 간 기운이 이어진 곳)는 또한 위로 심장·폐와 연결되어 혈해(血海, 혈이 모이는 바다)가 된다. 위로는 눈과 통하지만 아래로는 또한 구멍이 없다. 간의 단엽(短葉, 짧은 엽) 아래 쓸개가 있다. 쓸개에는 쓸개즙이 있는데, 쓸개즙은 쓸개에 저장되어 쏟아지지 않는다. 여기까지 이 기도라는 하나의 구멍[喉竅]이 기운(공기)을 펴뜨려 운행하고 변화시키며 훈증(薰蒸)하면서 기운이 두루 흘러 맥락을 이루는 양상이 이와 같다.

목구멍[咽]에서 위까지 길이는 1.6척이다. 이를 통틀어 '인문(咽門)'이라 한다. 목구멍 아래에 격막이 있고, 격막 아래에 위가 있다. 위는 음식을 담고 받아 삭인다. 그 왼쪽에 비장[脾]이 있다. 비장은 위와 같은 막에 싸여 있지만 그 위에 붙어 있다. 그 색은 말의 간처럼 적자(赤紫)색이고, 그 모양은 낫과 같다. 소리를 들으면 움직이고, 움직이면 위를 문질러 음식이 소화된다.

위의 아래쪽으로 왼쪽에는 소장이 있고, 뒤에는 척추가 받치고 있다. 소장은 왼쪽으로 돌아 두루 구불구불 중첩되어 대장[迴腸]으로 이어진다. 밖으로는 배꼽과 붙어 있어 배꼽이 함께 소장의 16굽이를 떠받친다. 오른쪽에 대장이 있는데, 대장은 회장(廻腸)

中"也.

膈膜之下有肝, 肝有獨葉者, 有二三葉者, 其系亦上絡心肺, 爲血之海, 上通於目, 下亦無竅, 肝短葉下有膽, 膽有汁, 藏而不瀉④. 此喉之一竅, 施氣運化, 薰蒸流行以成脈絡者如此.

咽至胃, 長一尺六寸, 通謂之"咽門". 咽下有膈膜, 膈膜之下有胃, 盛受飮食而腐熟之. 其左有脾, 與胃同膜而附其上, 其色如馬肝赤紫, 其形如刀鐮, 聞聲則動, 動則磨胃, 食乃消化.

胃之下, 左有小腸, 後肘脊膂, 左環廻周疊積, 其注於廻腸者, 外附臍上, 共盤十六曲. 右有大腸, 卽廻腸, 當臍左環回周疊積而

---

④ 瀉 : 저본에는 "寫". 《攝生要義·形景篇》에 근거하여 수정.

腸)이라고도 한다. 배꼽 왼쪽으로 돌아 두루 구불구
불 중첩되면서 아래로 내려가는데, 또한 소장의 16
굽이를 떠받친다.

광장(廣腸)[16]은 척추에 붙어 대장을 받으면서 왼쪽
으로 돌며 구불구불 중첩되어 아래로 열려 있다. 이
것이 바로 찌꺼기를 배출하는 길이다. 광장의 왼쪽
이 방광인데, 곧 진액의 창고이다. 오미(五味)가 위로
들어가면 그중 정미한 액은 상승하고 혈맥이 되어
골수를 이룬다. 진액의 나머지는 하부로 유입되고
기해(氣海)[17]의 기를 받아 기운을 운행하면 소장에서
는 진액이 스며나오고 방광으로는 진액이 스며들어
오줌이 나온다.

일반적으로 위 속에서 수곡을 삭이면 그중 정미
한 기는 위의 입구인 분문(賁門)으로부터 폐로 전해
지고, 폐는 이를 모든 맥으로 전파한다. 그중 찌꺼
기는 위의 출구인 유문(幽門)[18]으로부터 소장으로 전
해지고, 소장의 출구인 난문(闌門)[19]에 이르러 그 찌
꺼기를 잘 거른다. 이 가운데 다시 맑은 수분은 소
장에서 스며나와 방광으로 스며들고, 탁한 찌꺼기는
대장으로 옮겨진다.

방광은 적백색으로 옥처럼 환하고 맑다. 밖에서
들어오는 구멍이 없고 오로지 기운이 변화하여 운

下, 亦盤十六曲.

廣腸附脊以受廻腸, 左環
疊積下辟, 乃出滓穢之路.
廣腸左側爲膀胱, 乃津液
之府. 五味入胃, 其精液上
升, 化爲血脈以成骨髓, 津
液之餘, 留入下部, 得氣海
之氣施化, 小腸[5]滲出, 膀
胱滲入而溲便注洩矣.

凡胃中腐熟水穀, 其精氣,
自胃之上口曰賁門傳於肺,
肺播於諸脈. 其滓穢, 自
胃之下口曰幽門, 傳於小
腸, 至小腸下口曰闌門, 泌
別其汁, 淸者滲出小腸而滲
入膀胱, 滓穢之濁則轉入
大腸.

膀胱赤白瑩淨, 外無所入之
竅, 全假氣化施行, 氣不能

---

16 광장(廣腸) : 현대의 해부학에서 볼 때 결장의 마지막 부분인 S상 결장과 직장(直腸)을 함께 칭하는 말이다.
17 기해(氣海) : 온 몸에서 기가 모여드는 곳으로, 단중(膻中)을 말한다.
18 유문(幽門) : 위와 십이지장이 이어지는 부분.
19 난문(闌門) : 소장과 대장이 이어지는 부분.
[5] 腸 : 저본에는 "傷". 오사카본·규장각본·《攝生要義·形景篇》에 근거하여 수정.

행되는데, 기운이 변화하지 못하면 소변이 잘 나오지 못하여 병이 된다.

삼초는 이름은 있으나 특정한 형체가 없다. 모든 기를 주관하여 삼재(三才)[20]를 표상한다. 그러므로 호흡의 오르내림과 수곡의 왕래가 모두 삼초에 의해 소통된다. 상초(上焦)는 위의 입구에서 나와 식도[咽]를 따라 올라가 격막을 관통하여 가슴속에 퍼지고 겨드랑이로 가서 수태음폐경(手太陰肺經)[21]의 영역을 따라 운행한다. 상초는 위에서의 곡식 정기를 폐로 전하고, 폐는 이것을 모든 맥으로 전파한다.

중초(中焦)는 위의 중완(中脘)에 있어 위쪽에도 아래쪽에도 치우치지 않는다. 수곡을 삭이는 일을 맡으며, 찌꺼기를 걸러내고 진액을 쪄서 정미한 기로 변화시킨 다음 위쪽 폐맥(肺脈)으로 흘려보내야 그 기가 변화하여 혈이 됨으로써 생명을 봉양하니, 우리 몸에서 이보다 중요한 기능은 없다. 그러므로 홀로 경맥[經隧]으로 운행할 수 있으니, 이를 '영기(營氣)'라 한다.

하초(下焦)는 도랑과 같아서 그 기가 위의 하완(下脘)에서 일어나 대장에서 갈래져 나왔다가 방광으로 흘러 들어간다. 방광은 배출하기만 하고 수납하지 않는다. 여기까지 비장·위·대장·소장·삼초는 바로 식도라는 하나의 구멍[咽竅]에 의지하여 혈기를 얻으

化, 則閟隔不通而爲病矣.

三焦有名無形, 主持諸氣以象三才, 故呼吸升降、水穀往來, 皆待此通達. 上焦出於胃上口, 竝咽以上, 貫膈而布胸中, 走腋[6]循太陰之分而行, 傳胃中穀味之精氣於肺, 肺播於諸脈.

中焦在胃中脘, 不上不下, 主腐熟水穀, 泌糟粕, 蒸津液, 化其精微, 上注於肺脈, 乃化而爲血以奉生, 身莫貴於此, 故獨得行於經隧, 命曰"營氣".

下焦如瀆, 其氣起於胃下脘, 別迴腸, 注於膀胱, 主出而不納. 此脾胃、大·小腸、三焦, 乃咽之一竅, 資生血氣, 轉化糟粕而入出

---

20 삼재(三才) : 우주의 근원이 되는 천(天)·지(地)·인(人) 셋을 이르는 말.
21 수태음폐경(手太陰肺經) : 십이정경(十二正經)의 하나. 중초(中焦)에서 시작되어 대장에 연결되고 다시 횡격막을 지난 다음 폐에 들어갔다가 후두부에 이른다. 이어서 겨드랑이 아래로 나와 팔 안쪽의 앞부분을 따라 엄지의 안쪽 손톱 옆으로 나오는 경맥이다.
[6] 腋 : 저본에는 "液". 오사카본·《攝生要義·形景篇》에 근거하여 수정.

며 찌꺼기를 옮겨서 변화시키면서 출입하는 양상이
이와 같다.

신장에는 2가지 정(精)이 사는데, 척추의 14번째
뼈 아래 양쪽으로 각 0.15척 떨어진 위치에서 생겨
난다. 신장의 모양은 동부[豇豆]와 같아 서로 나란히
굽어 있고 척추 표면에 붙어 있다. 누런 기름이 둘
러싸고 있고, 안은 희고 밖은 검다. 신장에는 각각
띠 2개가 있는데, 위의 띠는 심장에 연계되고 아래
의 띠는 병예혈(屛翳穴)[22]을 지난다. 뒤로 척추를 따
라가면 아래쪽에 대골(大骨, 요추)이 있다. 대골은 척
추의 끝에 있으며 손바닥 절반 정도 크기로, 가운
데에는 2개의 혈이 있다. 이것이 신장의 띠가 지나
가는 곳이다. 척추를 끼고 위로 올라가면 뇌에 이르
니, 이곳이 수해(髓海)[23]이다.

오장의 정[眞]은 신장이 그 뿌리가 된다. 신장의
위아래로 구멍이 있어 곡식의 진액이 들어가서 변화
하여 정(精)이 되면 사람이 오래 살고, 신장이 허하
여 정이 끊어지면 생명이 꺼진다. 일반적으로 사람
의 신장이 허한 이유는 수(水)가 부족하기 때문이다.
조열(燥熱)하는 약으로 보하면 불로 물을 졸이는 일
이니, 정이 말라버리는 것이다. 양생하는 사람이 이
러한 신장의 신묘한 이치를 관찰하면 오래 살지 요
절할지도 대체로 알 수 있을 것이다. 《섭생요의(攝生
要義)》[24]

如此.

腎有二精所舍也. 生於脊
膂十四椎下兩傍各一寸五
分, 形似豇豆, 相竝而曲,
附於脊外, 有黃脂包裹, 裏
白外黑, 各有帶二條, 上
條繫於心, 下條過屛翳穴.
後趨脊骨, 下有大骨, 在脊
骨之端, 如半手許, 中有兩
穴, 是腎帶經過處. 上行
夾脊, 至腦中, 是爲髓海.

五臟之眞, 惟腎爲根. 上下
有竅, 穀味之液化而爲精,
人乃久生, 腎虛精絕, 其
生乃滅. 凡人腎虛, 水不足
也, 補以燥藥, 以火煉水,
其精乃爍. 攝生者, 觀於腎
之神理, 則夭壽之消息亦
思過半矣.《攝生要義》

---

22 병예혈(屛翳穴) : 회음부에 있는 혈자리로 임맥에 속한다.
23 수해(髓海) : 온몸에서 골수가 모여드는 곳으로, 뇌를 말한다.
24 《攝生要義》〈形景篇〉(《壽養叢書》5, 20~26쪽).

4) 머리와 얼굴

머리는 천곡(天谷)[25]으로, 신(神)을 저장한다. 곡(谷)은 하늘의 골짜기요, 신은 온몸의 원신(元神, 신의 근원)이다. 하늘의 골짜기는 조화를 머금고 허공을 수용하며, 땅의 골짜기는 만물을 수용하고 산천을 싣는다. 사람은 천지(天地)와 품부받은 바가 같으니, 사람에게 또한 골짜기가 있다. 사람의 골짜기는 진기(眞氣)를 저장하고 원신을 머무르게 한다. 그러므로 머리에 9궁(九宮)이 있어 위로 9천(九天)[26]에 응한다. 그 중심에 있는 하나의 궁(宮)을 '니환(泥丸)'이라 한다. 또 '황정(黃庭)', '곤륜(崑崙)', '천곡(天谷)'이라 하기도 하여 그 이름이 많은데, 바로 원신이 사는 궁이다. 마치 골짜기처럼 비어 있어 신이 머무르기 때문에 '곡신(谷神)'이라고 한다. 《수양총서(壽養叢書)》[27]

뇌는 골수의 바다이다. 모든 골수는 뇌로 이어진다. 그러므로 위로는 뇌에서부터 아래로는 꼬리뼈에 이르기까지 모두 정수(精髓)가 오르내리는 길이다. 《의학입문(醫學入門)[28]》[29]

論頭面

頭爲天谷以藏神. 谷者, 天谷也;神者, 一身之元神也. 天之谷含造化, 容虛空;地之谷容萬物, 載山川. 人與天地同所稟, 亦有谷焉, 其谷藏眞一, 宅元神. 是以頭有九宮, 上應九天, 中間一宮, 謂之"泥丸", 又曰"黃庭", 又名"崑崙", 又謂"天谷", 其名頗多, 乃元神所住之宮. 其空如谷而神居之, 故謂之"谷神". 《壽養叢書》

腦者, 髓之海, 諸髓皆屬於腦. 故上至腦, 下至尾骶, 皆精髓升降之道路也. 《醫學入門》

---

25 천곡(天谷) : 사람의 신체 중 머리가 원신(元神)을 간직하는 골짜기라는 의미. 사람의 머리는 하늘을 상징한다.

26 9천(九天) : 하늘을 아홉 방위로 나누어 이르는 말. 중앙을 균천(鈞天), 동쪽을 창천(蒼天), 서쪽을 호천(昊天), 남쪽을 염천(炎天), 북쪽을 현천(玄天)이라 하고 동남쪽을 양천(陽天), 서남쪽을 주천(朱天), 동북쪽을 변천(變天), 서북쪽을 유천(幽天)이라 한다.

27 출전 확인 안 됨;《東醫寶鑑》〈外形篇〉卷1 "頭" '頭爲天谷以藏神'(《原本 東醫寶鑑》, 201쪽).

28 의학입문(醫學入門) : 중국 명나라 의학자인 이천(李梴, ?~?)이 편찬한 의학서. 의학약론(醫學略論)·의가전략(醫家傳略)·경혈도설(經穴圖說)·경락(經絡)·장부(臟腑)·진법(診法)·침구(鍼灸)·본초(本草)·외감병(外感病)·내상병(內傷病)·내과 잡병·부인 질병·소아 질병·외과 질병·각과의 약물 사용 및 급구방(急救方)에 대해 수록하고 있다.

29 《醫學入門》卷1 〈明堂仰伏臟腑圖〉, 5쪽;《東醫寶鑑》〈外形篇〉卷1 "頭" '腦爲髓海'(《原本 東醫寶鑑》, 201쪽).

손바닥 마찰하기(임원경제연구소, 정명현)

뜨거운 손바닥으로 이마 문지르기

손바닥을 뜨겁게 마찰하여 자주 이마를 문지르는 일을 "천정(天庭, 하늘의 뜨락)을 닦는다[修天庭, 수천정]."라 한다. 머리카락 경계 부분까지 14~21번 문지르면 얼굴에서 자연스레 광택이 나니, 이른바 "손은 얼굴에 대야 한다[手宜在面, 수의재면]."라는 말이 이것이다. 《양성서(養性書)》[30]

熱摩手心, 頻拭額上, 謂之"修天庭". 連髮際二三七遍, 面上自然光澤, 所謂"手宜在面"是也. 《養性書》

새벽에 일어나서 동쪽을 향하여 앉은 다음 양손을 서로 마찰하여 열을 내고, 이마에서 정수리까지 18번을 문지르고 멈춘다. 이를 "니환 보존하기[存泥丸, 존니환]."라 한다. 《태평어람(太平御覽)》[31][32]

早起, 東向坐, 以兩手相摩, 令熱, 以手摩額上至頂上, 滿二九止. 名曰"存泥丸". 《太平御覽》

새벽에 일어나서 뜨거운 손으로 얼굴에 마찰하면 안색이 좋아진다. 《쇄쇄록(瑣碎錄)》[33][34]

早起, 以熱手摩面上, 則令人悅色. 《瑣碎錄》

---

30 출전 확인 안 됨 ; 《東醫寶鑑》〈外形篇〉 卷1 "頭" '按摩法'(《原本 東醫寶鑑》, 211쪽).
31 태평어람(太平御覽) : 중국 송(宋)나라 학자인 이방(李昉, 925~996)이 편찬한 유서(類書). 송나라 태종(太宗)의 명으로 완성된 책으로, 총 55개 부문으로 구성되어 있으며 1,000권에 달하는 거질이다.
32 《太平御覽》卷720〈方術部〉1 "養生"(《文淵閣四庫全書》899, 424쪽).
33 쇄쇄록(瑣碎錄) : 중국 북송의 학자 온혁(溫革, 1006~1076)이 저술한 양생서.
34 출전 확인 안 됨 ; 《醫方類聚》卷205〈養性導引〉 "瑣碎錄" '握固法'(《醫方類聚》9, 560쪽).

5) 머리카락

머리카락은 빗질을 많이 해야 한다.《황정내경(黃庭內經)35》36

論毛髮

髮宜多櫛.《黃庭內經》

두피에도 자극을 준다는 생각으로 머리 빗기(임원경제연구소, 김수연)

머리카락은 혈의 나머지이다. 혈이 왕성하면 머리카락이 윤기 있고, 혈이 쇠하면 머리카락도 쇠한다. 혈이 뜨거우면 머리카락이 누렇고, 혈이 차가우면 머리카락이 희어진다.《의학입문》37

髮者, 血之餘⑦. 血盛則髮潤, 血衰則髮衰, 血熱則髮黃, 血冷則髮白.《醫學入門》

머리카락은 혈의 궁극이다. 1,000번이 넘게 빗질하면 머리카락이 희어지지 않는다.《운급칠첨(雲笈七籤)38》39

髮, 血之窮, 千過梳髮, 髮不白.《雲笈七籤》

---

35 황정내경(黃庭內經) : 도교(道敎)의 대표 경전 중 하나. 정식 명칭은 《상청황정내경경(上淸黃庭內景經)》이다. 동한(東漢) 후기 무렵인 약 2~3세기경 출현한 책으로, 저자는 알려져 있지 않다. 양생의 원리 및 수련 방법을 도가의 입장에서 서술한 책이다.

36 출전 확인 안 됨;《遵生八牋》卷1〈淸修妙論牋〉上(《遵生八牋校注》, 27쪽).

37 《醫學入門》卷2〈臟腑〉"臟腑條分", 112쪽;《東醫寶鑑》〈外形篇〉卷4 "毛髮" '髮者血之餘'(《原本 東醫寶鑑》, 201쪽).

38 운급칠첨(雲笈七籤) : 북송 천희(天禧) 3년(1019)에 장군방(張君房, ?~?)이 모든 도교 서적을 감수하여 편찬한《대송천궁보장(大宋天宮寶藏)》의 내용을 주요 부분만 요약해서 편집한 도가의 대표적인 유서(類書).

39 《雲笈七籤》卷32〈雜修攝〉"養性延命錄"(《中華道藏》29, 273쪽).

⑦ 餘 :《醫學入門·臟腑·臟腑條分》에는 "苗".

진인(眞人)이 말했다. "머리카락에 빗질을 많이 하면 풍을 제거하여 눈을 밝히고, 불사(不死)하는 길이다." 또 말했다. "두발은 100번씩 빗질한다."《삼원연수참찬서》[40]

眞人曰：“髮多櫛, 去風明目, 不死之道.” 曰：“頭髮, 梳百度.”《三元延壽書》

도홍경(陶弘景)[41]이 "배가 부르면 목욕하고 배가 고프면 빗질하라. 빗질을 많이 하고 목욕을 적게 하면 심장과 눈을 보익한다."[42]라 했다. 그래서 도가(道家)는 항상 새벽에 120번씩 빗질한다.《삼원연수참찬서》[43]

陶隱居云：“飽則入浴, 飢則梳. 梳多浴少, 益心目.” 故道家晨梳, 常以百二十爲數. 同上

도홍경 초상화(작가 미상)

40 《三元延壽參贊書》卷2〈櫛髮〉《中華道藏》23-71, 746쪽).
41 도홍경(陶弘景)：456~536. 중국 양(梁)나라의 의학가. 본초학과 양생술에 조예가 깊었다. 저서로는《보궐주후백일방(補闕肘後百一方)》·《본초경집주(本草經集注)》·《양생연명록(養生延命錄)》등이 있다.
42 배가……보익한다：출전 확인 안 됨.
43 《三元延壽參贊書》, 위와 같은 곳.

오른손으로 왼쪽 귀 잡아 당기기(임원경제연구소, 정정기)   양손으로 양쪽 귀밑털 잡아 당기기

맑은 아침에 막 일어나 코를 수축하고 호흡을 멈춘 다음 오른손을 머리 위로 올려 왼쪽 귀를 잡아당기기를 14번 하고 그친다. 그 뒤 양쪽 귀밑털을 잡아당겨 올리면 혈기를 소통하게 하고 머리가 희어지지 않는다.《삼원연수참찬서》44

머리카락은 혈의 나머지다. 1일 1번 빗질한다.《쇄쇄록》45

6) 귀와 눈

귀로는 음란한 음악을 탐하고 눈으로는 미색(美色)을 좋아하면, 오장이 요동하여 안정되지 않고, 혈기가 흘러넘쳐 편안하지 못하며, 정신이 날뛰어 제자리를 지키지 못한다. 정기(正氣)가 일단 흩어지면 사특하고 음란한 기운이 이를 틈타 병을 일으킨다.《삼원연수참찬서》46

淸朝, 初起, 縮鼻閉氣, 右手從頭上, 引左耳, 二七止, 次引兩鬢髮擧之, 令人血氣流通, 頭不白. 同上

髮是血之餘, 一日一度梳.《瑣碎錄》

論耳目

耳耽淫聲, 目好美色, 則五臟搖動而不定, 血氣流蕩而不安, 精神飛馳而不守. 正氣旣散, 邪淫之氣乘此生疾.《三元延壽書》

---

44 출전 확인 안 됨.
45 출전 확인 안 됨 ;《醫方類聚》卷204〈養生門〉6 "瑣碎錄" '雜說'(《醫方類聚》9, 515쪽).
46 《三元延壽參贊書》卷2〈視聽〉(《中華道藏》23-71, 743쪽).

심장의 신(神)은 눈에서 시작되기 때문에 오래 보면 심장을 상한다. 신장의 정(精)은 귀에서 시작되기 때문에 오래 들으면 신장을 상한다. 《삼원연수참찬서》[47]

心之神發乎目, 久視則傷心;腎之精發乎耳, 久聽則傷腎. 同上

아침에 막 일어나 양손의 손가락 사이에 양쪽 귀를 끼고 위아래로 끝까지 움직이기를 14번 하고 그치면, 귀가 멀지 않게 된다. 《삼원연수참찬서》[48]

朝初起, 以兩手叉兩耳, 極上下之, 二七止, 令人不聾. 同上

손가락 사이에 귀를 끼고 위아래로 움직이기

오신(五辛)[49]을 생으로 먹거나, 뜨거운 음식을 먹거나, 억지로 먼 곳을 보거나, 밤에 주소(註疏)[50]를 읽거나, 연기가 나는 곳에 오래 살거나, 바둑 장기를 쉼없이 두거나, 음주를 그치지 않거나, 밀가루음식을 뜨겁게 해서 먹거나, 다년간 책을 베껴 쓰거나, 정교한 조각을 하거나, 성행위에 절제가 없거나, 지나치

生食五辛, 接熱食飲, 極目遠視, 夜讀註疏, 久居煙火, 博奕不休, 飲酒不已, 熱飧麵食, 抄寫多年, 雕鏤細巧, 房室不節, 泣淚過多, 月下看書, 夜視星

---

47 《三元延壽參贊書》, 위와 같은 곳.
48 《三元延壽參贊書》 卷2 〈起居〉(《壽養叢書》 1, 67~68쪽).
49 오신(五辛) : 자극적인 성질이 있는 다섯 종류의 채소. 곧 파·마늘·부추·겨자·육호(蓼蒿, 여뀌). 불가(佛家)에서는 마늘·달래·아위·파·부추, 도가(道家)에서는 부추·자총이·마늘·평지·파 등을 말하는데, 각각 포함되는 채소 종류가 다르다. 오신채(五辛菜)·오훈채(五葷菜)라고도 한다.
50 주소(註疏) : 본문에 대한 주석. 경(經)을 해석한 것이 주(註)이고 주를 해석한 것이 소(疏)이다. 보통 본문에 비해서 글씨가 작아 눈에 무리를 준다.

게 슬피 울거나, 달빛에 책을 보거나, 밤에 별자리를 보거나, 머리를 찔려 피가 많이 나거나, 일몰 후 독서하거나, 해와 달을 자주 쳐다보거나, 억지로 무언가 뚫어지게 보거나, 산천초목에서 말달리며 수렵하거나, 바람과 서리를 맞거나, 바람 맞으며 짐승을 쫓거나, 밤낮으로 쉬지 않는 일 등은 모두 시력을 잃게 하는 이유가 된다. 《비급천금요방(備急千金要方)[51]》[52]

지나친 독서는 간을 상하고 눈을 손상시킨다. 진나라 범녕(范甯)[53]이 눈병이 있어 장담(張湛)[54]에게 처방을 구하자 장담이 농담하며 말했다. "독서를 줄이는 게 첫째이고, 생각을 줄이는 게 둘째이고, 오로지 내면을 보는 게 셋째이고, 외물을 간략하게 보는 게 넷째이고, 늦게 일어나는 게 다섯째이고, 일찍 자는 게 여섯째입니다. 이 6가지를 신화(神火, 신이라는 불)로 달여 기사(氣篩, 기라는 체)로 거르고[55] 흉중에 재워두고는 7일이 지난 후에 마음에 들입니다. 이렇게 1년을 닦으면 가까이는 눈썹을 셀 수 있고 멀리는 말채찍[尺箠]의 미세함도 볼 수 있으니, 장복하면 담장 밖도 뚫어 볼 수 있을 것이오." 이는 비록 농담이지만 또한

斗, 刺頭出血多, 日沒後讀書, 數向日月輪看, 極目瞻視, 山川草木馳騁田獵, 冒涉風霜, 迎風追獸, 日夜不息, 皆喪明之由.《千金方》

讀書之苦, 傷肝損目. 晉范甯目疾, 就張湛求方, 湛戲曰 : 損讀書一, 減思慮二, 專內視三, 簡外觀四, 宜晩起五, 宜早眠六. 凡六物熬以神火, 下以氣篩, 蘊於胸中, 七日然後, 納諸方寸. 修之一年, 近能數其目睫, 遠視尺箠之微, 長服不已, 洞見墻壁之外矣."雖是嘲戲, 亦奇方也.《本事方》

---

51 비급천금요방(備急千金要方) : 중국 당(唐)나라 손사막(孫思邈, 581~682)이 7세기 중엽에 편찬한 의서. 《황제내경(黃帝內經)》이후의 의학 성과를 정리하였다.

52 《備急千金要方》卷6〈七竅病〉"目病"《孫思邈醫學全書》, 117쪽).

53 범녕(范甯) : 339~401. 중국 진(晉)나라의 관리. 예장태수(豫章太守)를 역임했다. 《후한서(後漢書)》를 편찬한 범엽(范曄, 398~445)이 그의 손자이다.

54 장담(張湛) : ?~?. 중국 진나라의 학자. 자는 처도(處度). 저서로《양생요집(養生要集)》등이 있다.

55 신화(神火)로……거르고 : 위의 6가지 방법은 실제 약제를 쓰는 처방이 아니므로 약을 달일 때 쓰는 불과 거를 때 쓰는 체를 은유적으로 표현한 말이다.

훌륭한 방법이기도 하다. 《보제본사방(普濟本事方)[56]》[57]

독서·장기·바둑을 지나치게 하여 눈병이 생기면 이를 '간로(肝勞)'라 한다. 3년 동안 눈을 감고 있지 않으면 나을 수 없다. 《침구자생경(針灸資生經)[58]》[59]

讀書、博奕過度患目, 名曰"肝勞". 非三年閉目, 不可治.《資生經》

옛 사람들이 간로(肝勞)[60]를 치료할 때 길러주는 법이 있다. 팽진인(彭眞人)[61]이 눈병을 앓았는데, 밤낮을 가리지 않고 눈을 똑바로 떠 주시하고는 잠깐씩 감았다. 이 방법대로 다시 하면서 공을 쌓았더니 추호(秋毫)[62]를 볼 정도로 눈이 좋아졌다. 서진인(徐眞人)[63] 또한 눈병을 앓았는데, 어두운 방에 바르게 앉아 눈동자를 81번 굴리고, 눈을 감아 신(神)을 모았다가 다시 눈동자를 굴리곤 하였다. 몇 년 되지 않아 눈에 황금 수레바퀴모양과 같은 신광(神光)이 저절로 드러났고, 눈이 침침하던 증상이 영원히 제거되었다. 《침구자생경》[64]

古人治肝勞有養之之法. 彭眞人患目疾, 不計晝夜, 瞪目注視, 閉之少頃, 依法再行, 積功而視秋毫. 徐眞人亦患目疾, 暗室正⑧坐, 運睛旋還八十一數, 閉目集神, 再運, 不數年而神光自現, 狀如金輪, 永除昏暗. 同上

---

56 보제본사방(普濟本事方) : 중국 송(宋)나라 의학자인 허숙미(許叔微, 1079~1154)가 편찬한 의서. 《유증보제본사방(類證普濟本事方)》 또는 《본사방(本事方)》이라고도 한다. 병의 종류에 따라 중풍간담근골제풍(中風肝膽筋骨諸風)·십소장비위병(心小腸脾胃病)·폐신경병(肺腎經病)·두통두훈방(頭痛頭暈方) 등 23류(類)로 나누었다. 치료와 방제 및 침구법(鍼灸法)을 싣고 방제 300여 개를 수록했다.

57 출전 확인 안 됨;《東醫寶鑑》〈外形篇〉卷1 "眼" '讀書損目'《原本 東醫寶鑑》, 226쪽).

58 침구자생경(針灸資生經) : 중국 송나라의 왕집중(王執中, 1140~1207)이 편찬한 침구서(針灸書). 신체의 혈자리·침구법에 대해 소개하였다.

59 《針灸資生經》第6〈目不明〉, 256쪽.

60 간로(肝勞) : 허로(虛勞)의 하나. 정신적인 자극으로 간기(肝氣)가 손상되어 생기는데, 양옆구리가 켕기고 가슴이 아프며 근육이 당겨서 움직이기 힘든 증상이다.

61 팽진인(彭眞人) : 미상.

62 추호(秋毫) : '가을철 동물이 털갈이를 한 후 새로 난 가는 털'이라는 의미로 몹시 작은 사물을 의미한다.

63 서진인(徐眞人) : 미상.

64 《針灸資生經》第6〈目不明〉, 257쪽.

⑧ 正 : 저본에는 "靜". 오사카본·《針灸資生經·目不明》에 근거하여 수정.

항상 손으로 양눈썹 뒤 작게 함몰된 부위[65]를 27번 누른다. 또 손바닥과 손가락으로 양쪽 눈 아래와 광대뼈 위를 마찰하며, 손으로 귀를 40번 당긴 뒤 마찰하여 열을 약간 낸다. 이어서 바로 손으로 미간에서부터 머리카락 경계까지 이마를 역으로 타고 올라가면서 27번 문지르고, 입으로는 침을 수없이 삼킨다. 항상 이렇게 하면 눈은 밝아지며, 1년이 지나서는 밤에도 독서할 수 있다. 《양성서》[66]

손바닥을 뜨겁게 마찰하여 양쪽 눈에 매번 14번씩 대면 눈에 장예(障翳)[67]가 저절로 없어지게 된다. 눈을 밝게 하고 풍을 제거하는 방법으로 이보다 좋은 게 없다. 《양성서》[68]

常以手按兩眉後小空中三九過. 又以手心及指, 摩兩目下、顴上, 以手提耳四十過, 摩令微熱, 輒以手逆乘額三九過, 從眉中上行, 入髮際, 以口嚥唾無數. 如此常行, 目卽淸明, 一年可夜讀書.《養性書》

熱摩手心, 熨兩眼, 每二七遍, 使人眼目自無障翳. 明目去風, 無出於此. 同上

손바닥과 손가락으로 눈 아래와 광대뼈 위 마찰하기

손으로 귀 잡아 당기기

마찰하여 뜨거운 손으로 아래에서 위로 이마 문지르기

---

65 양눈썹……부위 : 이 부분을 태양혈(太陽穴)이라 한다. 경외기혈의 하나로, 음식물을 씹으면 움직이는 곳이다. 관자놀이라고도 한다.
66 출전 확인 안 됨;《東醫寶鑑》〈外形篇〉卷1 "眼" '眼病調養'(《原本 東醫寶鑑》, 227쪽).
67 장예(障翳) : 눈을 혼탁하게 가리는 이물질이 끼는 눈병의 일종.
68 출전 확인 안 됨;《東醫寶鑑》, 위와 같은 곳.

손바닥 마찰하기

뜨거운 손바닥을 눈에 대기

손으로 귓바퀴를 횟수에 관계없이 문지르는 행위가 이른바 "귓바퀴를 문질러 신기(腎氣)를 보하며 귀먹는 일을 막는다."[69]이다.《양성서》[70]

以手摩耳輪, 不拘遍數, 所謂"修其城郭, 以補腎氣, 以防聾瞶也."同上

손으로 귓바퀴 문지르기

69 성곽을……막는다 : 출전 확인 안 됨.
70 출전 확인 안 됨 ;《東醫寶鑑》〈內景篇〉卷1 "身形" '按摩導引'(《原本 東醫寶鑑》, 76쪽).

사람의 귀와 눈은, 반드시 달이 태양의 빛을 받아야만 비로소 밝아질 수 있는 것과 같다. 귀와 눈 또한 반드시 양기를 받아야만 받은 양기로 비로소 총명할 수 있다. 그러므로 귀와 눈의 음혈(陰血)이 허하면 양기가 더해져도 받을 수가 없어서 보고 듣는 총명을 잃는다. 귀와 눈의 양기가 허하면 음혈은 스스로 작용할 수 없기에 또한 총명을 잃는다. 《의학강목(醫學綱目)71)》72

人之耳目, 猶月之質必受日光所加, 始能明. 耳目亦必受⑨陽氣所加始能聰明. 是故耳目之陰血虛, 則陽氣之加, 無以受之而視聽之聰明失. 耳目之陽氣虛, 則陰血不能自施而聰明亦失. 《醫學綱目》

오색(五色)73은 모두 눈을 상하게 한다. 오직 검은 비단을 풀로 붙인 병풍만이 시력을 기르게 할 수 있다. 《쇄쇄록》74

五色皆損目, 惟皁糊屛風可養目力. 《瑣碎錄》

눈은 화열이 타오르지[點] 않는 한 어두워지지 않고, 귀는 구멍이 막히지[窆] 않는 한 귀먹지 않는다. 《쇄쇄록》75

目不點不昏, 耳不窆⑩不聾. 同上

새벽에 일어나서 손등으로 눈을 문지르면 눈을 밝게 한다. 《쇄쇄록》76

早起, 以手背揉眼則明目. 同上

---

71 의학강목(醫學綱目) : 중국 명나라 누영(樓英, 1320~1389)이 편찬한 의서. 오장육부를 중심으로 각 장부에 속한 질병을 차례로 배열하여 소개했다.

72 《醫學綱目》卷1〈陰陽臟腑部〉"陰陽", 10쪽.

73 오색(五色) : 청색·적색·황색·백색·흑색 등 5가지 색.

74 출전 확인 안 됨;《醫方類聚》卷201〈養生門〉3 "三元延壽書"'視聽'(《醫方類聚》9, 415쪽).

75 출전 확인 안 됨;《醫方類聚》卷205〈養生門〉7 "瑣碎錄" '禁忌'(《醫方類聚》9, 541쪽).

76 출전 확인 안 됨;《醫方類聚》卷205〈養性導引〉"瑣碎錄" '握固法'(《醫方類聚》9, 560쪽).

⑨ 受 : 저본에는 "須".《醫學綱目·陰陽臟腑部·陰陽》에 근거하여 수정.

⑩ 窆 :《醫方類聚·養生門·瑣碎錄》에는 "幹".

손등으로 눈 문지르기

7) 입과 코

노자가 말했다. "계곡의 하느님[谷神, 곡신]은 죽지 않는다. 이를 일컬어 '가믈한 암컷[玄牝, 현빈]'이라 한다. 가믈한 암컷의 아랫문, 이를 일컬어 '천지의 뿌리'라 한다. 이어지고 또 이어지니 있는 것 같네. 아무리 써도 마르지 않는도다."[77] "무엇을 가믈한 암컷의 문이라 하는가?" 이에 답하기를 "코는 하늘의 기와 통하니 이를 '현문(玄門)'이라 한다. 입은 땅의 기와 통하니 이를 '빈호(牝戶)'라 한다. 그러므로 코와 입이 곧 가믈한 암컷의 문호(門戶)인 것이다."라 했다. 《수양총서》[78]

《황정경(黃庭經)》에 말했다. "신려(神廬) 속을 잘 닦아야 한다. 호흡은 신려를 통해 단전으로 들어간다."[79] 신려는 코이다. 이는 신기(神氣)가 출입하는 문

論口鼻

老子曰 : "谷神不死, 是謂'玄牝'. 玄牝之門, 爲天地根, 綿綿若存, 用之不勤." "何謂玄牝之門?" 答曰 : "鼻通天氣, 曰'玄門', 口通地氣, 曰'牝戶'. 口鼻乃玄牝之門戶也." 《壽養叢書》

《黃庭經》曰 : "神廬之中當修治, 呼吸廬間入丹田." 神廬者, 鼻也, 乃神氣出入

---

77 계곡의……않는도다 : 김용옥 저, 《老子와 21세기》, 통나무, 1999, 256~257쪽 번역 참조.
78 출전 확인 안 됨 ; 《東醫寶鑑》〈外形篇〉 卷2 "鼻" '鼻爲玄牝之門戶'(《原本 東醫寶鑑》, 238쪽).
79 신려(神廬)……들어간다 : 《太上黃庭外景玉經》上 (《中華道藏》 23-2, 7쪽).

이다.《의방유취(醫方類聚)80)81 | 之門也.《醫方類聚》

코털을 제거해야 신기가 그 길로 왕래하니, 신기의 집은 밤낮으로 늘 쉼이 없기 때문이다.《황정경주(黃庭經註)》82 | 去鼻中毛, 神道往來, 則爲廬宅, 晝夜綿綿, 無休息也.《黃庭經註》

항상 중지로 콧잔등 양쪽을 20~30번 문질러 이곳의 안팎에 모두 열이 나게 해야 한다. 이것이 이른바 "중악(中岳, 코)에 물을 대어 폐를 적셔준다."83는 말이다.《양성서》84 | 常以手中指, 於鼻梁兩邊, 揩二三十遍, 令表裏俱熱, 所謂 "灌漑中岳以潤於肺也".《養性書》

항상 코털을 제거해야 하니, 콧속은 신기가 출입하는 문이기 때문이다.《양성서》85 | 常去鼻中毛, 爲神氣出入之門戶也. 同上

해를 향해 재채기하는 법 : 수명을 늘리려면 얼굴을 씻어 신(神)을 깨끗이 하고, 해가 뜨면 다시 세수하고 양치한다. 해가 3장 높이 정도로 떠올랐을 때 정면으로 해를 향해 사기(死氣, 삿된 기운)를 입으로 토하고 해의 기운을 먹은 뒤에 바로 이 일을 반복한다. 사기는 사계절에 걸쳐 토한다. | 向日取嚔法 : 欲得延年, 洗面精神⑪, 至日更洗漱也. 日出三⑫丈, 正面向日, 口吐死氣, 服日後便爲之. 死氣四時吐之也.

---

80 의방유취(醫方類聚) : 조선 세종 때 왕명으로 편찬된 동양 최대의 의학 사전. 266권 264책. 한(漢)나라 때부터 명나라 때까지 164종의 의서가 수록되어 있다.

81 《醫方類聚》卷202〈養性門〉 4 "金丹大成" '金丹問答'(《醫方類聚》9, 444쪽).

82 출전 확인 안 됨 ;《雲笈七籤》卷12〈三洞經敎部〉 "太上黃庭外景經" '上部經'(《中華道藏》29, 123쪽).

83 중악(中岳, 코)에……적셔준다 : 출전 확인 안 됨.

84 출전 확인 안 됨 ;《東醫寶鑑》〈外形篇〉卷2 "鼻" '修養法'(《原本 東醫寶鑑》, 240쪽).

85 출전 확인 안 됨 ;《東醫寶鑑》, 위와 같은 곳.

⑪ 神 :《雲笈七籤·日月星辰部·向日取嚔法》에는 "心".

⑫ 三 :《雲笈七籤·日月星辰部·向日取嚔法》에는 "二".

콧잔등 문지르기

해를 향해 정심(正心)하기

코로 해의 정기를 들이마신 뒤에 반드시 코로 재채기하면 멈추는데, 이렇게 하면 기가 소통된다. 만약 재채기가 나지 않을 때는 부드러운 물건을 사용하여 콧속을 자극하면 반드시 재채기를 하게 된다. 이것은 정(精)을 보하고 태원[胎, 원기]을 회복하여 오래 사는 기술이다.

鼻噏日精, 須鼻得嚏便止, 是爲氣通. 若不得嚏, 以軟物通導之, 使必得嚏也. 以補精復胎長生之術也.

해를 향해 정심(正心)하는 것은 마음을 바로잡기 위함이다. 항상 해가 3장 높이로 떠오르면 재채기를 했다가 다하면 다시 정심한다. 양어깨에 양손을 교차하여 올리는데, 왼손이 위로 가게 한다. 햇볕이 가슴에 닿도록 옷을 벗고 가슴을 드러내어 바로 쐬도록 한다. 이를 항상 행할 수 있으면 좋다.《운급칠첨》[86]

向日正心, 欲得使心正, 常以日出三丈, 取嚏訖, 仍爲之. 錯手着兩肩上, 左手在上. 以日當心, 開衣出心, 令正當之. 常能行之佳.《雲笈七籤》

입은 항상 닫는 습관을 길러야 한다. 수면 중에 입을 벌리면 소갈(消渴)[87]이 되며, 기(氣)가 새나가서 신(神)을 손상시킨다.《증보산림경제》[88]

口常習閉. 睡中開口, 成消渴, 泄氣損神.《增補山林經濟》

86 《雲笈七籤》卷23〈日月星辰部〉"向日取嚏法"(《中華道藏》29-17, 215쪽).
87 소갈(消渴) : 갈증이 나서 물을 많이 마시지만 갈증이 없어지지 않는 병. 소단(消癉)이라고도 한다.
88 《增補山林經濟》卷7〈攝生〉"保身體"(《農書》3, 477쪽).

8) 치아

온갖 양생하는 방법 중에 치아보다 앞서는 일은 없다. 양치하지 않고 이를 씻지 않으면 그것이 충치의 원인이 된다. 일반적으로 서독(暑毒, 더위로 인한 독)과 주독(酒毒, 술로 인한 독)은 항상 치아 사이에 잠복하는데, 그때그때마다 양치하여 낫게 하는 방법만한 것이 없다.

새벽에 일어나 이를 씻은 뒤 양치한 물을 한 모금 손바닥에 뱉고 이 손바닥에 눈을 대고 씻으면 눈이 밝아졌다는 느낌이 절로 든다. 평생 이를 행하면 훌륭한 방법이 될 만하다.《인재직지방론(仁齋直指方論)89》90

치아는 자주 마주쳐 두드려 주어야 한다.《황정내경(黃庭內經)》91

아침저녁으로 고치(叩齒)92하여 몸의 신(神)을 모은다.《황정외경주(黃庭外經註)》93

치아는 뼈의 궁극이다. 아침저녁으로 치아를 마주쳐 두드리면 치아가 썩지[齲] 않는다【안 편(齲)은 우(齲)

論齒牙

百物養生, 莫先口齒, 不漱不洗, 損蠹之媒. 凡暑毒、酒毒常伏于口齒之間, 莫若時時洗漱之爲愈也.

晨起洗畢, 灌嗽一口, 吐出掌中, 就掌滌眼, 自覺光明, 終身行之, 可爲妙法.《直指方》

齒宜數叩.《黃庭內經》

朝暮叩齒以會身神.《黃庭外經註》

齒, 骨之窮. 朝夕啄13齒, 齒不齲【案 齲當作齲, 齒

---

89 인재직지방론(仁齋直指方論) : 중국 송나라 의학자 양사영(楊士瀛, 1208~1274)이 편찬한 의서. 내과(內科)의 여러 가지 병증에 대한 증상과 치료법 위주로 구성되어 있다. 조선시대에는 의관을 뽑는 의과시험의 출제서로 사용되었다.
90 출전 확인 안 됨 ;《東醫寶鑑》〈外形篇〉卷2 "牙齒" '修養固齒法'(《原本 東醫寶鑑》, 250쪽).
91 출전 확인 안 됨 ;《東醫寶鑑》〈內景篇〉卷1 "身形" '攝養要訣'(《原本 東醫寶鑑》, 76쪽).
92 고치(叩齒) : 윗니와 아랫니를 부딪쳐 이뿌리를 튼튼하게 하는 수양법.
93 출전 확인 안 됨.
13 啄 : 저본에는 "琢".《雲笈七籤 · 雜修攝 · 養性延命錄》에 근거하여 수정.

로 써야 한다. 치아가 썩는다는 말이다】.《운급칠첨》[94]

蠧也】.《雲笈七籤》

고치하는 법: 왼쪽 치아를 마주쳐 두드리는 일을 '타천종(打天鐘, 하늘의 종을 치다)'이라 하고, 오른쪽 치아를 마주쳐 두드리는 일을 '퇴천경(搥天磬, 하늘의 경쇠를 두드리다)'이라 하고, 중앙의 위아래 치아를 마주쳐 두드리는 일을 '명천고(鳴天鼓, 하늘의 북을 울리다)'라 한다.

叩齒之法 : 左相叩, 名曰"打天鐘";右相叩, 名曰"搥天磬";中央上下相叩, 名曰"鳴天鼓".

갑자기 흉악하고 상서롭지 못한 일을 만나면 타천종을 36번 해야 한다. 만약 흉악한 일을 겪고 나서 사기(邪氣)를 내쫓거나 악귀를 위협하며 크게 주문을 외려 한다면 퇴천경을 36번 해야 한다. 만약 생각을 집중하여 도(道)를 생각하면서 참된 진령을 불러오려 한다면 명천고를 해야 한다. 이때는 정중앙 4개의 치아를 두드릴 때에 입은 닫고 턱뼈만 느슨하게 해서 두드려 소리가 텅 비면서도 깊이 울리도록 한다.《구진고상보서신명경(九眞高上寶書神明經)[95]》[96]

若卒遇凶惡不祥, 當打天鐘三十六遍;若經凶惡辟邪, 威神大呪, 當搥天磬三十六遍;若存思念道, 致眞招靈, 當鳴天鼓, 以正中四齒相叩, 閉口緩頰, 使聲虛而深響也.《九眞高上寶書神明經》

고치하기

---

94 《雲笈七籤》卷32〈雜修攝〉"養性延命錄"《中華道藏》29-2, 273쪽).

95 구진고상보서신명경(九眞高上寶書神明經) : 미상.

96 출전 확인 안 됨 :《雲笈七籤》卷45〈祕要訣法〉"叩齒訣"《中華道藏》29-13, 375쪽).

매번 새벽에 일어나 소금 1줌을 입에 넣고 따뜻한 물을 머금은 다음 치아를 문지르고 고치를 100번 한다. 이렇게 계속하면 불과 5일 만에 치아가 단단하고 촘촘해진다. 《비급천금요방》[97]

每晨起, 以一捻鹽納口中, 以溫水含, 揩齒及叩齒百遍, 爲之不絕, 不過五日, 齒卽牢密.《千金方》

치아에 황색이나 흑색의 물질이 붙어 뼈가 문드러진 것 같은 모양을 '치상(齒狀)'이라 한다. 치아를 치료할 때 먼저 이러한 물질을 보면 감도(疳刀)[98]로 제거해야 한다. 그렇게 하지 않으면 치아가 잇몸에 붙어 있지 않는다. 《비급천금요방》[99]

附齒有黃黑色物, 似爛骨之狀者, 名爲"齒狀". 治齒者, 先看有此物, 卽用疳刀掠去之, 否則齒不着根也. 同上

밥을 먹고 나면 입을 여러 번 헹궈야 한다. 이렇게 해야 치아가 썩지 않고 입에서 향기가 난다. 《비급천금요방》[100]

食畢, 當漱口數過, 令人齒牙不敗口香.《千金要方》

소금으로 치아를 문지르고 고치하기

---

97 《備急千金要方》卷6〈七竅病〉"齒病"(《孫思邈醫學全書》, 132쪽).
98 감도(疳刀) : 감질[疳疾, 비위(脾胃)의 기능 이상으로 몸이 야위는 병증] 혹은 하감[下疳, 매독(梅毒)으로 외생식기 부위에 생긴 헌데]을 제거할 때 쓰는 칼.
99 출전 확인 안 됨;《東醫寶鑑》〈外形篇〉卷2"牙齒""修養固齒法"(《原本 東醫寶鑑》, 250쪽).
100《備急千金要方》卷27〈養生〉"道林養性"(《孫思邈醫學全書》, 490쪽).

식후에 진한 차로 입안을 헹궈내면 치아가 썩지 않는다. 《후생훈찬(厚生訓纂)[101]》[102]

食後, 以濃茶嗽口, 齒不敗. 《厚生訓纂》

한 사람이 중년이 되어 풍질(風疾)[103]에 걸린 뒤 위아래 치아를 항상 소리가 크게 나도록 갈고 마주쳐 두드렸다. 이 때문에 그는 120세를 살았다【안《진고(眞誥)》에는 갖바치[革工] 일을 도왔던 사람[104]이라고 했다】. 《포박자》[105]

一人中年得風疾, 上下齒, 常磨切相叩, 甚有聲響, 緣此得壽一百二十歲【案《眞誥》作鮑助事】. 《抱朴子》

식후에 입을 몇 번 헹궈내면 치아가 썩지 않는다. 양생가는 새벽에 일어나 고치하는데, 이렇게 하면 영원히 치아의 병이 없다. 《삼원연수참찬서》[106]

食畢, 漱口數過, 齒不蛀. 養生家晨興叩齒, 永無齒疾. 《三元延壽書》

뜨거운 물로는 양치하면 안 된다. 치아를 손상시키기 때문이다. 《쇄쇄록(瑣碎錄)[107]》[108]

熱湯不可漱口, 損牙. 《瑣碎錄》

진사(進士) 유둔(劉遁)[109]이 기이한 사람을 만났는

進士劉遁遇異人, 曰: 世人

---

101 후생훈찬(厚生訓纂) : 중국 명(明)나라의 사관(史官) 주신(周臣)이 양생 의료 지식에 관해 《안씨가훈(顔氏家訓)》·《삼원연수참찬서(三元延壽參贊書)》·《양생잡찬(養生雜纂)》 등의 중요 부분을 취하여 편찬한 책. 총 6권.
102 《厚生訓纂》卷2〈飮食〉《壽養叢書》7, 22)
103 풍질(風疾) : 풍사(風邪)로 인해 생기는 병을 통틀어 이르는 말. 풍기(風氣)·풍증(風症)·풍질(風疾)·풍(風)이라고도 한다.
104 갖바치[革工]……사람 : 《眞誥》卷15 《中華道藏》2-21, 212쪽).
105 출전 확인 안 됨 ; 《東醫寶鑑》〈外形篇〉卷2 "牙齒" '修養固齒法'《原本 東醫寶鑑》, 250쪽).
106 《三元延壽參贊書》卷3〈飮食〉《中華道藏》23-71, 751쪽).
107 쇄쇄록(瑣碎錄) : 중국 북송(北宋)의 관리이자 문인인 온혁(溫革)이 저술한 《분문쇄쇄록(分門瑣碎錄)》. 양생(養生)의 의미와 방법을 다룬 20권의 서적이다. 《의방유취(醫方類聚)》에 그 내용이 보인다
108 출전 확인 안 됨 ; 《醫方類聚》卷205〈養生門〉7 "山居四要" '起居雜忌'《醫方類聚》9, 553쪽).
109 유둔(劉遁) : ?~?. 중국 송(宋)나라 도사. 송나라 관리 정위(丁謂)의 친구로, 정위에게 준 도가풍의 시가 남아 있다. 《태평광기(太平廣記)》에 그의 기이한 행적이 기록되어 있다.

데, 그가 말했다. "세상 사람들의 양생법은 왕왕 거꾸로 뒤집혔소. 새벽에 하는 양치는 잠잘 무렵에 하는 양치만 못하오. 치아 사이에 쌓인 이물질을 제거하면 치아 또한 튼튼해지지요."《쇄쇄록》110

새벽에 일어나서 칫솔을 사용하면 안 된다. 그렇게 하면 치아뿌리가 뜨는 데다 성기어져서 치아가 쉽게 흔들릴까 걱정되기 때문이다. 오랫동안 사용하면 치통을 앓는다. 대개 칫솔은 모두 말총으로 만드는데, 치아에 매우 해롭다. 요즘 치아를 뽑아주는 이들이 말총 태운 재를 모두 사용하지만 대개 말총은 잇몸을 썩게 할 수 있다. 《쇄쇄록》111

9) 팔다리[肢體]

팔다리[四肢]란 모든 양기가 그 근본이다. 양기가 성하면 팔다리가 튼튼하다. 《황제내경소문》112

용천혈은 발바닥가운데에 있는데, 습기가 모두 이곳을 통해 들어온다. 저녁때 항상 양쪽 발의 적육(赤肉)113을 마찰하되, 손을 번갈아 가면서 한 손은 발가락을 쥐고 한 손은 이 부분을 마찰한다. 여러 번 문질러 발바닥가운데에 열감을 느끼면 발가락을 잡고

奉養往往倒置, 早漱口, 不若將困而漱, 去齒間所積, 牙亦堅固. 同上

早起, 不可用刷牙子, 恐根浮, 兼牙疏易搖, 久之患牙痛. 蓋刷牙子, 皆是馬尾爲之, 極有所損. 今時出牙者, 盡用馬尾灰, 蓋馬尾能腐齒齦. 同上

論肢體

四肢者, 諸陽之本, 陽盛則四肢實.《內經》

涌泉穴在足心, 濕氣皆從此入. 日夕之間, 常以兩足赤肉, 更次用一手握指, 一手摩擦, 數目多時, 覺足心熱, 卽將脚指, 略略動轉,

---

110 출전 확인 안 됨.
111 출전 확인 안 됨;《醫方類聚》卷205〈養生門〉7 "瑣碎錄" '禁忌'(《醫方類聚》9, 541쪽).
112《黃帝內經素問》卷8〈陽明脈解篇〉(《黃帝內經素問語譯》, 181쪽).
113 적육(赤肉) : 손등이나 발등, 팔다리의 바깥쪽에 약간 붉은 빛을 띠는 피부. 팔다리 안쪽의 백육(白肉)에 상대되는 말이다.

서 조금씩 돌리고, 피곤하면 잠시 쉰다. 다른 사람에게 발바닥을 마찰하게 해도 괜찮다. 그러나 결국 자기가 마찰하는 것만큼 좋진 못하다. 이렇게 마찰해주면 다리의 힘이 강건해져서, 다리가 마르고 약해지거나 시큰거리는 통증이 없어진다. 《양성서》[114]

倦則少歇. 或令人擦之亦得, 終不若自擦爲佳. 脚力强健, 無痿弱、痠痛之疾矣.《養性書》

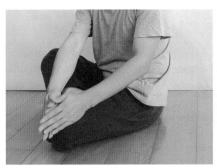

발의 적육을 마찰하기

발가락을 잡고 돌리기

불을 향해 발을 들지 말라.《비급천금요방》[115]

勿擧足向火.《千金要方》

일반적으로 다리에 땀이 날 때 물에 들어가지 말라. 골비(骨痺)[116]가 되거나 둔질(遁疾, 숨겨져 있는 병)이 된다.《운급칠첨》[117]

凡脚汗, 勿入水, 作骨痺[14], 亦作遁疾.《雲笈七籤》

새벽에 일어나서 손을 마찰하여 열이 나게 한 다음 몸을 위에서 아래로 마찰하는 행동을 '건욕(乾浴)'이라

早起, 摩手令熱, 以摩身體從上至下, 名"乾浴". 令人

---

114 출전 확인 안 됨;《東醫寶鑑》〈外形篇〉卷4 "足" '脚氣按摩法'(《原本 東醫寶鑑》, 304쪽).
115 《備急千金要方》卷27〈養生〉"黃帝雜忌法"(《孫思邈醫學全書》, 499쪽).
116 골비(骨痺) : 골수에 한기가 들어 뼛속이 아프고 저린 증상.
117 《雲笈七籤》卷32〈雜修攝〉"雜戒忌禳灾祈善"(《中華道藏》29-2, 272쪽).
[14] 痺 : 저본에는 "口".《雲笈七籤·雜修攝·養性延命錄》에 근거하여 수정. 참고로 오사카본은 공란이 없고 윗부분에 "骨下缺字"라는 가필이 있다.

한다. 건욕은 풍한(風寒)[118]·계절병·한열(寒熱)·두통을 이기게 하고 온갖 병을 모두 없앤다.《태평어람》[119]

勝風寒、時氣、寒熱、頭疼, 百病皆除之.《太平御覽》

손 마찰하기　　　　　　　　온몸을 위에서 아래로 마찰하기

매우 더울 때 손바닥에 부채질하면 온몸이 모두 서늘하다.《쇄쇄록》[120]

極熱, 扇手心, 五體俱涼. 《瑣碎錄》

더울 때 손바닥에 부채질하기

---

118 풍한(風寒) : 감기(感氣). 풍사(風邪)와 한사(寒邪)가 겹쳐 오한이 나면서 열이 나고 머리와 온 몸이 아프며 코가 막히고 기침과 재채기가 나는 증상이다.
119 《太平御覽》卷720〈方術部〉1 "養生"(《文淵閣四庫全書》899, 425쪽).
120 출전 확인 안 됨;《遵生八牋》卷4〈四時調攝牋〉下 "六月事宜"(《遵生八牋校注》, 127쪽).

발을 씻고 자면 팔다리에 냉질[(冷疾, 냉사(冷邪)로 생기는 병)]이 없다. 《쇄쇄록》[121]

濯足而臥, 四肢無冷疾. 同上

발은 사람 몸의 바닥[基底]이다. 매일 밤에 1번씩 씻는다. 《쇄쇄록》[122]

足是人之底, 一夜一次洗. 同上

밤에 일어나 앉아 손으로 발바닥을 감싸 안으면 근육이 뒤틀리는 병이 없다. 《쇄쇄록》[123]

夜起坐, 以手攀脚底, 則無筋轉之疾. 同上

항상 부드러운 활을 끌어당기는 자세를 취하여 팔의 기를 소통시킨다. 《증보산림경제》[124]

常引挽軟弓, 通臂氣. 《增補山林經濟》

10) 외신(外腎, 남자의 생식기)

論外腎

내신(內腎, 신장)에 있는 하나의 구멍을 '현관(玄關)'이라 하고, 외신에 있는 하나의 구멍을 '빈호(牝戶)'라 한다. 진정(眞精, 신장에 저장된 정기)이 아직 새지 않고, 건체(乾體, 양기가 가득차 있는 몸 또는 그 상태)가 파손되지 않았으면 외신(外腎)의 양기는 자시(子時, 오후 11~오전 1시)가 되어 일어난다.

內腎一竅, 名"玄關";外腎一竅, 名"牝戶". 眞精未泄, 乾體未破, 則外腎陽氣, 至子時而興.

사람 몸의 기는 천지의 기와 서로 부합하니, 진정이 새어나가고 건체가 파손되면 내 몸의 양기가 생기는 시각도 점점 늦어진다. 그리하여 축시(丑時, 오전 1~3시)에 생기기도 하고, 그 다음에는 인시(寅時,

人身之氣, 與天地之氣兩相吻合, 精泄體破, 則吾身陽生之候漸晚, 有丑而生者, 次則寅而生, 又次則卯而

---

121 출전 확인 안 됨;《醫方類聚》卷205〈養生門〉7 '瑣碎錄' '握固法'(《醫方類聚》9, 560쪽).
122 출전 확인 안 됨;《醫方類聚》卷204〈養生門〉6 '瑣碎錄' '雜說'(《醫方類聚》9, 515쪽).
123 출전 확인 안 됨;《醫方類聚》卷205〈養生門〉7 '瑣碎錄' '握固法'(《醫方類聚》9, 560쪽).
124《增補山林經濟》卷7〈攝生〉"保身體"(《農書》3, 479쪽).

오전 3~5시)에 생기기도 하고, 또 그 다음은 묘시(卯時, 오전 5~7시)에 생기기도 한다. 끝내 생기지 않을 수도 있으니, 이는 처음에 천지와 서로 응하지 못했기 때문이다.

이때 양기 단련의 비결은 한밤중 자시(子時)에 옷을 걸치고 일어나 앉은 다음 양손을 문질러 매우 뜨겁게 해야 한다. 그 뒤 한 손은 외신을 감싸고, 또 한 손은 배꼽을 덮어 내신에 신기(神氣)를 응집시킨다. 이렇게 오래오래 익히면 진정이 왕성해질 것이다. 《진전(眞詮)》125

서번(西番, 티베트) 사람들 중에는 오래 사는 사람이 많다. 이들은 매일 밤 누워서 항상 손으로 외신을 덮어 따뜻이 한다. 이 또한 장수의 한 가지 방법이다. 《휘언(彙言)126》127

生, 有終不生者, 始與天地不相應矣.

煉之之訣, 須半夜子時, 卽披衣起坐, 兩手搓, 極熱, 以一手將外腎兜住, 以一手掩臍而凝神於內腎, 久久習之而精旺矣. 《眞詮》

西番人多壽者, 每夜臥, 常以手掩外腎, 令溫煖, 此亦一法也. 《彙言》

외신을 손으로 덮고 누워 있기

---

125 출전 확인 안 됨 ; 《證治準繩》〈女科〉 卷4 "胎前門" '求子'《王肯堂醫學全書》, 2142쪽).

126 휘언(彙言) : 조선 후기의 문신·학자 김시형(金始炯, 1681~1750)이 편찬한 유서(類書). 10책. 필사본. 우리나라 명현들의 저술 중에서 후세에 전할 만한 사실을 수집하여 각 부문으로 나누어 수록하였다.

127 출전 확인 안 됨 ; 《東醫寶鑑》〈內景篇〉 卷1 "精" '煉精有訣'《原本 東醫寶鑑》, 82쪽).

한 손으로 외신을 감싸고 한 손으로 배꼽 주위를 마찰한다. 좌우를 교대로 오래오래 문지르면 하원(下元, 하초의 원기)을 보할 수 있다. 그 다음 다시 신수[腎兪, 신(腎)의 배수혈(背兪穴)]·앞가슴·옆구리·용천(涌泉)을 마찰한다. 단 명치는 마찰을 금한다. 《의학입문》[128]

以一手兜托外腎, 一手摩擦臍輪, 左右輪換, 久久擦之, 可以補下元, 更擦腎兪·胸前·脅下·涌泉, 但心窩忌擦. 《醫學入門》

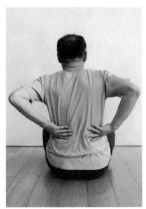

한 손으로 외신을 감싸고 한 손으로 배꼽 주위를 마찰하기　　　　　　　　신수 마찰하기

앞가슴 마찰하기　　　　　　　옆구리 마찰하기　　　　　　　용천혈 마찰하기

128《醫學入門》卷1〈保養〉"附 : 導引法", 56쪽.

새벽에 일어나서 양손으로 외신(外腎)을 마찰하고 다음에 발바닥가운데를 마찰하면 각기(脚氣)[129] 등 여러 병이 생기지 않는다. 《쇄쇄록》[130]

外腎乃性命之根本, 不可不保護. 回回國敎人, 善保養者, 無他法, 惟使煖外腎, 使不着寒. 見南人夏着布袴者, 甚以爲非, 恐傷外腎也云. 夜臥, 當以手握之, 令煖, 此說最有理. 《增補山林經濟》

외신은 생명의 근본이어서 보호하지 않으면 안 된다. 회회국(回回國, 아라비아)에서는 사람들에게 가르치길, 보양을 잘하려면 다른 법이 필요 없고 오로지 외신을 따뜻하게 하여 찬 기운이 붙지 못하도록 했을 뿐이다. 또 남쪽 사람들이 여름에 포과(布袴)[131]를 입는 풍습을 보고 매우 잘못된 일이라 하였으니, 이는 외신을 상하게 할까 걱정되기 때문이라고 한다. 밤에 누워 잘 때 한 손으로 외신을 잡고 따뜻이 해야 한다고 하니, 이 말이 가장 일리가 있다. 《증보산림경제》[132]

早起, 以左右手摩腎, 次摩脚心, 則無脚氣諸疾. 《瑣碎錄》

洛陽人劉几, 年七十餘, 精神不衰, 體幹淸健, 或問其術, 曰 : "以兩手掬外腎而煖之, 默坐調息, 至千息, 兩腎融液如泥, 瀹入腰間." 此法至妙. 同上

낙양 사람 유궤(劉几)[133]가 70여 세 즈음에도 정신이 쇠하지 않고, 몸이 맑고 건강했다. 누가 그 방법을 물으니, 이에 다음과 같이 답했다. "양손으로 외신을 움켜쥐어 따뜻하게 하고 조용히 앉아 호흡을 고르게. 1,000번 호흡을 고르면 내신과 외신의 정기가 진흙처럼 녹아 빠르게 허리로 흘러 들어간다네." 이 방법은 지극히 신묘하다. 《증보산림경제》[134]

---

129 각기(脚氣) : 다리가 뻣뻣해지고 다리의 힘이 약해지는 증상.
130 출전 확인 안 됨 ; 《醫方類聚》 卷205 〈養生門〉 7 "瑣碎錄" '握固法' (《醫方類聚》 9, 560쪽).
131 포과(布袴) : 무명천으로 만든 바지. 여기서는 여름철의 얇고 짧은 바지를 말한다.
132 《增補山林經濟》 卷7 〈攝生〉 "保身體" (《農書》 3, 480쪽).
133 유궤(劉几) : 1008~1088. 중국 송(宋)나라의 관리. 자는 백수(伯壽). 비서감(秘書監)을 지냈다. 말년에 숭산(嵩山) 옥화봉(玉華峰) 아래에서 은거하며 양생술을 닦았다.
134 《增補山林經濟》, 위와 같은 곳.

양손으로 외신 움켜쥐기

11) 침과 가래, 콧물과 땀

항상 땅에 침 뱉지 않는 습관을 길러야 한다. 대개 입안의 침은 금장옥례(金漿玉醴)[135]이다. 하루 종일 침을 뱉지 않고 항상 침을 머금다가 삼킬 수 있다면 정기가 항상 몸에 머물러 있게 되므로 얼굴과 눈에서 빛이 난다. 《비급천금요방》[136]

도가(道家)의 책에서는 입안의 진액을 극히 귀하게 여겨 '금례옥장(金醴玉漿)'이라고 한다. 아무 일 없이 조용히 정좌하여 침으로 입안을 헹구고 나서 침을 자연스럽게 삼키면 오장(五臟)에 물을 댈 뿐 아니라, 심장의 화기를 꺼줄 수 있어 화기가 타오르지 못하게 한다. 이것은 곧 주역에 나오는 기제(旣濟)괘[137]

論津唾

常習不唾地. 蓋口中津液是金漿玉醴, 能終日不唾, 常含而嚥之, 令人精氣常留, 面目有光.《千金方》

道書, 極貴口中津液, 謂之"金醴玉漿". 無事靜坐, 漱而自嚥, 不徒灌漑五藏, 亦能止滅心火, 不使飛熖, 乃旣濟之理也.《福壽全書》

---

135 금장옥례(金漿玉醴) : 도가에서 말하는 선약(仙藥)의 일종인 금장(金漿)과 옥례(玉醴). 아래 기사에서의 금례옥장(金醴玉漿)도 같은 의미로, 침이 그만큼 몸의 정기를 담고 있다는 의미이다.
136 출전 확인 안 됨;《東醫寶鑑》〈內景篇〉卷2 "津液" '迴津法'(《原本 東醫寶鑑》, 127쪽).
137 기제(旣濟)괘 : 주역(周易) 64괘의 마지막 괘인 수화기제(水火旣濟, ䷾)로 신수(腎水)는 위로 올라가고 심화(心火)는 아래로 내려간다는 수승화강(水升火降)의 이치를 나타낸다.

의 이치이다. 《복수전서(福壽全書138)139

만약 하루 종일 침이나 콧물을 흘리지 않을 수 있으면 대추 1알을 머금으면서 진액을 삼킬 수도 있다【안《운급칠첨》에도 "사람이 하루 종일 침이나 콧물을 흘리지 않을 수 있을 경우 항상 대추씨를 머금으면서 침을 삼키면, 기를 아끼고 진액을 생기게 할 수 있다. 이는 진액을 취하기 위함이지 씨를 삼킨다는 말이 아니다."140라 했다】.《왕모내전(王母內傳)141》142

若能竟日不唾涕者, 亦可含一棗咽津液也【案《雲笈七籤》亦云:"人能終日不涕唾, 常含棗核咽之, 令人愛氣生津液也. 取津液, 非咽核"】.《王母內傳》

옥천(玉泉)을 마시면 수명을 늘리고 온갖 병을 없앤다. 옥천은 입안의 침이다. 새벽·아침·오후·해질녘·한밤중, 이렇게 하루 밤낮에 모두 7번 옥천으로

飮玉泉者, 令人延年, 除百病. 玉泉者, 口中唾也. 鷄鳴、平朝15、晡時、黃昏、

침을 모았다가 입을 헹구어 마시기

138 복수전서(福壽全書) : 중국 명(明)나라 문인·서예가 진계유(陳繼儒, 1588~1639)가 지은 도가서(道家書).
139 출전 확인 안 됨.
140 사람이……아니다 :《雲笈七籤》卷32〈雜修攝〉"養性延命錄"(《中華道藏》29, 275쪽).
141 왕모내전(王母內傳) : 미상.
142 출전 확인 안 됨 ;《雲笈七籤》卷35〈雜修攝〉"禁忌"(《中華道藏》29, 290쪽).
15 平朝 :《雲笈七籤·雜修攝·養性延命錄》에는 "平朝日中".

입을 헹구어 마신다.[143] 매번 마실 때 입에 가득히 하여 삼키면 수명을 늘인다. 《운급칠첨》[144]

夜半, 一日一夕, 凡七嗽玉泉飮之, 每飮, 輒滿口咽之延年. 《雲笈七籤》

침을 뱉지 말라. 살에 있는 진액을 잃는다. 《운급칠첨》[145]

勿咳唾, 失肌汁. 同上

침을 많이 뱉으면 가슴에 번열(煩熱)[146]이 난다. 《운급칠첨》[147]

多唾, 令人心煩. 同上

세상 사람들은 단지 오미(五味)를 탐할 줄만 알 뿐, 마실 수 있는 원기가 있음을 모른다. 성인은 오미의 독을 알기에 탐하지 않고, 원기를 복용할 수 있음을 알기에 입을 닫고 말하지 않는다. 정(精)·기(氣)·식(息)은 서로 응하기 때문이다. 침을 삼키지 않으면 기해(氣海)가 자윤을 받지 못하고, 기해가 자윤을 받지 못하면 진액이 부족하게 된다. 이 때문에 원기를 복용하고 예천(醴泉, 침)을 마시는 일이 수명을 늘리는 근본이 된다. 《운급칠첨》[148]

俗人但知貪於五味, 不知有元氣可飮. 聖人知五味之毒焉, 故不貪 ; 知元氣可服, 故閉口不言. 精氣息應也. 唾不咽則氣海不潤, 氣海不潤則津液乏, 是以服元氣, 飮醴泉, 乃延年之本也. 同上

---

143 새벽……마신다 : 옥천으로 입을 헹구는 횟수를 7번이라고 했지만, 원문의 내용에서는 새벽, 아침, 오후, 해질녘, 한밤중으로 5번만 언급하고 있다. 《운급칠첨(雲笈七籤)》 권32 〈잡수섭(雜修攝)〉 "양성연명록(養性延命錄)" 원문에는 '일중(日中, 정오)'이 추가되어 있지만 역시 총 6번으로, 총 횟수가 잘못 서술되었을 가능성도 있다.

144 《雲笈七籤》 卷32 〈雜修攝〉 "養性延命錄"(《中華道藏》 29, 273쪽).

145 《雲笈七籤》 卷32 〈雜修攝〉 "養性延命錄"(《中華道藏》 29, 271쪽).

146 번열(煩熱) : 가슴이 답답하고 괴로우면서 열이 나는 증상.

147 《雲笈七籤》, 위와 같은 곳.

148 《雲笈七籤》, 위와 같은 곳.

성(性)을 기르는 사람은 침을 멀리 뱉지 않는다. 멀리 뱉으면 정(精)과 기(氣)가 모두 손상되고, 오래되면 폐병이 생기며, 손과 발이 무겁고, 피부와 털이 거칠고 까칠하며, 척추가 아프고, 기침을 한다.《삼원연수참찬서》[149]

養性者, 唾不至遠, 遠則精氣俱損, 久成肺病. 手足重, 皮毛麤澁, 脊痛咳嗽.《三元延壽書》

침은 넘치면 예천이 되고, 모여서 흘러가면 화지(華池)[150]가 된다. 모여서 퍼지면 진액이 되고 내려가면 감로(甘露)가 된다. 그리하여 오장에 물을 대고 몸을 적시며, 백맥(百脈)을 잘 통하게 하고, 만신(萬神)을 길러준다. 사지와 모발은 이 때문에 견고해져서 오래도록 젊음을 유지한다.《삼원연수참찬서》[151]

溢[16]爲醴泉, 聚流爲華池, 府散爲津液, 降爲甘露, 漑藏潤身, 宣通百脈, 化養萬神, 肢節、毛髮堅固長春. 同上

사람의 뼈마디 속에 점액이 있으니, 그 때문에 뼈의 움직임이 매끄러운 것이다. 중풍이 오면 이 점액이 위로 넘쳐 목구멍에 그렁거리는 소리가 난다. 이때는 약으로 점액을 눌러내려 뼈마디로 돌아가게 하는 게 좋다. 만약 점액을 토하게 하면 잠깐은 기분이 좋지만 손발이 말라 비록 살아 있더라도 폐인이 된다.《삼원연수참찬서》[152]

人骨節中有涎, 所以轉動滑利. 中風則涎上潮, 咽喉袞響. 以藥壓下, 俾歸骨節可也. 若吐其涎, 時間快意, 枯人手足, 縱活亦爲廢人. 同上

149《三元延壽參贊書》卷2〈津唾〉(《中華道藏》23-71, 744쪽).
150 화지(華池) : 입속의 침을 가리킨다. 화지(華池)는 전설상의 산인 곤륜산(崑崙山) 위에 있다는 연못이다.
151《三元延壽參贊書》, 위와 같은 곳.
152《三元延壽參贊書》, 위와 같은 곳.
[16] 溢 : 저본에는 "嗌".《三元延壽參贊書·津唾》에 근거하여 수정.

어떤 사람이 침 뱉기를 좋아했다가 진액이 말라서 몸이 마르게 되었다. 그가 우연히 지인(至人)을 만나 지인이 그에게 진액 되돌리는 법을 가르쳐주었다. 가르쳐준 대로 오랫동안 실행하자 몸에 다시 윤기가 흘렀다.

대개 사람의 몸은 자윤하는 진액[滋液]을 근본으로 삼는다. 그 진액이 피부에는 땀이요, 살에는 피요, 신장에는 정액이요, 입에는 침이요, 비장에는 담(痰)이요, 눈에는 눈물이다. 그런데 땀·피·눈물·정액은 한번 나가면 모두 돌아올 수 없다. 오직 침만이 되돌릴 수 있다. 되돌릴 수 있다면 생기[生意]가 계속 이어질 것이다. 그러므로 자액(滋液)은 내 몸의 보배다.

《금단결(金丹訣)》[153]에서 말했다.

"보화 모이면 부자 되고,

보화 흩어지면 초라한 객(客) 되지."[154] 《삼원연수참찬서》[155]

땀을 많이 흘렸을 때 옷을 갈아입을 수 있으면 좋고, 얼른 씻어도 좋다. 《삼원연수참찬서》[156]

《황정경(黃庭經)》에서 말했다. "옥천(玉泉)의 맑은 물 영근(靈根)을 적시니, 잘 살펴서 닦으면 오래 살 수 있으리."[157] 영근이란 혀다【안 입에 있는 물을 '옥천'

有人喜唾, 液乾而體枯. 遇至人, 敎以回津之法, 久而體復潤.

蓋人身以滋液爲本, 在皮爲汗, 在肉爲血, 在腎爲精, 在口爲津, 伏脾爲痰, 在眼爲淚, 曰汗、曰血、曰淚、曰精, 出則皆不可回, 惟津唾則獨可回, 回則生意又續續矣. 滋液者, 吾身之寶.

《金丹訣》曰:

"寶聚則爲富家翁,

寶散則爲孤貧客." 同上

大汗, 能易衣佳, 或急洗亦好. 同上

《黃庭經》曰:"玉泉淸水灌靈根, 審能修之可長生." 靈根者, 舌也【案 水之在

---

153 금단결(金丹訣) : 미상.
154 보화……되지 : 출전 확인 안 됨.
155 《三元延壽參贊書》, 위와 같은 곳.
156 《三元延壽參贊書》卷2〈衣着〉《中華道藏》23-71, 746쪽).
157 옥천(玉泉)의……있으리 : 《太上黃庭外景玉經》上 《中華道藏》23-2, 7쪽).

또는 '화지(華池)'라 한다】.《활인심서(活人心書)[158]》[159]

口, 曰"玉泉", 亦曰"華池"】.
《活人心書》

항상 탁한 가래는 뱉고 맑은 침은 삼켜야 한다. 항상 혀를 입천장에 대고 맑은 진액을 모아 삼키면 오장을 윤택하게 하고 피부를 환하게 하여 오래 살아도 늙지 않게 한다.

《황정경》에서 말했다.

"입은 옥지(玉池)요 태화궁(太和宮, 천지의 기가 가득한 집)이니,[160]

영액(靈液)으로 양치하고 이를 삼키면 재앙이 끼어들지 못하네."[161]

또 말했다.

"입 다물고 혀 구부려 태진(胎津, 침)을 먹으면,

결국 내가 날아다니는 신선 되게끔 수련하는 일이지."[162]《보생요록》[163]

常時濁唾則吐, 淸津則嚥.
常以舌拄上[17]齶, 聚淸津
而嚥之, 潤五臟, 悅肌膚,
令人長壽不老.
《黃庭經》曰:
"口[18]爲玉池太和宮,

嗽嚥靈液災不干."

又曰:

"閉口屈舌食胎津,
使我逮鍊獲飛仙."《保生
要錄》

침을 멀리 뱉으면 기(氣)를 줄이고, 침을 많이 뱉으면 신(神)을 줄인다.《쇄쇄록》[164]

遠唾損氣, 多唾損神.《瑣
碎錄》

---

158 활인심서(活人心書) : 중국 명나라 때의 저술. 작자 미상. 마음 관리를 중심으로 한 양생법(養生法)과 질병의 예방 및 치료에 한방 임상에서 응용 가능한 한방 처방을 수록하고 있다.
159《東醫寶鑑》〈內景篇〉卷2 "津液" '唾'(《原本 東醫寶鑑》, 127쪽).
160 입은……태화궁(太和宮, 천지의 기가 가득한 집)이니 : 전통적으로 옥이 있는 곳에 샘이 있다는 관념이 있다. 그래서 침이 고이는 입을 옥지와 태화궁으로 묘사했다.
161 입은……못하네 :《黃庭內景經注》卷上〈口爲章〉第3 《中華道藏》23, 13~14쪽).
162 입……일이지 :《黃庭內景經注》卷上〈玄元章〉第27 《中華道藏》23, 32쪽).
163《保生要錄》〈調肢體門〉(《中華道藏》23-67, 710쪽).
164 출전 확인 안 됨 ;《醫方類聚》卷201〈養生門〉3 "朱氏集驗方" '四損'(《醫方類聚》9, 409쪽).
[17] 上 : 저본에는 없음.《保生要錄·調肢體門》에 근거하여 보충.
[18] 口 : 저본에는 없음.《黃庭內景經·口爲章》에 근거하여 보충.

침을 멀리 뱉는 것보다 가까이 뱉는 게 낫고, 가까이 뱉는 것보다 안 뱉는 게 낫다.《쇄쇄록》[165]

遠唾不如近唾, 近唾不如不唾. 同上

땀을 많이 흘리면 혈(血)을 줄인다.《쇄쇄록》[166]

多汗損血. 同上

음식을 너무 배부르게 먹으면 위에서 땀이 난다【주 너무 배부르면 위장이 가득하므로 위에서 땀이 난다】.

飮食飽甚, 汗出於胃【注 飽甚胃滿, 故汗出於胃】.

놀라서 정(精)을 빼앗기면 심장에서 땀이 난다【주 놀라면 심장의 정기를 빼앗겨 신(神)과 기(氣)가 위로 들뜨고 양이 그 안에서 옅어지므로 심장에서 땀이 난다】.

驚而奪精, 汗出於心【注 驚奪心精, 神氣浮越, 陽內薄之, 故汗出於心】.

무거운 걸 들고 먼길을 가면 신장에서 땀이 난다【주 뼈가 노곤하고 기가 뜨는데다 신장이 또 너무 피로해지므로 무거운 걸 들고 먼길을 가면 신장에서 땀이 난다】.

持重遠行, 汗出於腎【注 骨勞氣越, 腎復過疲, 故持重遠行, 汗出於腎】.

빨리 달리면서 두려워하면 간에서 땀이 난다【주 갑자기 근육에 힘을 쓰면 간기(肝氣)가 매우 피곤해지므로 빨리 달리면서 두려워하면 간에서 땀이 난다】.

疾走恐懼, 汗出於肝【注 暴役於筋, 肝氣罷極, 故疾走恐懼, 汗出於肝】.

몸을 많이 움직이며 힘들게 노동하면 비장에서 땀이 난다【주 몸을 많이 움직이며 힘들게 노동하는 행위는 힘써 움직이는 것이지 빨리 달리거나 먼길을 가는 것은 아니다. 그러나 힘써 움직이면 곡식의 정기가 사지에 퍼진다. 이때 비장이 수곡을 운화

搖體勞苦, 汗出於脾【注 搖體勞苦, 謂動作施力, 非疾走遠行, 然動作用力, 則穀精四布, 脾化水穀, 故汗出於脾】.《黃帝素問》

---

165 출전 확인 안 됨;《醫方類聚》卷205〈養生門〉7 “瑣碎錄” 握固法(《醫方類聚》9, 560쪽).
166 출전 확인 안 됨;《醫方類聚》卷201〈養生門〉3 “朱氏集驗方” 四損(《醫方類聚》9, 409쪽).

(運化)하므로 비장에서 땀이 난다】.《황제내경소문(黃
帝內經素問)》[167]

힘든 노동으로 몸이 상하여 땀이 나면 병이 된
다.《화타중장경(華陀中藏經)》[168]

勞傷汗出, 成疾.《華陀中
藏經》

땀이 나서 땀구멍이 열릴 때 부채를 부쳐 서늘하
게 하지 말라. 외부의 풍사(風邪)로 중풍에 걸릴 수
도 있다.《사시양생론》[169]

汗出毛孔開, 勿令人扇涼.
亦爲外風所中.《四時養生
論》

땀이 날 때 부채 부치기

등에 땀이 나는 상태로 벽에 기대어 있으면 둔주
병(遁注病)이 된다【《양생유찬(養生類纂)》[170]에서는 둔

背汗倚壁, 成遁注病【《養
生類纂》謂"勞氣遁注經絡,

167 《黃帝內經素問》 卷7 〈經脈別論篇〉《文淵閣四庫全書》733, 79쪽).
168 《中藏經》 卷中 〈論脚弱狀候不同〉 第42 ; 《遵生八牋》 卷8 〈起居安樂牋〉 下 "三才避忌條" '人事諸忌'《遵
生八牋校注》, 268쪽).
169 출전 확인 안 됨.
170 양생유찬(養生類纂) : 중국 남송(南宋)의 도사 주수충(周守忠, 12세기 전반 활동)의 저술. 30여 종의 옛
문헌 가운데 양생(養生)과 관련된 이론과 방법을 집대성하여 분류·편찬하였다. 조리가 또렷하여 고대 양
생서의 전범(典範)이 된다.《양생잡류(養生雜類)》라고도 한다.

주병에 대해 "피로한 기가 경락으로 도망가서[遁注] 팔다리가 무겁게 처지고 뱃속이 아픈 병이다."라 했다】.《소씨제병원후총론》[171]

四肢沈, 腹內痛也."】.《巢氏病源》

땀을 많이 흘린 다음 금방 옷을 벗지 말라. 편풍(偏風), 즉 반신불수가 되기 쉽다.《양생유찬》[172]

大汗, 勿便脫衣, 喜偏風半身不遂. 同上

땀을 많이 흘리면 금새 분한(粉汗)[173]으로 변한다. 젖은 옷은 오래 입지 말아야 하니, 오래 입으면 종기가 생기거나 대소변이 잘 통하지 않는 병을 얻게 된다.《양생요집》[174]

大汗, 急傳粉汗. 濕衣不可久着, 令人得瘡, 大小便不利.《養生要集》

12) 대소변

論便溺

대변과 소변, 이 2가지는 억지로 참지 말아야 하며 또 적정한 횟수를 잃지 않아야 한다. 소변이 잘 나오지 않거나 새는 일 모두 기를 상하게 하고 생명을 해치니, 일단 문제가 생기면 매우 빠르게 화를 부른다.《삼원연수참찬서》[175]

大小二事, 勿强關抑忍, 又勿失度. 或澁或滑, 皆傷氣害生, 爲禍甚速.《三元延壽書》

소변을 참고 내보내지 않으면 무릎이 차가워져서 저린 증상이 된다.《비급천금요방》[176]

忍尿不便, 膝冷成痺.《千金要方》

---

171 《巢氏諸病源候總論》卷24 〈注病諸候〉 "遁注候"(《文淵閣四庫全書》734, 726쪽).
172 출전 확인 안 됨.
173 분한(粉汗) : 가루땀. 소금기가 말라 생긴 하얀 가루를 말한다.
174 출전 확인 안 됨.
175 《三元延壽參贊書》卷2 〈大小便〉(《中華道藏》23-71, 746쪽).
176 《備急千金要方》卷27 〈養性〉 "道林養性"(《孫思邈醫學全書》, 490쪽).

대변을 참고 내보내지 않으면 기치(氣痔)[177]가 된다【안 기치는 다른 곳에서 '5치(五痔)'[178]라 되어 있다】.《비급천금요방》[179]

忍大便不出, 成氣痔【案一作"五痔"】. 同上

소변을 억지로 참지 말라. 양발과 양무릎이 차갑게 된다.《비급천금요방》[180]

小便勿努, 令兩足及膝冷. 同上

남자는 배가 고프면 앉아서 소변을 보려 하고, 만약 배가 부르면 서서 소변을 보려 한다. 이런 행위를 삼가면 병이 없다.《비급천금요방》[181]

丈夫飢, 欲坐小便, 若飽則立小便. 愼之無病. 同上

대변을 볼 때 날숨을 쉬거나 억지로 힘을 주어서는 안 되니, 그러면 허리가 아프거나 눈이 깔깔해진다. 그냥 자연스럽게 해야 좋다.《비급천금요방》[182]

大便不用呼氣及强努, 令人腰疼目澁, 宜任之佳. 同上

밤에 소변을 볼 때 얼굴을 위로 쳐들고서 눈을 뜨고 있으면, 늙을 때까지 눈이 어두워지지 않는다.《쇄쇄록》[183]

夜間小便時, 仰面開眼, 至老, 眼不昏.《瑣碎錄》

소변을 참으면 임질(淋疾)[184]이 된다.《쇄쇄록》[185]

忍小便, 成淋疾. 同上

---

177 기치(氣痔) : 바람과 냉기의 사기(邪氣)나 칠정(七情)으로 인하여 하초에 기가 몰려 생기는 치질.
178 5치(五痔) : 모치(牡痔) · 빈치(牝痔) · 맥치(脈痔) · 장치(腸痔) · 기치(氣痔)를 말한다.
179《備急千金要方》, 위와 같은 곳.
180《備急千金要方》, 위와 같은 곳.
181《備急千金要方》, 위와 같은 곳.
182《備急千金要方》, 위와 같은 곳.
183 출전 확인 안 됨;《醫方類聚》卷205〈養生門〉7 "瑣碎錄" '前賢禁忌'(《醫方類聚》9, 541쪽).
184 임질(淋疾) : 소변이 시원하게 나오지 않는 증상.
185 출전 확인 안 됨;《醫方類聚》卷205〈養生門〉7 "延壽書" '慾有所忌'(《醫方類聚》9, 542쪽).

13) 머리감기와 몸 씻기

일반적으로 집에 있을 때에는 자주 머리를 감거나 몸을 씻지 말아야 한다. 만약 머리를 감거나 몸을 씻는다면 반드시 밀실에서 해야 한다. 이때 밀실은 너무 더워서는 안 되고, 너무 추워서도 안 되니, 그러면 모두 온갖 병을 유발한다. 《비급천금요방》[186]

머리를 감고 나서 바로 바람을 쐬거나, 젖은 채로 머리를 얽어서 묶거나, 젖은 채로 눕거나 하지 말라. 그러면 두풍(頭風, 풍사로 머리가 아픈 증상)·현민(眩悶, 어지럽고 답답한 증상)·발독(髮禿, 탈모)·면흑(面黑, 얼굴빛이 검게 변하는 증상)·치통·이롱(耳聾, 귀가 잘 들리지 않는 증상)이 되고 머리에 비듬이 생긴다. 《비급천금요방》[187]

밤에 머리를 감고 먹은 것 없이 바로 누우면 심기(心氣)가 허해지고, 땀이 많이 나고, 꿈을 많이 꾸게 된다. 《비급천금요방》[188]

뜨거운 쌀뜨물로 머리를 감고 냉수로 헹구면 두풍이 생긴다. 《비급천금요방》[189]

물을 마시고 머리를 감으면 두풍이 생긴다. 《비

論沐洗

凡居家, 不欲數沐浴[19], 若沐浴, 必須密室, 不得大熱, 亦不得大寒, 皆生百疾. 《千金要方》

新沐髮訖, 勿當風, 勿濕縈髻, 勿濕頭臥, 使人頭風、眩悶、髮禿、面黑、齒痛、耳聾、頭生白屑. 同上

夜沐髮, 不食卽臥, 令人心虛, 饒汗, 多夢. 同上

熱泔洗頭, 冷水濯之, 作頭風. 同上

飮水沐頭, 作頭風. 同上

---

186 《備急千金要方》卷27 〈養性〉 "居處法"(《孫思邈醫學全書》, 491쪽).
187 《備急千金要方》, 위와 같은 곳.
188 《備急千金要方》, 위와 같은 곳.
189 《備急千金要方》, 위와 같은 곳.
[19] 浴 : 저본에는 "洗". 오사카본·《備急千金要方·養性·道林養性》에 근거하여 수정.

급천금요방》190

겨울에 몸을 씻을 때는 땀을 줄줄 낼 필요가 없　　冬浴, 不必汗出霡霂. 同上
다. 《비급천금요방》191

유행병을 앓을 경우 처음 땀이 풀릴 때에는 냉수　　時行病, 新汗方解, 勿冷水
로 몸을 씻지 말라. 그러면 심장을 손상시킨다. 《비　　洗浴, 損心. 同上
급천금요방》192

목욕 후에는 찬바람을 맞지 말라. 《비급천금요방》193　　沐浴後, 不得觸風寒. 同上

배고플 때 몸 씻는 일을 꺼리고, 배부를 때 머리　　飢忌浴, 飽忌沐. 沐訖, 須
감는 일을 꺼린다. 머리를 다 감고 조금 더 먹으면　　進少許, 食飮乃出. 同上
먹은 것을 게우기 마련이다. 《비급천금요방》194

아침에 일어나 눈 뜨자마자 얼굴을 씻지 말라. 그　　朝起, 勿開目洗面, 令目
러면 눈이 깔깔하고, 시력을 잃으며, 눈물이 많이　　澀, 失明, 饒淚. 同上
난다. 《비급천금요방》195

먼길을 가다 더위를 먹은 경우, 강물을 만나도　　遠行觸熱, 逢河勿洗, 面生
몸을 씻지 말라. 그러면 얼굴에 오간(烏皯, 기미)이 생　　烏皯. 同上
긴다. 《비급천금요방》196

190《備急千金要方》, 위와 같은 곳.
191《備急千金要方》, 위와 같은 곳.
192《備急千金要方》, 위와 같은 곳.
193《備急千金要方》, 위와 같은 곳.
194《備急千金要方》, 위와 같은 곳.
195《備急千金要方》卷27〈養性〉"黃帝雜忌法"(《孫思邈醫學全書》, 499쪽).
196《備急千金要方》, 위와 같은 곳.

목욕하고 물기가 마르지 않은 상태로 깊이 잠들면 병이 된다.《중장경》197

沐浴, 未乾而熟睡, 成疾. 《中藏經》

냉수로 몸을 씻으면 신비(腎痺)198 같은 병에 걸린다.《중장경》199

浴冷水則生腎痺之疾. 同上

자주 씻어라. 매 갑자(甲子)일에는 머리를 감아야 한다. 아니면 매월 초하루에 머리를 감으면 정신이 맑아진다. 몸을 씻는 일은 자주 한다고 걱정할 게 아니라 몸을 씻을 수 없음이 걱정일 뿐이다. 죽은 냄새를 씻어내야 진기가 들어온다【안 이것은 아래의 《서산군선회진기(西山群仙會眞記)200》에서 자주 목욕하는 일의 해로움을 논한 내용과는 다르다201. 그러나 또 하나의 뜻으로 갖출 만하다】.《정일평경(正一平經)202》203

數澡洗. 每至甲子, 當沐, 不爾, 當以幾月朝, 使人通靈. 浴不患數, 患人不能耳. 蕩鍊尸臭, 而眞氣來入【案 此與《西山記》論頻沐20浴之害者異, 亦可備一義也】.《正一平經》

매우 더울 때 강물에서 몸을 씻으면 골비(骨痺)가 된다.《후생훈찬(厚生訓纂)》204

猛熱時, 河內浴, 成骨痺. 《厚生訓纂》

---

197 《中藏經》卷中 〈論脚弱狀候不同〉第42 (《古今圖書集成醫部全錄》5, 760쪽).
198 신비(腎痺) : 신정(腎精)이 소모되고 다리에 힘이 빠져 잘 걷지 못하며, 관절이 붓고 아픈 증상.
199 출전 확인 안 됨.
200 서산군선회진기(西山群仙會眞記) : 중국 당(唐)나라의 시견오(施肩吾, 780~861)가 지은 도교 양생서. 25편(篇).
201 이것은……다르다 : 아래《서산군선회진기(西山群仙會眞記)》인용 항목에 나온다.
202 정일평경(正一平經) : 미상.
203 출전 확인 안 됨;《眞誥》卷9 〈協昌期〉(《中華道藏》2-21, 166쪽).
204 《厚生訓纂》卷3 〈起居〉(《壽養叢書》7, 50쪽).
20 頻 : 저본에는 "頭". 오사카본에 근거하여 수정.

배불리 먹은 뒤 머리를 감으면 두풍에 걸린다. 《소씨제병원후총론》205

飽食沐髮, 作頭風. 《巢氏病源》

땀을 흘린 뒤 한데 눕거나, 바로 몸을 씻어서는 안 된다. 그러면 떨리거나, 한열이 오락가락하거나, 풍진(風疹)206을 나게 한다. 《소씨제병원후총론》207

汗出, 不可露臥及浴. 使人身振, 寒熱, 風疹. 同上

옛말에 눈병에 걸렸을 때는 몸을 씻으면 안 되니, 씻으면 병이 심해지며 심지어 실명할 수도 있다고 했다. 백언량(白彦良)208이 말했다. "장성하기 전에 내가 매년 눈이 벌개지는 병이 있었다. 이때 어떤 도인이, 머리감기를 그칠 수만 있다면 이 병이 다시 생기지 않을 것이라 권했다. 그리하여 내가 머리를 감지 않은 지 지금까지 70여 년이 되었는데, 다시는 눈병이 없었다."《박택편(泊宅編)209》210

舊說, 眼疾不可浴, 浴則病甚, 至有失明者. 白彦良云：“未壯之前, 歲歲患赤眼, 一道人勸但能斷沐頭, 則不復病此. 彦良不沐21, 今七十餘, 更無眼疾.”《泊宅編》

오후가 되면 음기(陰氣)가 일어나니, 머리를 감지 않아야 한다. 감으면 심장이 허해지고 땀이 많이 나며, 꿈을 많이 꾸고 두풍이 생긴다.《운급칠첨》211

向午後陰氣起, 不可沐髮, 令人心虛饒汗, 多夢及頭風也.《雲笈七籤》

땀이 난다고 몸을 씻어서는 안 된다. 씻으면 오장

汗出, 不宜洗身. 令人五臟

205《巢氏諸病源候總論》卷2〈風病諸候〉下 “頭面風候”(《文淵閣四庫全書》734, 564쪽).
206 풍진(風疹) : 지금의 풍진만이 아니라 풍사로 인해 생기는 두드러기를 말한다.
207《巢氏諸病源候總論》卷2〈風病諸候〉下 “風瘙身體隱軫候”(《文淵閣四庫全書》734, 570쪽).
208 백언량(白彦良) : 미상.
209 박택편(泊宅編) : 중국 송(宋)나라 방작(方勺, 1066~?)의 저술로, 북송(北宋) 시기의 소설류 서적. 총 10권.
210《泊宅編》卷9 ;《醫方類聚》卷68〈眼門〉“瘡寮方”‘眼目’(《醫方類聚》4, 543쪽).
211《雲笈七籤》卷35〈雜修攝〉“至言總”(《中華道藏》29, 295쪽).
21 沐 : 저본에는 “浴”. 오사카본에 근거하여 수정.

을 마르게 하고 진액을 줄인다.《운급칠첨》212

乾, 少津液. 同上

목욕을 아무 때나 하면 좋지 않다.《운급칠첨》213

沐浴無常不吉. 同上

목욕을 막 마치고 바로 머리를 드러내 바람을 맞아서는 안 된다. 잘못하면 대풍(大風)214, 자풍(刺風)215의 병을 얻는다.《운급칠첨》216

新沐浴訖, 不得露頭當風. 不幸得大風、刺風疾. 同上

여자가 월경 중일 때는 머리를 감아서는 안 된다. 이로 인하여 병에 걸리면 끝내 고치지 못한다.《삼원연수참찬서》217

女人月事來, 不可洗頭. 或因感疾, 終不可治.《三元延壽書》

목욕 후 몸에 물기가 묻은 채로 눕게 되면 적기(積氣, 몸에 쌓여 있던 병의 기운)가 아랫배와 음부에 쌓여 신비(腎痺)가 된다.《삼원연수참찬서》218

沐浴漬水而臥, 積氣在小腹與陰, 成腎痺. 同上

물을 끓인 뒤 하룻밤 지나서 이 물로 몸을 씻으면 옴[癬]이 된다. 이 물로 얼굴을 씻으면 광택이 없어지고 증와창(甑哇瘡)219에 걸린다.《삼원연수참찬서》220

炊湯經宿, 洗體成癬, 洗面無光, 作甑哇瘡. 同上

212《雲笈七籤》卷35〈雜修攝〉"至言總"(《中華道藏》29, 294쪽).

213《雲笈七籤》卷32〈雜修攝〉"養性延命錄"(《中華道藏》29, 271쪽).

214 대풍(大風) : 문둥병. 혈(血)이 허해서 생긴 풍(風)으로, 증상으로는 골절(骨節)이 무겁고 수염과 눈썹이 빠진다. 나풍((癩風)·여풍(癘風)·대풍증(大風證)이라고도 한다.

215 자풍(刺風) : 풍한(風寒)이 맺히고 정체되어 열이 생겨 온몸이 바늘로 찌르는 듯이 아픈 병증.

216《雲笈七籤》, 위와 같은 곳.

217《三元延壽參贊書》卷2〈沐浴洗面〉(《中華道藏》23-71, 745쪽).

218《三元延壽參贊書》, 위와 같은 곳.

219 증와창(甑哇瘡) : 피부에 우묵한 자국이 생기는 부스럼의 일종으로 추정된다.

220《三元延壽參贊書》, 위와 같은 곳.

한여름 열기가 치밀어오를 때는 냉수로 세수만 해도 오장이 말라비틀어지는데, 하물며 목욕은 어떻겠는가? 《삼원연수참찬서》[221]

盛暑衝熱, 冷水洗手, 尚令五臟乾枯, 況沐浴乎? 同上

땀난다고 바로 물에 들어가면 골비(骨痺)가 된다. 《삼원연수참찬서》[222]

因汗入水, 卽成骨痺. 同上

머리를 자주 감으면 기(氣)가 뇌에 갇히고 뱃속에 응체되어 몸이 마르면서도 무겁게 된다. 오래되면 경락이 잘 돌지 않는다. 《서산군선회진기》[223]

頻沐者, 氣壅於腦, 滯於中, 令形瘦體重. 久而經絡不通暢. 《西山記》

몸을 자주 씻으면 혈(血)이 뭉치고 기(氣)가 흩어진다. 몸이 비록 윤택하나 기가 저절로 손상되었기 때문에 옹저(癰疽)[224]나 창절(瘡癤)[225]의 병이 생긴다. 기는 혈을 이기지 못하고, 신(神)은 형(形)을 이기지 못하기 때문이다. 《서산군선회진기》[226]

頻浴者, 血凝而氣散. 體雖澤, 而氣自損, 故有癰疽、瘡癤之疾者. 氣不勝血, 神不勝形也. 同上

머리는 10일마다 감고, 몸은 5일마다 씻는다. 무릇 5일이라 한 것은 오장의 기운이 흐른다는 이치가 있으므로, 그에 따라 몸을 씻으면 영위가 잘 돈다. 10일이라 한 것은 숫자가 차서 다시 돌아오는 이치

沐用旬, 浴用五. 夫五則五氣流傳, 浴之榮衛通暢. 旬則數滿復還, 眞氣在腦, 沐之則耳目聰明. 同上

---

221 《三元延壽參贊書》卷2 〈沐浴洗面〉(《中華道藏》23-71, 746쪽).
222 《三元延壽參贊書》, 위와 같은 곳.
223 《西山群仙會眞記》卷2 〈養形〉(《中華道藏》19-20, 127쪽) ; 《醫方類聚》卷201 〈養生門〉3 "事林廣記" '修眞旨要'(《醫方類聚》9, 425쪽).
224 옹저(癰疽) : 기혈(氣血)이 사기에 막혀 기육과 뼈 사이에 생기는 종기.
225 창절(瘡癤) : 피부에 얕게 생긴 헌데.
226 《西山群仙會眞記》, 위와 같은 곳 ; 《醫方類聚》, 위와 같은 곳.

가 있으므로, 진기가 뇌에 있을 때 머리를 감으면 귀
와 눈이 총명해진다.《서산군선회진기》[227]

사람이 일생 동안 머리를 감지 않을 수 있다면 영
원히 눈병이 없을 것이다.《쇄쇄록》[228]

人能一生斷沐, 永無眼疾.
《瑣碎錄》

눈병이 있으면 음주 후 몸을 씻는 일을 절대 삼
가야 한다. 씻으면 눈이 멀게 된다.《쇄쇄록》[229]

有目疾, 切忌酒後澡浴, 令
人目盲. 同上

찬물로 머리를 감아서는 안 된다. 감으면 두풍에
걸린다.《쇄쇄록》[230]

洗頭不可冷水, 成頭風疾.
同上

몸을 씻은 뒤 얇은 옷을 입고 깊이 잠들어서는 안
된다. 음경 통증이나 허리와 등이 굽어 펴지지 않는
증상이 생길까 걱정되기 때문이다.《쇄쇄록》[231]

浴出, 不可和衫裙寢熟, 恐
成外腎疼·腰背拳曲. 同上

한더위에 오후부터는 냉수로 얼굴을 씻어서는 안
된다. 눈병이 될까 걱정되기 때문이다.《쇄쇄록》[232]

盛熱中, 自日中來, 不得用冷
水沃面, 恐成目疾也. 同上

14) 걷기와 서기

論行立

오래 걸으면 근육을 상하고 간을 피로케 한다.
오래 서 있으면 뼈를 상하며 신(腎)을 피로케 한다.

久行傷筋, 勞於肝也, 久
立傷骨, 勞於腎也.《黃帝

227《西山群仙會眞記》, 위와 같은 곳;《醫方類聚》, 위와 같은 곳.
228 출전 확인 안 됨.
229 출전 확인 안 됨;《醫方類聚》卷205〈養生門〉7 "瑣碎錄" '雜說'(《醫方類聚》9, 542쪽).
230 출전 확인 안 됨;《醫方類聚》卷205〈養生門〉7 "瑣碎錄" '禁忌'(《醫方類聚》9, 540쪽).
231 출전 확인 안 됨;《醫方類聚》卷95〈腰脚門〉"經驗良方"(《醫方類聚》5, 352쪽).
232 출전 확인 안 됨;《醫方類聚》卷205〈養生門〉7 "瑣碎錄" '禁忌'(《醫方類聚》9, 540쪽).

《황제내경소문》[233]

앉을 때는 지겨울 때까지 앉지 않으며, 걸을 때는 피로할 때까지 걷지 않는다. 자주 걷기를 그만두지 않고 또한 조금 천천히 걷는다. 《보생요록》[234]

오래 서 있으면 신장의 병이 된다. 화타《중장경》[235]

낮고 습한 곳에 오래 서 있으면 병이 된다. 화타《중장경》[236]

걸을 때 말해서는 안 된다. 말하면 기운을 잃게 된다. 《비급천금요방》[237]

걸을 때나 말을 탈 때 고개를 돌리지 않는다. 고개를 돌리면 신(神)이 떠난다. 《비급천금요방》[238]

빨리 걸으면 근육을 상한다. 《비급천금요방》[239]

땀이 난 뒤, 상에 걸터앉아 다리를 드리워놓지 말라. 오래되면 혈비(血痺)[240]·족통·요통이 된다.

素問》

坐不欲至倦, 行不欲至勞, 頻行不已, 亦稍緩. 《保生要錄》

久立則腎病. 華陀《中藏經》

久立低濕, 成疾. 同上

行不得語, 令人失氣. 《千金要方》

行及乘馬, 不用廻顧, 廻顧則神去. 同上

疾行損筋. 同上

行汗, 勿跂床懸脚, 久成血痺、足痛、腰疼. 同上

233《黃帝內經素問》卷7〈宣明五氣篇〉《文淵閣四庫全書》733, 86쪽).
234《保生要錄》〈調肢體門〉《中華道藏》23-67, 709쪽).
235《中藏經》卷中〈論腎臟虛實寒熱生死逆順脈證之法〉第30.
236《中藏經》卷中〈論脚弱狀候不同〉第42.
237《備急千金要方》卷27〈養性〉"道林養性"《孫思邈醫學全書》, 489쪽).
238《備急千金要方》卷27〈養性〉"黃帝雜忌法"《孫思邈醫學全書》, 499쪽).
239 출전 확인 안 됨;《醫方類聚》卷201〈養生門〉3 "朱氏集驗方"'四損'《醫方類聚》9, 409쪽).
240 혈비(血痺) : 기혈이 허해짐으로 인해 순환이 되지 않아 관절과 살이 당기고 시큰거리는 증상.

《비급천금요방》²⁴¹

물에는 물여우[沙蝨]²⁴²가 있는 곳이 있는데, 거기에서는 몸을 씻지도 말고 건너가지도 말라. 소나 말을 앞세우고 따라서 얼른 건너면 사람이 상하지 않는다. 물속에는 또 노(弩)²⁴³가 있어 사람의 그림자를 쏘면 그 사람은 즉사한다. 적당한 도구로 물을 때려 노를 흩어지게 한 다음 얼른 건너가면 길하다. 《비급천금요방》²⁴⁴

큰 안개가 끼면 먼길을 떠나서는 안 된다. 길을 떠나려면 술을 조금 마셔 나쁜 안개 기운을 막아야 한다【삼원연수참찬서 옛날 세 사람이 아침 일찍 길을 떠났다. 그중 한 사람은 죽을 먹고 가다가 병이 났고, 한 사람은 빈속으로 가다가 죽었고, 한 사람은 술을 마시고 갔더니 건재하였다. 술은 기를 굳세게 하여 나쁜 안개 기운을 막는 능력이 있다²⁴⁵】. 《비급천금요방》²⁴⁶

水有沙蝨處, 勿浴勿渡, 當隨牛馬急渡之, 不傷人. 水中又有弩, 射人影卽死, 以物打水, 令弩散, 急渡吉. 同上

大霧不宜遠行, 行宜飲少酒以禦霧瘴【三元延壽書 昔有三人早行, 一食粥而病, 一空腹而死, 一飲酒而健. 酒能壯氣, 辟霧瘴也】. 同上

241《備急千金要方》卷27〈養性〉"道林養性"(《孫思邈醫學全書》, 499쪽).
242 물여우[沙蝨]: 날도랫과 곤충의 애벌레. 몸집이 매우 작고 사람의 살에 붙으면 피부를 뚫고 들어가 염증을 일으키고, 시간이 지나면 뼛속까지 침입하여 목숨을 잃게 된다고 한다.
243 노(弩): 물속에 숨어 사람을 해친다는 전설상의 독충. 수노(水弩)·역(蜮)이라고도 한다. 물속에 살며 모래를 머금었다가 사람에게 쏘면 맞은 사람이 즉사한다고 한다.
244《備急千金要方》卷27〈養性〉"黃帝雜忌法"(《孫思邈醫學全書》, 499쪽);《醫方類聚》卷201〈養生門〉3 "三元延壽書"'行入'(《醫方類聚》9, 416쪽).
245 옛날……있다:《三元延壽參贊書》卷2〈行立〉(《中華道藏》23-71, 745쪽).
246 출전 확인 안 됨;《醫方類聚》卷201〈養生門〉3 "三元延壽書"'行入'(《醫方類聚》9, 417쪽).

급히 걷기　　　　　　　　　　　　　　　해를 등지고 서 있기

다닐 때 급히 걷지 말고, 서 있을 때 피로할 때까지 있지 말며, 서 있을 때 해를 등지지 말라.《양생서》247

行不疾步, 立不至疲, 立勿背日.《養生書》

급히 달리거나 말을 몰면 기를 크게 요동시킨다. 기가 가슴에서 치밀어올랐다가 풀리기 전에 또 물을 마시면, 물이 기에 부딪쳐 상기(上氣)248가 된다.《삼원연수참찬서》249

奔走及走馬, 大動其氣, 氣逆於膈, 未散而又飮水, 水搏於氣, 爲上氣.《三元延壽書》

걸을 때 말을 많이 하지 말라. 신(神)이 흩어지고 기(氣)가 손상될까 걱정되기 때문이다.《서산군선회진기》250

行不多言, 恐神散而損氣.《西山記》

수풀 사이에 있는 노란꽃거미[黃花蜘蛛]251를 '천사(天蛇)252'라 한다. 그 침에 쏘이고 그대로 이슬에 젖

草間有黃花蜘蛛, 名"天蛇". 遭其螫, 仍濡露, 則

---

247 출전 확인 안 됨;《醫方類聚》卷201〈養生門〉3 "三元延壽書" '行立'(《醫方類聚》9, 416쪽).
248 상기(上氣):기혈이 치밀어오르는 증상.
249《三元延壽參贊書》卷2〈行立〉(《中華道藏》23-71, 745쪽).
250《西山群仙會眞記》卷2〈養壽〉(《中華道藏》19-20, 129쪽);《醫方類聚》卷201〈養生門〉3 "事林廣記" '修眞旨要'(《醫方類聚》9, 425쪽).
251 노란꽃거미[黃花蜘蛛]:미상.
252 천사(天蛇):미상.

으면 문둥병같이 온몸이 짓무른다. 이슬 맞고 다니는 사람은 조심해야 한다. 심괄(沈括)[253]《몽계필담(夢溪筆談)[254]》[255]

病如癩, 通身潰爛. 露涉者愼之. 沈存中《筆談》

15) 앉기와 눕기

오래 앉아 있으면 살을 상하니, 비장이 피곤하기 때문이다. 오래 누워 있으면 기(氣)를 상하니, 폐가 피곤하기 때문이다.《황제내경소문》[256]

종일 배불리 먹고 오래 앉아 있으면 수명을 줄인다.《비급천금요방》[257]

바람을 맞으면서 누워 있게 해서는 안 되고, 남에게 부채를 부쳐주게 해서는 안 된다. 이와 같이 하면 모두 병을 얻는다.《비급천금요방》[258]

일반적으로 사람이 누울 때, 봄과 여름에는 머리를 동쪽으로 향하고, 가을과 겨울에는 서쪽으로 향해야 한다. 머리를 북쪽이나 벽 쪽에 두고 자지 말라. 북쪽에는 침상도 두지 말라.《비급천금요방》[259]

論坐臥

久坐傷肉, 勞於脾也 ; 久臥傷氣, 勞於肺也.《黃帝素問》

飽食終日, 久坐損壽.《千金要方》

不可當風臥, 不可令人扇之, 皆得病. 同上

凡人臥, 春夏向東, 秋冬向西. 頭勿北臥及牆, 北亦勿安床. 同上

---

253 심괄(沈括) : 1031~1095. 중국 북송의 학자이며 정치가. 자는 존중(存中), 호는 몽계옹(夢溪翁). 매우 박학했으며, 특히 천문·수학·지리·본초(本草) 등 과학에 밝았다. 저서로《몽계필담(夢溪筆談)》·《보필담(補筆談)》등이 있다.

254 몽계필담(夢溪筆談) : 중국 송나라의 심괄(沈括)이 천문, 수학, 동식물, 물리, 약학, 문학, 미술, 음악, 역사, 행정 따위의 다양한 분야에 걸친 독창적인 연구 논문과 수필을 수록한 책. 총 26권.

255《夢溪筆談》卷25〈雜誌〉2, 785쪽 ;《醫方類聚》卷201〈養生門〉3 "三元延壽書" '行立'(《醫方類聚》9, 417쪽).

256《黃帝內經素問》卷7〈宣明五氣篇〉(《文淵閣四庫全書》733, 86쪽).

257《備急千金要方》卷27〈養性〉"道林養性"(《孫思邈醫學全書》, 488~489쪽).

258《備急千金要方》卷27〈養性〉"道林養性"(《孫思邈醫學全書》, 490쪽).

259《備急千金要方》, 위와 같은 곳.

누워서 크게 말하지 말라. 사람의 기력을 상한
다.《비급천금요방》260

丈夫勿頭北向臥, 令人神不
安, 多愁忘.《雲笈七籤》

남자는 머리를 북쪽으로 향해서 눕지 말라. 신
(神)이 불안해지고 근심과 건망이 많아진다.《운급칠
첨》261

丈夫勿頭北向臥, 令人神不
安, 多愁忘.《雲笈七籤》

일반적으로 누울 때 팔을 아래에 궤지 말라. 육
신(六神)262이 불안해진다.《운급칠첨》263

凡人臥, 不用隱膊下, 令人
六神不安. 同上

일반적으로 누워 있을 때에는 자주 뒤척거려야
한다. 담소는 매우 조금만 하되 소리를 높이지 말아
야 한다.《운급칠첨》264

凡臥欲得數轉 22 側, 語笑
欲令至少, 莫令聲高. 同上

고목이나 큰 나무 아래에서 쉬어서는 안 된다. 음
기가 사람의 양신(陽神)과 접촉하는 것을 나무가 가
로막기 때문이다.《운급칠첨》265

枯木、大樹之下, 不可息,
防陰氣觸人陽神. 同上

무릎을 세우고 앉아 팔을 무릎 위에 감싸고 있지
말라. 상서롭지 못하다.《운급칠첨》266

勿竪膝坐而交臂膝上, 不
祥. 同上

---

260 《備急千金要方》, 위와 같은 곳.
261 《雲笈七籤》卷32〈雜修攝〉"養性延命錄"(《中華道藏》29, 271쪽).
262 육신(六神) : 심장·폐·간·신장·비장·췌장을 주재하는 신(神).
263 《雲笈七籤》卷32〈雜修攝〉"養性延命錄"(《中華道藏》29, 272쪽).
264 《雲笈七籤》, 위와 같은 곳.
265 출전 확인 안 됨 ;《西山群仙會眞記》, 위와 같은 곳.
266 《雲笈七籤》卷35〈雜修攝〉"至言總"(《中華道藏》29, 294쪽).
22 轉 : 저본에는 없음.《雲笈七籤·雜修攝·養性延命錄》에 근거하여 보충.

무릎 세우고 팔로 무릎 감싸기

북쪽을 향하고 앉아 생각하지 말라. 상서롭지 못
한 일이 일어난다. 《운급칠첨》267

勿北向坐思惟, 不祥起. 同
上

배불리 먹고 바로 누우면 수명을 줄인다. 《정일
법문수진지요(正一法文修眞旨要)268》269

飽食便臥, 損壽. 《正一修
眞旨要》

배불리 먹고 벌렁 누워 오래 있으면 기병[氣疾]이
되고 두풍(頭風)이 생긴다. 《소씨제병원후총론》270

飽食仰臥, 久成氣疾, 病
頭風. 《巢氏病源》

10보 높이의 곧은 담을 보면, 담을 따라 눕지 말
라. 누웠다가 사람에게 바람이 맵게 불면 반드시 발
작이 일어나고 몸이 무거워진다. 《소씨제병원후총
론》271

人見十步直墙, 勿順牆而
臥. 風利吹人, 必發癲癇
及體重. 同上

267 《雲笈七籤》, 위와 같은 곳.
268 정일법문수진지요(正一法文修眞旨要) : 작자 미상의 도교 양생서. 1권(卷).
269 출전 확인 안 됨;《遵生八牋》卷1〈清修妙論牋〉上(《遵生八牋校注》, 9쪽).
270 《巢氏諸病源候總論》卷2〈風病諸候〉下 "風瘙身體隱軫候"(《文淵閣四庫全書》734, 564쪽).
271 《巢氏諸病源候總論》卷2〈風病諸候〉下 "風癲候"(《文淵閣四庫全書》734, 565쪽).

누운 뒤 밖으로 나가 바람을 맞았다가 혈이 피부에 엉기면 혈비(血痺)[272]가 되고, 맥에 엉기면 혈로(血勞)[273]가 되고, 혈의 운행이 매끄럽지 못해 발에 엉기면 궐(厥)[274]이 된다. 《삼원연수참찬서》[275]

臥出而風吹之, 血凝於膚爲痺, 凝脈爲血勞, 行不利, 凝於足爲厥. 《三元延壽書》

누운 곳 머리맡에 화로를 두지 말라. 오래도록 불기운을 끌어당기면 머리가 무겁고 눈이 벌개지며 코가 마르면서 뇌옹(腦癰)[276]이나 창절(瘡癤)이 생긴다. 《삼원연수참찬서》[277]

臥處頭邊, 勿安火爐. 日久引火氣, 頭重目赤鼻乾, 發腦癰、瘡癤. 同上

술에 취해 누웠다가 풍을 맞으면 벙어리가 된다. 취하여 기장낟가리에 누우면, 창병(瘡病, 피부병)이 나고 대풍(大風, 문둥병)을 앓으며 눈썹이 떨어진다. 또 우레소리가 날 때 별을 보고 눕거나, 벗고 누워 바람을 맞거나, 술 취해 누워 남한테 부채를 부치게 하는 일은 모두 해서는 안 된다. 《삼원연수참찬서》[278]

醉臥當風, 使人發瘖. 醉臥黍穰中, 發瘡, 患大風, 眉墮. 又雷鳴時仰臥星月下, 裸臥當風中, 醉臥以人扇之, 皆不可也. 同上

누운 자리 옆은 항상 비어 있게 하라. 옷이나 이불을 불에 쬐는 일은 항상 사람을 상하게 한다. 《도

臥處, 須當傍虛歇, 烘焙衣衾, 常損人. 《陶氏別錄》

---

272 혈비(血痺) : 기혈(氣血)이 허약해짐으로 인해 순환이 잘되지 않아서 생기는 비증(痺證).
273 혈로(血勞) : 음(陰)이 허하고 양(陽)이 성하거나 허하고 혈열(血熱)이 있어서 생기는 증상. 갈증이 심하고 뺨이 붉어지며 식은땀이 나고 머리와 온몸이 아프다.
274 궐(厥) : 궐증(厥證). 병의 원인과 증상에 따라 한궐(寒厥)·열궐(熱厥)·양궐(陽厥)·음궐(陰厥)·담궐(痰厥)·회궐(蚘厥)·훈궐(暈厥)·전궐(煎厥) 등으로 나누어진다. 여기서는 갑자기 정신을 잃어 사람을 알아보지 못하고 손발이 찬 병증을 가리킨다.
275 《三元延壽參贊書》 卷2 〈坐臥〉 (《中華道藏》 23-71, 745쪽).
276 뇌옹(腦癰) : 목덜미와 머리카락 경계선 사이에 생긴 옹저.
277 《三元延壽參贊書》, 위와 같은 곳.
278 《三元延壽參贊書》, 위와 같은 곳.

누운 자리 옆에 잡동사니를 둔 채로 자기

씨별록(陶氏別錄)279》280

앉거나 눕는 곳에 틈새바람이 있으면 얼른 피해야 한다. 몸이 허약하고 연로한 사람에게는 더욱 좋지 않다【삼원연수참찬서 옛날 어떤 사람이 조상 3대가 제명대로 살지 못하자, 팽조(彭祖)281에게 물어보았다. 팽조가 그의 침소에 가보니 과연 벽의 구멍 하나가 뇌호혈(腦戶穴)282 위치에 있었다. 그 구멍을 막게 했더니 마침내 제명대로 살았다. 대개 틈새바람이 귀에 들어가 뇌에 불어 닥치면 양기가 흩어진다. 머리는 모든 양기가 모이는 곳으로, 생명을 주

坐臥處有隙風, 急避之, 尤不宜體虛年老之人【三元延壽書 昔有人三代不壽, 問彭祖. 祖觀其寢處, 果有一穴, 當其腦戶, 令塞之, 遂得壽. 蓋隙風入耳吹腦則陽氣散, 頭者諸陽所聚, 以主生也】. 同上

279 도씨별록(陶氏別錄) : 미상. 중국 남조(南朝)의 양(梁)나라 학자인 도홍경(陶弘景)의 《명의별록(名醫別錄)》으로 추정되지만, 본문 내용이 보이지 않는다.

280 출전 확인 안 됨;《醫方類聚》卷201 〈養生門〉3 "三元延壽書" '坐臥'(《醫方類聚》9, 417쪽).

281 팽조(彭祖) : ?~?. 중국 전설상의 인물로 800여 년을 살았다고 전해진다. 그 사실은 실제로 고증할 수 없지만, 중국 다수의 역사서에 팽조에 대한 언급이 있다.

282 뇌호혈(腦戶穴) : 독맥(督脈)에 속하는 혈자리로, 뒷목의 정 중앙선상에서 목과 머리카락 경계로부터 2.5촌 정도 위쪽의 우묵한 곳이다.

관하기 때문이다²⁸³】.《도씨별록》²⁸⁴

습지에 누워 풍을 맞으면 진기(眞氣)가 나날이 약 　　臥濕當風, 則眞氣日[23]弱.
해진다.《서산군선회진기》²⁸⁵　　　　　　　　　《西山記》

무덤 주변에 앉거나 누우면 정신(精神)이 저절로 　　坐臥於塚墓之間, 精神自
흩어진다.《서산군선회진기》²⁸⁶　　　　　　　　散. 同上

여름날 햇볕이 내리쬐는 곳에서는 비록 서늘한 　　暑月日曬處, 雖冷石, 不可
돌이라도 선뜻 앉지 말라. 돌이 뜨거우면 창(瘡)이 　便坐. 熱則令人生瘡, 冷則
생기고, 돌이 차가우면 소장기(小腸氣)²⁸⁷가 된다.《쇄 　成小腸氣.《瑣碎錄》
쇄록》²⁸⁸

16) 수면　　　　　　　　　　　　　　　　　論睡寐

침상에 오를 때는 왼발의 신발을 먼저 벗어라. 　　上床, 先脫左足, 臥勿當
누울 때에 허리 아래를 덮지 않은 채로 내버려두지 　舍脊下, 臥訖, 勿留燈燭,
말라. 눕고 난 뒤 불을 켜두지 말라. 혼백과 육신(六 　令魂魄及六神不安.《千金
神)이 불안하다.《비급천금요방》²⁸⁹　　　　　　　要方》

---

283 옛날……때문이다 :《三元延壽參贊書》卷2〈坐臥〉(《中華道藏》23-71, 745쪽).
284 출전 확인 안 됨 ;《醫方類聚》, 위와 같은 곳.
285《西山群仙會眞記》, 위와 같은 곳 ;《醫方類聚》卷201〈養生門〉3 "事林廣記" '修眞旨要'(《醫方類聚》9,
　425쪽).
286《西山群仙會眞記》, 위와 같은 곳 ;《醫方類聚》卷201〈養生門〉3 "事林廣記" '修眞旨要'(《醫方類聚》9,
　426쪽).
287 소장기(小腸氣) : 기가 울체되어 생기는 산증(疝症). 배꼽 아래가 아프면서 요추까지 아프고, 고환도 당기
　면서 아픈 증상이 나타난다.
288 출전 확인 안 됨 ;《醫方類聚》卷201〈養生門〉3 "三元延壽書" '四時調攝'(《醫方類聚》9, 418쪽).
289《備急千金要方》卷27〈養性〉"道林養性"(《孫思邈醫學全書》, 490쪽).
[23] 日 : 저본에는 "自".《西山群仙會眞記·養壽》에 근거하여 수정.

밤에 누워 자는 자리에서 귀 쪽에 바람이 들어오는 구멍을 두지 말라. 바람을 맞으면 귀가 잘 들리지 않는다. 《비급천금요방》290

夜臥, 當耳勿有孔, 吹人卽耳聾. 同上

여름에 얼굴을 집 밖에 내놓고 누워서는 안 된다. 얼굴의 피부를 두껍게 하고, 쉽게 옴[癬]이 되거나 면풍(面風)291이 되기도 한다. 《비급천금요방》292

夏不用露面臥, 令人面皮厚, 喜成癬, 或作面風. 同上

겨울밤이라도 머리를 덮지 말라. 그러면 장수한다. 《비급천금요방》293

冬夜勿覆其頭, 得長壽. 同上

일반적으로 사람이 잘 때 다리를 높은 곳에 올려두지 말라. 오래되면 신수(腎水, 신장의 수기)가 줄고, 발이 차가워진다. 《비급천금요방》294

凡人眠, 勿以脚懸踏高處, 久成腎水損, 房足冷. 同上

머리에 이불을 덮고 자기

다리를 높은 곳에 올려두고 자기

---

290 《備急千金要方》, 위와 같은 곳.
291 면풍(面風) : 양쪽 뺨에 발진이 돋으면서 벌겋게 붓는 증상.
292 《備急千金要方》, 위와 같은 곳.
293 《備急千金要方》, 위와 같은 곳.
294 《備急千金要方》, 위와 같은 곳.

낮잠을 못 자면 기(氣)를 잃게 된다. 《비급천금요방》295

不得晝眠, 令人失氣. 同上

저녁에 잘 때 항상 입 다무는 습관을 들여야 한다. 입을 열면 기를 잃는다. 게다가 사기가 입으로 들어가서 오래되면 소갈(消渴)이 되거나 혈색을 잃게 된다. 《비급천금요방》296

暮臥, 常習閉口, 口開卽失氣, 且邪惡從口入, 久成消渴及失血色. 同上

무릎을 굽히고 옆으로 눕는 일은 사람의 기력에 보탬이 되니, 똑바로 눕는 일보다 낫다. 공자는 죽은 듯 똑바로 눕지 않았다297. 그러므로 "잘 때는 몸 오그리기를 싫어하지 않고, 깨서는 쭉 펴기를 싫어하지 않는다."298라 했다. 《비급천금요방》299

屈膝側臥, 益人氣力, 勝正偃臥. 孔子不尸臥, 故曰"睡不厭踧, 覺不厭舒." 同上

입을 벌리고 자기

무릎을 굽히고 옆으로 눕기

---

295 《備急千金要方》卷27 〈養性〉 "道林養性"(《孫思邈醫學全書》, 491쪽).
296 《備急千金要方》, 위와 같은 곳.
297 공자는……않았다 : 《논어주소(論語注疏)》卷10 〈향당(鄕黨)〉편에 "공자께서는 잠잘 때 죽은 듯이 똑바로 눕지 않았다(寢不尸)."라는 구절이 있다(《十三經注疏整理本》23, 155쪽).
298 잘……않는다 : 출전 확인 안 됨.
299 《備急千金要方》, 위와 같은 곳.

몸을 활짝 펴고 자기

일반적으로 사람이 몸을 활짝 펴고 자면 악몽을 꾸거나 가위에 눌린다.《비급천금요방》300

凡人舒㉔睡, 則有鬼痛魔邪. 同上

일반적으로 잠잘 때 먼저 가슴을 뉘이고, 그 다음 눈을 감아야 한다. 하룻밤 동안 몸을 5번 뒤집어줘야 하고, 항상 자주 뒤척거려야 한다.《비급천금요방》301

凡眠先臥心, 後臥眼. 一夜當作五度反覆, 常逐更轉. 同上

많이 자면 눈이 먼다.《운급칠첨》302

多睡, 令人目盲.《雲笈七籤》

사람이 잠을 잘 때 반드시 옆으로 누워 구부리면 음백(陰魄, 음기)이 온전하다. 잠에서 깼을 때 바로 양 다리와 양손을 펴서, 기가 두루 전신에 통하게 해야 하니, 그러면 양기가 퍼져 나간다.《운급칠첨》303

人若睡必須側臥踡跼, 陰魄全也. 若覺卽須展兩脚又兩手, 令氣通遍渾身, 陽氣布也. 同上

300《備急千金要方》, 위와 같은 곳.
301《備急千金要方》, 위와 같은 곳.
302《雲笈七籤》卷32〈雜修攝〉"養性延命錄"(《中華道藏》29, 271쪽).
303《雲笈七籤》卷58〈諸家氣法〉"胎息口訣"(《中華道藏》29, 473쪽).
㉔ 舒:《備急千金要方·養性·道林養性》에는 "野".

엎어져 자기

엎어져 자면 흉하다【안《예기》에 "잘 때 엎드리지 말라."304라 했다】.《운급칠첨》305

밤에 잠을 편히 못 자는 까닭은 이불이 두꺼워 열을 막았기 때문이다. 이때는 이불을 급히 걷어버리고 그 상태에서 땀구멍을 닦아주어야 한다. 이불이 얇아서 추울 때는 더 덮으면 잠이 저절로 온다. 배가 고파서 잠이 오지 않으면 조금 먹어주어야 하고, 배가 불러서 잠이 안 오면 차를 마시고 조금 걷다가 앉아야 한다.《동원십서(東垣十書)306》307

밤에 잘 때 정강이 아래는 항상 얇은 이불을 덮어야 한다. 이와 같이 하지 않으면 풍독(風毒)이 잠

伏臥床凶【案《禮記》"寢無伏"】. 同上

夜不安寢, 衾厚熱壅故也, 當急去之, 仍拭汗孔. 或薄而寒卽加之, 睡自穩也. 飢而睡不安則宜少食, 飽而睡不安則宜啜茶, 少行坐.《東垣十書》

夜臥, 自脛以下, 常須覆薄被, 不如此則風毒潛入,

---

304 잘……말라:《禮記正義》卷2〈曲禮〉上(《十三經注疏整理本》12, 56쪽).

305《雲笈七籤》卷32〈雜修攝〉"養性延命錄"(《中華道藏》29, 273쪽).

306 동원십서(東垣十書): 중국 원나라의 의학자 이고(李杲, 1180~1251)가 자신의 저서와 당시의 유명한 저서 10여 종을 모아 편찬한 책. 동원(東垣)은 이고의 호 동원노인(東垣老人)에서 차용한 것이다.

307《脾胃論》卷下〈攝養〉(《文淵閣四庫全書》745, 468쪽);《東醫寶鑑》〈內景篇〉卷2 "夢"'寢睡法'(《原本 東醫寶鑑》, 117쪽).

입하여 혈기가 잘 돌지 못하게 된다. 바로 의식이 들 때는 이로 인해 완비탄완(頑痺癱緩)308·연각(軟脚, 다리가 붓는 병)·편풍(偏風, 반신불수) 등이 다투어 생길 것이다【안 이 설명은 여름밤에 자는 법이다】.《사시양생론(四時養生論)309》310

血氣不行, 直至覺來, 頑痺癱緩、軟脚、偏風, 因玆交至【案】此論夏夜睡法也】.《四時養生論》

일반적으로 잠에서 깼을 때 물을 마시고 다시 자지 말라. 그러면 수벽(水癖)311이 생긴다.《소씨제병원후총론》312

凡睡覺, 勿飮水更眠, 令人作水癖.《巢氏病源》

잘 때 입을 벌리지 말아야 한다. 기가 새어나가서 신(神)을 손상시킬까 걱정되기 때문이다.《서산군선회진기》313

睡不張口, 恐泄氣而損神.《西山記》

밤에 잘 때 모로 눕거나 바로 눕거나 간에, 한쪽 다리를 굽혔다 펴거나 해서 양다리를 나란히 놓지 않으면 몽설(夢泄, 몽정)의 걱정은 없다.《쇄쇄록》314

夜臥, 或側或仰, 一足伸屈不竝, 則無夢泄之患.《瑣碎錄》

자는 곳에는 머리 가까이 불을 두어서는 안 되니, 그러면 반드시 눈병이 생긴다. 또 바람을 맞아서는 안 되니, 그러면 반드시 두풍 등의 병이 생긴다.

臥處, 不可以首近火, 必有目疾, 亦不可當風, 必患頭風等疾, 背受風則嗽胸無

---

308 완비탄완(頑痺癱緩) : 팔다리가 힘이 없이 늘어지거나 마비되는 증상.
309 사시양생론(四時養生論) : 중국 당나라의 의학가 정경수(鄭景岫, ?~?)의 의서. 계절에 따른 양생론이 수록되어 있다.
310 출전 확인 안 됨.
311 수벽(水癖) : 물을 많이 마셔서 생기는 적체(積滯) 증상의 하나.
312 《巢氏諸病源候總論》卷20〈疝病諸候〉"癖候"(《文淵閣四庫全書》734, 702쪽).
313 출전 확인 안 됨 ;《醫方類聚》卷201〈養生門〉3 "事林廣記" "修眞旨要"(《醫方類聚》9, 425쪽).
314 출전 확인 안 됨 ;《醫方類聚》卷205〈養生門〉7 "瑣碎錄" '握固法'(《醫方類聚》9, 560쪽).

등에 바람을 맞으면 기침하며 가슴이 그득해지는 증상을 막을 길이 없다. 《쇄쇄록》[315]

禁. 同上

머리에 바람을 맞으며 자기

등에 바람을 맞으며 자기

밤에 불을 그냥 켜두고 자면 악몽을 부른다. 《쇄쇄록》[316]

夜停燭而寢, 招惡夢. 同上

잠을 잘 때 베개를 받치고 이불을 덮고 몸을 편안하게 뉘고 나서야 마음을 가라앉히고 진기(眞氣)를 존상(存想)[317]할 수 있다. 마치 황금으로 만든 듯한 가느다란 선이 양쪽 발뒤꿈치에서 일어나 뒤쪽에서부터 올라가 허리를 지나면서 하나로 합쳐진다. 이어서 척추를 치고 정수리에 올라가 전발제(前髮際, 이마와 머리카락의 경계)에 이르러서는 다시 흩어져 둘이 된다.

이것이 황정(黃庭)[318]·청회(聽會)[319]를 둘러 얼굴 옆

當睡時, 帖枕擁衾, 置身安穩, 然後平心存眞氣. 如黃金細線, 發兩踵, 自後而上, 過腰, 合而爲一. 衝脊上頂, 至前髮際, 却散而爲二.

繞黃庭、聽會, 橫行相交于

---

315 출전 확인 안 됨 ; 《醫說》 卷9 〈養生脩養調攝〉 "調攝" (《文淵閣四庫全書》 742, 195쪽).

316 출전 확인 안 됨 ; 《醫方類聚》 卷205 〈養生門〉 7 "山居四要" '起居雜忌' (《醫方類聚》 9, 553쪽).

317 존상(存想) : 도교에서 체내의 신(神)과 교감을 얻어 불사를 실현하려는 방법. 내관(內觀)·존시(存視)라고도 한다.

318 황정(黃庭) : 뒷머리와 미간 사이에 있는 두부 속의 공간. 몸 앞면의 상단전, 중단전, 하단전이 몸 뒷면의 옥침관, 명문, 미려관에 각각 대응되는데, 그 복판에 상황정, 중황정, 하황정이 자리하고 있다고 본다.

319 청회(聽會) : 족소양담경(足少陽膽經)의 혈자리. 귓불 위쪽과 얼굴이 만나는 곳의 우묵한 곳이다.

쪽으로 내려오다가 인중에서 서로 교차하고, 입 주위를 돌아서 아랫잇몸을 관통하여 다시 하나로 합쳐진다. 이것은 다시 인후로 내려와 태창(太倉, 중완혈)으로 들어간다. 여기서 머물러 움직이지 않다가 갑자기 기를 내보내면 4갈래 길[四道]에서 불기운이 치솟듯하면서 푸른 기운은 간으로, 붉은 기운은 심장으로, 흰 기운은 폐로, 검은 기운은 신장으로 들어간다.

4가지 기운[四氣]이 모두 가득차게 된 다음, 진기가 배꼽으로 내려와 소부(少府)[320]에서 관장하는 음교(陰交, 단전)로 들어가면서 다시 흩어져 둘이 된다. 이어서 무릎·정강이·발등을 내려와서는, 앞으로 가운뎃발가락 끝을 감싸 돌고 내려와 용천(涌泉)을 건너고 다시 발꿈치에 이른다. 이것을 '한바퀴[一帀, 일잡]'라 한다.

존상(存想)하며 이렇게 5~6바퀴를 돌고 나면 스르르 꿈나라로 들어갈 것이다. 대체로 잠을 못 이루는 사람도 불과 10여 번을 행하면 역시 저절로 잠을 잔다. 혹《침구동인경(針灸銅人經)》의 맥락법(脈絡法)[321]을 써서 양손가락에도 함께 이르게 하면 더욱 좋다. 《경재고금주(敬齋古今黈)[322]》[323]

人中, 環口貫下齗, 復合爲一. 下咽喉, 徑入太倉, 留之不動, 勃然出氣, 四道當如火熱, 靑者入肝, 紅者入心, 白者入肺, 黑者入腎.

四氣俱滿, 然後眞氣下臍, 入少府陰交, 復散而爲二. 下膝, 下臁, 下趺, 前裏中指尖, 順行度涌泉, 復至踵, 謂之"一帀".

存想至五六帀已, 溟溗然入睡鄕矣. 大段無睡之人, 行之不過十數帀, 亦自得睡. 或用《銅人》脈絡法, 兼達兩手指, 更佳. 《敬齋古今黈》⑳

---

320 소부(少府) : 수소음심경(手少陰心經)의 혈자리. 주먹을 쥐었을 때 새끼손가락 끝부분이 닿는 곳이다. 음부 가려움증·요실금·자궁하수·배뇨장애·음경 통증 등의 병과 관련이 있다.

321 침구동인경(針灸銅人經)의 맥락법(脈絡法) :《침구동인경》은 중국 송나라의 의학가 왕유덕(王惟德)이 지은 의서.《동인맥혈침구경(銅人脈穴針經)》또는 줄여서《동인(銅人)》이라고도 한다. 우리나라에서도 의과 초시(初試)의 한 과목으로 중시되었다. "12경맥기혈경락도(十二經脈氣穴經絡圖)"에는 그림으로 경락의 위치, 이름 등이 설명되어 있다. 본문은 이 그림에 따라 몸의 말단까지 기혈을 순환시키라는 말로 이해된다.

322 경재고금주(敬齋古今黈) : 중국 원나라의 학자 이치(李治, 1192~1279)의 문집으로, 총 8권으로 구성되어 있다.

323《敬齋古今黈》卷6(《文淵閣四庫全書》866, 386~387쪽).

⑳ 當睡……今黈(기사 전체) : 오사카본에는 없음.

17) 과로와 안일

사람의 신체는 몸을 놀려 노동을 하려 한다. 다만 노동은 지나치지 않도록 해야 한다. 사람의 몸이란 항상 움직여주면 곡기가 소화되고 혈맥이 유통하여 병이 생기지 않는다. 비유하자면 문지도리[324]가 썩지 않는 것과 같음이 이것이다. 화타《중장경》[325]

사람은 즐겁기만을 원하지 않는다. 즐겁기만 한 사람은 장수하지 못한다. 다만 힘에 부치는 일을 억지로 하지 말아야 한다. 무거운 것을 들고 억센 것을 당기거나 땅을 힘들게 파면서 피곤하여 쉴 수가 없으면 근골이 몹시 피로해질 뿐이다. 그러나 차라리 노동의 괴로움이 안락한 즐거움보다는 낫다. 아침부터 저녁까지 항상 할 일이 있어 쉬지 않도록 해야 몸이 상쾌하다. 다만 피로가 너무 심하면 쉬어야 한다. 쉬고 난 다음 다시 한다. 이것은 도인법과 다를 바 없다. 무릇 흐르는 물이 썩지 않고 문지도리가 삭지 않는 이유는 물이나 지도리의 수고로운 움직임이 잦기 때문이다. 《양생연명록》[326]

양생하는 사람은 몸뚱이로 조금씩 노동을 하되, 과로에 이르러서는 안 된다. 본디 물은 흐르면 맑고, 고이면 썩는 것이다. 양생하는 사람은 항상 물이 흐

論勞逸

人體欲得勞動, 但不當使極耳. 人身常搖動則穀氣消, 血脈流通, 病不生, 譬猶戶樞不朽是也. 華陀《中藏經》

人不欲使樂, 樂人不壽. 但當莫强爲力所不任, 擧重引强, 掘地苦作, 倦而不息, 以致筋骨疲竭耳. 然勞苦勝於逸樂也. 能從朝至暮, 常有所爲, 使之不息乃快. 但覺疲極當息, 息復爲之, 此與導引無異也. 夫流水不腐, 戶樞不朽者, 以其勞動數故也.《養生延命錄》

養生者, 形要小勞, 無至大疲, 故水流則淸, 滯則朽. 養生之人, 欲血脈常行如

---

324 문지도리 : 문짝을 여닫을 때 문짝이 달려 있게 하는 물건.
325 출전 확인 안 됨.
326 출전 확인 안 됨 ;《雲笈七籤》卷32〈雜修攝〉"養性延命錄"(《中華道藏》29, 270~271쪽).

르듯이 혈맥을 돌게 하려 한다.《보생요록》327

水之流.《保生要錄》

18) 담소(談笑)

論談笑

일반적으로 말하거나 독송할 적에는 소리가 항상 기해(氣海) 속에 있다고 생각해야 한다.《비급천금요방》328

凡言語讀誦, 常想聲在氣海中.《千金要方》

밥 먹을 때 말하면 안 된다. 말하면서 밥을 먹으면 항상 가슴과 등이 아프다.《비급천금요방》329

食上不得語. 語而食者, 常患胸背痛. 同上

잠자려고 누웠을 때 너무 떠들고 웃으면 안 된다. 오장은 종경(鍾磬)330과 같아 매달려 있지 않으면 소리를 낼 수 없다.《비급천금요방》331

寢臥不得多言笑. 五臟如鍾磬, 不懸則不可發聲. 同上

걸으면서 말하면 안 된다. 말을 하려면 반드시 잠깐 멈추고 나서 말해야 한다. 걸으면서 말하면 기운을 잃게 된다.《비급천금요방》332

行不得語. 若欲語, 須住乃語, 行語則令人失氣也. 同上

사람이 몸조리를 잘 못하거나 □한 경우, 말을 많이 한다. 말을 많이 함으로써 기를 손상시키는 일

人若不會將理者□者26 多說話, 戒多言損氣以全其

327《保生要錄》〈調肢體門〉(《中華道藏》23-67, 709쪽).

328《備急千金要方》卷27〈養性〉"道林養性"(《孫思邈醫學全書》, 489쪽).

329《備急千金要方》, 위와 같은 곳.

330 종경(鍾磬) : 아악기에 속하는 타악기. 쇠로 만든 편종(編鐘)과 돌로 만든 편경(編磬) 등을 총칭하는 용어이다.

331《備急千金要方》, 위와 같은 곳.

332《備急千金要方》, 위와 같은 곳.

26 □者 :《醫方類聚·養生門·三元延壽書》에는 "只是". 오사카본 두주에는 "缺字俟考"라는 가필이 있음.

을 경계하여 천수를 다하도록 해야 한다. 《비급천금 壽也. 同上
요방》333

담소를 나눌 때에는 정기(精氣)를 아끼는 것을 근 談笑, 以惜精氣爲本, 多
본으로 삼는다. 많이 웃으면 신장이 뒤틀려 허리가 笑則腎轉腰疼.《三元延壽
시큰거린다. 《삼원연수참찬서》334 書》

많이 웃으면 신(神)이 상한다. 신이 상하면 근심이 多笑則神傷, 神傷則悒悒
가득하여 즐겁지 않고 정신이 흐릿하여 평안하지 않 不樂, 恍惚不寧. 同上
다. 《삼원연수참찬서》335

많이 웃으면 장이 상한다. 장이 상하면 배꼽 주 多笑則臟傷, 臟傷則臍腹
위가 아프고, 이 증상이 오래되면 기가 손상된다. 痛, 久爲氣損. 同上
《삼원연수참찬서》336

말을 많이 하면 기가 서로 다툰다. 《운급칠첨》337 多語則氣爭.《雲笈七籤》

달리면서 크게 말해서는 안 된다. 《쇄쇄록》338 走不得大語.《瑣碎錄》

19) 울음 論哭泣

양생을 배우는 법에는 눈물을 흘리거나, 침을 學生之法, 不可泣淚及多
많이 뱉거나, 정액을 유설하면 안 된다는 내용이 있 唾泄, 此皆爲損液漏精, 使

333 출전 확인 안 됨 ;《醫方類聚》卷201〈養生門〉3 "三元延壽書" '談笑'(《醫方類聚》9, 416쪽).
334《三元延壽參贊書》卷2〈談笑〉(《中華道藏》23-71, 743쪽).
335《三元延壽參贊書》, 위와 같은 곳.
336《三元延壽參贊書》, 위와 같은 곳.
337《雲笈七籤》卷32〈雜修攝〉"養性延命錄"(《中華道藏》29, 269쪽).
338 출전 확인 안 됨 ;《醫方類聚》卷202〈養生門〉4 "神隱" '攝生之道'(《醫方類聚》9, 433쪽).

다. 이는 모두 진액을 줄게 하고 정액을 새나가게 하여 목구멍과 뇌를 아주 말려버린다. 이 때문에 진인과 도사는 항상 토납(吐納)[339]하고 연수(咽漱)[340]하여 육액(六液)을 조화롭게 한다. 《진고》[341]

喉腦大竭, 是以眞人, 道士, 常吐納咽味, 以和六液. 《眞誥》

방금 곡하고서 바로 밥을 먹어서는 안 된다. 오래되면 기병(氣病)이 된다. 《소씨제병원후총론》[342]

新哭訖, 不用卽食. 久成氣病. 《巢氏病源》

곡이란 죽음에 나아가는 소리이고, 슬픔은 뼈를 삭게 하는 큰 근심거리이다. 《태상감응편(太上感應篇)[343]》[344]

哭者趣死之音, 哀乃朽骨之大患. 《感應篇》

오래 울지 말라. 신(神)이 슬퍼 오그라든다. 《운급칠첨》[345]

勿久泣, 神悲蹙. 《雲笈七籤》

20) 의복

의복이 두껍고 얇은 이유는 때에 알맞게 하기 위함이다. 이 때문에 더운 날이라고 해서 옷이 완전히 얇아서는 안 되고 추울 때라고 해서 매우 두껍게만 입어서는 안 된다. 아주 더워도 홑옷은 입어야 하

論衣服

衣服厚薄, 欲得隨時合度. 是以暑月, 不可全薄, 寒時不可極厚. 盛熱亦必着單, 臥服或腹脛已上覆被, 極

---

339 토납(吐納) : 묵은 것을 토하고 새 것을 들인다는 말로 호흡을 통한 신진대사의 뜻.
340 연수(咽漱) : 양수하여 삼키는 행위이다. 연액(咽液)·수연(漱咽)이라고도 한다.
341 《眞誥》卷10 〈協昌期〉(《文淵閣四庫全書》1059, 411쪽).
342 《巢氏諸病源候總論》卷13 〈氣病諸候〉 "結氣候"(《文淵閣四庫全書》734, 702쪽).
343 태상감응편(太上感應篇) : 중국 북송의 이창령(李昌齡)이 1146년경에 지은 책. 유교·불교·도교의 합일사상을 바탕으로 한다. 조선에는 임진왜란 때 명군(明軍)이 관우 신앙을 전한 뒤로 강조되었다.
344 출전 확인 안 됨 ; 《眞誥》卷6 〈甄命授〉(《文淵閣四庫全書》1059, 411쪽).
345 《雲笈七籤》卷32 〈雜修攝〉 "養性延命錄"(《中華道藏》29, 271쪽).

고, 잠옷이라도 배와 다리 위쪽은 이불은 덮어주는 것이 사람에게 매우 좋다. 겨울에 솜옷을 너무 두텁게 입지 말라. 추우면 그때마다 한 겹씩 옷을 입어 여러 겹 껴입는다. 이렇게 하면 몸이 갑자기 차갑거나 갑자기 더워지지 않는다.

그러므로 추울 때라도 열기를 느끼면 옷을 벗어야 하니, 옷을 벗으면 몸이 온열에 상하지 않는다. 더울 때라도 한기가 느껴지면 옷을 더 입어야 하니, 옷을 입으면 몸이 한랭에 상하지 않는다. 한열(寒熱)에 제때 대응하지 못해 함부로 옷을 벗거나 입으면 한열에 상할 것이다.

허리와 배 아래로 발과 다리까지는 항상 따뜻해야 좋고, 가슴 위로 머리까지는 조금 서늘해야 좋다. 그러나 서늘하다고 해서 추워서는 안 되고, 따뜻하다고 해서 뜨거워서는 안 된다.

옷은 땀으로 젖으면 바로 바꿔 입는다. 불에 쬐어 말린 옷에 화기가 아직 남아 있을 때는 바로 입어서는 안 된다. 한열이 고르고 형신(形神, 몸과 마음)이 고요하면 병이 생기지 않고 수명이 저절로 길어진다. 《보생요록》346

봄 얼음이 아직 녹지 않았을 때는 옷을 아래는 두텁게 입고, 위는 얇게[下厚上薄] 입어야 양(陽)을 기르고 음(陰)을 거두어들일 수 있다. 그러면 대대로

宜人. 冬月27綿衣, 莫令甚厚, 寒則頻添數層, 如此則令人不驟寒驟熱也.

故寒時而熱, 則減則不傷於溫, 熱時而寒, 則加則不傷於寒. 寒熱不時, 妄自脫着, 則傷于寒熱矣.

腰腹28下至足脛, 欲得常溫, 胸上至頭, 欲得稍凉. 凉不至凍, 溫不至燥.

衣爲汗濕, 卽時易之. 薰衣火氣未歇, 不可便着. 寒熱均平, 形神恬靜, 則疾疢不生, 壽年自永. 《保生要錄》

春氷未泮, 衣欲下厚上薄, 養陽收陰, 繼世長生. 《三元延壽書》

346《保生要錄》〈調衣服門〉《中華道藏》23-67, 710쪽).
27 月 : 저본에는 "目". 오사카본·규장각본에 근거하여 수정.
28 腹 : 저본에는 "痛". 오사카본에 근거하여 수정.

장수한다. 《삼원연수참찬서》[347]

봄에 얇게 옷을 입어서는 안 된다. 한기에 상하여 토하거나 설사하고, 소화가 잘 되지 않으며, 두통이 생긴다. 《삼원연수참찬서》[348]

春天不可薄衣, 傷寒霍亂, 食不消, 頭痛. 同上

겨울에 솜옷과 털갈개 등은 추워지자마자 금방 입고, 날이 풀리자마자 금방 벗어야 한다. 《삼원연수참찬서》[349]

冬時, 綿衣、氈褥之類, 急寒急着, 急換急脫. 同上

솜옷은 갑자기 껴입어서는 안 되고, 조금 따뜻해지면 수시로 점차 벗어야 한다. 《도씨별록》[350]

綿衣不用頓加添, 稍煖, 又宜時暫脫. 《陶氏別錄》

안락하려면 입지도 말고 벗지도 말라는 말은 북쪽 지방의 말이요, 안락하려면 자주 입었다가 자주 벗으라는 말은 남쪽 지방의 말이다. 《쇄쇄록》[351]

若要安樂, 不脫不着, 北方語也 ; 若要安樂, 頻脫頻着[29], 南方語也. 《瑣碎錄》

21) 거처

도를 배우는 사람은 거처를 편안히 하는 일이 중요하다. 거처를 편안히 한다는 것은 무슨 말인가? 이는 화려한 집, 깊숙한 집, 두터운 요, 넓은 평상을 말하는 것이 아니다. 남향을 하고 앉으며, 머리를

論居處

學道, 以安處爲貴. 何謂安處? 非華堂、邃宇、重裀、廣榻之謂也. 在乎南向而坐, 東首而寢, 陰陽適中,

---

347 《三元延壽參贊書》卷2 〈衣着〉(《中華道藏》23-71, 746쪽).
348 《三元延壽參贊書》, 위와 같은 곳.
349 《三元延壽參贊書》, 위와 같은 곳.
350 출전 확인 안 됨 ; 《醫方類聚》卷201 〈養生門〉3 "三元延壽書" '衣著'(《醫方類聚》9, 418쪽).
351 출전 확인 안 됨 ; 《醫方類聚》卷201 〈養生門〉3 "鎖碎錄" '議論'(《醫方類聚》9, 408쪽).
[29] 頻脫頻着 : 저본에는 "頭脫頭着". 《醫方類聚·養生門·鎖碎錄》에 근거하여 수정.

동쪽으로 하여 자고, 음양의 기운이 적절하고, 명암
이 서로 잘 어울리는 데에 달려 있다.

집은 높으면 안 된다. 높으면 양이 성하여 너무
밝다. 집은 낮아도 안 된다. 낮으면 음이 성하여 너
무 어둡다. 너무 밝으면 백(魄)이 상하고, 너무 어두
우면 혼(魂)이 상하여 질병이 생긴다.

내가 사는 방은 사면에 모두 창이나 문이 있다.
바람이 불면 닫고 바람이 멎으면 연다. 내가 앉아 있
는 곳은 앞에 주렴이 있고, 뒤에 병풍이 있다. 너무
밝으면 주렴을 내려 안의 빛을 조절하고, 너무 어두
우면 주렴을 걷어 밖의 빛을 들어오게 한다. 안으로
는 마음을 안정시키고 밖으로는 눈을 안정시켜 마
음과 눈이 모두 안정되면 몸이 편안할 것이다. 《천
은자양생서(天隱子養生書)352》353

물이 고이는 곳은 거처를 삼을 수가 없으니, 습기
를 삼가기 때문이다. 성기고 새는 곳도 거처를 삼을
수가 없으니, 바람을 삼가기 때문이다. 오랫동안 폐
쇄된 곳도 거처를 삼을 수가 없으니, 나쁜 흙 기운
을 삼가기 때문이다. 음침한 골짜기도 거처를 삼을
수가 없으니, 음울한 기운을 삼가기 때문이다. 《수
양총서》354

明暗相半.

屋無高, 高則陽盛而明多,
屋無卑, 卑則陰盛而暗多.
明多則傷魄, 暗多則傷魂
而疾病生焉.

吾所居室, 四邊皆窓戶, 遇
風卽闔, 風息卽開. 吾所
居坐, 前簾後屛, 大明則
下簾, 以和其內映, 太暗
則捲簾, 以通其外曜. 內
以安心, 外以安目, 心目皆
安, 則身安矣. 《天隱子養
生書》

洼下之地不可處, 愼其濕
也;疏漏之地不可處, 愼其
風也;久閉之室不可處, 愼
其土氣之惡也;幽冥之壑不
可處, 愼其陰鬱之氣也.
《壽養叢書》30

---

352 천은자양생서(天隱子養生書) : 중국 당나라 사마승정(司馬承楨, 647~735)이 펴낸 양생서.
353 《天隱子》〈安處〉(《中華道藏》26-4, 36쪽).
354 출전 확인 안 됨:《山林經濟》卷1〈攝生〉"愼起居"(《農書》2, 58쪽).
30 壽養叢書 : 오사카본에는 출전서명이 없고 "《황제내경소문》이 출전인 듯하나 다시 조사해야 한다(似出
素問, 更考)."라는 가필이 있다.

방이 크면 음기가 많고, 누대가 높으면 양기가 많다. 음기가 많으면 궐병(蹶病)이 생기고, 양기가 많으면 위병(痿病)이 생긴다. 《여씨춘추(呂氏春秋)355》356

室大則多陰, 臺高則多陽, 多陰則蹶, 多陽則痿. 《呂氏春秋》

《황제내경소문》의 음정(陰精)·양정(陽精)의 설357로 볼 때, 거처가 높은 데서 살아야 좋다. 산이나 언덕이 있으면 그리로 가면 되지만, 평지나 습지에 있으면 누대를 만들어 놓고 살아야 하니, 이는 매일 음기가 엄습해도 양기가 빠져나가지 않기를 바라서이다. 옛날 선인(仙人)들이 누대에 살기를 좋아했다 하니, 그 이유는 이 때문이 아니겠는가?

以《素問》陰精、陽精③之說觀之, 居處高聳, 於生乃宜. 有山阜則就山阜, 臨平漫則起樓臺, 庶乎日襲陰氣而不爲陽洩矣. 古謂仙人好樓居, 得非以是乎?

그러나 앉고 눕는 곳은 반드시 밀폐된 곳이어야 한다. 만약 작은 틈새 바람이라도 만나면 그 독이 사람을 매우 상하게 한다. 이 상태가 오래가면 반신불수나 몸이 활처럼 뒤로 젖혀지거나, 말을 더듬게 된다. 몸에 일단 풍을 맞으면 사기가 쉽게 들어오고 여러 병이 마구 생기므로, 결국 천수를 다하지 못하고 요절하게 될 것이다! 《섭생요의》358

然坐臥之處, 必須固密, 若值細隙之風, 其毒中人尤甚. 久之, 或半身不遂, 或角弓反張, 或言語謇澁. 身旣中風, 鬼邪易入, 衆病總集, 遂致夭其天年爾! 《攝生要義》

---

355 여씨춘추(呂氏春秋) : 중국 진나라의 재상 여불위(呂不韋, B.C.?~B.C.235)가 주도하여 편찬한 총서. 도가·유가·병가·농가·법가의 이론을 망라하여 지었다.

356 《呂氏春秋》卷1〈孟春紀〉"重己"(《文淵閣四庫全書》848, 283쪽).

357 황제내경소문의……설:《黃帝內經素問》卷20〈五常政大論〉70, 625쪽.《황제내경소문》의 설은 황제(黃帝)가 장수와 요절에 대해 묻자 기백(岐伯)이 음정(陰精)을 받들면 사람이 장수하고, 양정(陽精)을 내리면 사람이 요절한다고 답한 내용이다.

358 《攝生要義》〈居處篇〉(《壽養叢書》5, 32~33쪽).

③ 陽精:《攝生要義·居處篇》에는 "所奉".

2. 음식의 조절

節食

1) 총론

《내경》에 "음(陰)이 생겨나는 곳은 그 근본이 오미(五味)에 있고, 음의 오궁(五宮, 오장)은 그 손상됨이 오미에 있다."[1]라 했다.

편작(扁鵲)은 "몸을 편안히 하는 근본은 반드시 음식에 의존하므로, 식의(食宜, 알맞은 음식)를 모르는 자는 생명을 보존하기에 부족하다."[2]라 했다.

《논어》〈향당(鄉黨)〉[3] 1편은 성인(聖人, 공자)이 음식 먹는 예절을 모두 기록하였는데, 그 내용이 매우 상세하다. 후세 사람들은 명리(名利)만 좇느라 알맞은 식사법을 잃어버리고, 부귀에만 탐닉하여 기름지고 단 음식을 구할 뿐 사계절의 기운을 잘 따르지 않고 오미를 적절히 조화할 줄 모르기 때문에 병이 생기게 되었다. 이를 조심한다면 사람의 본래 수명을 다 누릴 수 있으리라.《삼원연수참찬서》[4]

總論

《內經》曰 : "陰之所生, 本在五味 ; 陰之五宮[1], 傷在五味."

扁鵲曰 : "安身之本, 必資於食, 不知食宜者, 不足以存生."

《鄉黨》一篇具載聖人飲食之節, 爲甚詳. 後人奔走於名利而饑飽失宜, 沈酗於富貴而肥甘之是務, 不順四時, 不和五味而疾生焉. 戒乎此則人元之壽可得矣.《三元延壽書》

1　음(陰)이……있다 :《黃帝內經素問》卷1〈生氣通天論篇〉3(《黃帝內經素問語譯》, 21쪽).
2　몸을……부족하다 :《備急千金要方》卷26〈食治〉1 "序論"(《孫思邈醫學全書》, 500쪽).
3　향당(鄉黨) :《논어》의 제 10편. 공자의 일상생활 및 음식습관에 관한 언행이 주로 기록되어 있다.
4　《三元延壽參贊書》卷3〈人元之壽飲食有度者得之〉(《中華道藏》23-71, 749쪽).
[1]　宮 : 저본에는 "官".《黃帝內經素問·生氣通天論篇》·《三元延壽參贊書·人元之壽飲食有度者得之》에 근거하여 수정.

사람들은 음식이 양생의 기본 수단임을 알고 있지만 음식 먹는 법을 잘 조절하지 못하면 또한 생명을 해칠 수도 있다는 사실은 알지 못한다. 그러므로 더 먹고 덜 먹는 것을 조절하여 알맞게 유지해야 한다. 이것을 '현철(賢喆, 현명하고 똑똑함)'이라 하니, 현철은 병이 나기 전에 미리 깨닫는 것이다. 《섭생요의(攝生要義)》5

人知飲食所以養生, 不知飲食失調, 亦所以害生. 故能消息, 使適其宜, 是謂"賢喆", 悟於未病. 《攝生要義》

양생을 잘하는 자는 몸의 내부를 기르고 양생을 잘못하는 자는 몸의 외부를 기른다. 몸의 내부를 기르는 자는 장부를 편안히 하고, 혈맥을 순조롭게 하며, 온몸의 기를 두루 잘 돌게 하므로, 온갖 병이 생기지 않는다. 몸의 외부를 기르는 자는 입맛이 닿는 대로 먹고, 맛있는 음식을 끝까지 추구하며, 먹는 즐거움을 마지막까지 누리려 한다.

善養生者養內, 不善養生者養外. 養內者安恬臟腑, 調順血脈, 使一身之氣流行沖和, 百疴不作. 養外者恣口腹之欲, 極滋味之美, 窮飲食之樂.

그런 사람은 비록 몸뚱이는 풍만하고 안색이 환하고 윤택해 보이지만 매우 독한 기운이 장부(臟腑, 오장육부)를 안에서부터 갉아먹어 형(形)과 신(神)6이 허약해질 것이다. 그러니 어찌 태화(太和)7를 보존하여 장수에 이를 수 있겠는가? 《섭생요의》8

雖肌體充腴, 容色悅澤, 而酷烈之氣內蝕臟腑, 形神虛矣, 安能保合太和以臻遐齡? 同上

사람은 오행(五行)의 기운을 타고나 오행의 음식물을 먹는다. 포태(胞胎, 자궁)에서 형체가 생기면서부

人稟五行之氣, 食五行之物, 自胞胎有形, 亦呼吸精

---

5   《攝生要義》〈飲食篇〉(《壽養叢書》5, 26쪽).
6   형(形)과 신(神) : 여기서 형은 오장(五臟)의 장기를 의미하고, 신은 그 속을 돌아다니는 생명의 기운을 의미한다.
7   태화(太和) : 사람이 태어날 때부터 부여받은 천지간 최초의 크고 좋은 기운.
8   《攝生要義》〈飲食篇〉(《壽養叢書》5, 29~30쪽).

터 역시 정(精)과 혈(血)을 호흡하니, 음식을 빼놓고 어찌 장생을 구할 수 있겠는가? 다만 세상 사람들은 곡기를 끊고 '기운을 먹는[服氣]' 법을 모른다. 도가의 권의(權宜)⁹에는 재(齋)와 계(戒)에 대한 논의가 있는데, 이것은 곡식 먹기를 영원히 끊으란 말이 아니다.

다만 먹는 데는 재(齋)와 계(戒)가 있으니, 재는 정결하게 하는 데 힘쓰라는 말이고, 계는 절도와 절제를 이르는 말이다. 배고프면 곧 먹되 배불리 먹지 말고, 온갖 맛의 음식 중 덜 익은 음식은 먹지 말고, 오미 중 어떤 맛을 너무 치우치게 먹지 말고, 썩거나 기운이 막힌 음식은 먹지 말라. 이것은 모두 바람직한 계(戒)이다. 《천은자양생서(天隱子養生書)》¹⁰

무릇 사람은 수곡(水穀, 물과 곡식)의 기운에 의존해서 신(神)을 기른다. 그러므로 수곡이 다하면 신은 떠난다. 곡기가 충분하면 창성하고 곡기가 끊어지면 망한다. 물이 마르면 영기(榮氣)가 흩어지고 곡기가 사그라들면 위기(衛氣)가 망한다. 영기가 흩어지고 위기가 망하면 신이 의지할 데가 없으므로 죽는 것이다.

일반적으로 먹는다는 행위는 양기를 기르기 위함이요, 마신다는 행위는 음기를 기르기 위함이니, 혈을 생성하고 기를 생성하는 활동이 모두 여기에 뿌리를 둔다. 그러므로 육축(六畜, 육류), 과일과

血, 豈可去食而求長生? 但世人不知休糧服氣, 道家權宜有齋、戒之說, 非永絕食粒之謂也.

食之有齋、戒者, 齋乃潔淨之務, 戒乃節約之稱. 有飢卽食, 食勿令飽. 百味未成熟勿食, 五味太多勿食, 腐敗閉氣之物勿食, 此皆宜戒也.《天隱子養生書》

夫人賴水穀之氣以養神, 水穀盡而神去. 安穀則昌, 絕穀則亡；水去則榮散, 穀消則衛亡, 榮散衛亡, 神無所依故死.

凡食所以養陽氣也, 凡飲所以養陰氣也, 而生血生氣, 皆本於此. 故六畜、菓菜、酒漿之類, 善養生者取

---

9 권의(權宜) : 때에 따른 조치나 임기응변. 여기서는 양생법의 하나를 말한다.
10 《天隱子》〈齋戒〉《中華道藏》26-4, 35~36쪽).

채소, 술과 음료[漿] 등의 음식 중, 양생을 잘하는 자는 사람에게 도움이 되는 음식만 골라서 먹거나 마신다.

其益人者, 食之飮之.

더욱이 반드시 목마르기 전에 마시되 너무 많이 마시지 않는다. 많이 마시게 되면 기를 상하고 목이 마르게 되면 혈을 상한다. 굶주리기 전에 먹되 너무 많이 먹지 않는다. 포식하면 기를 상하고 굶주리면 위장을 상한다. 또한 대충 먹기나 빨리 먹기를 삼간다. 이는 기를 줄이거나 심(心)을 상할까 염려되기 때문이므로, 좋지 않다. 《후생훈찬》[11]

尤必先渴而飮, 飮不過多, 多則損氣, 渴則傷血. 先饑而食, 食不過飽, 飽則傷氣, 飢則傷胃. 仍戒麤與速, 恐損氣傷心, 非福也. 《厚生訓纂》

음식은 사람의 혈기를 길러주는 것이다. 혈은 신체를 풍요롭게 만들고 기는 팔다리를 튼튼하게 보위한다. 혈과 기 중에서 정화(精華)인 것들이 골수가 되거나 정액이 되고, 그 다음 것들이 살집이 되거나 근육이 된다. 《보생요록》[12]

飮食所以資養人之血氣, 血則榮華形體, 氣則榮衛四肢. 精華者, 爲髓爲精; 其次者, 爲肌爲肉. 《保生要錄》.

2) 오미를 조화시킨다

오미를 잘 조화시키면 뼈가 바르게 되고 근육이 부드러워지며, 기혈이 잘 돌고 주리(腠理)[13]가 치밀해져서 천수를 누리게 된다. 《황제내경소문》[14]

論和五味

謹和五味, 骨正筋柔, 氣血以流, 腠理以密, 長有天命.《內經》

청색은 간에 속하고, 근(筋)에 합하고, 그 상태

靑色屬肝, 合筋, 其榮爪,

---

11 《厚生訓纂》卷2〈飮食〉(《壽養叢書》7, 21쪽).
12 《保生要錄》〈論飮食門〉(《中華道藏》23-67, 710쪽).
13 주리(腠理) : 땀구멍 혹은 피부의 진액이 빠져나오는 살결.
14 《三元延壽參贊書》卷3〈五味〉(《壽養叢書》2, 3);《黃帝內經素問》卷1〈生氣通天論篇〉3(《黃帝內經素問語譯》, 21쪽).

[榮]는 손톱에 나타난다. 그러므로 간에는 신 음식이 좋은데, 신 음식을 많이 먹으면 몸을 음폐(癃閉)15하게 한다.

故肝宜酸, 多食, 則令人癃閉.

적색은 심(心)에 속하고, 맥(脈)에 합하며, 그 상태[榮]는 안색에 나타난다. 그러므로 심은 쓴 음식이 좋은데, 쓴 음식을 많이 먹으면 변하여 구토하게 한다.

赤色屬心, 合脈, 其榮色, 故心宜苦, 多食, 令人變嘔.

황색은 비에 속하고, 육(肉)에 합하며, 그 상태[榮]는 입술에 나타난다. 그러므로 비장에는 단 음식이 좋은데, 단 음식을 많이 먹으면 몸을 느슨하고 그득하게 한다.

黃色屬脾, 合肉, 其榮唇, 故脾宜甘, 多食, 令人緩滿.

백색은 폐에 속하고, 피부에 합하며, 그 상태[榮]는 털에 나타난다. 그러므로 폐에는 매운 음식이 좋은데, 매운 음식을 많이 먹으면 통심(洞心)16하게 한다.

白色屬肺, 合皮, 其榮毛, 故肺宜辛, 多食, 令人洞心.

흑색은 신장에 속하고 뼈에 합하며, 그 상태[榮]는 머리카락에 나타난다. 그러므로 신장에는 짠 음식이 좋은데, 짠 음식을 많이 먹으면 갈증이 나게 한다.

黑色屬腎, 合骨, 其榮髮, 故腎宜鹹, 多食, 令人渴.

신 음식을 많이 먹으면 피부를 상하고, 살이 주름지고, 입술이 젖혀진다.

酸多, 傷皮, 肉皺而唇揭;

짠 음식을 많이 먹으면 심(心)을 상하고, 혈이 응결되고, 색이 변한다.

鹹多, 傷心, 血凝注而色變;

단 음식을 많이 먹으면 신장을 상하고, 뼈가 아프고, 치아가 빠진다.

甘多, 傷腎, 骨痛而齒落;

쓴 음식을 많이 먹으면 폐를 상하고, 피부가 마르고, 털이 빠진다.

苦多, 傷肺, 皮槁而毛落;

---

15 음폐(癃閉) : 요도나 항문이 막히는 증상.
16 통심(洞心) : 가슴에 찌릿찌릿한 통증이 있는 증상.

314 보양지 · 권제 3

매운 음식을 많이 먹으면 간을 상하고, 근육이 당기며, 손톱이 마른다.《수양총서》[17]

辛多, 傷肝, 筋急而爪枯. 《壽養叢書》

오미의 음식을 먹을 때는 어느 한 쪽에 치우치면 안 된다. 잘못하면 오장이 균형을 잃고 온갖 병이 벌떼처럼 일어난다.《비급천금요방》[18]

食五味不可偏勝, 否則五臟不平, 百病蜂起.《千金方》

도홍경(陶弘景)[19]은 "오미 중에 맛이 어느 한 편으로 지나치게 많으면 몸에 이롭지 않으니, 사람의 장부에 따라 들어와 재앙을 만들까 걱정된다. 오미가 조금 담박하면 신(神)을 상쾌하게 하지만, 만약 조금이라도 한 편으로 지나치게 많으면 장부를 손상시킨다. 이것은 오행의 자연스런 이치이다. 처음엔 깨닫지 못하지만 오래되면 병이 나게 된다."[20]라 했다.《삼원연수참찬서》[21]

陶隱居云 : "五味偏多不益人, 恐隨臟腑成殃咎. 五味稍薄, 令人神爽, 若稍偏多, 損傷臟腑, 此五行自然之理. 初則不覺, 久當爲患也."《三元延壽書》

일반적으로 좋아하는 음식을 치우치게 탐해서는 안 된다. 치우치게 탐하면 심(心)이 상하여 병이 난다. 싫어하는 음식이라도 전부 멀리해서는 안 된다. 전부 멀리하면 오장의 기운이 고르지 못하게 된다. 그렇기에 하늘에는 오행(五行), 사람에는 오장(五臟),

凡所好之物不可偏耽, 耽則傷心生疾. 所惡之物不可全棄, 棄則藏氣不均. 是以天有五行, 人有五臟, 食有五味.

---

17 《厚生訓纂》卷2〈飮食〉《壽養叢書》7, 24쪽).
18 출전 확인 안 됨 ;《厚生訓纂》卷2〈飮食〉《壽養叢書》7, 24~25쪽).
19 도홍경(陶弘景) : 456~536. 중국 남북조 시대의 도사(道士)·의학자(醫學者). 자는 통명(通明), 호는 은거(隱居) 또는 화양은거(華陽隱居). 도교(道敎) 모산파(茅山派)의 개조(開祖)이다. 저서로《본초경집주(本草經集注)》등이 있다.
20 오미……된다 : 출전 확인 안 됨.
21 《三元延壽參贊書》卷3〈五味〉《中華道藏》23-71, 749쪽).

음식에는 오미(五味)가 있는 것이다.

그러므로 간(肝)은 목(木)을 본받고, 심(心)은 화(火)를 본받고, 비(脾)는 토(土)를 본받고, 폐(肺)는 금(金)을 본받고, 신(腎)은 수(水)를 본받는다. 신맛은 간(肝)에 들어가고, 쓴맛은 심(心)에 들어가고, 단맛은 비(脾)에 들어가고, 매운맛은 폐(肺)에 들어가고, 짠맛은 신(腎)에 들어간다.22

목(木)은 화(火)를 생성하고, 화는 토(土)를 생성하고, 토는 금(金)을 생성하고, 금은 수(水)를 생성하고, 수는 목을 생성한다. 목은 토를 억제하고, 토는 수를 억제하고, 수는 화를 억제하고, 화는 금을 억제하고, 금은 목을 억제한다.23

그러므로 사계절에 자기를 억제하는 맛의 음식을 많이 먹지 말아야 하니, 모두 왕성한 장부를 상할 수 있기 때문이다. 서로 생성(상생)해 주는 맛의 음식을 먹어야 좋으니, 이렇게 하면 왕성한 기운을 돕는다. 오장이 상하지 않아야 왕성한 기운이 증가된다. 《보생요록》24

오미를 편식하면 좋지 않으니, 모두 몸에 해가 될 수 있기 때문이다. 감미로운 음식을 자주 먹으면 몸

故肝法木, 心法火, 脾法土, 肺法金, 腎法水. 酸納肝, 苦納心, 甘納脾, 辛納肺, 醎納腎.

木生火, 火生土, 土生金, 金生水, 水生木. 木制土, 土制水, 水制火, 火制金, 金制木.

故四時無多食所制之味, 皆能傷所② 王之臟也. 宜食相生之味, 助王氣也. 五③ 臟不傷, 王氣增益. 《保生要錄》

五味不宜便嗜, 皆能爲害, 而數食甘美, 令人內熱中

---

22 그러므로……들어간다 : 오장과 오행의 배합 관계를 따르면 간은 목에, 심은 화에, 비는 토에, 폐는 금에, 신은 수에 각각 해당하며, 오미 역시 신맛·쓴맛·단맛·매운맛·짠맛이 각각 간·심·목·화·토에 연계된다.

23 목(木)은……억제한다 : 오행의 상생 관계와 상극 관계를 설명한 부분이다. 이 구조의 특징은 하나의 행이 다른 4개의 행과 상생 관계·상극 관계 각각 2개씩으로 모두 연계되어 서로의 촉진·억제 관계가 완벽하게 균형을 갖추었다는 점이다.

24 《保生要錄》〈論飮食門〉(《中華道藏》23-67, 710쪽).

② 傷所 : 저본에는 없음. 《保生要錄·論飮食門》에 근거하여 보충.

③ 五 : 《保生要錄·論飮食門》에는 "王".

속에 열이 나고 뱃속을 그득하게 만들며, 그 기가 위로 넘쳐서 입이 달게 느껴지고 소갈(消渴, 당뇨병)이 생긴다. 《증보산림경제》[25]

滿, 其氣上④溢, 而口甘消渴. 《增補山林經濟》

3) 음식을 절제한다

論節飮饌

음식을 먹을 때 몸에 이로운 것을 고르는 데 힘써야 하니, 차라리 음식 섭취의 절검이 좋다. 만약 과다하게 먹으면 배가 팽대해지고 숨이 가빠져서 곧 병이 된다. 《삼원연수참찬서》[26]

飮食務取益人者, 仍節儉爲佳. 若過多, 覺彭亨短氣, 便成疾. 《三元延壽書》

극도로 주린 상황에서 음식을 먹을 때 지나치게 포식하면 적취(積聚)가 되고, 극도로 목마른 상황에서 음료를 마실 때 과다하게 마시면 담벽(痰癖)이 된다. 《삼원연수참찬서》[27]

極飢而食且過飽, 結聚; 極渴而飮且過多, 成痰癖. 同上

음식 먹는 알맞은 자세는 배가 고픈 다음에 밥을 먹되, 먹을 때는 충분히 씹기를 싫어하지 않아야 한다. 또 목이 마른 다음에야 음료를 마시되, 마실 때는 조금씩 마시기를 싫어하지 말아야 한다. 너무 배가 고플 때까지 기다렸다가 먹지 말되, 먹을 때는 너무 배불리 먹어서는 안 된다. 또 목마름을 조금 느끼면 마시는 일은 생략하여 너무 자주 마시지 않도

飮食之宜, 當候已飢而進食, 食不厭熟嚼, 仍候焦渴而引飮, 飮不厭細呷. 無待飢甚而後食, 食⑤不可飽. 或覺微渴而省飮, 飮不欲大頻. 同上

---

25 《增補山林經濟》卷7〈攝生〉"節飮食"(《農書》3, 472쪽).
26 《三元延壽參贊書》卷3〈飮食〉(《中華道藏》23-71, 750쪽).
27 《三元延壽參贊書》卷3〈飮食〉(《中華道藏》23-71, 750쪽).
④ 上 : 저본에는 없음. 오사카본·규장각본·《增補山林經濟·攝生·節飮食》에 근거하여 보충.
⑤ 食 : 저본에는 없음. 《三元延壽參贊書·飮食》에 근거하여 보충.

록 해야 한다. 《삼원연수참찬서》[28]

음료를 많이 마시면 폐엽[肺布葉, 폐]이 들리고, 기가 위로 치솟으며 마구 내달린다. 《삼원연수참찬서》[29]

飮多則肺布葉擧, 氣逆上奔. 同上

노자(老子)는 "배가 고프지 않은데 억지로 먹으면 비장이 허로하고, 목이 마르지 않는데 억지로 마시면 위장이 팽만해진다. 음식을 먹을 때는 항상 적게 먹으려 하되 속을 비워 두지는 말라."[30]라 했다. 《삼원연수참찬서》[31]

老子云 : "不飢强食則脾勞, 不渴强飮則胃脹. 食欲常少, 勿令虛." 同上

물을 마실 때는 급하게 넘기지 말라. 오래되면 기병(氣病)이 된다. 《삼원연수참찬서》[32]

飮水勿急咽, 久成氣病. 同上

음식을 때맞춰 먹고 알맞은 양을 먹으면, 수곡이 잘 소화되어 좋은 기운으로 융화된다. 그리하여 정과 혈이 생성되고 영위(榮衛)가 운행되면 장부가 조화롭고 정신이 평안하다. 정기(正氣)가 몸 안에 충실하고 원기(元氣)가 몸 밖에서 회통하면 몸 안팎의 어떤 사기도 침범하지 못하므로, 일체의 질병이 생길 곳이 없다. 《삼원연수참찬서》[33]

飮食以時, 飢飽得中, 水穀變化, 沖氣和融. 精血生, 榮衛以行, 臟腑調平, 神安志寧. 正氣充實於內, 元氣通會於外, 內外邪沴莫之能干, 一切疾患無從所作也. 同上

---

28 《三元延壽參贊書》卷3〈飮食〉(《壽養叢書》2, 17~18쪽).
29 《三元延壽參贊書》卷3〈飮食〉(《中華道藏》23-71, 751쪽).
30 노자는……말라 : 《遵生八牋》卷10〈延年却病牋〉 "飮食當知所忌論"(《遵生八牋校注》, 340쪽). 《준생팔전(遵生八牋)》에는 《연명록(延命錄)》의 내용을 인용한 것으로 쓰여 있다. 현재 전하는 《노자도덕경(老子道德經)》에는 이 구절이 들어 있지 않다.
31 《三元延壽參贊書》卷3〈飮食〉(《壽養叢書》2, 16쪽).
32 《三元延壽參贊書》卷3〈飮食〉(《中華道藏》23-71, 751쪽).
33 《三元延壽參贊書》卷3〈飮食〉(《壽養叢書》2, 17쪽).

평소에 음식을 먹을 때는 항상 적당하도록 해야 한다. 과식하면 배가 팽만해지고 숨이 가빠지거나 폭질(暴疾)[34]이 될 수 있다. 왕희(王熙)[35]의 설[36]

尋常飮食, 每令得所. 多食令人膨脝短氣, 或致暴疾. 王叔和說

음료를 마실 때는 섞어 마시지 않으려 해야 한다. 섞어 마시면 몸에 침범을 받는 데가 있더라도 당시에는 자각하지 못한다. 그러나 오래 쌓이면 질병을 일으킨다.《후생훈찬》[37]

飮不欲雜, 雜之則或有所犯, 當時或不覺, 積久令人作疾.《厚生訓纂》

배불리 먹은 뒤에는 빨리 걷거나, 말을 달리거나, 높은 곳에 오르거나, 험한 곳을 건너서는 안 된다. 기가 그득해지고 솟구쳐 장부를 상하게 할 우려가 있기 때문이다.《섭생요의》[38]

食飽不得速步、走馬、登高、涉嶮. 恐[6]氣滿而激, 致傷臟腑.《攝生要義》

음식은 억지로 배불리 먹으려 하지 않는다. 배가 부르면 근맥이 멋대로 풀려서 장벽(腸澼)[39]이 되어 치질이 생긴다. 여기에다 과음까지 하면 기가 갑자기 치솟는다.《섭생요의》[40]

食不欲苦飽, 飽則筋脈橫解, 腸澼爲痔. 因而大飮, 則氣乃暴逆. 同上

음식은 조금씩 자주 먹으려 해야지, 한꺼번에 많

食欲少而數, 不欲頓[7]而

---

34 폭질(暴疾) : 갑작스럽게 발생하는 질병.
35 왕희(王熙) : ?~?. 중국 서진(西晉)의 의사. 자는 숙화(叔和). 맥(脈)에 대하여 일가견이 있었으며,《맥경(脈經)》을 지어 맥에 대한 학문을 체계화했다.
36 출전 확인 안 됨;《三元延壽參贊書》卷3〈飮食〉(《壽養叢書》2, 21쪽).
37 《厚生訓纂》卷2〈飮食〉(《壽養叢書》7, 21쪽);《三元延壽參贊書》卷3〈飮食〉(《壽養叢書》2, 21쪽).
38 《攝生要義》〈飮食篇〉(《壽養叢書》5, 27쪽).
39 장벽(腸澼) : 대변을 볼 때 피가 섞여 나오는 병증. 이질(痢疾)·하리(下痢)·적리(赤痢) 등의 이칭이 있다.
40 《攝生要義》〈飮食篇〉(《壽養叢書》5, 26쪽).
[6] 恐 :《攝生要義·飮食篇》에는 없음.
[7] 頓 : 저본에는 "頻",《攝生要義·飮食篇》에 근거하여 수정.

이 먹으려 해서는 안 된다. 항상 배부른 가운데 배고프게 하려 하고, 배고픈 가운데 배부르게 하려 하면 참 좋다. 《섭생요의》[41]

多. 常欲令飽中饑, 饑中飽爲善爾. 同上

지나치게 많이 먹으면 식적(食積)[42]이 생기고, 지나치게 많이 마시면 담벽(痰癖)[43]이 된다. 그러므로 "매우 목마를 때 많이 마시지 말고, 매우 배고플 때 많이 먹지 않는다."라 했다. 이는 혈기가 상도(常道)를 잃어 갑자기 죽을까 걱정되기 때문이다. 흉년에 굶주린 자가 배불리 먹으면 즉사(卽死)하는 것이 그 증거이다. 《섭생요의》[44]

食過多則結積, 飮過多則成痰癖. 故曰："大渴無大飮, 大饑不大食." 恐血氣失常, 卒然不救也. 荒年餓莩飽食, 卽死是驗也. 同上

곡기가 안정되면 살고, 곡기를 끊으면 죽는다. 뱃속에 음식이 2배가 되면 비위(脾胃)가 곧 손상된다. 《양생요결》[45]

安穀則生, 絶穀則亡. 飮食自倍, 脾胃乃傷. 《養生要訣》

일반적으로 배가 부르면 폐(肺)를 상하고, 배가 고프면 기(氣)를 상한다. 위역림(危亦林)[46]의 《세의득효방(世醫得效方)[47]》[48]

凡飽則傷肺, 飢則傷氣. 危氏《得效方》

---

41 《攝生要義》〈飮食篇〉《壽養叢書》 5, 27쪽).

42 식적(食積) : 비장과 위장의 기능 장애로 음식물이 정체되는 증상. 가슴과 배가 답답하며 배에서 단단한 것이 만져지거나 덩어리가 만져지기도 한다.

43 담벽(痰癖) : 내장에 담이 생겨나서 아픈 병증. 주로 옆구리가 간헐적으로 아프다.

44 《攝生要義》〈飮食篇〉《壽養叢書》 5, 29쪽).

45 출전 확인 안 됨；《厚生訓纂》卷2〈飮食〉《壽養叢書》 7, 21쪽).

46 위역림(危亦林) : 1277~1347. 중국 원나라의 의사. 내과·부인과·소아과·안과·골상(骨相) 등 다양한 분야를 다루었으며 특히 골상과에 뛰어났다.

47 세의득효방(世醫得效方) : 위역림이 지은 의서. 집안 대대로 내려오는 경험방제를 정리한 책이다.

48 《世醫得效方》卷20〈道林養性〉, 811쪽.

항상 극도로 배가 고프고 나서야 먹어도 안 되고, 극도로 배가 부르고 나서야 상을 물려도 안 된다. 항상 배가 고프지도 부르지도 않게 하려 해야 한다. 《보생요록》[49]

음식을 지나치게 먹으면 기(氣)의 소모가 하나 뿐만이 아니다. 음식이 내려가지 않고 위로 올라온 경우는 구토하여 영원(靈源)[50]을 소모시킨다. 음식이 소화되지 않아 담이 된 경우는 가래를 뱉어 신수(神水)를 소모시킨다. 대변이 잦아지며 설사를 하는 경우는 곡기의 화생(化生, 음식을 소화하여 인체에 유용한 기운으로 만드는 일)을 소모시키고, 오줌이 줄줄 새고 탁해지는 경우는 원천(源泉)의 침윤[浸潤, 수기(水氣)를 온몸에 잘 퍼뜨려 주는 기능)]을 소모시킨다. 심지어 정액이 묽고 차가워져 새어 나가며 땀이 뚝뚝 떨어져서 절로 새나가는 것에 이르기까지, 지나치게 음식을 먹거나 너무 기름진 음식을 먹은 데서 오지 않는 것들이 없다. 《만병회춘》[51]

어떤 노인이 있었는데 나이가 73살이나 모습과 기력은 40~50대 같았다. 어떤 사람이 그 까닭을 물어보니 "애초에 다른 기술은 없고 단지 평소에 물을 마시지 않고 입술에만 적실 뿐이오."라 했다. 《증보

常時不可待極飢而方食, 極飽而方徹. 常欲不饑不飽[8].《保生要錄》

食物飽甚, 耗氣非一. 或食不下而上涌, 嘔吐以耗靈源；或飲不消而作痰, 咯唾以耗神水. 大便頻數而泄, 耗穀氣之化生；溲便滑利而濁, 耗源泉之浸潤. 至於精淸冷而下漏, 汗淋瀝而自泄, 莫不由食物之過傷、滋味之太厚也.《萬病回春》

有一老人, 年七十三, 狀貌、氣力, 如四五十. 人問之,"初無異術, 但平生不飮水, 只沾脣而已."《增補山

---

49 《保生要錄》〈論飮食門〉(《中華道藏》23-67, 710쪽).
50 영원(靈源) : 입 속에 있는 침샘.
51 《萬病回春》卷2〈飮食〉, 104쪽.
[8] 不饑不飽 : 《保生要錄·論飮食門》에는 "饑中飽飽中飢".

일반적으로 밥그릇을 대하면 그 반만 먹어 항상 부족한 마음을 남겨 두어야 한다. 이것이 섭양(攝養)의 요법(要法)이다.《증보산림경제》[53]

음식을 먹을 때 잘게 씹어 조금씩 넘기되 침을 섞어 내려보내야 한다. 그런 뒤에야 정미한 맛이 비가(脾家, 비장)에 잘 퍼지고 화색(華色, 밝고 윤기나는 얼굴빛)이 피부에 돈다. 만약 대충 씹고 빠르게 먹으면 곡식은 찌꺼기가 되어 창자와 위장을 채울 뿐이다.《증보산림경제》[54]

4) 음식의 시령(時令, 때에 따른 준칙)

봄 72일에는 신맛[酸]을 줄이고 단맛[甘]을 늘여 비장의 기운을 기른다【주 곡직(曲直)[55]은 신맛을 만들고[56] 목(木)에 속한다. 비장은 살을 주관하고 토(土)에 속한다. 목은 토를 이긴다】.

여름 72일에는 쓴맛[苦]을 줄이고 신맛을 늘여 폐의 기운을 기른다【주 염상(炎上, 위로 타오르는 기)은

林經濟》

凡臨食, 只食其半, 常留有餘不足之心. 此爲攝養要法也. 同上

喫食要細嚼細嚥, 以津液送之, 然後精味散於脾家, 華色充肌. 若粗快則祇[9]爲糟粕, 塡塞腸胃耳. 同上

飮飱時令

春七十二日, 省酸增甘以養脾氣【注 曲直作酸屬木, 脾主肉屬土, 木克土也】.

夏七十二日, 省苦[10]增辛以養肺氣【注 炎上作苦屬火,

---

52 《增補山林經濟》卷7〈攝生〉"節飮食"《農書》3, 473쪽).

53 《增補山林經濟》, 위와 같은 곳.

54 《增補山林經濟》, 위와 같은 곳.

55 곡직(曲直) : 나무의 구부러지고 펴지는 성질을 비유한 용어.

56 곡직(曲直)은……만들고 :《상서(尙書)》〈홍범(洪範)〉에 "물[潤下]은 짠맛을 만들고, 불[炎上]은 쓴맛을 만들고, 나무[曲直]는 신맛을 만들고, 쇠[從革]는 매운맛을 만들고, 곡식을 생산하는 흙[稼穡]은 단맛을 만든다(潤下作鹹, 炎上作苦, 曲直作酸, 從革作辛, 稼穡作甘)."라 한 데서 온 말이다. 아래 주의 내용도 여기와 같다.

⑨ 祇 : 저본에는 "秖".《增補山林經濟·攝生·節飮》에 근거하여 수정.

⑩ 苦 : 저본에는 "甘".《三元延壽參贊書·五味》에 근거하여 수정.

쓴맛을 만들고 화(火)에 속한다. 폐는 피부와 털을 주관하고 금(金)에 속한다. 화는 금을 이긴다】.

계월(季月)[57] 각 18일[58]에는 단맛을 줄이고 짠맛[鹹]을 늘여 신장의 기운을 기른다【주 가색(稼穡, 기르고 수납하는 기)은 단맛을 만들고 토(土)에 속한다. 신장은 뼈를 주관하고 수(水)에 속한다. 토는 수를 이긴다】.

가을 72일에는 매운맛[辛]을 줄이고 신맛을 늘여 간의 기운을 기른다【주 종혁(從革, 주조하는 손길따라 바뀌는 쇠의 기)은 매운맛을 만들고 금(金)에 속한다. 간은 근(筋)을 주관하고 목(木)에 속한다. 금은 목을 이긴다】.

겨울 72일에는 짠맛을 줄이고 쓴맛을 늘여 심장의 기운을 기른다【주 윤하(潤下, 적셔 내려가는 기)는 짠맛을 만들고 수(水)에 속한다. 심장은 혈(血)을 주관하고 화(火)에 속한다. 수는 화를 이긴다】.《황제내경소문》[59]

더위가 성한 때에는 음식을 더욱 조심하여 조절해야 하니, 복음(伏陰)[60]이 뱃속에 있어 소화가 느리기 때문이다. 또 과일과 풀열매, 채소가 많이 나며 소수(蘇水)[61]와 계장(桂漿)[62]을 먹는다. 이때 오직 차게

肺主皮毛屬金, 火克金也】.

季月各十八日, 省甘增鹹以養腎氣【注 稼穡作甘屬土, 腎主骨屬水, 土克水也】.

秋七十二日, 省辛增酸以養肝氣【注 從革作辛屬金, 肝主筋屬木, 金克木也】.

冬七十二日, 省鹹增苦以養心氣【注 潤下作鹹屬水, 心主血屬火, 水克火也】.《黃帝素問》

當盛暑時, 食飲加意調節, 緣伏陰在內腐化消遲. 又果蓏、園蔬多將生, 噉蘇水、桂漿. 唯欲冷飲, 生

---

57 계월(季月) : 각 계절의 마지막 달. 즉 계춘(季春, 음력 3월), 계하(季夏, 음력 6월), 계추(季秋, 음력 9월), 계동(季冬, 음력 12월)을 통틀어 말한다.

58 각 18일 : 계절의 마지막 18일씩을 말한다.

59 출전 확인 안 됨;《三元延壽參贊書》卷3〈五味〉(《中華道藏》23-71, 749~750쪽).

60 복음(伏陰) : 몸속에 잠복해 있는 음기(陰氣).

61 소수(蘇水) : 자소자(紫蘇子, 차조기의 씨)를 달여 만든 음료.《정조지》2, 57쪽에 '자소숙수(紫蘇熟水) 만들기(자소숙수방)'가 보인다.

62 계장(桂漿) : 계피향을 가미해서 만든 음료.《정조지》2, 34쪽에 만드는 법이 보인다.

마시려고만 하면 날것과 찬것이 서로 대치되어 소화가 더욱 어렵다. 이럴 때 속이 조금 상하면 설사가 나고, 크게 상하면 토사곽란(吐瀉霍亂)[63]이 생긴다. 그러므로 여름에는 음식을 더욱 절제하고 줄여서 비장과 위장이 소화하기 쉽게 해야 하며 날것과 찬것은 피해야만 뱃속 장부의 질병을 면할 수 있다.《삼원연수참찬서》[64]

冷相値, 剋化尤難, 微傷卽飱泄, 重傷卽霍亂吐利. 是以暑月食物尤要節減, 使脾胃易於磨化, 戒忌生冷, 免有腹臟之疾也.《三元延壽書》

하루의 금기는 저녁에 음식을 배불리 먹지 않는 것이니, 포식하게 되면 장부를 상한다. 또 사람의 양기(陽氣)는 해를 따라 오르내리므로, 해가 중천에 있으면 사람의 양기도 왕성하지만 해가 서쪽에 있으면 사람의 양기도 허하게 된다. 이때는 근골(筋骨)을 힘들게 쓰지 말고 몸을 쉬어야 한다. 저녁에 힘을 쓰면 기의 운행(運行)을 줄여 음식이 소화되기 어렵고, 또는 식후 바로 누워 자면 중상(重傷)을 면하지 못한다. 그러므로 "밤에 너무 배불리 먹으면 하루의 수명을 줄인다."라 했다.《삼원연수참찬서》[65]

一日之忌, 暮無飽食[11]物, 至飽傷臟腑. 又人之陽氣, 隨日升沈, 日中則隆, 日西則虛, 無勞役[12]筋骨, 當休息肢體. 力省運行, 食難磨化, 或卽就寢, 不免重傷. 故云 : "夜食飽甚, 損一日之壽也." 同上

밤중에 음식 먹는 일은 조심해야 하니, 신유(申酉, 오후 3~7시) 이전의 저녁이 알맞다.《삼원연수참찬서》[66]

夜半之食宜戒, 申酉前晚食爲宜. 同上

---

63 토사곽란(吐瀉霍亂) : 구토와 설사가 나면서 배가 아픈 증상.
64 《三元延壽參贊書》卷3〈飲食〉(《壽養叢書》2, 19쪽).
65 《三元延壽參贊書》卷3〈飲食〉(《壽養叢書》2, 20~21쪽).
66 《三元延壽參贊書》卷3〈飲食〉(《中華道藏》23-71, 751쪽).
[11] 食 : 저본에는 "食食". 《三元延壽參贊書·飲食》에 근거하여 수정.
[12] 役 : 《三元延壽參贊書·飲食》에는 "複".

《주례(周禮)》에 "음악으로 음식을 소화시킨다."[67]라 했다. 대개 비장은 음악소리를 좋아하는데, 밤에 음식을 먹으면 비장이 소화 활동을 못한다. 밤에는 음향(音響)이 끊기기 때문이다. 여름은 밤이 짧으므로 더욱 조심해야 한다. 《삼원연수참찬서》[68]

《周禮》"樂以消食". 蓋脾喜音聲, 夜食則脾不磨, 爲音響絕也. 夏月夜短, 尤宜戒之. 同上

여름에서 추분(秋分)까지는 기름진 떡이나 고깃국 같은 음식은 줄여야 한다. 이 음식물은 술과 밥, 오이류나 과일과 서로 충돌하는 것이기 때문에 당시에 꼭 병이 나는 것은 아니다. 하지만 가을로 절기가 바뀌어 양(陽)이 줄고 음(陰)이 늘어 한기(寒氣)가 한꺼번에 몰려오면 갑자기 죽는 경우가 많다. 이것은 참으로 여름 동안 찬 음식을 너무 많이 먹고, 음식에 절도가 없었기 때문이다. 그렇지만 이것을 이해하지 못하는 사람들은 다들 병이 난 그때가 발병의 시초라고만 할 뿐, 그 유래(由來)가 점진적이었음을 알지 못한다. 왕희의 설[69]

夏至秋分, 少食肥膩餅臛之屬. 此物與酒食、瓜果相妨, 當時不必觸病, 入秋節變陽消陰息, 寒氣總至, 多諸暴卒. 良由涉夏取冷大過, 飮食不節故也. 而不達者, 皆以病至之日便謂是受病之始, 而不知其所由來者漸矣. 王叔和說

5) 음식의 진하고 담박함

오미가 진한 음식을 줄여야 그 정(精)을 상하지 않는다. 볶거나 튀긴 음식물을 줄여야 그 혈(血)을 상하지 않는다. 《후생훈찬》[70]

論濃淡

減五味濃厚食, 以免傷其精;省煎煿焦燥物, 以免傷其血.《厚生訓纂》

---

67 음악으로……소화시킨다 :《주례》에는 이와 같은 구절이 확인되지 않는다.
68 《三元延壽參贊書》卷3〈飮食〉(《中華道藏》23-71, 751쪽).
69 출전 확인 안 됨;《三元延壽參贊書》卷3〈飮食〉(《壽養叢書》2, 21쪽).
70 《厚生訓纂》卷2〈飮食〉(《壽養叢書》7, 22쪽).

기름기 많은 음식은 소화가 잘 안 되고, 가루죽이나 찬물에 탄 음식은 모두 담(痰)을 일으키며, 창양(瘡瘍, 부스럼)을 일으키고, 징벽(癥癖)[71]을 일으킬 수 있으니, 먹지 않아야 한다. 《섭생요의》[72]

多膩難消, 粉粥、冷淘之物皆能生痰, 生瘡瘍, 生癥癖, 不宜食. 《攝生要義》

음식은 담박해야 가장 좋다. 《섭생요의》[73]

飮食以澹泊爲上. 同上

독한 술에 취하고 생선을 포식하면 사람의 신지(神志, 정신과 의지)를 흐린다. 반면 거친 밥과 나물국과 같은 경우는 위와 장을 깨끗하게 비워주어 찌꺼기나 오물을 남기지 않으므로 신(神)을 길러줄 수 있다. 《학림옥로》[74]

醉濃[13]飽鮮, 昏人神志. 若疏食、菜羹則腸胃淸虛, 無滓無穢, 可以養神. 《鶴林玉露》

오미가 담박한 음식은 사람의 신(神)을 상쾌하게 하고 기(氣)를 맑게 한다. 《양성서》[75]

五味淡薄, 令人神爽氣淸. 《養性書》

6) 날것과 익힌 음식, 찬 음식과 뜨거운 음식

論生熟、寒熱

날것이나 찬 음식의 경우 북방인은 땅이 두껍고 물이 깊은 곳에 살기 때문에 타고난 기운이 튼튼하고 실해서 그런 것을 먹어도 비위가 손상되지 않는다. 하지만 남방에서 오래 산 사람은 이런 음식을

飮食生冷, 北人土厚水深, 稟氣堅實, 不損脾胃. 久居南方, 宜忌之.

---

71 징벽(癥癖) : 징(癥)과 벽(癖). 징은 복부에서 만져지는 위치가 고정된 덩어리인데, 벽은 이 가운데 옆구리에 치우쳐 나타난 덩어리이다. 두 증상 모두 때로 통증이 발생한다.
72 《攝生要義》〈飮食篇〉(《壽養叢書》5, 27쪽).
73 《攝生要義》〈飮食篇〉(《壽養叢書》5, 28쪽).
74 《鶴林玉露》卷11(《文淵閣四庫全書》865, 354쪽).
75 출전 확인 안 됨 ; 《東醫寶鑑》〈雜病篇〉卷4 "內傷" '內傷將理法'(《原本 東醫寶鑑》, 439쪽).
[13] 濃 : 《鶴林玉露》에는 "醲".

피해야 한다.

남방인은 땅이 얇고 물이 얕은 곳에 살기 때문에 타고난 기운이 대부분 허하여 이런 음식이 비위에 맞지 않는다. 북방에서 오래 산 사람은 더욱 피해야 한다. 《삼원연수참찬서》[76]

南人土薄水淺, 稟賦多虛, 不宜脾胃. 久居北方者, 尤宜忌之. 《三元延壽書》

몸이 찬데 찬 음료를 마시면, 폐를 상함으로써 기가 치밀어올라 기침을 하고 코가 맹맹해진다. 《삼원연수참찬서》[77]

形寒飮冷則傷肺, 上氣咳嗽, 鼻鳴. 同上

굽거나 튀긴 음식을 먹을 때는 식은 다음 먹어야 한다. 그렇지 않을 때는 혈맥이 상하고 치아가 손상된다. 《삼원연수참찬서》[78]

食炙煿[14], 宜待冷. 不然傷血脈, 損齒. 同上

먹을 때 정미하고 고운 것을 싫어하지 않고, 마실 때 따뜻하고 뜨거운 것을 싫어하지 않는다. 《삼원연수참찬서》[79]

食不厭精細, 飮不厭溫熱. 同上

음식을 먹을 때는, 음식이 뜨거워도 너무 뜨거워 데는 일이 없어야 하고, 차가워도 너무 차가워 이가 시리는 일이 없어야 한다. 《영추경》[80]

飮食, 熱無灼灼, 寒無凄[15]滄. 《靈樞經》

---

76 《三元延壽參贊書》卷3〈飮食〉(《中華道藏》23-71, 750쪽).
77 《三元延壽參贊書》卷3〈飮食〉(《中華道藏》23-71, 751쪽).
78 《三元延壽參贊書》, 위와 같은 곳.
79 《三元延壽參贊書》卷3〈飮食〉(《壽養叢書》2, 18쪽).
80 《靈樞經》卷6〈師傳〉29, 74쪽.
[14] 煿 : 《三元延壽參贊書·飮食》에는 "爆".
[15] 凄 : 《靈樞經·師傳》에는 "滄".

소를 타고 있는 노자(작자 미상)

뜨거운 음식은 뼈를 상하게 하고, 찬 음식은 폐를 상하게 한다. 뜨거워도 입술이 델 정도여서는 안 되고 차가워도 이가 시릴 정도여서는 안 된다. 《후생훈찬》[81]

熱食傷骨, 冷食傷肺. 熱無灼脣, 冷無氷齒. 《厚生訓纂》

맛있는 음식은 잘 익혀서 씹어야 하고, 생고기는 대충 씹어 삼키지 않는다. 《양생서》[82]

美食須熟[16]嚼, 生肉不麤[17]吞. 《養生書》

청우도사(靑牛道士)[83]가 말했다. "일반적으로 음식이 너무 뜨거우면 뼈를 상하게 하고 너무 차가우면

靑牛道士云 : "凡食大熱則傷骨, 大冷則傷筋, 雖熱不

---

81 《厚生訓纂》卷2 〈飮食〉(《壽養叢書》7, 23쪽).
82 《三元延壽參贊書》卷3 〈飮食〉(《中華道藏》23-71, 751쪽).
83 청우도사(靑牛道士) : 중국 한나라의 도사(道士) 봉군원(封君遠, ?~?)의 별호. 외출할 때마다 늘 푸른 소를 타고 다녔다는 고사에서 유래한 이름이다. 일설에는 노자(老子)가 《도덕경(道德經)》을 지은 후에 푸른 소를 타고 서쪽으로 갔다는 고사에서 유래하여, 노자를 청우도사로 부른다고 한다.
16 熟 : 저본에는 "熱".《三元延壽參贊書·飮食》에 근거하여 수정
17 麤 :《三元延壽參贊書·飮食》에는 "須".

근육을 상하게 한다. 비록 음식이 뜨거워도 입술을 델 정도여서는 안 되고, 음식이 차가워도 이가 시릴 정도여서는 안 된다. 냉열(冷熱)이 서로 치받으면 병이 된다. 일반적으로 음식은 뜨거운 것이 차가운 것보다 낫고, 적은 것이 많은 것보다 낫고, 익힌 것이 익히지 않은 것보다 낫고, 싱거운 것이 짠 것보다 낫다."《보생요록》[84]

得灼脣, 雖冷不得凍齒. 冷熱相攻而爲患. 凡食熱[18]勝冷, 少勝多, 熟勝生, 淡勝醎."《保生要錄》

뜨거운 음식을 먹고 바로 찬 음식을 먹거나, 찬 음식을 먹고 바로 뜨거운 음식을 먹으면 냉열이 서로 부딪쳐 치아를 상하게 한다.《섭생요의》[85]

食熱便食冷, 食冷便食熱, 則冷熱相激, 患牙齒.《攝生要義》

일반적으로 음식은 사계절에 항상 따뜻해야만 한다. 여름에는 복음(伏陰)이 뱃속에 있으므로 더욱 따뜻하게 먹어야 한다.《섭생요의》[86]

凡飲食, 四時常要溫煖, 而夏月伏陰在內, 尤宜煖食. 同上

7) 음식 소화시키는 법

우연히 음식을 너무 많이 먹었을 때 비록 몸이 피곤하게 느껴지더라도 바로 취침하지 말고 움직이면서 천천히 약 100여 보 정도를 걸어야 좋다. 그런 다음 띠를 풀고 옷을 헐렁하게 한 다음 허리를 펴고 단정히 앉아 양손으로 가슴과 배를 문지르면서 교차로 약 10~20번을 왕래한다. 다시 양손으로 가슴과

消食法

偶食物飽甚, 雖覺體倦, 無輒就寢, 可運動徐行約百餘步, 然後解帶鬆衣, 伸腰端坐, 兩手按摩心腹, 交叉來往約一二十過. 復以兩手自心脇間按擦, 向下

---

84 《保生要錄》〈論飮食門〉(《中華道藏》23-67, 710쪽).
85 《攝生要義》〈飮食篇〉(《壽養叢書》5, 27~28쪽).
86 《攝生要義》〈飮食篇〉(《壽養叢書》5, 26쪽).
[18] 熱 :《保生要錄·論飮食門》에는 "溫".

옆구리 쓸어내리기를 10여 번 넘게 한다. 이렇게 하면 가슴과 배에 기가 잘 통하여 막히지 않게 되며, 배불리 먹은 음식이 손을 따라 소화가 된다.《삼원연수참찬서》[87]

約十數過, 令心腹氣通, 不至壅塞, 過飽食隨手消化也.《三元延壽書》

배불리 먹은 뒤에는 앉거나 눕지 말고 걸음을 걸어서 음식을 흩어내도록 힘써야 한다. 그렇게 하지 않으면 풀리지 않는 적취병 및 손발의 마비증, 또는 얼굴에 검은 주름 등이 생겨 반드시 수명을 줄인다.《양생연명서》[88]

飽食, 不用坐與臥, 欲得行步作以散之. 不爾, 使人得積聚不消之疾及手足痺蹙, 面目鼸皺, 必損年壽也.《養生延命書》

식후에 작은 종이를 말아서 코를 자극함으로써 몇 번 재채기를 하는 방법으로 기(氣)를 소통시키면, 눈이 저절로 밝아지고 담(痰)이 저절로 없어진다.《후생훈찬》[89]

食後以小紙撚打, 噴嚏數次, 使氣通, 則目自明, 痰自化.《厚生訓纂》

식후마다 즉시 입안의 독기(毒氣)를 '가(呵)[90]'라는 소리를 내면서 내보내면 영원히 병이 없을 것이다.《후생훈찬》[91]

每食畢, 卽呵出口中毒氣, 則永無患失. 同上

양생의 도에서는 식후에 바로 눕거나 종일 나른히 앉아 있으려 하지 않는다. 그렇게 하면 모두 기

養性之道, 不欲食後便臥及終日穩坐, 皆能凝結氣

---

87 《三元延壽參贊書》卷3〈飲食〉(《壽養叢書》2, 18~19쪽).
88 《雲笈七籤》卷32〈雜修攝〉"養性延命錄"(《中華道藏》29-289, 271쪽).
89 《厚生訓纂》卷2〈飲食〉(《壽養叢書》7, 23쪽).
90 가(呵) : 입으로 토해내고 코로 들이마시는 호흡법 중 하나로, 심장의 기를 '가(呵)'라는 소리를 내어 부는 것이다. 심장의 근원이 괴롭고 메마르면 '가'라는 소리를 내어 숨을 내쉬는 것이 가장 좋은 방법이다. 목구멍 속이나 입에 부스럼이 생기면서 열이 나고 통증이 있으면 이 방법을 사용한다.
91 《厚生訓纂》卷2〈飲食〉(《壽養叢書》7, 23쪽).

혈(氣血)을 응결시킨다. 오래되면 수명을 줄인다. 식후에는 항상 손으로 배를 수백 번 문지르고, 얼굴을 하늘을 향해 들고 '가(呵)'라는 소리를 수백 번 입으로 내보내며, 타박타박 수백 걸음을 걷는다. 이를 '음식 소화하기[消食, 소식]'라 한다.

식후에 바로 누우면 폐기(肺氣)[92]·두풍(頭風)·중비(中痞)[93] 등의 병을 일으킨다. 이것은 대개 영위가 잘 통하지 않아 기혈이 응체되기 때문이다. 그러므로 식후에 이리저리 걸어야 한다. 이렇게 걷는 운동은 수양에도 좋다. 옛말에 "흐르는 물이 썩지 않고 문지도리가 좀먹지 않는 까닭은 항상 움직이기 때문이다."[94]라 했다. 《섭생요의》[95]

8) 차와 술

빈속에 마시는 차는 조심해야 한다. 묘시(卯時, 오전 5~7시)에 먹는 술과 신시(申時, 오후 3~5시) 이후에 먹는 밥은 양이 적어야 한다. 《삼원연수참찬서》[96]

일반적으로 약의 독이나 그 밖의 모든 독으로 생긴 중독 가운데 술과 동반된 병은 고치기 어렵다. 술의 성질이 혈맥을 돌아다니며 신체 곳곳에 두루 흐르게 하기 때문이다. 《삼원연수참찬서》[97]

血, 久則損壽. 食後常以手摩腹數百遍, 仰面呵氣數百口, 趑趄緩行數百步, 謂之"消食".

食後便臥, 令人患肺氣、頭風、中痞之疾, 蓋榮衛不通, 氣血凝滯故爾. 故食訖當行步躕躇, 有所修爲乃佳. 語曰 : "流水不腐, 戶樞不蠹, 以其動然也." 《攝生要義》

論茶酒

空心茶宜戒, 卯時酒、申後飯宜少. 《三元延壽書》

凡中藥毒及一切毒, 從酒得者難治. 酒性行血脈, 流遍身體也. 同上

---

92 폐기(肺氣) : 폐의 기가 위로 치밀어 오르는 병증. 기침이 나고, 가래가 많아지고, 숨이 가쁘고, 가슴이 부풀고 답답한 증상 등이 있다.
93 중비(中痞) : 중초(中焦)가 막혀 명치 아래가 그득한 증상.
94 흐르는……때문이다 : 《呂氏春秋》卷3 〈盡數〉.
95 《攝生要義》〈飮食篇〉(《壽養叢書》5, 26~27쪽).
96 《三元延壽參贊書》卷3 〈飮食〉(《中華道藏》23-71, 750쪽).
97 《三元延壽參贊書》卷3 〈飮食〉(《中華道藏》23-71, 751쪽).

술이란, 조금 마시면 몸에 이롭지만 과다하게 마시면 몸에 해로우니, 술기운이 온몸에 퍼졌을 때 그치면 된다. 술은 조금 마시면 체기(滯氣, 막힌 기운)를 풀고, 약의 효과를 이끌며, 피부를 윤기나게 하고, 안색을 좋게 하며, 영위를 잘 돌게 하고, 나쁜 기운을 물리친다.

하지만 과다하게 마셔서 취하면 간이 붓고 쓸개가 제 기능을 잃어서 모든 경맥이 서로 부딪히니, 이로 인해 신장이 망가지고, 근육이 훼손되며, 뼈가 썩고, 위장의 기운이 사그라든다. 오래되면 신(神)이 흩어지고 혼(魂)이 아득해져서 음식을 먹지 못하고 오히려 술만 더 찾는다. 이러면 죽을 날이 얼마 남지 않았을 것이다.

술을 배불리 먹은 뒤에는 더욱 조심해야 한다. 과음했다고 느껴지면 토하는 일이 좋은 방법이다. 음주 후엔 냉수나 냉차를 마시지 말아야 한다. 이런 음료를 마셨다가 만약 음료가 술을 따라 신장 속으로 들어가서 냉독(冷毒)으로 머물면 대부분 반드시 무릎과 허리가 무겁게 가라앉고, 방광이 차갑고 아프며, 수종(水腫), 소갈(消渴, 당뇨병), 연벽(攣躄)[98] 등의 질병이 잘 생길 것이다.

술을 마신 뒤에는 바람이 부는 곳에 앉거나 눕지 말고, 살을 드러낸 채로 부채 바람을 쐬지 말아야 한다. 이때는 모공이 모두 열려 있어 풍사(風邪)가 들어오기 쉬우므로 바람을 맞으면 사지불수(四肢不遂,

酒, 飲少則益人, 過多卽損人, 氣暢而止可也. 飲少則能引滯氣, 導藥力, 潤肌膚, 益顔色, 通榮衛, 辟穢惡.

過多而醉, 則肝浮膽橫, 諸脈衝激, 由之敗腎毁筋, 腐骨消胃. 久之神散魂冥, 不能飲食, 猶與酒宜, 去死無日矣.

飽食之後, 尤宜忌之. 飲覺過多, 吐之爲妙. 飲酒後不可飲冷水、冷茶, 被酒引入腎中, 停爲冷毒, 多時必膝腰沈重, 膀胱冷痛, 水腫、消渴、攣躄之疾作矣.

酒後不得風中坐臥, 袒肉操扇. 此時毛孔盡開, 風邪易入, 感之, 令人四肢不遂.《攝生要義》

---

98 연벽(攣躄) : 손발이 굽어 펴지지 않거나 잘 움직일 수 없는 병증.

팔다리가 마비되는 병증)가 된다. 《섭생요의》[99]

일반적으로 얼굴이 흰 사람은 술을 과음하면 안 된다. 혈(血)을 소모시키기 때문이다. 《단계심법(丹溪心法)[100]》[101]

凡面白人不可多飲酒, 耗血故也. 《丹溪心法》

오랫동안 일상적으로 과음하면 창자가 썩고, 위장이 짓무르고, 골수가 터지며, 근육에 힘이 없어지지고, 신(神)을 상하게 하여 수명을 줄인다. 《난경(難經)[102]》[103]

久飲常過, 腐腸爛胃, 潰髓蒸筋, 傷神損壽. 《難經》

음주 후 술이 덜 깨어 목이 아주 마를 때, 냉수를 마시거나 냉차를 마시면 이 음료가 술을 따라 신장으로 들어간다. 그러면 '독을 품은 물[停毒之水]'이 되어 허리와 다리가 무겁게 붓고, 방광이 차갑고 아프며, 더불어 수종이나 소갈이나 연비(攣痺, 경련과 마비증)를 앓는다. 《활인심서》[104]

飲酒醉未醒, 大渴之際, 飲冷水, 又飲茶, 被酒引入腎臟, 爲停毒之水, 腰脚重膇[19], 膀胱冷痛, 兼患水腫, 消渴, 攣痺. 《活人心書》

술에 취하여 바람을 맞거나 부채로 부치면, 나쁜

酒醉當風, 以扇扇之, 惡風

---

99 《攝生要義》〈飲食篇〉(《壽養叢書》5, 28~29쪽).

100 단계심법(丹溪心法) : 중국 원나라의 주진형(朱震亨, 1281~1358)이 짓고, 명나라의 정충(程充, 1433~1489)이 교정한 의서. 병증을 논술할 때 주진형의 원론을 수록하고 이와 관계가 있는 논술도 수록했다.

101 《丹溪心法》卷5〈拾遺雜論〉99, 327쪽.

102 난경(難經) : 작자 미상의 의서. 전한(前漢) 이전에 나온 것으로 추정되며, 전설의 의사인 편작(扁鵲)이 지었다는 설도 있다. 의심스럽고 고치기 어려운 증상을 치료하는 방법을 문답 형식으로 서술했으며, 기초 이론과 병증 분석으로 구성되어 있다. 《팔십일난경(八十一難經)》·《황제팔십일난경(黃帝八十一難經)》이라고도 한다.

103 출전 확인 안 됨;《三元延壽參贊書》卷3〈飲食〉(《中華道藏》23-71, 750쪽).

104 《活人心法》上卷〈養生之法〉(《臞仙活人心方》북경대학도서관장선본, 15~16쪽).

19 膇 :《活人心法·養生之法》에는 "墜".

기운의 바람이 자전(紫癜)[105]을 일으킨다. 또한 술에 취하여 토한 뒤 물을 마시면 소갈을 일으킨다. 《활인심서》[106]

成紫癜. 又醉酒吐罷, 便飮水, 作消渴. 同上

신선은 술을 금하지 않으니, 기(氣)를 운행하여 신(神)을 튼튼히 할 수 있기 때문이다. 그러나 과음하지는 않는다. 《활인심서》[107]

神仙不禁酒, 以能行氣壯神. 然不過飮也. 同上

술을 마실 때는 거칠거나 급하게 마시면 안 된다. 폐가 망가질 우려가 있기 때문이다. 《활인심서》[108]

飮酒, 不宜麤及速. 恐傷破肺也. 同上

취한 뒤 억지로 밥을 먹으면 안 된다. 옹저(癰疽)를 일으키기도 하기 때문이다. 《세의득효방》[109]

醉後不可强食, 或發癰疽. 《危氏得效方》

차를 마실 적엔 뜨겁게 하여 조금만 마셔야 좋고, 마시지 않으면 더 좋다. 오래 먹다보면 사람이 기름이 빠져서 마르게 되며 하초는 허해지고 냉하게 된다. 다만 배불리 먹은 뒤에 1~2잔은 괜찮다. 소갈이 있거나 배가 고픈데 차를 마시면 더욱 안 된다. 그러면 잠을 잘 수 없게 된다. 《본초(本草)》[110][111]

茶飮者, 宜熱宜少, 不飮尤佳. 久食, 去人脂, 令人瘦, 下焦虛冷. 惟飽食後, 一二盞不妨. 消渴飢則尤不宜, 令人不眠. 《本草》

---

105 자전(紫癜) : 살결에 흰색 또는 보라색의 반점이 생기는 피부병의 일종. 자백전풍(紫白癜風)이라고도 한다.
106 출전 확인 안 됨 ; 《三元延壽參贊書》 卷3 〈飮食〉 (《中華道藏》 23-71, 751쪽).
107 출전 확인 안 됨 ; 《三元延壽參贊書》, 위와 같은 곳.
108 《活人心法》 上卷 〈養生之法〉 (《臞仙活人心方》, 15쪽).
109 《世醫得效方》 卷20 〈道林養性〉, 812쪽.
110 본초(本草) : 어떤 본초서를 말하는지 확실치 않다. 본초강목(本草綱目)에는 일부 내용만 확인된다.
111 《本草綱目》 卷32 〈果部〉 "茗", 1872쪽.

도홍경(陶弘景)의 《잡록(雜錄)》[112]에 "단구자(丹丘子)[113]와 황산군(黃山君)[114]은 차를 마셨기 때문에 몸이 가벼워지고 환골(換骨)[115]했다."는 말이나 《호공식기(壺公食忌)》[116]에 "쓴 차를 오래 먹고서 신선이 되었다."는 말은 모두 방사들의 잘못된 말로 세상을 오도하는 것들이다.

당나라 보궐(補闕)[117] 기모경(綦母㬎)[118]의 《다서(茶序)》[119]에는 "체기(滯氣)를 풀고 막힌 것을 없앤다. 하루 동안의 이로움이 잠시 좋으나, 기를 야위게 하고 정(精)을 침범하는 등 일생 동안의 해로움이 매우 크다."라 했다. 이 말이 옳은 것이다. 《본초강목》[120]

번열을 제거하고 기름기를 없애는 용도로는 세상에 참으로 차가 없어서는 안 된다. 하지만 모르는 사이에 사람을 상하게 하는 일도 적지 않다. 빈속에 차를 마실 때 차에 소금을 넣으면 곧바로 신경(腎經, 신장의 경맥)에 들어가기도 하고 게다가 비위를 차갑게 하니, 이는 도적을 끌고 안방으로 들어가는 일과

陶隱居 《雜錄》言 "丹丘子、黃山君服茶, 輕身換骨", 《壺公食忌》言 "苦茶久食羽化"者, 皆方士謬言誤世者也.

唐補闕母㬎 《茶序》云 : "釋滯消壅, 一日之利暫佳, 瘠氣侵精, 終身之累斯大." 此言得之矣.《本草綱目》

除煩去膩, 世固不可無茶, 然暗中損人不少. 空心飲茶, 入鹽直入腎經, 且冷脾胃, 乃引賊入室也. 惟飲食後, 濃茶漱口, 既去煩膩而脾胃不知.

---

112 잡록(雜錄) : 도홍경의 저서. 현재 전해지지 않는다.
113 단구자(丹丘子) : ?~?. 중국 당나라의 도사. 본명은 원단구(元丹丘). 이백(李白)의 친구로 알려져 있다.
114 황산군(黃山君) : ?~? 중국 은(殷)나라 말기의 도사. 매우 장수한 인물로 알려져 있다.
115 환골(換骨) : 인간의 뼈를 신선의 뼈로 바꾸어 신선이 되는 일.
116 호공식기(壺公食忌) : 중국 한나라의 도사인 호광(胡廣, 91~172)이 쓴 저서. 음식에 대한 금기사항이 기록되어 있다. 《호거사식기(壺居士食忌)》라고도 한다.
117 보궐(補闕) : 중국 당나라의 관직. 언관의 역할을 했다.
118 기모경(綦母㬎) : ?~?. 중국 당나라 말기의 관료이자 문인. 우보궐(右補闕)을 지냈다. 721년에 역대의 책목록을 집대성한 《군서사부록(群書四部錄)》의 편찬에 참여했다. 기모민(綦母旻)·기무경(綦母㬎)으로도 알려져 있다. 천성적으로 차를 싫어해서 차 마시기에 대해 비판적이었다.
119 다서(茶書) : 기모경(綦母㬎)이 차에 대해 쓴 저서. 《대다음서(代茶飲序)》[《벌다음서(伐茶飲序)》·《대다록서(代茶錄序)》로도 알려져 있다]로 추정된다.
120 《本草綱目》卷32 〈果部〉 "茗", 1873쪽.

같다. 오직 음식을 먹은 뒤 진한 차로 입을 헹구어
번열과 느끼함을 없애는 일은 좋으나 비위에 대해서
는 어떤지 알지 못하겠다.

　일반적으로 고기찌꺼기가 치아 사이에 끼었을 때
차를 마셔 헹궈야 모르는 사이에 치아 사이의 고기
가 제거되므로 번거롭게 치아를 쑤시거나 후비지
않아도 된다. 대개 치아의 성질은 쓴맛을 좋아하므
로 이로 말미암아 점점 튼튼해져서, 치아를 갉아먹
는 벌레도 저절로 사라지게 될 것이다. 소식(蘇軾)[121]
《다설(茶說)[122]》[123]

凡肉之在齒者, 得茶漱滌,
乃不覺脫去, 不煩挑剔也.
蓋齒性便苦, 緣此漸堅
牢而齒蠹且日去矣. 東坡
《茶說》

---

[121] 소식(蘇軾) : 1039~1112. 중국 북송의 관료. 호는 동파(東坡). 시문과 여러 고전에 밝아 당송팔대가(唐宋
八大家)로 꼽혔다. 문집으로 《동파집(東坡集)》이 있다.
[122] 다설(茶說) : 미상.
[123] 출전 확인 안 됨 ; 《遵生八牋》 卷11 〈飮饌服食牋〉 上 "茶泉類" '茶效'(《遵生八牋校注》, 393쪽).

3. 율시(律時, 때에 맞추어 행동하기)　律時

1) 총론

사시음양(四時陰陽)이란 만물의 근본이다. 그래서 성인(聖人)은 봄과 여름에 양(陽)을 기르고 가을과 겨울에 음(陰)을 기르며 만물과 함께 생장(生長)의 문에 노닌다. 그 근본을 거스르면 뿌리를 다치고 그 본성을 무너뜨린다. 그러므로 음양사시(陰陽四時)란 만물의 처음과 끝이요, 삶과 죽음의 뿌리이다. 이를 거스르면 재해가 생기고, 따르면 모진 질병이 생기지 않으니, 이를 '득도(得道)'라 한다. 《사시조신론(四時調神論)[1]》[2]

일반적으로 사람이 호흡하여 내쉬고 들이마시는 것은 모두 천지의 기(氣)이다. 그러므로 풍한서습(風寒暑濕) 중 사납고 모진 기운이 우연히 한 번 사람을 상하게 했을 때, 사람이 하늘을 이기지 못하면 몸에 남아 병이 되는 것이다. 때에 맞춰 섭생을 하여 음과 양이 알맞도록 하는 것, 이를 '선기(先幾)'라 하니, 병이 생기기 전에 예방하는 일이다. 《섭생요의(攝生要義)》[3]

總論

四時陰陽者, 萬物之根本也. 所以聖人春夏養陽, 秋冬養陰, 與萬物浮游於生長之門. 逆其根則伐其本, 壞其眞矣. 故陰陽四時者, 萬物之終始、死生之本也. 逆之則災害生, 從之則苛疾不起, 是謂"得道". 《四時調神論》

凡人呼吸出入, 皆天地之氣. 故風寒暑濕之暴戾, 偶一中人, 人不勝天, 則留而爲病. 隨時加攝, 使陰陽中度, 是謂"先幾", 防於未病. 《攝生要義》

1　사시조신론(四時調神論) : 《황제내경소문》의 〈사기조신대론(四氣調神大論)〉편이다.
2　《三元延壽參贊書》卷2 〈四時調攝〉(《中華道藏》23-71, 748쪽) ; 《黃帝內經素問》卷1 〈四氣調神大論〉(《黃帝內經素問語譯, 12쪽)).
3　《攝生要義》〈四時篇〉(《壽養叢書》5, 37쪽).

2) 봄

봄 3개월, 이때를 '발진(發陳)'[4]이라 한다. 이때는 천지가 모두 일어나고 만물이 피어난다. 늦게 자고 일찍 일어나며, 뜰을 여유롭게 거닐며, 머리카락을 풀고 몸을 느슨하게 하여 의지가 살아나도록 한다. 생물을 살리되 죽이지 말고, 주되 빼앗지 말며, 상을 주되 벌을 주지는 말라. 이것이 봄의 기운에 응하여 양생하는 도(道)이다. 이것을 거스르면 간을 상하게 하고, 여름에 열증(熱症)이 한증(寒症)으로 변하며, 여름의 성장을 받들 일이 적어진다. 《황제내경소문》[5]

봄과 여름 사이 환절기에는 궂은비가 많아 처지고 습하다. 술을 너무 많이 마시거나 풍이나 습기를 맞으면, 식은땀이 나고(자한증), 몸이 무겁게 처지며, 몸을 돌리기가 어려워지고, 소변이 잘 나오지 않는다. 《삼원연수참찬서》[6]

봄에는 겨울에 갇혀 있던 양기가 점점 밖으로 피어나오므로 양기를 발산시켜 펴주어야 한다. 《섭생요의》[7]

봄이 깊어지면 장식(將息, 일상생활)을 조금씩 화평하게 한다. 솜옷은 늦게 벗어 등을 춥게 하지 않도

論春

春三月, 此謂"發陳", 天地俱生, 萬物以榮. 夜臥蚤起, 廣步于庭, 被髮緩形以使志生. 生而勿殺, 予而勿奪, 賞而勿罰, 此春氣之應, 養生之道也. 逆之則傷肝, 夏爲寒變, 奉長者少.《黃帝素問》

春夏之交, 陰雨卑濕, 或引飲過多, 犯風濕, 自汗體重, 轉側難, 小便不利.《三元延壽書》

春月, 陽氣閉藏於冬者漸發於外, 故宜發散以暢陽氣.《攝生要義》

春深, 稍宜和平將息, 綿衣晚脫, 不可令背寒, 寒則傷

---

4 발진(發陳) : 묵은 것을 떨치고 새롭게 피어난다는 의미.
5 《黃帝內經素問》卷1〈四氣調神大論篇〉(《黃帝內經素問語譯》, 8~9쪽).
6 《三元延壽參贊書》卷2〈四時調攝〉(《中華道藏》23-71, 747쪽).
7 《攝生要義》〈四時篇〉(《壽養叢書》5, 37쪽).

록 한다. 등이 추우면 폐가 상하여 코가 막히고 기침을 한다. 다만 덥다고 느끼면 곧 옷을 벗고, 춥다고 느끼면 곧 입는다. 때에 따라 옷을 더 입거나 벗는 일이 모두 중요하다. 일찍 일어나는 시기에는 식후부터 정오까지 풍한(風寒)[8]에 걸릴까 우려되기 때문이다. 《섭생요의》[9]

肺, 鼻塞咳嗽. 但覺熱卽去之, 覺冷卽加之, 加減俱要. 早起之時, 若於食後日中, 恐致感冒風寒. 同上

봄에 옷을 얇게 입어서는 안 되니, 상한(傷寒)·곽란(霍亂)·소갈·두통을 일으키기 때문이다. 《섭생요의》[10]

春不可衣薄, 令人傷寒、霍亂、消渴、頭痛. 同上

명나라 화가 당인(唐寅, 1470~1524)의 〈오양자춘양성도(悟陽子春養性圖)〉. 봄에 양성(養性)을 하는 도사의 모습을 그린 그림으로 유명하다

3) 여름

여름 3개월, 이때를 '번수(蕃秀)'[11]라 한다. 이때는 천지의 기가 교류하고 만물이 꽃피고 열매를 맺는

論夏

夏三月, 此謂"蕃秀", 天地氣交, 萬物華實. 夜臥蚤

8　풍한(風寒) : 풍사(風邪)와 한사(寒邪)가 겹친 병증. 바람을 싫어하고, 오한과 열이 나고, 머리와 온몸이 아프고, 코가 막히고 기침과 재채기가 나는 등의 증상이 생긴다.
9　《攝生要義》〈四時篇〉(《壽養叢書》5, 38쪽).
10　《攝生要義》, 위와 같은 곳.
11　번수(蕃秀) : 풀이 무성하게 자라나고 꽃이 피며 열매가 맺힌다는 의미.

다. 늦게 자고 일찍 일어나며, 해를 싫어하지 않는
다. 마음가짐에는 노여움이 없도록 하고, 꽃처럼 번
성하여 결실을 맺게 하고, 기(氣)가 잘 빠지게 하고,
애착을 밖에 두라. 이것이 여름의 기운에 응하여 장
성하는 힘을 기르는 도(道)이다. 이것을 거스르면 심
장을 상하게 하고, 가을에 해학(痎瘧, 학질)이 되며,
가을의 수렴을 받들 일이 적어지고 겨울이 되면 중
병(重病)이 된다. 《황제내경소문》[12]

起, 無厭于日, 使志無怒,
使華英成秀, 使氣得泄, 若
所愛在外. 此夏氣之應, 養
長[1]之道也. 逆之則傷心,
秋爲痎瘧, 奉收者少, 冬至
重病. 《黃帝素問》

여름에 한데서 누워서는 안 된다. 피부가 두꺼워
지고, 옴이 생기거나 면풍(面風)[13]이 생기기도 한다.
《삼원연수참찬서》[14]

夏不宜露臥, 令皮膚厚, 成
癬或作面風. 《三元延壽書》

여름에 더위에 몸이 상하면 가을에 해학이 온다.
갑자기 큰 한기(寒氣)를 쐬지 않도록 하라. 계절병이
이로부터 생겨날까 걱정된다. 《삼원연수참찬서》[15]

夏傷暑, 秋痎瘧. 忽大寒,
勿受之. 患時病由此. 同上

여름에 인체의 양기는 몸밖으로 발산하지만 복
음(伏陰)은 몸안에 있으니, 이런 상태는 사람의 정(精)
과 신(神)이 이탈될 때이다. 특히 설사로 음기(陰氣)가
새어나가는 일을 피해야 한다. 《섭생요의》[16]

夏月人身陽氣發外, 伏陰
在內, 是人脫精神之時.
特忌下利以泄陰氣. 《攝生
要義》

---

12 《黃帝內經素問》卷1 〈四氣調神大論篇〉《黃帝內經素問語譯》, 9쪽).
13 면풍(面風) : 얼굴에 풍(風)이 들어 감각이 둔해지거나 마비되는 병증. 면탄(面癱)이라고도 한다.
14 《三元延壽參贊書》卷2 〈四時調攝〉《中華道藏》23-71, 747쪽).
15 《三元延壽參贊書》, 위와 같은 곳.
16 《攝生要義》〈四時篇〉《壽養叢書》5, 38쪽).
[1] 長 : 저본에는 "生". 오사카본·《黃帝內經素問·四氣調神大論篇》에 근거하여 수정.

늘 평안히 정좌하고 기욕(嗜慾)을 절제하고 마음가짐을 고르게 해야 한다. 여름은 심장이 왕성하고 신장이 쇠할 때이므로 정(精)이 화하여 수(水)가 된다. 이 수(水)는 가을이 되어야 다시 정으로 응결되므로 더욱 잘 지켜서 음기(陰氣)를 굳건히 해야 한다.

항상 익힌 음식을 먹어 뱃속을 따뜻하게 해야 하며 생오이·과가(果茄)[17]·빙수(氷水)·냉도(冷淘, 차가운 국수)·가루죽·꿀과 같은 음식은 더더욱 먹어서는 안 된다. 많이 먹으면 가을에 반드시 이질이나 학질이 생긴다. 차가운 물로 목욕이나 세수나 등목 등을 하지 말라. 허열(虛熱)로 눈이 어두워지거나, 근육과 혈맥이 싸늘하거나, 곽란으로 몸이 뒤틀리거나, 음황(陰黃)[18] 같은 병을 얻는다.

바람을 맞는 곳에 눕지 말고, 잠자는 동안 다른 사람에게 부채를 부치게 하지 말라. 땀구멍이 열려 풍사(風邪)가 쉽게 들어가므로 풍사가 침범하면 풍비(風痺)로 인한 마비나, 수족을 움직이지 못하거나, 말을 더듬는 병에 걸리게 된다. 젊은 사람에게는 비록 바로 해가 되지 않지만 역시 병의 뿌리를 심게 된다. 기운이 쇠약한 사람에게는 북을 치면 바로 메아리가 응하는 일과 같이 병이 바로 생긴다. 술에 취했을 때에는 더욱 조심해야 한다. 《섭생요의》[19]

常宜宴居靜坐, 節減嗜慾, 調和心志. 此時心王腎衰, 精化爲水, 至秋乃凝, 尤須保嗇以固陰氣.

常食熱物, 使腹中溫煖, 生瓜、果茄、氷水、冷淘、粉粥、蜂蜜, 尤不可食. 食多, 秋時必患痢瘧. 勿以冷水沐浴、洗手面、淋背, 使人得虛熱, 眼暗、筋脈厥逆、霍亂轉筋、陰黃之疾.

勿當風臥, 勿眠中使人揮扇. 汗體毛孔開展, 風邪易入, 犯之使人患風痺不仁、手足不遂、言語蹇澁之疾. 年壯雖不卽爲害, 亦種病根. 氣衰之人, 如桴鼓應響也. 醉中尤宜忌之. 同上

---

17 과가(果茄) : 귤과 비슷한 과일로, 과즙이 많고 시큼하며 단맛이 난다.
18 음황(陰黃) : 황달(黃疸)의 일종. 몸과 얼굴이 누렇게 되고 몸이 무거우면서 몸이 차갑게 느껴지고 명치 밑이 묵직한 증상.
19 《攝生要義》〈四時篇〉(《壽養叢書》5, 38~39쪽).

여름 한 계절은 사람이 쉬는 때이다. 심장은 왕성하고 신장은 쇠한다. 액(液)이 화하여 수(水)가 되는데, 수는 가을에 이르러야 응결되고 겨울에 비로소 굳건해진다. 노소(老小)와 상관없이 모두 따뜻한 음식을 먹으면 온갖 병이 생기지 않는다. 4월과 5월 이때는 금(金)과 수(水)가 몹시 쇠하고 화(火)와 토(土)가 매우 왕성한 때이니, 반드시 홀로 자면서 음기를 길러야 한다. 그렇게 하면 약을 복용하는 것보다 훨씬 낫다. 《후생훈찬》20

夏之一季是人休息之時. 心旺腎衰. 液化爲水, 至秋而凝, 冬始堅當. 不問老少, 皆食煖物, 則百病不作. 四月、五月, 其時金水極衰, 火土甚旺, 必須獨宿養陰, 尤勝服藥. 《厚生訓纂》

여름에 먼길을 갈 때 찬물로 발을 씻으면 안 된다. 《후생훈찬》21

夏月遠行, 不宜用②冷水洗足. 同上

일반적으로 한여름에 더위가 충천(衝天)할 때는 절대 찬물로 손과 얼굴을 씻으면 안 된다. 자칫하면 눈을 크게 상하게 된다. 《활인심서》22

凡盛暑衝熱, 切不可以冷水洗手面, 大損人目. 《活人心書》

여름 한 계절은 사람의 정(精)과 신(神)이 이탈된 때이다. 심장은 왕성하고 신장은 쇠약하여 신정(腎精)이 화하여 수(水)가 되니, 가을이 되어야 비로소 응결되었다가 겨울에야 굳건해진다. 그러므로 성행위를 삼가고 정과 신을 굳건히 길러야만 한다. 《활인심서》23

夏一季是人脫精神之時. 心旺腎衰, 腎化爲水, 至秋始凝, 乃冬乃堅. 是故惟愼房事, 固養精神. 同上

---

20 《厚生訓纂》卷3〈起居〉(《壽養叢書》7, 49~50쪽).
21 《厚生訓纂》卷3〈起居〉(《壽養叢書》7, 50쪽).
22 《活人心法》上卷〈養生之法〉(《臞仙活人心方》, 19쪽).
23 《活人心法》上卷〈養生之法〉(《臞仙活人心方》, 18쪽).
② 不宜用 : 저본에는 "欲".《厚生訓纂·起居》에 근거하여 수정.

사람의 심포락(心包絡)[24]은 위구(胃口, 위장의 입구)와 상응한다. 위기(胃氣, 위장의 기운)가 좀 허하거나 굶주릴 때 더위를 먹으면 더위의 독 기운이 입과 코로부터 들어와 귀와 뺨 부위에 응결되고 심포(心包)에까지 도달하는 것이 메아리가 소리에 응하는 일과 같다. 더위를 만나면 도리어 급히 입을 헹구어 내며 물은 삼키지 않는 방법이 좋다. 《인재직지방론》[25]

삼복(三伏) 때는 엄청난 열이 기를 상하게 하므로, 양생하는 사람은 이때에 더욱 신중하게 한다. 함부로 주색(酒色)을 탐하면 내부의 신장이 썩고 문드러져 죽는다. 《의학입문》[26]

4) 가을

가을 3개월, 이때를 '용평(容平)'[27]이라 한다. 이때는 하늘의 기운은 급하고 땅의 기운은 밝다. 일찍 자고 일찍 일어나되 닭과 함께 일어나고, 마음가짐은 안정되고 평안히 하여 가을 형벌의 기운을 누그러뜨린다. 신기(神氣)를 수렴하여 가을 기운을 화평케 해야 하고, 그 마음가짐을 벗어나지 않도록 하여 폐의 기운을 맑게 해야 한다. 이것이 가을의 기운에 응하여 수렴하는 힘을 기르는 도이다. 이것을 거스르면

人之心包絡與胃口相應, 胃氣稍虛, 或因饑冒暑, 則暑毒自口鼻而入, 凝之于耳③頰, 達之于心包, 如響應聲. 遇暑, 以還急漱口而勿嚥可也. 《仁齋直指方》

三伏之時, 大熱傷氣, 養生家于此時, 猶愼之. 若縱酒恣色, 則令人內腎腐爛而死. 《醫學入門》

論秋

秋三月, 此謂"容平", 天氣以急, 地氣以明. 蚤臥蚤起, 與鷄俱興, 使志安寧, 以緩秋刑. 收斂神氣, 使秋氣平, 無外其志, 使肺氣淸. 此秋氣之應, 養收之道也. 逆之則傷肺, 冬爲飱泄, 奉藏者少. 《黃帝素問》

---

24 심포락(心包絡) : 심장의 겉면을 둘러싸고 있는 막 및 그 막에 연결된 낙맥(絡脈).
25 《仁齋直指方論》卷3〈暑〉"中暑論"(《楊士瀛醫學全書》, 59쪽).
26 《醫學入門》卷4〈雜病提綱〉"外感" '暑', 663쪽.
27 용평(容平) : 만물이 충분히 결실을 맺고 화평하게 된다는 의미.
③ 耳 :《仁齋直指方論·暑·中暑論》에는 "牙".

폐를 상하여 겨울에는 설사병이 되고, 겨울의 저장
하는 힘을 받들 것이 적어진다.《황제내경소문》[28]

가을에 습기에 상하면 기가 위로 치밀어올라 기침
이 나고 위궐(痿厥)[29]이 생긴다.《삼원연수참찬서》[30]

秋傷於濕, 上逆而咳, 發爲
痿厥.《三元延壽書》

입추날에는 목욕하지 말라. 피부가 거칠고 건
조해지며 이로 인해 피부에 흰 부스러기가 생긴다.
《삼원연수참찬서》[31]

立秋日勿浴, 令皮膚皸燥,
因生白屑. 同上

8월 1일 이후에는 약한 불로 발을 따뜻하게 하여
하체가 차가워지지 않도록 해야 한다.《삼원연수참
찬서》[32]

八月一日後, 微火煖足, 勿
令下冷. 同上

가을에는 양기가 수렴되게 해야 하므로 토하거나
땀을 내면 안 된다. 이를 어기면 장부가 타고 녹아버
린다.《섭생요의》[33]

秋月當使陽氣收斂, 不宜
吐及發汗. 犯之, 令人臟腑
消鑠.《攝生要義》

5) 겨울

겨울 3개월, 이때를 '폐장(閉藏)'[34]이라 한다. 이때는
물이 얼고 땅이 갈라져도 양기는 흔들리지 않는다.

論冬

冬三月, 此謂"閉藏", 水氷
地坼, 無擾乎陽. 蚤臥晚

---

28 《黃帝內經素問》卷1〈四氣調神大論篇〉(《黃帝內經素問語譯》, 10쪽).
29 위궐(痿厥) : 위증(痿證)과 궐증(厥證). 손발이 여위고 힘이 없으며 몸이 싸늘해지는 병증.
30 《三元延壽參贊書》卷2〈四時調攝〉(《中華道藏》23-71, 747쪽).
31 《三元延壽參贊書》, 위와 같은 곳.
32 《三元延壽參贊書》卷2〈四時調攝〉(《中華道藏》23-71, 747~748쪽).
33 《攝生要義》〈四時篇〉(《壽養叢書》5, 39쪽).
34 폐장(閉藏) : 문을 닫고 기운을 저장해 둔다는 의미.

일찍 자고 늦게 일어나되 일어날 때는 반드시 해가 날 때까지 기다린다. 마음가짐은 숨은 듯, 감춘 듯, 사의(私意)가 있는 듯, 이미 얻은 듯이 한다. 추위를 피해 따뜻한 곳으로 가되, 피부에 땀을 내어 기가 마구 빠져나가게 하지 않도록 한다. 이것이 겨울의 기운에 응하여 저장하는 힘을 기르는 도이다. 이것을 거스르면 신장을 상하게 하고 봄에 위궐이 되어, 봄에 발생하는 힘을 받들 일이 적어진다. 《황제내경소문》[35]

起, 必待日光, 使志若伏若匿, 若有私意, 若已有得, 去寒就溫, 無泄皮膚, 使氣亟奪. 此冬氣之應, 養藏之道也. 逆之則傷腎, 春爲痿厥, 奉生者少. 《黃帝素問》

겨울에는 갑자기 큰 열기를 쐬지 말라. 유행성 돌림병이 이로부터 생겨날까 걱정된다. 《삼원연수참찬서》[36]

冬時, 忽大熱, 勿受之. 患時病由此. 《三元延壽書》

겨울에는 천지가 닫히고 혈기가 깊이 숨으니, 노동을 하더라도 땀이 나서 등을 차갑게 적셔서는 안 된다. 《삼원연수참찬서》[37]

冬時天地閉, 血氣藏, 作勞, 不宜冷背. 同上

겨울의 추위에 불을 쬐더라도 화기(火氣)가 몰리게 해서는 안 되고, 굳이 불에 대고 달굴 필요는 없다. 손을 쬘 때도 따뜻해지면 그만해야지, 그렇게 하지 않으면 혈이 상하여 오심열(五心熱)[38]이 생긴다. 《삼원연수참찬서》[39]

冬寒, 雖近火, 不可令火氣聚, 不須於火上烘炙. 若炙手, 煖則已, 不已損血, 令五心熱. 同上

---

35 《黃帝內經素問》卷1〈四氣調神大論篇〉《黃帝內經素問語譯》, 11쪽).
36 《三元延壽參贊書》卷2〈四時調攝〉《中華道藏》23-71, 748쪽).
37 《三元延壽參贊書》, 위와 같은 곳.
38 오심열(五心熱) : 양손바닥[掌心]과 양발바닥[足心] 및 심장[心]에 발생하는 열증.
39 《三元延壽參贊書》, 위와 같은 곳.

큰 눈이 내릴 때 맨발로 다닌 사람은 뜨거운 물로 발을 씻으면 안 되고, 또는 더운 술을 먹어도 안 된다. 그러면 발가락이 떨어진다. 또 추위에 몸이 상한 뒤 아직 추위가 풀리지 않았을 때는 함부로 뜨거운 음료나 음식을 먹지 말라. 《삼원연수참찬서》[40]

大雪中, 跣足人不可使以熱湯洗, 或飮熱酒, 足趾隨墮. 又觸寒來, 寒未解, 勿便飮湯食熱物. 同上

봄의 기운은 온화하고, 여름의 기운은 뜨겁고, 가을의 기운은 청량하고, 겨울의 기운은 춥다. 이것은 사계절의 바른 기운이다. 겨울의 강추위에 모든 생명은 깊이 숨는다. 따라서 섭생을 잘 하는 군자가 고밀(固密, 견고하고 촘촘함)하게 겨울을 나면 이런 추위에 상하지 않는다. 만약 추위에 상했다면 이를 '상한(傷寒)'이라 한다.

사계절의 기운에 상해를 입으면 모두 사람을 병들게 할 수 있지만, 유독 상한이 가장 독한 이유는 상한에 '모진 살기[殺厲之氣]'가 있기 때문이다. 상하여 바로 병이 되면 상한이고, 바로 병이 되지 않으면 그 한독(寒毒)이 살갗 속에 숨어 있다.

이 독이 봄이 되어 변하면 온병(溫病)이 되고 여름이 되어 변하면 서병(暑病)이 된다. 서병은 온병보다 열이 심하다. 그래서 신고지인(辛苦之人, 힘들게 사는 사람)이 봄과 여름에 온병이나 열병에 많이 걸리는 까닭은 모두 겨울 추위에 상했기 때문이지, 해당 계절의 기운 때문이 아니다. 《수양총서》[41]

春氣溫和, 夏氣暑熱, 秋氣淸涼, 冬氣冷冽, 此四時之正氣也. 冬時嚴寒, 萬類深藏, 君子固密, 則不傷於寒. 若觸冒之者, 乃名"傷寒".

其傷於四時之氣, 皆能爲病, 而惟傷寒最毒者, 以其有殺厲之氣也. 中而卽病者, 爲傷寒, 不卽病者, 其寒毒藏於肌膚中.
至春變爲溫病, 至夏變爲暑病, 暑者, 熱重於溫也. 是以辛苦之人, 春夏多溫熱病者, 皆由冬時觸寒所致, 非時行之氣也. 《壽養叢書》

---

40 《三元延壽參贊書》, 위와 같은 곳.
41 출전 확인 안 됨;《傷寒論》卷2〈傷寒例第三〉, 17~18쪽.

겨울에는 천지가 닫히고 혈기가 깊이 숨기 때문에, 복양(伏陽)[42]이 뱃속에 있고 가슴 부위에 열이 많다. 그래서 땀을 내어 양기를 새나가게 하는 일은 절대 금해야 한다. 《섭생요의》[43]

겨울철에는 때맞춰 술에 담근 약을 먹어 양기를 몸속에 맞아들인다. 하지만 몸속을 너무 따뜻하게 해도 안 된다. 솜옷도 느지막하게 입어서 점점 조금씩 두텁게 입도록 해야 한다. 매우 추운 날씨라도 불을 향해 뜨겁도록 쬐면 눈동자를 매우 상하게 한다. 게다가 화기(火氣)가 손발을 통해 심장으로 들어가면 심장이 마르고 뜨겁게 된다. 의복 또한 불기운으로 너무 덥혀서는 안 된다.

겨울은 날씨가 추워 양기가 몸속에 있으므로 이미 열이 몰려 있다. 거기에 불에 덥힌 옷과 두꺼운 가죽옷을 입고 불을 옆에 두면서 술에 취하면 양기가 너무 심해진다. 만약 오랫동안 봄추위가 이어져 기운이 닫히게 됨으로 인해 양기가 즉각 발산되지 못하면, 결국 봄과 여름의 환절기에 음기가 몸속에 들어와도 아직 남아 있는 양기를 걷어낼 수가 없으므로 반드시 계절성 열병을 일으킨다.

심할 경우에는 미쳐서 내달리고 망언하는 증세가 생기기도 하니, 매우 조심해야 한다. 그러므로 더위와 추위가 중도에 알맞은 것, 이것이 지극히 중요

冬月天地閉, 血氣藏, 伏陽在內, 心膈多熱, 切忌發汗以洩陽氣. 《攝生要義》

冬月, 當時服④浸酒之藥以迎陽氣, 然亦不可過煖. 綿衣當晚著, 使漸漸加厚. 雖大寒, 不得向火烘炙, 甚損人目睛. 且手足能引火氣入心, 使人心臟燥熱. 衣服亦不宜火炙極煖.

冬月天寒, 陽氣在內, 已自鬱熱, 若更加之炙衣、重裘, 近火醉酒, 則陽氣太甚. 若遇春寒閉塞之久, 不卽發散, 至春夏之交, 陰氣旣入, 不能攝運陽氣, 必致有時行熱疾.

甚者狂走妄語, 切宜忌之. 故寒熱適中, 此爲至要. 同上

---

42 복양(伏陽) : 몸 안에 잠복되어 있는 열사(熱邪).
43 《攝生要義》〈四時篇〉(《壽養叢書》5, 40쪽).
④ 服 : 저본에는 없음. 《攝生要義·四時篇》에 근거하여 보충.

하다. 《섭생요의》⁴⁴

6) 사시를 합해 논하다

봄에 풍으로 몸이 상하면 여름에 설사병이 생기고, 여름에 더위로 몸이 상하면 가을에 해학(痎瘧, 학질)에 걸린다. 가을에 습기로 몸이 상하면 겨울에 해수가 생기고, 겨울에 추위로 몸이 상하면 봄에 반드시 온병[病溫]에 걸린다. 《황제내경소문》⁴⁵

입춘 뒤부터 입추 전까지는 머리를 동쪽으로 두어야 하고, 입추 뒤부터 입춘 전까지는 머리를 서쪽으로 두어야 한다. 《수양총서》⁴⁶

봄과 여름에는 늦게 자고 일찍 일어나야 하고, 가을에는 일찍 자고 일찍 일어나야 하며, 겨울에는 일찍 자고 늦게 일어나야 한다. 일찍 일어난다고 해도 닭 울기 전이어서는 안 되고, 늦게 일어난다고 해도 해가 환히 뜬 뒤여서는 안 된다. 《수양총서》⁴⁷

더울 때에는 몸을 화창하게 펼쳐야 하고, 추울 때에는 깊이 거두려 해야 한다. 《보생요록》⁴⁸

四時合⑤論

春傷於風, 夏生飧泄；夏傷於暑, 秋爲痎瘧；秋傷於濕, 冬生咳嗽；冬傷於寒, 春必病溫.《黃帝素問》

立春後至立秋前, 欲東其首；立秋後至立春前, 欲西其首.《壽養叢書》

春時、暑月, 欲晚眠早起, 秋欲早眠早起, 冬欲早眠晏起. 早不宜在鷄鳴前, 晚不宜在日出⑥後. 同上

熱時欲舒暢, 寒月欲收密.《保生要錄》

---

44 《攝生要義》〈四時篇〉(《壽養叢書》 5, 41~42쪽).
45 《黃帝內經素問》 卷2 〈陰陽應象大論篇〉(《黃帝內經素問語譯》, 32쪽)
46 출전 확인 안 됨；《保生要錄》〈論居處門〉(《中華道藏》 23-67, 711쪽).
47 출전 확인 안 됨；《保生要錄》〈朝肢體門〉(《中華道藏》 23-67, 710쪽).
48 《保生要錄》〈朝肢體門〉(《中華道藏》 23-67, 710쪽).
⑤ 合 : 저본에는 "各". 오사카본에 근거하여 수정.
⑥ 出 : 저본에는 "旴".《保生要錄·朝肢體門》근거하여 수정.

겨울이라도 너무 덥게 해서는 안 되고, 여름이라 冬不欲極溫, 夏不欲極涼.
도 너무 서늘하게 해서는 안 된다. 《비급천금요방》[49] 《千金要方》

가을과 겨울에는 발을 따뜻하게 하고 머리를 차 秋冬溫足凍腦, 春夏腦足
갑게 하며, 봄과 여름에는 머리와 발을 모두 차갑게 俱凍. 同上
한다. 《비급천금요방》[50]

7) 아침과 저녁 論朝暮

① 해가 뜨면 나가고 해가 지면 들어올 것. ② 근 陽出則出, 陽入則入. 無擾
골(筋骨)을 함부로 사용하지 말 것. ③ 안개와 이슬에 筋骨. 無見霧露. 違此三
노출되지 말 것. 이 세 가지[三時][51]를 어기면 몸이 피 時, 形乃困薄. 《內經》
곤하고 약해진다. 《황제내경소문》[52]

아침에는 사람의 기운이 생겨나고 한낮에는 양기 平朝人氣生, 日中陽氣隆,
가 융성하며 해질녘이면 양기가 허해져 기문(氣門, 목 日西陽氣已虛, 氣門乃閉.
구멍)이 닫힌다. 그러므로 저녁에는 몸을 거두어들이 是故暮而收拒, 無擾筋骨,
고, 근골을 함부로 쓰지 말고, 안개나 이슬을 맞지 無見霧露. 違此三時, 形乃
말아야 한다. 이 세 가지[三時]를 어기면 몸이 피곤하 困薄. 同上
고 약해진다. 《황제내경소문》[53]

아침에 화내지 말라. 저녁에 크게 취하지 말라. 朝勿嗔恚. 暮無大醉. 勿

---

49 《備急千金要方》卷27〈養性〉"養性序"(《孫思邈醫學全書》, 488쪽).
50 《備急千金要方》卷27〈養性〉"道林養性"(《孫思邈醫學全書》, 491쪽).
51 세 가지[三時] : 원문의 삼시(三時)는 아침, 낮, 저녁을 말하는데 여기서는 아침에 나가고 저녁에 들어오는
  것, 저녁에 근골을 요동시키는 것, 안개와 이슬에 노출되는 것의 세 가지 행위를 금하라는 뜻으로 새겼다.
52 《三元延壽參贊書》卷2〈天時避忌〉(《中華道藏》23-71, 747쪽).
53 《三元延壽參贊書》卷2〈旦暮避忌〉(《中華道藏》23-71, 748쪽);《黃帝內經素問》卷1〈生氣通天論篇第〉
  (《黃帝內經素問語譯》, 18쪽).

먼길을 가지 말라.《수양총서》[54]

　입광(入廣)[55]을 가르치는 이가 말하길, "아침에 뱃속을 비워서는 안 되고, 저녁에 뱃속을 채워서는 안 된다."라 했다. 요즘은 기후가 들쑥날쑥하니 유독 입광한 사람만 그렇게 하는 것은 아니다.《삼원연수참찬서》[56]

　아침에 일어나서 노여워하지 말고, 야단치거나 소리치지 말고, 한숨짓지 말고, 어떻게 해야하나 하고 타령하지 말라. 이런 일을 '화(禍)를 부르는 일(청화)'라고 한다.《비급천금요방》[57]

8) 보름과 그믐 및 초하루

　초하루 아침에는 노여워하지 말라.《태상감응편》[58]

　초하루에는 곡하면 안 되고, 그믐에는 노래하면 안 된다. 흉한 일을 부르기 때문이다.《삼원연수참찬서》[59]

　섣달 그믐에는 가무(歌舞)를 해서는 안 된다.《삼원연수참찬서》[60]

遠行.《壽養叢書》

有敎入廣者, 曰 : "朝不可虛, 暮不可實." 今氣候不齊, 不獨入廣然也.《三元延壽書》

早起, 勿嗔怒, 勿叱咤咄呼, 勿嗟嘆, 勿唱奈何, 名曰"請禍".《千金要方》

論弦望、晦、朔

朔朝勿號怒.《感應篇》

朔不可哭, 晦不可歌, 招凶.《三元延壽書》

晦臘不可歌舞. 同上

---

54 출전 확인 안 됨 ;《三元延壽參贊書》卷2〈旦暮避忌〉《中華道藏》23-71, 748쪽).
55 입광(入廣) : 넓은 도에 들어가는 일. 도가의 수양법에 입문하는 일을 말한다.
56《三元延壽參贊書》, 위와 같은 곳.
57《備急千金要方》卷27〈養性〉"黃帝雜忌法"《孫思邈醫學全書》, 499쪽).
58《三元延壽參贊書》卷2〈雜忌〉《壽養叢書》1, 95쪽).
59《三元延壽參贊書》卷2〈天時避忌〉《中華道藏》23-71, 747쪽).
60《三元延壽參贊書》卷2〈雜忌〉《壽養叢書》1, 95쪽).

9) 나쁜 기운을 피한다

큰 추위, 큰 더위, 큰 바람, 큰 안개를 무릅쓰고 다니지 말라. 하늘의 사기(邪氣)를 맞으면 오장을 해친다.

【삼원연수참찬서】 옛 선현은 "한 줌의 원기(元氣)를 가진 사람이 어찌 하늘의 큰 조화와 대적하겠는가?"라 했다. 그러므로 소옹(邵雍)[61]의 4불출(四不出) 교훈[62]이 있는 것이다】《황제내경소문》[63]

풍(風)에 맞아 한기가 들거나, 비를 무릅쓰고 걸으면 병이 된다. 《화타중장경》[64]

큰 추위에 상하여 한기(寒氣)가 골수에 이르면 뇌역두통(腦逆頭痛)[65]이 주로 생기며, 치아도 아프다. 열을 멀리하지 않아서 몸에 열이 이르게 되면 두통·신열(身熱)·근육통이 생긴다. 《삼원연수참찬서》[66]

일반적으로 집에 있거나 외출 중에 갑자기 회오리바람이나 소나기를 만나면 이것은 여러 용(龍)이

論避沴氣

大寒、大熱、大風、大霧勿冒之. 天之邪氣感則害人五臟.

【三元延壽書】 先賢曰："人以一握元氣, 豈可與大造化敵?" 故康節有四不出之訓】《內經》

當風取涼, 冒雨而行, 成病.《華陀中藏經》

犯大寒而寒至骨髓, 主腦逆頭痛, 齒亦痛. 不遠熱而熱至, 則頭痛、身熱、肉痛生矣.《三元延壽書》

凡在家及⑦外行, 卒逢大飄風、暴雨, 皆是諸龍、鬼

---

61 소옹(邵雍) : 1011~1077. 중국 북송의 성리학자이자 상수학자(象數學者). 자는 요부(堯夫), 호는 안락(安樂). 시호는 강절(康節)이며, 보통 강절선생으로 알려져 있다. 저서로《황극경세서(皇極經世書)》등이 있다.
62 4불출(四不出) 교훈 : 소옹이 평소에 강조했던 4가지 생활의 교훈. 소옹은 큰 추위, 큰 더위, 큰 바람, 큰 비가 있는 날씨에는 외출하지 않았다고 한다.
63 《三元延壽參贊書》卷2〈天時避忌〉《中華道藏》23-71, 747쪽);《黃帝內經素問》卷2〈陰陽應象大論〉《黃帝內經素問語譯》, 40쪽).
64 《華陀中藏經》卷中〈論腦弱狀候不同〉42, 44쪽.
65 뇌역두통(腦逆頭痛) : 만성두통의 하나로, 혈맥이 돌지 않아 뇌를 비롯한 온 머리가 아픈 병증이다. 궐두통(厥頭痛)이라고도 한다.
66 《三元延壽參贊書》卷2〈天時避忌〉《中華道藏》23-71, 747쪽).
⑦ 及 : 저본에는 "凡".《備急千金要方·養性·居處法》에 근거하여 수정.

나 귀신이 움직여 지나간 결과이다. 이때는 방에 들어가 문을 닫은 뒤 향을 피워 정좌(靜坐)하고 마음을 편안히 하여 잠시 피했다가, 상황이 지난 뒤에 나와야 한다. 그렇지 않으면 몸을 상하게 된다. 비록 당시에는 별 탈이 없더라도 뒤에 좋지가 않을 것이다. 《비급천금요방》[67]

神行動經過所致, 宜入室閉戶, 燒香靜坐, 安心以避之, 待過後乃出, 不爾損人. 或當時雖未苦, 於後不佳矣. 《千金要方》

큰 바람이 불거나 큰 비가 올 때는 출입해서는 안 된다. 《쇄쇄록》[68]

大風大雨, 不可出入. 《瑣碎錄》

보양지 권제3 끝

葆養志卷第三

---

67 《備急千金要方》卷27〈養性〉"居處法"(《孫思邈醫學全書》, 491쪽).
68 출전 확인 안 됨.

🌱 임원경제연구소

임원경제연구소는 고전 연구와 번역, 출판을 주요 목적으로 하는 사단법인이다. 문사철수(文史哲數)와 의농공상(醫農工商) 등 다양한 전공 분야의 소장학자 40여 명이 회원 및 번역자로 참여하여, 풍석 서유구의 《임원경제지》를 완역하고 있다. 또한 번역 사업을 진행하면서 축적한 노하우와 번역 결과물을 대중과 공유하기 위해 관련 전문가 및 단체들과 교류하고 있다. 연구소에서는 번역 과정과 결과를 통하여 '임원경제학'을 정립하고 우리 문명의 수준을 제고하여 우리 학문과 우리의 삶을 소통시키고자 노력한다. 임원경제학은 시골살림의 규모와 운영에 관한 모든 것의 학문이며, 경국제세(經國濟世)의 실천적 방책이다.

번역

전종욱(全鍾頊)

대구 칠곡 출신. 전북대학교 한국과학문명학연구소 교수. 한의사. KAIST 의과학대학원 박사. 서울대학교 경제학과, 동신대학교 한의학과, 한국한의학연구원을 거쳤다. 도올서원과 한림대학교 태동고전연구소(지곡서당)에서 한문을 익혔다. 《임원경제지》〈보양지〉와 〈인제지〉 번역과 함께 우리 문화의 성취에 주목하고 동과 서, 고와 금을 아우르는 지평에서 한국문명의 좌표와 미래를 탐색하고 있다. 《임원경제지》〈인제지〉의 처방을 기반으로 신약개발플랫폼 특허를 등록하였으며, 〈원효의 《금광명경》〈제병품〉 주석을 통해 살펴본 한국고대불교의학〉, 《역시만필》 속 맥진에 대한 연구〉, 〈조선 침구의 지향에 대한 연구〉 등의 논문과 《국역 구급이해방》, 《국역 의림촬요》, 《조선최대의 실용백과사전, 임원경제지 개관서(공저)》, 《이수귀의 동의보감 실전기, 역시만필(공저)》, 《임원경제지와 조선의 일용기술(근간)》 등의 저서가 있다.

정명현(鄭明炫)

광주광역시 출신. 고려대 유전공학과를 졸업하고, 도올서원과 한림대 태동
고전연구소에서 한학을 공부했다. 서울대 대학원 '과학사 및 과학철학 협동
과정'에서 전통 과학기술사를 전공하여 석사와 박사를 마쳤다. 석사와 박사
논문은 각각 〈정약전의《자산어보》에 담긴 해양박물학의 성격〉과 〈서유구의
선진농법 제도화를 통한 국부창출론〉이다.《임원경제지》중《본리지》·《섬용
지》·《유예지》·《상택지》·《예규지》·《이운지》·《정조지》를 공역했다. 또 다른
역주서로《자산어보 : 우리나라 최초의 해양생물 백과사전》이 있고,《임원경
제지 : 조선 최대의 실용백과사전》을 민철기 등과 옮기고 썼다. 현재 임원경제
연구소 소장으로《임원경제지》번역 사업에 참여하고 있다.

감수 및 서문

도올 김용옥(金容沃)

우리시대를 대표하는 사상가이다. 고려대학교 생물과, 철학과, 한국신학대
학 신학과에서 수학하고 원광대학교 한의과대학, 대만대학, 동경대학, 하바
드대학에서 소정의 학위를 획득했다. 고려대학교, 중앙대학교, 한국예술종합
학교, 연변대학, 사천사범대학 등 한국과 중국의 수많은 대학에서 제자를 길
렀다.《동양학 어떻게 할 것인가》등 80여 권에 이르는 다양한 주제의 저술을
통해 끊임없이 민중과 소통하여 왔으며, 우리나라 KBS1 TV프로그램《도올
아인 오방간다》(2019, KBS1 TV)를 통하여 우리 현대사 100년의 의미를 국민
에게 전했다. 그가 직접 연출한《도올이 본 한국독립운동사 10부작》(2005, EBS)
은 동학으로부터 해방에 이르는 다난한 민족사를 철학자의 시각에서 영상으
로 표현한 20세기 한국역사의 대표적인 걸작으로 꼽히며, 향후의 모든 근대
사 탐구의 기준을 제시했다. 역사에 대한 탐색은 여기에 그치지 않고, 국학
(國學)의 정립을 위하여《삼국유사》·《일본서기》·《고려사》·《조선왕조실록》의
역사문헌과 유적의 연구에 정진하며, 고대와 근세 한국사에 대한 인식을 새
롭게 하고 있다. 최근에는 광주MBC에서 마한문명을 고조선의 중심으로 파
악하는 파격적인 학설을 주장하여 사계 학자들의 관심을 집중시켰다. 도올
김용옥 선생은 역사와 문학과 철학, 문화인류학, 고고학, 그리고 치열한 고등

문헌학을 총체적으로 융합시킬 수 있는 당대의 거의 유일한 학자로서 후학들의 역사이해를 풍요롭게 만들어가고 있다. 최근 50년 학문 역정을 결집시킨 《노자도덕경》 주석서, 《노자가 옳았다》는 인류문명 패러다임의 전환에 대한 새로운 시각을 제시하였으며, 베스트셀러로서 광범위한 민중들의 호응을 얻고 있다.

교열, 교감, 표점

민철기(閔喆基)

서울 출신. 연세대 철학과를 졸업하고 도올서원에서 한학을 공부했다. 연세대 대학원 철학과에서 학위논문으로 〈세친(世親)의 훈습개념 연구〉를 써서 석사과정을 마쳤다. 임원경제연구소 번역팀장과 공동소장을 역임했고, 현재는 선임연구원으로 재직하며 《섬용지》를 교감 및 표점했고, 《유예지》·《상택지》·《예규지》·《이운지》·《정조지》를 공역했다.

정정기(鄭炡基)

경상북도 장기 출신. 서울대 가정대학 소비자아동학과에서 공부했고, 도올서원과 한림대 태동고전연구소에서 한학을 익혔다. 서울대 대학원에서 〈성리학적 부부관에 대한 연구〉로 석사를, 〈조선시대 가족의 식색교육 연구〉로 박사를 마쳤다. 음식백과인 《정조지》의 역자로서 강의와 원고 작업을 통해 그에 수록된 음식에 대한 소개에 힘쓰며, 부의주를 빚고 가르쳐 집집마다 항아리마다 술이 익어가는 꿈을 실천하고 있다. 임원경제연구소 교열팀장과 번역팀장을 역임했고, 현재는 연구원으로 재직하며, 《섬용지》를 교열했고, 《유예지》·《상택지》·《예규지》·《이운지》·《정조지》를 공역했다.

최시남(崔時南)

강원도 횡성 출신. 성균관대 유학과(儒學科) 학사 및 석사를 마쳤으며 동 대학원 박사과정을 수료했다. 성균관(成均館) 한림원(翰林院)과 도올서원(檮杌書院)에서 한학을 공부했으며 호서대학교에서 강의를 했다. IT회사에서 조선시대 왕실 자료와 문집·지리지 등의 고문헌 디지털화 작업을 했다. 현재 임원경제연구소 팀장으로 근무하며, 《섬용지》·《유예지》·《상택지》·《예규지》·《이운지》·《정조지》를 공역했다.

김현진(金賢珍)

경기도 평택 출신. 공주대 한문교육과를 졸업하고 한림대 태동고전연구소와 한국고전번역원에서 한학을 공부하였으며 성균관대 대학원 한문학과에서 석사과정을 수료했다. 현재 임원경제연구소 연구원으로 근무하며 《섬용지》를 교열했고, 《유예지》·《상택지》·《예규지》·《이운지》·《정조지》를 공역했다.

김수연(金秀娟)

서울 출신. 한국전통문화대 전통조경학과를 졸업하고 한림대 태동고전연구소에서 한학을 공부했다. 현재 임원경제연구소 팀장으로 근무하며 《섬용지》를 교감 및 표점했고, 《유예지》·《상택지》·《예규지》·《이운지》·《정조지》를 공역했다.

강민우(姜玟佑)

서울 출신. 한남대 사학과를 졸업하고 한림대 태동고전연구소에서 한학을 공부했다. 성균관대 대학원 사학과에서 석사과정을 마쳤고, 박사과정 재학 중이다. 현재 임원경제연구소 연구원으로 근무하며, 《섬용지》를 교열했고, 《유예지》·《상택지》·《예규지》·《이운지》·《정조지》를 공역했다.

김광명(金光明)

전라북도 정읍 출신. 전주대학교 한문교육과를 졸업하고 한국고전번역원에서 한학을 공부했으며, 성균관대 대학원 고전번역 협동과정에서 석박사통합과정을 수료했다. 현재 임원경제연구소 연구원으로 근무하며, 《유예지》·《상택지》·《예규지》·《이운지》·《정조지》를 공역했다.

김용미(金容美)

전라북도 순창 출신. 동국대 철학과를 졸업하고, 한국고전번역원 국역연수원과 일반연구과정에서 한문 번역을 공부했다. 한국고전번역원에서 추진하는 고전 전산화사업에 교정교열위원으로 참여했고, 《정원고사(政院故事)》 공동번역에 참여했으며, 전통문화연구회에서 추진하고 있는 《모시정의(毛詩正義)》 공동번역에 참여하고 있으며, 현재 임원경제연구소 연구원으로 근무하며, 《유예지》·《이운지》·《정조지》를 공역했다.

자료정리
고윤주(高允珠)(푸르덴셜 라이프 플래너)

교감·표점·교열·자료조사
임원경제연구소

🌏 풍석문화재단

(재)풍석문화재단은《임원경제지》등 풍석 서유구 선생의 저술을 번역 출판하는 것을 토대로 전통문화 콘텐츠의 복원 및 창조적 현대화를 통해 한국의 학술 및 문화 발전에 기여함을 목적으로 설립되었다.

재단은 ①《임원경제지》의 완역 지원 및 간행, ②《풍석고협집》,《금화지비집》,《금화경독기》,《번계시고》,《완영일록》,《화영일록》등 선생의 기타 저술의 번역 및 간행, ③ 풍석학술대회 개최, ④《임원경제지》기반 대중문화 콘텐츠 공모전, ⑤ 풍석디지털자료관 운영, ⑥《임원경제지》등 고조리서 기반 전통음식문화의 복원 및 현대화 사업 등을 진행 중이다.

재단은 향후 풍석 서유구 선생의 생애와 사상을 널리 알리기 위한 출판·드라마·웹툰·영화 등 다양한 문화 콘텐츠 개발 사업,《임원경제지》기반 전통문화 콘텐츠의 전시 및 체험교육 등을 목적으로 하는 서유구 기념관 건립 등을 추진 중이다.

풍석문화재단 웹사이트 및 주요 연락처

웹사이트

풍석문화재단 홈페이지 : www.pungseok.net

출판브랜드 자연경실 블로그 : https://blog.naver.com/pungseok

풍석디지털자료관 : www.pungseok.com

풍석문화재단 음식연구소 홈페이지 : www.chosunchef.com

주요 연락처
풍석문화재단 사무국

주 소 : 서울 서초구 방배로19길 18, 남강빌딩 301호

연락처 : 전화 02)6959-9921 팩스 070-7500-2050 이메일 pungseok@naver.com

풍석문화재단 전북지부

연락처 : 전화 063)290-1807 팩스 063)290-1808 이메일 pungseokjb@naver.com

풍석문화재단 음식연구소

주 　 소 : 전북 전주시 완산구 향교길 104

연락처 : 전화 010-8983-0658 이메일 zunpung@naver.com

조선셰프 서유구(음식연구소 부설 쿠킹클래스)

주 　 소 : 전북 전주시 완산구 향교길 104

연락처 : 전화 010-8983-0658 이메일 zunpung@naver.com

서유구의 서재 자이열재(풍석 서유구 홍보관)

주 　 소 : 전북 전주시 완산구 향교길 104

연락처 : 전화 010-3010-2057 이메일 pungseok@naver.com

풍석학술진흥연구조성위원회

(재)풍석문화재단은 《임원경제지》의 완역완간 사업 등의 추진을 총괄하고 예산 집행의 투명성을 기하기 위해 풍석학술진흥연구조성위원회를 두고 있습니다. 풍석학술진흥연구조성위원회는 사업 및 예산계획의 수립 및 연도별 관리, 지출 관리, 사업 수익 관리 등을 담당하며 위원은 아래와 같습니다.

위원장 : 신정수(풍석문화재단 이사장)

위 　 원 : 서정문(한국고전번역원 고전번역연구소장), 진병춘(풍석문화재단 사무총장)
　　　　안대회(성균관대학교 한문학과 교수), 유대기(활기찬인생 2막 이사장)
　　　　정명현(임원경제연구소장)

풍석문화재단 사람들

이사장	신정수 ((前) 주택에너지진단사협회 이사장)
이사진	김윤태 (우석대학교 평생교육원장) 김형호 (한라대학교 이사) 모철민 ((前) 주 프랑스대사) 박현출 ((前) 서울시농수산식품공사 사장) 백노현 (우일계전공업그룹 회장) 서창석 (대구서씨대종회 총무이사) 서창훈 (우석재단 이사장 겸 전북일보 회장) 안대회 (성균관대학교 한문학과 교수) 유대기 (활기찬인생 2막 이사장) 이영진 (AMSI Asia 대표) 정명현 (임원경제연구소 소장) 진병춘 (상임이사, 풍석문화재단 사무총장) 채정석 (법무법인 옹빈 대표) 홍윤오 ((前) 국회사무처 홍보기획관)
감사	홍기택 (대일합동회계사무소 대표)
음식연구소장	곽미경 (《조선셰프 서유구》 저자)
재단 전북지부장	서창훈 (우석재단 이사장 겸 전북일보 회장)
사무국	박정진, 박소해
고문단	이억순 (상임고문) 고행일 (인제학원 이사) 김영일 (한국A.B.C.협회 고문) 김유혁 (단국대 종신명예교수) 문병호 (사랑의 일기재단 이사장) 신경식 (헌정회 회장) 신중식 ((前) 국정홍보처 처장) 신현덕 ((前) 경인방송 사장) 오택섭 ((前) 언론학회 회장) 이영일 (한중 정치외교포럼 회장) 이석배 (공학박사, 퀀텀연구소 소장) 이수재 ((前) 중앙일보 관리국장) 이준석 (원광대학교 한국어문화학과 교수) 이형균 (한국기자협회 고문) 조창현 ((前) 중앙인사위원회 위원장) 한남규 ((前) 중앙일보 부사장)